Michel Foucault
Problematização do Sujeito:
Psicologia, Psiquiatria e
Psicanálise

O GEN | Grupo Editorial Nacional – maior plataforma editorial brasileira no segmento científico, técnico e profissional – publica conteúdos nas áreas de ciências humanas, exatas, jurídicas, da saúde e sociais aplicadas, além de prover serviços direcionados à educação continuada e à preparação para concursos.

As editoras que integram o GEN, das mais respeitadas no mercado editorial, construíram catálogos inigualáveis, com obras decisivas para a formação acadêmica e o aperfeiçoamento de várias gerações de profissionais e estudantes, tendo se tornado sinônimo de qualidade e seriedade.

A missão do GEN e dos núcleos de conteúdo que o compõem é prover a melhor informação científica e distribuí-la de maneira flexível e conveniente, a preços justos, gerando benefícios e servindo a autores, docentes, livreiros, funcionários, colaboradores e acionistas.

Nosso comportamento ético incondicional e nossa responsabilidade social e ambiental são reforçados pela natureza educacional de nossa atividade e dão sustentabilidade ao crescimento contínuo e à rentabilidade do grupo.

coleção | Ditos & Escritos | I

Michel Foucault

Problematização do Sujeito: Psicologia, Psiquiatria e Psicanálise

Organização e seleção de textos:
Manoel Barros da Motta

Tradução:
Vera Lucia Avellar Ribeiro

Dits et écrits
Edição francesa preparada sob a direção de Daniel Defert e
François Ewald com a colaboração de Jacques Lagrange

3ª edição

- O autor e a editora se empenharam para citar adequadamente e dar o devido crédito a todos os detentores de direitos autorais de qualquer material utilizado neste livro, dispondo-se a editora a possíveis acertos posteriores caso, inadvertida e involuntariamente, a identificação de algum deles tenha sido omitida.
- **Atendimento ao cliente: (11) 5080-0751 | faleconosco@grupogen.com.br**
- Traduzido de:
  Dits et écrits
  Copyright © Éditions Gallimard, 1994
  All rights reserved.
  Sale is forbidden in Portugal.
- Direitos exclusivos para o Brasil para a língua portuguesa
  Copyright © 2011, 2025 (5ª impressão) by
  Forense Universitária, um selo da Editora Forense Ltda.
  Uma editora integrante do GEN | Grupo Editorial Nacional
  Travessa do Ouvidor, 11
  Rio de Janeiro – RJ – 20040-040
  www.grupogen.com.br
  Venda proibida em Portugal.
- Reservados todos os direitos. É proibida a duplicação ou reprodução deste volume, no todo ou em parte, em quaisquer formas ou por quaisquer meios (eletrônico, mecânico, gravação, fotocópia, distribuição pela Internet ou outros), sem permissão, por escrito, da Editora Forense Ltda.

  3ª edição brasileira – 2010
  3ª edição brasileira – 5ª tiragem – 2025

  Organização, seleção de textos e revisão técnica: Manoel Barros da Motta
  Tradução: Vera Lucia Avellar Ribeiro
  Foto da capa: Jacques Robert

- **CIP – Brasil. Catalogação-na-fonte.**
  Sindicato Nacional dos Editores de Livros, RJ.

F86p
3. ed.
v. 1

Foucault, Michel, 1926-1984
  Problematização do sujeito : psicologia, psiquiatria e psicanálise / Michel Foucault ; organização, seleção de textos e revisão técnica Manoel Barros da Motta ; tradução Vera Lucia Avellar Ribeiro. - 3. ed., 5. reimpr. - Rio de Janeiro : Forense Universitária, 2025.

Tradução de: Dits et écrits
Inclui índice
"Edição francesa preparada sob a direção de Daniel Defert e François Ewald com a colaboração de Jacques Lagrange"
ISBN 978-85-2180-465-9

1. Filosofia francesa. I. Motta, Manoel Barros da. II. Ribeiro, Vera Lucia Avellar.
III. Título. IV. Série.

24-95468 CDD: 194
CDU 1(44)

Meri Gleice Rodrigues de Souza - Bibliotecária - CRB-7/6439

Sumário

Apresentação à Edição Brasileira VII
Cronologia 1
1954 – Introdução (in Binswanger) 71
1957 – A Psicologia de 1850 a 1950 133
1961 – Prefácio (*Folie et déraison*) 152
1961 – A Loucura Só Existe em uma Sociedade 162
1962 – Introdução (in Rousseau) 165
1962 – O "Não" do Pai 185
1962 – O Ciclo das Rãs 202
1963 – A Água e a Loucura 205
1964 – A Loucura, a Ausência da Obra 210
1965 – Filosofia e Psicologia 220
1970 – Loucura, Literatura, Sociedade 232
1970 – A Loucura e a Sociedade 259
1972 – Resposta a Derrida 268
1972 – O Grande Internamento 285
1974 – Mesa-redonda sobre a *Expertise* Psiquiátrica ... 297
1975 – A Casa dos Loucos 309
1975 – Bancar os Loucos 316
1976 – Bruxaria e Loucura 320
1977 – O Asilo Ilimitado 324
1981 – Lacan, o "Libertador" da Psicanálise 329
1984 – Entrevista com Michel Foucault 331
Índice de Obras 345
Índice Onomástico 347
Índice de Lugares 351
Índice de Períodos Históricos 352
Organização da Obra Ditos e Escritos 353

Apresentação à Edição Brasileira

Construída sob o signo do novo, a obra de Michel Foucault subverteu, transformou, modificou nossa relação com o saber e a verdade. A relação da filosofia com a razão não é mais a mesma depois da *História da loucura*. Nem podemos pensar da mesma forma o estatuto da punição em nossas sociedades. A intervenção teórico-ativa de Michel Foucault introduziu também uma mudança nas relações de poder e saber da cultura contemporânea, a partir de sua matriz ocidental na medicina, na psiquiatria, nos sistemas penais e na sexualidade. Pode-se dizer que ela colabora para efetuar uma mutação de *episteme*, para além do que alguns chamam de pós-estruturalismo ou pós-modernismo.

A edição francesa dos *Ditos e escritos* em 1994 pelas Edições Gallimard desempenha um papel fundamental na difusão de boa parte da obra do filósofo cujo acesso ao público era difícil, ou em muitos casos impossível. Além de suas grandes obras, como *As palavras e as coisas, História da loucura, Vigiar e punir, O nascimento da clínica, Raymond Roussel* e *História da sexualidade*, Foucault multiplicou seus escritos e a ação dos seus ditos, na Europa, nas Américas, na Ásia e no Norte da África. Suas intervenções foram das relações da loucura e da sociedade, feitas no Japão, a reportagens sobre a revolução islâmica em Teerã, e debates no Brasil sobre a penalidade e a política. Este trabalho foi em parte realizado através de um grande número de textos, intervenções, conferências, introduções, prefácios e artigos publicados numa vasta gama de países que vai do Brasil aos Estados Unidos, à Itália e ao Japão. As Edições Gallimard recolheram esses textos, excluindo os livros, em quatro volumes. A edição francesa pretendeu a exaustividade, organizando a totalidade dos textos publicados quando Michel Foucault vivia, embora seja provável que alguma pequena lacuna exista neste trabalho. O testamento de Foucault, por outro lado, excluía as publicações póstumas. Daniel Defert e François Ewald realizaram, assim, um monumental trabalho de edição e estabelecimento dos textos, situando de maneira nova as condições da publicação; controlaram as circunstâncias das traduções, verificaram as citações e erros de tipografia. Jacques Lagrange ocupou-se da bibliografia. Defert elaborou uma cronologia, na verdade uma microbiografia de Foucault para o primeiro volume, que mantivemos na edição brasileira, em que muitos elementos novos sobre a obra e a ação de Michel Foucault aparecem.

Este trabalho, eles o fizeram com uma visada ética que, de maneira muito justa, parece-me, chamaram de intervenção mínima. Para isso, a edição francesa de Defert e Ewald apresentou os textos segundo uma ordem puramente cronológica. Esse cuidado não impediu os autores de reconhecerem que a reunião dos textos produziu algo de inédito. O conjunto desses textos constitui um evento tão importante quanto o das obras já publicadas, pelo que complementa, retifica ou esclarece. As numerosas entrevistas – quase todas nunca publicadas em português – permitem atualizar os ditos de Foucault com relação a seus contemporâneos e medir os efeitos de intervenções que permanecem atuais, no ponto vivo das questões da contemporaneidade, sejam elas filosóficas, literárias ou históricas. A omissão de textos produz, por outro lado, efeitos de interpretação, inevitáveis tratando-se de uma seleção.

A edição brasileira dos *Ditos e escritos* é uma ampla seleção que tem como objetivo tornar acessível ao público brasileiro o maior número possível de textos de Foucault que não estivessem ainda editados em português. Como não nos era possível editar integralmente todos os textos, optamos por uma distribuição temática em alguns campos que foram objeto de trabalho por Foucault.

O primeiro volume da série nos apresenta uma sequência de textos inéditos em português sobre as questões cruciais com que se defrontam hoje a psicanálise, a psiquiatria e a psicologia.

Além de problemas epistemológicos, científicos e políticos, este livro nos apresenta em sua abertura, com o título modesto de cronologia, uma biografia renovada de Foucault. Acompanhado de fragmentos inéditos da correspondência de Foucault, o texto de Daniel Defert traça o percurso do filósofo. A complexa conjuntura ideológica em que interveio o autor de *As palavras e as coisas* e de *O nascimento da clínica* aparece com uma nova luz na sua ação planetária, na Tunísia, no Japão, na Polônia, na Alemanha, no Brasil, nos Estados Unidos e, principalmente, na França.

Um dos eixos da temática de Foucault é a questão do sujeito, ponto de ruptura com a filosofia clássica e ao mesmo tempo ponto

Apresentação à Edição Brasileira IX

de articulação e debate com a psicanálise de Freud e Lacan. Essa problematização atravessa um conjunto de textos que tratam do estatuto da psiquiatria, da psicanálise, da loucura e da sexualidade.

O valor da ontologia fenomenológica: o sonho, de Freud e Lacan a Binswanger

No longo estudo sobre o sonho, prefácio ao texto de Binswanger, *Traum und Existenz*, com que se abre o primeiro volume, Foucault investiga o estatuto do sonho a partir de Aristóteles, passando por Spinoza e Shakespeare e chegando a Husserl e Freud.

Foucault escreveu na Introdução a *Traum und Existenz* de Binswanger o que seria seu projeto inicial, que ele chama de uma "forma de análise que se designa como fundamental para todo conhecimento concreto, objetivo e experimental" (ver p. 72 neste volume). Essa análise tem "princípio e método determinados, desde o início, pelo privilégio absoluto de seu objeto: o homem, ou melhor, o ser-homem, o *Menschsein*" (ver p. 72 neste volume). Ele situa seu projeto em oposição a todas as formas de positivismo psicológico que reduz o ser-homem à natureza. Ele a coloca no contexto de uma "reflexão ontológica que toma como tema principal a presença diante do ser, a existência, o *Dasein*" (ver p. 72 neste volume).

O que é o *Dasein* para Foucault? Ele responde nestes termos: "o ser-homem (*Menschsein*) não é, afinal de contas, senão o conteúdo efetivo e concreto do que a ontologia analisa como a estrutura transcendental do *Dasein*, da presença no mundo" (ver p. 72 neste volume). Não se trata de uma ciência dos fatos humanos nem de uma forma *a priori* de especulação filosófica. Foucault chega a dizer que na antropologia contemporânea a abordagem de Binswanger parece seguir a via régia. Que via régia é essa? Paradoxal com certeza, porque toma indiretamente o problema da antropologia e da ontologia, indo direto à existência concreta, ao seu desenvolvimento e a seus conteúdos históricos.

Essa análise, diz Foucault, não pode ser confundida com "uma 'aplicação' do conceito e dos métodos da filosofia da existência aos 'dados' da experiência clínica" (ver p. 73 neste volume). Para Foucault, "nada seria mais falso" do que essa suposta aplicação.

A referência a Heidegger é clara, aquele que Foucault reconhecerá no fim de seu percurso como o mais importante filósofo contemporâneo para seu trabalho de investigação. Diz Foucault:

"o desvio por uma filosofia mais ou menos heideggeriana não é um rito iniciático que abre o acesso ao esoterismo da *Daseinsanalyse*". Os problemas filosóficos estão presentes, não são prévios ao seu trabalho. Foucault remete imediatamente a *Sein und Zeit*, dizendo que o tipo de abordagem que ele realiza o dispensa de uma análise que iria resenhar Heidegger em parágrafos numerados. Isso nos torna mais livres, diz ele, para um projeto menos rigoroso: o projeto de Foucault é o de "escrever apenas à margem de *Traum und Existenz*" (ver p. 74 neste volume). É importante observar, no entanto, que esse projeto é ambicioso e não desprovido de rigor e originalidade. Ele é um texto maior que o texto de Binswanger, e tem na nossa edição 61 páginas.

Nessa análise há uma leitura do saber psiquiátrico em Foucault, que critica menos os efeitos do poder-saber psiquiátrico do que o fato, como diz Jacques Lagrange, de que este "mascara por suas abstrações nosológicas as verdadeiras condições da patologia mental" (Jacques Lagrange, "Versions de la psychiatrie dans les travaux de Michel Foucault", in *Michel Foucault et la médecine*, Edições Kimé, Paris, 2001, p. 121). Em *Traum und Existenz*, o que nessa época está em questão é esse processo de reificação, que opera uma psiquiatria que por suas abstrações nosológicas oculta os movimentos de uma existência que vem por si mesma "inscrever-se nesse determinismo da doença, em que o psiquiatra vê a verificação de seu diagnóstico, e pelo qual ele se crê justificado por considerar a doença como um 'processo objetivo', e o doente como uma coisa inerte na qual se desenrola esse processo segundo seu determinismo interno" (ver p. 121 neste volume).

É nos termos de uma "história natural" da doença mental que a psiquiatria pensa a perturbação mental – segundo o termo utilizado por Henry Ey.

A doença mental é, retomando Lagrange, "apenas a forma histórica que toma o movimento de uma existência que, vivendo sob a forma da inautenticidade, se recusa à sua própria liberdade e se deixa absorver no seu delírio" (*Michel Foucault et la médecine*, p. 131).

Foucault observa que é a "própria existência que constitui essa história natural da doença como forma inautêntica de sua historicidade, e o que ele descreve como a realidade em si da doença não passa de um instantâneo tomado desse movimento da existência que funda sua historicidade no momento em que ela se temporaliza" (ver p. 121 neste volume). Foucault está atraído pela análise existencial e pela psiquiatria de inspiração fenomenológica – ele supõe que esta pode fornecer "algo diverso dos esquemas da tradição do saber psiquiátrico, um contrapeso" (ver nº 281, p. 58, vol. IV da edição francesa desta obra).

Como entende Foucault o tema de Binswanger? Para ele, trata-se não do sonho e da existência, mas "da existência tal como ela aparece para ela própria e tal como se pode decifrá-la no sonho"; é a existência nesse modo de ser do sonho onde ela se anuncia de modo significativo.

Foucault estabelece um paralelo entre as *Logische Untersuchungen* de Husserl e a *Interpretação dos sonhos* de Freud, ambas de 1900. Diz das obras que são um "duplo esforço do homem para reassumir suas significações e reassumir-se a si próprio em sua significação" (ver p. 75 neste volume).

Então, Foucault inicia sua análise da obra de Freud, colocando o sonho no campo da significação. Diz ele que, com "a *Traumdeutung*, o sonho faz sua entrada no campo das significações humanas" (ver p. 75 neste volume). Freud vai inverter a proposição que vê no sonho o não sentido, o resto do sentido, o insignificante. Diz Foucault: "na experiência onírica, o sentido das condutas parecia esfumar-se; como a consciência vígil se cobre de sombras e se apaga, o sonho parecia desapertar e desatar finalmente o nó das significações. O sonho era como o *non-sens* da consciência" (ver p. 75 neste volume).

De Freud sabemos, diz Foucault, como ele "fez do sonho o sentido do inconsciente. Insistiu-se muito sobre a passagem da significância do sonho à manifestação de seu sentido oculto, e sobre todo o trabalho da hermenêutica; atribuiu-se também muita importância à realização do inconsciente como instância psíquica e conteúdo latente" (ver p. 75 neste volume).

Foucault tem, no entanto, uma nota crítica para com Freud; ele diz que Freud atribuiu muita importância, e mesmo demasiada, à significação.

O que diz Foucault a respeito das formas imaginárias do sonho? Sabemos o que diz Lacan a respeito quase na mesma época: ele reduz praticamente essas relações a um matema: a simbolização do sonho faz passar de I → S, do imaginário ao simbólico.

Para Foucault, as formas imaginárias do sonho levam às significações implícitas do inconsciente. Ele diz que na penumbra onírica elas lhes dão uma quase presença.

No entanto, a presença do sentido no sonho não é o próprio sentido efetuando-se em uma evidência completa. Diz Foucault: "o sonho trai o sentido tanto quanto o realiza". Como isso se realiza? Através de um processo de sutilizar o sonho. Assim, o exemplo do incêndio: ele significa o ardor sexual, poder-se-ia dizer que ele está ali apenas para designá-lo. Ou que ele o atenua, o esconde e o obscurece através de um novo clarão? Há duas respostas possíveis, diz Foucault. Há uma resposta em termos funcionais: o sentido é investido de tantos contrassensos quantos forem necessários para cobrir toda a superfície do domínio onírico. Foucault aceita a tese freudiana de que o sonho é a realização do desejo. Em Freud, essa realização é alucinatória. No entanto, sendo sonho e não desejo realizado é porque ele realiza também todos os contradesejos que se opõem ao próprio desejo. O que seria o fogo onírico? Diz Foucault: "é a ardente satisfação do desejo sexual, mas o que faz com que o desejo tome forma na substância sutil do fogo é tudo aquilo que recusa esse desejo, buscando sem cessar apagá-lo" (ver p. 76 neste volume).

Trata-se no sonho de um misto funcional; a significação investe as imagens, por um excesso, por uma multiplicação de sentidos que se superpõem e se contradizem.

Para Foucault, a análise do sonho em Freud dá-se apenas no nível de sua função semântica: a análise freudiana deixa de lado sua estrutura morfológica e sintática. Para ele, a distância entre a significação e a imagem não é jamais preenchida pela interpretação analítica a não ser por um excedente de sentido: a imagem em sua plenitude é determinada pela sobredeterminação. Foucault chega a dizer que a dimensão propriamente imaginária da expressão significativa é inteiramente omitida.

Como Foucault descreve o método da interpretação onírica? Diz ele que para a psicanálise freudiana ele deve extrair-se, deduzir-se, adivinhar-se a partir de uma palavra tomada por ela própria. Diz Foucault que o método será "aquele que utilizamos para encontrar o sentido de um vocábulo, em uma língua da qual ignoramos a gramática: um método de cotejo, tal como o utiliza a arqueologia para as línguas perdidas, um método de confirmação tanto pela probabilidade como pela decifração dos códigos secretos" (ver p. 77 neste volume). Foucault fala da incerteza desses métodos: "a incerteza da qual eles partem nunca é inteiramente conjurada pela probabilidade incessantemente crescente que se desenvolve no interior da própria análise" (ver p. 77-78 neste volume). Foucault diz que a análise freudiana só retoma um dos sentidos possíveis pelos atalhos da adivinhação ou pelos longos caminhos da probabilidade. Essa crítica considera que o ato expressivo jamais é restituído em sua necessidade.

Foucault está interessado em investigar o que ele chama de paradoxos da concepção freudiana da imagem. Diz ele que no momento em que a análise tenta esgotar todo o conteúdo da imagem no sentido que ela pode esconder, o laço que une a imagem ao sentido é sempre definido como um laço possível, eventual, contingente. Ele pergunta por que a significação psicológica toma corpo em uma imagem em vez de permanecer sentido implícito, ou de se traduzir em uma formulação verbal.

A resposta de Freud é dupla, diz Foucault. A primeira é que o sentido, em consequência do recalque, não pode ter acesso a uma significação clara; ele se encontra na deidade da imagem com o que se exprimir de maneira alusiva. A imagem é uma linguagem que se exprime sem formular, ela é uma palavra menos transparente ao sentido que o verbo. Freud supõe o caráter primitivamente imaginário da satisfação do desejo.

Foucault refere-se à satisfação do desejo na consciência primitiva, arcaica ou infantil; o desejo se satisfaria primeiro sob o modo narcísico e irreal do fantasma, e na regressão onírica essa forma originária de realização ressurgiria. Foucault chama a teoria de Freud de "mitologia teórica". O próprio Freud, aliás, já considerava sua teoria das pulsões como "nossa mitologia". É a metapsicologia freudiana que recebe aqui o nome de mitologia.

Essa avaliação é agora positiva. Diz Foucault que Freud recupera a ideia de um laço necessário e original entre a imagem e o sentido; ele admite que a estrutura da imagem tem uma sintaxe e uma morfologia irredutíveis ao sentido, já que justamente o sentido vem se esconder nas formas expressivas da imagem.

A avaliação final é, contudo, negativa: porque ainda que esses dois temas estejam presentes, procurar-se-á em vão em Freud "uma gramática da modalidade imaginária e uma análise do ato expressivo em sua necessidade" (ver p. 79 neste volume).

Foucault atribui a origem dessas faltas ao fato de que talvez haja na teoria freudiana "uma insuficiência na elaboração da noção de símbolo" (ver p. 79 neste volume).

Segundo Foucault, como Freud toma o símbolo? O símbolo é tomado "somente como ponto de tangência onde vêm se encontrar, por um instante, a significação límpida e o material da imagem como resíduo transformado e transformável da percepção" (ver p. 79 neste volume). O símbolo surge aí como "delgada superfície de contato, essa película que separa, ao mesmo tempo em que os une, um mundo interior e um mundo exterior, a instância de pulsão inconsciente e a da consciência perceptiva". Foucault toma como lugar em que se realiza essa teoria do símbolo a análise freudiana do caso Schreber – isso na estrutura de uma modalidade de loucura de psicose, da paranoia. Ele diz que na análise de Schreber, mais do que em qualquer outra parte, Freud se esforça por determinar essa superfície de contato. Foucault chama o delírio de caso privilegiado, porque manifesta a "presença constante de uma significação em marcha em um mundo imaginário, e a estrutura própria desse mundo através de sua referência ao sentido" (ver p. 79 neste volume).

Diz Foucault que Freud renuncia a essa análise e reparte sua reflexão em dois níveis separados.

Freud então estabelece o que Foucault chama de correlações simbólicas, que permitem detectar sob a imagem do Deus solar a figura do pai, e sob a imagem de Ahriman a personagem do próprio doente. Foucault observa que esse mundo fantástico não é mais do que uma expressão possível – e Freud vai analisar as significações: elas são reduzidas à expressão verbal mais transparente. Há uma purificação, um decantamento na maneira como Freud as comunica sob a forma dessa "extraordinária declinação passional" que Foucault chama de armadura mágica do delírio paranoico: eu não o amo; eu o odeio; não é ele que eu amo, é ela que eu amo porque ela me ama; não sou eu que amo o homem; é ela que o ama; declinações cuja forma primeira e grau semântico mais simples são eu o amo, e cuja "forma última inteiramente oposta, adquirida através de todas as flexões da contradição, se enuncia: 'Eu não amo nada nem ninguém, eu só amo a mim'" (ver p. 79 neste volume). Foucault considera paradigmático o caso Schreber – diz que nunca a distância entre uma psicologia do sentido (transcrita em psicologia da linguagem) e uma psicologia da imagem (prolongada em uma psicologia do fantasma) foi mais reduzida.

Mas há um outro lado da questão, que é o fulcro da crítica de Foucault: nunca se afirmou de modo mais decisivo a impossibilidade de encontrar a junção entre essas duas ordens de análise ou, se quisermos, tratar com seriedade uma psicologia da Imago, na medida em que se pode definir por Imago uma estrutura

Apresentação à Edição Brasileira XV

imaginária, tomada como o conjunto de suas implicações significativas. Foucault diz que a história da psicanálise parece lhe dar razão porque a distância ainda não está reduzida. Veem-se dissociar sempre mais essas tendências. E quem as dissocia, segundo Foucault: Melanie Klein e Jacques Lacan. Em Klein encontramos seu ponto de aplicação na gênese, no desenvolvimento dos fantasmas, reconhecidos de alguma forma como a matéria-prima da experiência psicológica (ver p. 80 neste volume).

A outra análise é a de Lacan, que fez todo o possível para mostrar na Imago o ponto em que se congela a dialética significativa da linguagem e no qual ela se deixa fascinar pelo interlocutor que ela se constitui. Foucault critica Klein: para ela, o "sentido, no fundo, não é senão a mobilidade da imagem e como que a esteira de sua trajetória" (ver p. 80 neste volume).

Para Lacan, diz Foucault, "a Imago não é senão a fala envolta, em um instante silenciosa". O julgamento de Foucault é duro: "a psicanálise jamais conseguiu fazer falar as imagens". Porque "não foi encontrada a unidade entre uma psicologia da imagem que marca o campo da presença e uma psicologia do sentido que define o campo das virtualidades da linguagem" (ver p. 80 neste volume). Caberia lembrar que Lacan dará no seu ensino consistência ao imaginário na sua dimensão corporal, abandonará o privilégio do sentido e dará importância fundamental ao gozo a este associado.

Foucault diz faltar em Freud uma gramática do imaginário, reconhecendo, no entanto, que o conteúdo do sonho não pode ser buscado apenas no nível das imagens. Mais tarde, quando escreveu *As palavras e as coisas*, a perspectiva de Foucault sobre Freud foi radicalmente outra, tal como se depreende da entrevista realizada com Alain Badiou. Referindo-se às ciências humanas, lugar decisivo é atribuído ao conceito de inconsciente: "Eu acho, aliás, que é precisamente em torno da elucidação do que é o inconsciente que a reorganização e o recorte das ciências humanas foram feitos, quer dizer, essencialmente, em torno de Freud; e essa definição positiva, herdada do século XVIII, da psicologia como ciência da consciência e do indivíduo, não pode mais valer, agora que Freud existiu" (ver p. 222 neste volume).

A descoberta do inconsciente vai eliminar ao mesmo tempo uma quantidade de problemas, seja a oposição indivíduo/sociedade, seja a oposição alma/corpo. Essa descoberta não aparece para Foucault como uma adição de domínios, "uma extensão da psicologia, é realmente o confisco, pela psicologia, da maioria dos domínios que cobriam as ciências humanas, de tal forma que se pode dizer que, a partir de Freud, todas as ciências humanas se tornaram, de um modo ou de outro, ciências da *psyché*" (ver p. 223 neste volume).

É uma formulação extremamente radical que não deixa de provocar uma certa reação no filósofo, esta de considerar que todas as ciências humanas participam agora da dimensão do psíquico. Um dos fundamentos da análise sociológica, o que Foucault chama de "velho realismo à maneira de Durkheim" (ver p. 223 neste volume), que concebe a sociedade como uma substância oposta "ao indivíduo que, por sua vez, é também uma espécie de substância integrada no interior da sociedade, esse velho realismo [parece], agora, impensável" para Foucault (ver p. 223 neste volume).

Essa mutação do saber dissolve a velha oposição entre alma e corpo – "nosso corpo faz parte de nossa *psyché*" (ver p. 223 neste volume), diz Foucault. Assim, o corporal se integra nessa nova dimensão, ao mesmo tempo consciente e inconsciente, à qual a psicologia se endereça. A conclusão é extremamente abrangente, porque, a partir dessa nova perspectiva, "atualmente, no fundo, só há psicologia" (ver p. 223 neste volume).

À pergunta de Badiou, "como o senhor entende a descoberta do inconsciente, de que tipo de descoberta se trata?", Foucault responde que o inconsciente foi descoberto "literalmente por Freud como uma coisa, ele o percebeu como um certo número de mecanismos que existiam no homem em geral, e em tal homem em particular. Será que Freud, deste modo, destinou a psicologia a uma coisificação racial contra a qual em seguida toda a história da psicologia moderna não cessou de reagir, inclusive Merleau-Ponty? E a psicologia passa a existir aí, apenas como crítica", observa Foucault. Para ele, essa mudança não quer dizer que no nível de todo saber positivo a presença do freudismo tenha mudado as observações que se podem fazer sobre os animais ou sobre certos aspectos do comportamento humano. O freudismo é uma mutação arqueológica profunda, mas não é "uma metamorfose geral de todo saber psicológico" (ver p. 228 neste volume).

Foucault retoma, então, a tese de Lacan sobre a estrutura do inconsciente: "por outro lado, o inconsciente tem uma estrutura de linguagem" (ver p. 224 neste volume). Freud para Foucault é um exegeta, não um semiólogo; é um intérprete, não um gramá-

Apresentação à Edição Brasileira XVII

tico. Definindo sua ideia de exegeta, do hermeneuta, Foucault diz que este admite o inconsciente como "grafia absoluta que teremos que descobrir em sua própria materialidade, da qual teremos que reconhecer, em seguida, que essa materialidade é significante" (ver p. 224 neste volume). Temos de descobrir ainda segundo quais leis esses signos querem dizer o que querem dizer. São, na verdade, três descobertas para Foucault. A semiologia entra em cena apenas aí para os procedimentos pelos quais um conjunto de signos pode dizer alguma coisa. Foucault considera as três descobertas como uma só: a descoberta de "algo que está ali, diante de nós, a descoberta de um texto a interpretar, a descoberta de uma espécie de solo absoluto para uma hermenêutica possível" (ver p. 224 neste volume).

Assim, diz Foucault, "Freud, de fato, decripta, quer dizer, ele reconhece haver uma mensagem, ele não sabe o que quer dizer essa mensagem, ele não sabe segundo quais leis os signos podem querer dizer o que querem dizer. É preciso então, ao mesmo tempo, que ele descubra em um único movimento o que quer dizer a mensagem, e quais são as leis pelas quais a mensagem quer dizer o que ela quer dizer" (ver p. 225 neste volume). Vê-se, então, que o inconsciente, como Foucault o entende, apresenta um enigma e o interpreta, produzindo uma interpretação cifrada. É preciso que o inconsciente seja portador não apenas do que ele diz, mas da chave do que ele diz. E aí está, vê Foucault, a razão pela qual a psicanálise, a experiência psicanalítica sempre apaixonaram a literatura. Foucault observa uma "fascinação da literatura contemporânea não apenas pela psicanálise, mas por todos os fenômenos que estão referidos à loucura, porque a loucura, o que ela é agora, no mundo contemporâneo, senão uma mensagem, enfim, da linguagem, dos signos dos quais se espera, pois caso contrário seria demasiado terrível que eles queiram dizer alguma coisa, da qual não se sabe o que querem dizer e da qual não se sabe como eles o dizem. Por conseguinte, é preciso tratar a loucura como uma mensagem que teria nela mesma sua própria chave". Foucault nota que é isso que "faz Freud diante de um sintoma histérico" (ver p. 225 neste volume). Ou como os contemporâneos de Foucault, como Lacan e sua escola, tentam abordar o problema da psicose.

Não se sabe então o que é essa linguagem subjacente. E sabe-se apenas que no fim da leitura da obra "devemos ter descoberto o que isto quer dizer e em função de que, de quais leis o autor pode dizer o que ele queria dizer: devemos ter feito a exegese e a semiologia dos textos".

Foucault considera, assim, que até a década de 1950 não se compreendera bem, seja quanto à crítica literária ou à psicanálise, que "se tratava de alguma coisa como uma interpretação". Ignorava-se o aspecto semiológico e a estrutura mesma dos signos. É a estrutura formal da linguagem que vem agora para o primeiro plano. E Foucault faz essa consideração extremamente importante sobre a estrutura isomórfica da literatura contemporânea e da loucura: "De fato, é a estrutura de envoltório, de espiral, que caracteriza a linguagem da loucura e a linguagem da literatura." Isso tem como consequência a psicologização das ciências humanas e também da crítica literária e da própria literatura (ver p. 226 neste volume).

Psicose e criação: a loucura em *O Não do Pai* de Jean Laplanche

Foucault retoma a problemática da loucura abordada pela psicanálise na análise do livro que Jean Laplanche consagrou a Hölderlin, leitura que deve ser posta em paralelo com as que faz da loucura e da obra de Rousseau, Brisset e Hölderlin, em que a articulação da criação literária e da loucura é também interrogada.

A interrogação do movimento pelo qual a psicose se desdobra em efeitos de criação leva-o a interrogar a função paterna a que a psicologia em geral submete o que Foucault chama a lei da maior vulgaridade possível.

Ela leva a população dos psicólogos ao estudo das frustrações, no qual "o jejum involuntário dos ratos serve de modelo epistemológico indefinidamente fecundo" (ver p. 196 neste volume). A isso Foucault opõe a formação filosófica e científica de Laplanche sob a orientação de Hyppolite e de Lacan quanto ao questionamento do negativo sob a modalidade da repetição.

No não do pai, não se trata de uma orfandade real ou mítica, nem de um apagamento relativo ao caráter do genitor. Antes disso, Foucault refere-se aos prefixos e sufixos em alemão (*ab-*, *ent-*, *-los*, *un-*, *ver-*). Deste último, presente no texto de Freud (*verwerfung*, traduzido em português como foraclusão), no caso do homem dos lobos Lacan fez um conceito, extraiu daí o mecanismo da psicose.

Como se dá o caso Hölderlin? Ele é aparentemente claro, mas no fundo é ambíguo. Aos dois anos perdeu seu verdadeiro pai;

quando tinha quatro anos, sua mãe se casou com o burgomestre Grock, que morreu cinco anos mais tarde. Ele deixa para a criança uma lembrança encantada, que parece jamais ter sido obscurecida pela presença de um meio-irmão. Na ordem da memória, o lugar do pai é largamente ocupado por uma figura clara, positiva, somente contestada pelo acontecimento da morte. Foucault segue aqui de forma eminente a lição de Lacan. Ele, no entanto, a apresenta também como sendo a de Melanie Klein, que é conhecida na história da psicanálise por fazer valer mais a figura materna do que a do pai. Diz Foucault: "Melanie Klein e depois Lacan mostraram que o pai, como terceira pessoa na situação edipiana, não é apenas o rival odiado e ameaçador, mas aquele cuja presença limita a relação ilimitada da mãe para com a criança, à qual o fantasma da devoração dá a primeira forma angustiada. O pai é, então, aquele que separa, quer dizer, que protege quando, pronunciando a Lei, enlaça em uma experiência maior o espaço, a regra e a linguagem. De um golpe são dadas a distância ao longo da qual se desenvolve a escansão das presenças e das ausências, a palavra cuja forma primeira é a do constrangimento, e a relação, enfim, do significante com o significado, a partir da qual vai se fazer não somente a edificação da linguagem, mas também a rejeição e a simbolização do recalcado" (ver p. 197 neste volume). Foucault retoma a posição de Lacan de forma extremamente clara e precisa sobre a psicose: "Não é, portanto, em termos alimentares ou funcionais da carência que se deve pensar uma lacuna fundamental na posição do Pai. Poder dizer que ele falta, que é odiado, rejeitado ou introjetado, que sua imagem passa por transmutações simbólicas, supõe que ele não está, para começar, 'foracluído', como diz Lacan, e que em seu lugar não se abre uma hiância absoluta. Essa ausência do Pai, manifestada pela psicose ao precipitar-se nela, não incide sobre o registro das percepções ou das imagens, mas sobre o dos significantes" (ver p. 197 neste volume).

O homem e a loucura, seus fantasmas, sua carcaça da noite

A constelação de problemas contida no pequeno artigo *A Loucura, a Ausência da Obra* é ao mesmo tempo muito complexa e rica. Merece, por isso, uma exploração mais minuciosa. Foucault publicou esse artigo em um número especial de uma revista consagrado à psiquiatria, cujo tema é o impacto do saber médico sobre a loucura. Ele inicia seu trabalho com algumas considerações que poderiam levar a pensar que se trata de um diagnóstico globalmente positivo sobre as mudanças introduzidas pela farmacologia.

Essa formulação inicia-se com a declaração surpreendente de que um dia talvez não saibamos mais o que "pode ter sido a loucura", com o fechamento desta sobre si mesma. Algo aí se enuncia que vai em uma direção diversa quando ele diz que Artaud pertencerá "ao solo de nossa linguagem e não à sua ruptura; as neuroses, às formas constitutivas (e não aos desvios) de nossa sociedade" (ver p. 210 neste volume). Poder-se-ia acrescentar que uma nova postura ética está em vias de surgir com a aceitação da dignidade do delírio. Diz Foucault que "tudo o que experimentamos, hoje, sob o modo de limite, de estranheza ou do insuportável terá alcançado a serenidade do positivo" (ver p. 210 neste volume).

Foucault levanta algumas questões sobre as possibilidades da ação da medicina interrogando sobre qual seria "o suporte técnico desta mutação". Respostas possíveis: "A possibilidade para a medicina de dominar a doença mental como uma outra afecção orgânica? O controle farmacológico preciso de todos os sintomas psíquicos?" Uma outra perspectiva psiquiátrico-psicológica seria "uma definição bastante rigorosa dos desvios de comportamento, para que a sociedade tenha tempo disponível de prever, para cada um deles, o modo de neutralização que lhe convém" (ver p. 211 neste volume).

E, por fim, uma hipótese geral do que ocorrerá, mas sem forma definida: "ainda outras modificações das quais nenhuma, talvez, suprimirá realmente a doença mental, mas que terão, como sentido, apagar de nossa cultura a face da loucura?" (ver p. 211 neste volume). Nessa formulação, Foucault contesta a possibilidade, como diz ele, ordinariamente estabelecida de "fazer desaparecer a doença mental, assim como a lepra e a tuberculose" (ver p. 211 neste volume). Ele conclui sobre o essencial dessa impossibilidade: "uma coisa permanecerá: a relação do homem com seus fantasmas, com seu impossível, com sua dor sem corpo, com sua carcaça da noite; uma vez o patológico posto fora de circuito, a sombria pertença do homem à loucura será a memória sem idade de um mal apagado em sua forma de doença, mas obstinando-se como desgraça. Para dizer a verdade, essa ideia supõe inalterável o que, sem dúvida, é o mais precário, muito mais precário do que as constâncias do patológico: a relação de uma

Apresentação à Edição Brasileira XXI

cultura com aquilo mesmo que ela exclui, e mais precisamente a relação da nossa com essa verdade de si mesma, longínqua e inversa, que ela descobre e recobre na folia" (ver p. 211 neste volume).

É ainda em *A Loucura, a Ausência da Obra* que Foucault retoma a discussão presente em *As palavras e as coisas* sobre a causalidade da loucura na pergunta sobre o ser da linguagem. Este tem a ver com o vazio que nela se escava. E esse vazio é onde a partir de Freud se faz a experiência da loucura. Foucault observa que, "depois de Raymond Roussel, depois de Artaud, é também o lugar do qual se aproxima a linguagem da literatura". Como se dá essa aproximação? Não como alguma coisa que a literatura "teria a tarefa de enunciar". E Foucault enuncia essa maneira contemporânea de conceber a literatura que "não se define por aquilo que ela diz, nem tampouco pelas estruturas que a tornam significante. Mas que ela tem um ser e é sobre esse ser que é preciso interrogar. Qual é esse ser atualmente? Alguma coisa, sem dúvida, que tem de se haver com a autoimplicação, com o duplo e com o vazio que se escava nele". O ser da literatura, depois de Mallarmé, não se refere mais aos temas, às imagens e à retórica de uma língua dada. Prosseguindo, o ser da literatura, diz Foucault, chega até nós e "ganha a região na qual se faz, a partir de Freud, a experiência da loucura" (ver p. 218 neste volume). Para chegar ao tipo de linguagem que concerne à loucura, Foucault lista as formas de interdito, a começar pelas que dizem respeito ao código linguístico, notando que entre as palavras e expressões marcadas por um interdito de articulação (como a série religiosa e sexual) ele nota que há uma outra forma de linguagem submetida à exclusão. Ele explica o procedimento que a caracteriza: "consiste em submeter uma palavra, aparentemente conforme o código reconhecido, a um outro código cuja chave é dada nesta palavra mesma; de tal forma que esta é desdobrada no interior de si: ela diz o que ela diz, mas ela acrescenta um excedente mudo que enuncia silenciosamente o que ela diz e o código segundo o qual ela diz". Foucault observa que não se trata de uma linguagem cifrada, mas de uma linguagem estruturalmente esotérica. Quer dizer, ela "não comunica, ao escondê-la, uma significação interdita; ela se instala, para começo do jogo, *em uma dobra essencial da palavra*". Dobra que se escava no interior e até o infinito (ver p. 215 neste volume). Ela não é mais falta de linguagem, blasfêmia, e neste ponto Foucault considera a psicanálise como o grande levantamento dos interditos. Como aparece então a loucura? Surge como "uma palavra que envolve a si própria, dizendo por baixo daquilo que diz outra coisa, da qual ela é, ao mesmo tempo, o código único possível" (ver p. 216 neste volume). É nesse *topos*, com Freud, que se dá o verdadeiro ponto de ruptura com a exclusão do grande internamento e o nascimento da *ratio* cartesiana. Para Foucault, essa mutação só se produz realmente com o trabalho de Freud "quando a experiência da loucura foi deslocada para a última forma de interdito de linguagem" (ver p. 215 neste volume). A obra de Freud "não descobre que a loucura está presa em uma rede de significações comuns com a linguagem cotidiana" (ver p. 216 neste volume). Freud, afirma Foucault, "desloca a experiência europeia da loucura para situá-la nessa região perigosa, sempre transgressiva (portanto interditada, também, mas de um modo particular), que é a das linguagens implicando-se nelas próprias, quer dizer, enunciando em seu enunciado a língua na qual elas o enunciam. Freud não descobriu a identidade profunda de um sentido; ele cingiu a figura irruptiva de um significante que não é *absolutamente* como os outros" (ver p. 216 neste volume).

Foucault tem um entendimento próprio do sentido do que podemos chamar de operação freudiana. É preciso, diz ele, "*fazer justiça a Freud*". Freud não "fez *falar* uma loucura que, há séculos, era, exatamente, uma linguagem (...) tagarela, fala corrente indefinidamente fora do silêncio ponderado de razão". Por ter esvaziado o "*Logos* desarrazoado", Freud a dissecou, fez remontar a palavra até sua fonte – até essa região branca de autoimplicação onde nada é dito (ver p. 217 neste volume).

A experiência da escrita e a loucura

Em Hölderlin, o que interessa a Foucault é a poesia do final de sua vida, "a que mais se aparenta com a poesia moderna", a poesia que elaborou quando estava louco. Mas não apenas Hölderlin, como também Sade, Mallarmé ou, ainda, Raymond Roussel, Artaud, o que atrai Foucault é que "o mundo da loucura que havia sido afastado a partir do século XVII, esse mundo festivo da loucura, de repente, fez irrupção na literatura. Eis por que [seu] interesse pela literatura vai ao encontro do [seu] interesse pela loucura" (ver p. 238 neste volume). Foucault considera, assim, "o fato de que em uma época de transição, entre os séculos XVIII e XIX, uma literatura tenha podido nascer ou ressuscitar no interior do que ela fora excluída mostra (...) haver ali alguma coisa de eminentemente fundamental".

Foucault resume o paradoxo de uma posição diante da loucura em uma extraordinária fórmula em que coexiste o que seria a antecipação de uma futura cultura e nossa posição atual, desconhecida por nós próprios: "Seremos aqueles que aproximaram ao máximo estas duas frases jamais realmente pronunciadas, estas duas frases tão contraditórias e impossíveis quanto o famoso 'eu minto' e que designam todas as duas a mesma autorreferência vazia: 'eu escrevo' e 'eu deliro'."
Foucault formula, então, como ele concebe a forma atual, presente na relação entre a escrita e a loucura. Hoje, não se pode empreender essa experiência curiosa que é a escrita sem enfrentar o risco da loucura. Foi o que Hölderlin e de certa forma Sade nos ensinaram (ver p. 242 neste volume). Foucault assevera que a mesma coisa pode ser dita da filosofia; o exemplo a que ele recorre mais uma vez é o das *Meditações cartesianas*: "No início das *Meditações*, Descartes escreve claramente isto: talvez eu esteja sonhando, talvez meus sentidos me traiam, mas há uma coisa que, tenho certeza, não pode me acontecer, é que eu naufrague na loucura." Ele recusa esta hipótese em virtude dos princípios do seu pensamento racional. Tendo Descartes como ponto de partida, filósofo que rejeita a loucura, Foucault chega ao momento de Nietzsche: "O fato de que no interior, e além disso desde o início, momices cujo nome é loucura tenham sido colocadas era alguma coisa que Descartes não podia ver de frente e, ainda que o fizesse, era qualquer coisa que ele imediatamente rejeitava. Ora, com Nietzsche chega, enfim, o momento no qual o filósofo diria: 'Finalmente, talvez eu seja louco'" (ver p. 242 neste volume).

O ponto de mutação na literatura é Mallarmé. Depois dele, diz Foucault, "a literatura (...) está prestes, pouco a pouco, a tornar-se, por sua vez, uma linguagem cuja fala enuncia, ao mesmo tempo em que ela diz e no mesmo movimento, a língua que a torna decifrável como fala". É isso que produz o que parece ser a "estranha vizinhança da loucura com a literatura", à qual, observa Foucault, "não se deve atribuir o sentido de um parentesco psicológico". Na relação da loucura com a criação, a tese de Foucault é que a loucura, "descoberta como uma linguagem, calando-se na superposição a si própria, (...) não manifesta nem relata o nascimento de uma obra (...); ela designa a forma vazia de onde vem essa obra" (ver p. 218 neste volume). Foucault observa que, naturalmente, "os escritores escrevem para viver e para obter um sucesso público". Mas a questão é saber em que direção vão os fios que tecem a escrita. Foucault retoma aqui uma tese que remonta aos simbolistas e principalmente a Mallarmé: "sobre esse ponto, a escrita posterior ao século XIX existe manifestamente para ela mesma e, se necessário, ela existiria independentemente de todo consumo, de todo leitor, de todo prazer e de toda utilidade" (ver p. 243 neste volume). Foucault observa então que esta atividade vertical e quase intransmissível da escrita assemelha-se em parte à loucura. A loucura é de algum modo a linguagem que se mantém na vertical e que não é mais uma palavra transmissível, tendo perdido todo valor de moeda de troca, seja porque a palavra perdeu todo o valor e não é desejada por ninguém, seja porque se hesite em servir-se dela como uma moeda, como se um valor excessivo lhe tivesse sido atribuído. Essa escrita não circulatória, essa escrita que se mantém de pé é justamente um equivalente da loucura. É normal que os escritores encontrem seu duplo no louco ou em um fantasma. Por trás de todo escritor encontra-se a sombra do louco que o sustenta, o domina e o recobre.

No momento em que o escritor escreve, o que produz no "próprio ato de escrever" não é outra coisa senão a loucura" (ver p. 243 neste volume). Para Foucault, esse risco de que um sujeito ao escrever seja levado pela loucura, de que o duplo figurado pelo louco pese sobre ele, isso é em sua opinião "a característica do ato de escrita". Assim se encontra o tema da subversão na escrita. Foucault pensa poder ligar o caráter intransitivo da escrita formulado por Barthes "a esta função de transgressão".

Foucault observa que essa posição transgressiva não se articula de forma imediata a uma posição de esquerda: "no plano da crítica da sociedade europeia, a escrita de Sade e de Flaubert desempenhou um papel jamais desempenhado pelos textos muito mais esquerdistas de Jules Vallès" (ver p. 244 neste volume).

Ele não associa, no entanto, toda atividade da escrita à subversão e à revolução. Recomenda prudência quanto a esse ponto, lembrando que, na França, um "certo tipo de escritores (...) proclamam que toda escrita é subversiva. Há de se desconfiar. (...) Com efeito, se o fato de escrever é subversivo, basta traçar letras, por insignificantes que sejam, sobre um pedaço de papel, para

Apresentação à Edição Brasileira XXV

colocar-se a serviço da revolução mundial" (ver p. 243 neste volume).

Foucault e Derrida: uma *over-interpretation* filosófica da história da loucura

Depois da publicação da *História da loucura*, Derrida consagrou a este livro uma conferência, publicada na *Révue de métaphysique et de morale* e em seu livro *L'ecriture et la différence*, que alcançou ampla repercussão e provocou uma polêmica sucessivamente retomada. Foucault respondeu a Derrida com um texto publicado inicialmente no Japão e depois como apêndice à edição de 1972 da *História da loucura*, publicada pela Gallimard. Ele extrai de forma lapidar desse texto uma posição comum da filosofia a uma parte do pensamento contemporâneo. Foucault chega a dizer que quando escreveu a *História da loucura* ainda não se "libertara o suficiente dos postulados do ensino filosófico, já que [tivera] a fraqueza de colocar, encabeçando um capítulo, (...) a análise de um texto de Descartes" (ver p. 271 neste volume). Vejamos como Foucault encaminha sua resposta.

Derrida, diz Foucault, retoma "o sentido de meu livro ou de seu 'projeto' nas três páginas, nas três únicas páginas que são dedicadas à análise de um texto reconhecido pela tradição filosófica" (ver p. 269 neste volume). Foucault, assim, enuncia os pressupostos do discurso de Derrida. O primeiro é a suposição de que todo conhecimento mantém com a filosofia uma relação fundamental. Foucault comenta de forma irônica esse postulado, ao dizer que essa tese torna inútil discutir as 650 páginas de seu livro, inútil analisar o material histórico complexo trabalhado por ele, inútil também criticar as escolhas desse material, sua distribuição, sua interpretação, "dado que se pode denunciar uma falha na relação fundadora com a filosofia" (ver p. 269 neste volume).

O segundo postulado, observa Foucault, é que o "axioma" das falhas cometidas contra a filosofia é de natureza singular. Não são falhas de língua ou de raciocínio, são o que ele chama com humor de "um misto de pecado cristão e de lapso freudiano". Peca-se desviando os olhos dela, recusando sua luz deslumbrante. Próxima do lapso, essa falha revela como "bastará o mais tênue rasgo" para que todo o conjunto do texto seja posto a nu; se mostra no seu texto um erro sobre Descartes, observa Foucault com ironia, "ele terá mostrado (...) tudo o que posso dizer sobre os regulamentos de polícia no século XVII, o desemprego na época clássica, a reforma de Pinel e os asilos psiquiátricos do século XIX". Foucault ressalta a falha de um discurso cuja pretensão explicativa ignora completamente os níveis complexos do tratamento histórico do problema da loucura. A crítica de Foucault à "teologia" filosófica de Derrida é finalmente bastante severa: tratando-se "de um pecado (...), ele não terá de mostrar qual é o efeito preciso desse erro no campo de meu estudo (como ele se repercute sobre a análise que faço das instituições ou das teorias médicas): um único pecado basta para comprometer toda uma vida" (ver p. 270 neste volume).

O terceiro postulado – elemento bastante geral da crítica de Foucault à filosofia e a um certo estruturalismo – é que a filosofia está aquém e além de todo acontecimento. Tudo o que pode acontecer encontra-se antecipado ou envolto por ela. Foucault critica e afirma de forma rigorosa que Derrida ignora, não conhece a categoria de acontecimento singular.

Essa crítica generaliza-se a todo o ensino da filosofia que "se apresenta como crítica universal de todo o saber (...), sem análise real do conteúdo e das formas desse saber; (...) como injunção moral que só se desperta com sua própria luz (...); como perpétua reduplicação dela própria (...) em um comentário infinito de seus próprios textos e sem relação com nenhuma exterioridade" (ver p. 271 neste volume).

A tese que Foucault afirma contra Derrida é que a filosofia não é mais, nem histórica nem logicamente, fundadora de conhecimento. Foucault diz ter a impressão de que, no Ocidente, a escolha original, a partir do século XIX – ele chega a pensar que mesmo a partir do século XVIII –, "a escolha verdadeiramente filosófica, (...) fez-se tendo como pontos de partida os domínios que não mais decorrem da filosofia". Os exemplos referidos são as análises efetuadas por Marx que "não eram filosóficas no seu espírito", e não que devem ser consideradas como tal (ver p. 234 neste volume). Foucault considera Marx essencialmente como um teórico não da filosofia ou da economia: "são análises puramente políticas, que tornam indispensáveis algumas das escolhas originais fundamentais e determinantes para nossa cultura" (ver p. 234 neste volume). A outra referência seminal é Freud. Foucault considera que, "do mesmo modo, Freud não era filósofo e não tinha nenhuma intenção de o ser. Mas o fato de ele ter descrito a sexualidade como ele o fez, de ele assim ter esclarecido as

Apresentação à Edição Brasileira XXVII

características da neurose e da loucura, mostra tratar-se, na verdade, de uma escolha original" (ver p. 235 neste volume). Tal escolha "operada por Freud é muito mais importante para nossa cultura do que as escolhas filosóficas de seus contemporâneos, como Bergson e Husserl" (ver p. 235 neste volume). E quanto a ele, seu trabalho, suas análises tocam as escolhas fundamentais feitas fora da filosofia. Escolhas que ocorrem em outras áreas, quer sejam científicas, políticas ou literárias. É assim que, respondendo a M. Watanabe, ele diferencia seu trabalho sobre a loucura, distinguindo-o daquele de Jaspers, a que chama filosofia da loucura ou filosofia das doenças mentais na mesma época em que publicou sua resposta a Derrida.

Foucault pretendeu analisar as condições e regras específicas que existem para a formação do saber às quais o discurso encontra-se submetido nas diferentes épocas históricas.

Há, para ele, como em qualquer discurso de pretensão racional, um inconsciente do saber com formas e regras específicas. "Esforcei-me", diz ele, "em analisar os 'acontecimentos' que podem produzir-se na ordem do saber, e que não podem reduzir-se nem à lei geral de um 'progresso' nem à repetição de uma origem" (ver p. 271 neste volume).

Onde estava o elemento estratégico, decisivo, para Foucault? Diz ele: para mim, todo o essencial está na análise desses acontecimentos, desses saberes, que religam discursos, instituições e práticas.

Contra a *over-interpretation* – ou o que se pode chamar mesmo de delírio de interpretação –, critica-se a totalidade de um livro sem dizer uma única palavra de seu conteúdo histórico, de seus métodos, de seus conceitos, de suas hipóteses. E Foucault diz que Derrida "foi levado a deturpar sua própria leitura de Descartes, e também a leitura que faz [do texto de Foucault]" (ver p. 272 neste volume).

É preciso insistir, no entanto, no fato de que, se ele critica Derrida, Foucault atribui a si a responsabilidade, ao escrever esse texto, de não estar liberto o suficiente dos postulados do ensino filosófico.

Vejamos como na *História da loucura* ele pensa o tema capital do nascimento da *ratio* cartesiana em sua relação com o sonho e a loucura.

Foucault, ao tratar de Descartes, vai distinguir a Idade Clássica que ele inaugura da Renascença que libertara as vozes da loucura, ainda que dominando já sua violência. A Idade Clássica, com efeito, vai "reduzir a loucura ao silêncio por um estranho golpe de força" (*Histoire de la folie*, Edições Gallimard, Paris, 1972, p. 56). No caminho da dúvida, Descartes encontra a loucura ao lado do sonho e de todas as formas do erro. A possibilidade de ser louco não arrisca a despossuí-lo do corpo – a que Descartes compara a possibilidade de o mundo exterior deslizar no erro ou a consciência se adormecer no sonho. "Como poderia eu negar que estas mãos e estes corpos sejam meus, se não que eu me comparo a certos insensatos, de que o cérebro está tão perturbado e ofuscado pelos negros vapores da bílis que asseguram constantemente que são reis quando são muito pobres, que estão vestidos de ouro e de púrpura quando estão nus, e que se imaginam serem moringas ou de ter um corpo de vidro" (*Histoire de la folie*, p. 56). Mas Descartes não aceita o perigo da loucura como contorna a eventualidade do sonho ou do erro. Por enganadores que sejam os sentidos, com efeito, não podem alterar senão "as coisas muito pouco sensíveis ou muito distantes". A força de suas ilusões deixa sempre um resíduo de verdade "que eu estou aqui, à beira do fogo, vestido com uma roupa de dormir".

Quanto ao sonho, ele pode, como a imaginação dos pintores, representar "sereias, ou sátiros por figuras bizarras e extraordinárias", mas ele não pode "nem criar nem compor por si mesmo essas coisas mais simples e mais universais", cujo arranjo torna possíveis as imagens fantásticas. Desse gênero de coisas (*Histoire de la folie*, p. 56) é a natureza corporal em geral e sua extensão. Estas são tão pouco fictícias que asseguram aos sonhos a sua verossimilhança – inevitáveis marcas de uma verdade que o sonho não chega a comprometer. Nem o sonho povoado de imagens, nem a clara consciência de que os sentidos se enganam podem levar a dúvida ao ponto extremo da sua universalidade; admitiremos que os olhos nos enganam – "suponhamos agora que estamos adormecidos, a verdade não deslizará toda na noite" (*Histoire de la folie*, p. 57).

Para a loucura, as coisas se passam de forma diferente; se os perigos não comprometem a *démarche* nem o essencial de sua verdade, não é porque *tal coisa*, mesmo no pensamento de um louco, não pode ser falsa, mas porque, sendo eu a pensar, não

Apresentação à Edição Brasileira **XXIX**

posso ser louco. Quando acredito ter um corpo, estou seguro de ter uma verdade mais firme que aquele que se imagina ter um corpo de vidro? Seguramente, porque "são loucos, e eu não seria mais extravagante, se eu me regulasse sob seu exemplo" (*Histoire de la folie*, p. 57).

Foucault observa que não é a permanência de uma verdade que garante o pensamento contra a loucura, como ela lhe permitia se depreender de um erro ou emergir de um sonho. É uma impossibilidade de ser louco, essencial não ao objeto do pensamento, mas ao sujeito que pensa. Podemos supor que sonhamos e nos identificamos com o sujeito que sonha para encontrar "alguma razão de duvidar" (*Histoire de la folie*, p. 57); a verdade aparece ainda como condição de possibilidade do sonho. Não se pode, por outro lado, supor, mesmo pelo pensamento, que se é louco, porque a loucura é justamente condição de impossibilidade do pensamento: "não serei menos extravagante".

Foucault considera existir um desequilíbrio fundamental entre, de um lado, a loucura e, de outro, o sonho e o erro. Com relação à verdade é que é diferente sua situação. Sonho e ilusão são superados na estrutura mesma da verdade; a loucura, no entanto, é excluída pelo sujeito que duvida. Como logo será excluído que ele não pensa e que não existe. Foucault marca que depois de Montaigne, dos *Essais*, uma decisão foi tomada. Referindo-se a Montaigne em seu contato com Tasso, nada lhe assegurava de que todo pensamento não fosse frequentado pela desrazão. Assim, no século XVI, entre as formas da ilusão, o caminho da dúvida traçado pela loucura é um dos mais frequentados: "Nunca se está certo de não sonhar, de não ser louco" (*Histoire de la folie*, p. 58). Com Descartes, essa certeza é adquirida e solidamente mantida; a loucura não pode concernir a ele.

Seria extravagante supor que se é extravagante. Como experiência de pensamento, a loucura se implica a si própria e, portanto, se exclui do projeto. Assim, o perigo da loucura desapareceu do exercício da razão. Esta está entrincheirada na plena posse de si mesma, onde não pode encontrar outras armadilhas senão o erro, outros perigos senão a ilusão.

A dúvida cartesiana desata os charmes dos sentidos, atravessa as paisagens do sonho, guiada sempre pela luz das coisas verdadeiras; mas ela bane a loucura, e não aquele que duvida e que não pode mais pensar desarrazoadamente como não pensar e não ser. Modifica-se a problemática da loucura tal como a pensava Montaigne. E de uma forma decisiva, ainda que "quase imperceptível", pensa Foucault. "A loucura é situada no regime de exclusão de que só se libertará parcialmente com Hegel na *Fenomenologia do espírito*..." (*Histoire de la folie*, p. 58).

Agora, os caminhos da dúvida cartesiana no século XVII parecem testemunhar que a loucura está fora do domínio do sujeito que detém seus direitos à verdade: esse domínio que é para o pensamento clássico a própria razão. Doravante, nota Foucault, a loucura está exilada. Se o homem pode sempre ser louco, "o pensamento como exercício soberano de um sujeito que se põe no dever de perceber o verdadeiro não pode ser insensato. Uma linha divisória é traçada que logo vai tornar impossível a experiência tão familiar à Renascença de uma razão irrazoável, de uma razoável desrazão" (*Histoire de la folie*, p. 58).

Entre Montaigne e Descartes produz-se um acontecimento: algo como o advento de uma *ratio* (*Histoire de la folie*, p. 58).

Retomemos a crítica de Foucault a Derrida, bastante dura, que se traduz em uma questão: "como um filósofo tão atento quanto Derrida, tão preocupado com o rigor de seus textos, pode fazer desta passagem de Descartes uma leitura tão imprecisa, tão distante, tão pouco ajustada à sua disposição de conjunto, aos encadeamentos e às suas simetrias, ao que está dito?" (ver p. 280 neste volume).

O ponto-chave da crítica-resposta de Foucault concerne à observação de Derrida de que, na *Primeira Meditação*, na qual se trata da loucura, não é tanto Descartes que fala, mas um interlocutor fictício. Seria um recurso de ordem retórica e pedagógica. As conclusões a que chega o autor de *Glas* são: a) "não foi Descartes que disse 'mas o que, são loucos'"; b) que as extravagâncias da loucura estão implicadas no sonho. Foucault ressalta que a hipótese de uma outra voz lhe parece inútil e arbitrária.

Trata-se de meditação, diz Foucault, "em que o sujeito falante não cessa de deslocar-se, modificar-se, mudar de convicção, avançar em suas certezas, assumir riscos, fazer tentativas". É uma experiência meditativa, e não uma ficção pedagógica. Para Derrida, a loucura é apenas uma forma atenuada, pouco extravagante do sonho. Se há um privilégio do sonho sobre a loucura

Apresentação à Edição Brasileira XXXI

é que o sonho pode me acontecer, diz Foucault, enquanto a loucura para Descartes "é uma experiência imediatamente impossível" (ver p. 274 neste volume). Foucault considera que Derrida sobreimprime uma voz no texto para mantê-lo fechado à grande interioridade da filosofia (ver p. 284 neste volume).

Da estrutura à genealogia

No prefácio à primeira edição publicado por Plon e depois suprimido, Foucault explicava o quadro geral de seu projeto – o que quer dizer fazer uma história da loucura: "Fazer a história da loucura quererá então dizer: fazer um estudo estrutural do conjunto histórico – noções, instituições, medidas jurídicas e policiais, conceitos científicos – que mantém cativa uma loucura cujo estado selvagem jamais poderá ser restituído nele próprio; mas, na falta dessa inacessível pureza primitiva, o estudo estrutural deve remontar à decisão que liga e separa, ao mesmo tempo, razão e loucura; deve tender a descobrir a troca perpétua, a obscura raiz comum, o afrontamento originário que dá sentido à unidade tanto quanto à oposição entre o sentido e o insensato. Assim, poderá reaparecer a decisão fulgurante, heterogênea ao tempo da história, mas inapreensível fora dele, que separa da linguagem da razão e das promessas do tempo esse murmúrio de insetos sombrios" (ver p. 158 neste volume).

Foucault dá conta, assim, do nascimento do asilo recorrendo a uma experiência onde a partilha razão-loucura não fora feita. A abordagem genealógica que ele irá construir depois não vai mais se constituir a partir de um discurso pelo qual a sociedade exclui a desrazão. Foucault pretendia fazer aceder até a linguagem palavras e textos que estavam sob ela. A interrogação do saber analítico sobre a loucura mostrava que este recobria a experiência trágica: "a bela retidão que conduz o pensamento racional até a análise da loucura como doença mental, é necessário interpretá-la na sua dimensão vertical; então parece que em cada uma de suas formas ela mascara de maneira mais perigosa também esta experiência trágica" (*Histoire de la folie*, p. 40).

No curso do Collège de France sobre o poder psiquiátrico, Foucault pretendeu analisar as práticas discursivas da psiquiatria. Agora, trata-se da análise de um dispositivo. O conceito de dispositivo de poder vem agora ocupar o primeiro plano da investigação: o dispositivo de poder onde se encontram enlaçados elementos tão heterogêneos como discursos, modos de tratamento, medidas administrativas, ordenamentos arquitetônicos etc. (ver nº 206, p. 299, vol. III da edição francesa desta obra). Foucault situa a questão do dispositivo agora a partir de suas "condições de existência", e não a partir das "condições de possibilidade", concepção kantiana. Se a história da loucura levara a "uma dessacralização epistemológica da psiquiatria", como formulara Canguilhem (*in* "Sur l'histoire de la folie en tant qu'événement", *Le débat*, nº 41 – "Michel Foucault", set.-nov. 1986), agora as análises genealógicas combinam leitura epistemológica e uma analítica do poder.

Jacques Lagrange (*in* "Versions de la psychiatrie dans les travaux de Michel Foucault", *Michel Foucault et la médecine*, Paris, Edições Kimé, 2001, p. 132-134) situa três deslocamentos fundamentais feitos pela análise genealógica em relação à *História da loucura*. Em primeiro lugar, na *História da loucura* era a análise das representações que centrava a leitura de Foucault. Estas compreendiam as imagens da loucura, o fantasma da desrazão e os modelos do saber médico. O registro da percepção era convocado inscrevendo os comportamentos em uma concepção das normas sociais consideradas desviantes. No curso, o plano das representações é substituído pelo dispositivo de poder: que em um dado momento possui uma função estratégica dominante (ver nº 206, p. 299, vol. III da edição francesa desta obra). Em segundo lugar, analisar como um dispositivo de poder produz a prática psiquiátrica exige que se abandone o conceito de violência e de poder repressivo. As táticas e os mecanismos meticulosos do poder psiquiátrico não podem ser cingidos por essa categoria global. A análise da microfísica do poder na instituição psiquiátrica exige uma leitura técnica e estratégica. Em terceiro lugar, conceber-se o poder como violência, abuso, excesso tirânico com relação a um funcionamento institucional, para Foucault, no seu curso de 1973, mantém a análise do poder no quadro da instituição. A análise da microfísica do poder amplia o quadro, o espaço da investigação, e não o mantém apenas nos limites da própria instituição. Na história da loucura, que se pretendia "uma história da própria instituição psiquiátrica, a formação do saber psiquiátrico está ligada a um processo de institucionalização da medicina mental (ver nº 216, p. 414, vol. II da edição francesa desta obra). Foucault desenvolve uma análise original em face de todas as propostas surgidas na França no pós-guerra que pretendiam melhorar ou reformar a psiquiatria ou ainda negar sua

Apresentação à Edição Brasileira **XXXIII**

validade e legitimidade. A leitura de Foucault cinge as relações de poder, os dispositivos táticos que o veiculam e que se distribuem na instituição indo além desta, situando sua constituição a partir de uma tecnologia de poder que estrutura a própria sociedade.

Loucura e segregação social: do hospital geral à prisão

Foucault afirma ter herdado o conceito de estrutura que usa na *História da loucura* de Georges Dumézil, historiador das religiões e da civilização indo-europeia. Diz que, assim como Dumézil o utilizou para os mitos, ele tentou "descobrir formas estruturadas de experiência cujo esquema pudesse ser encontrado" (ver p. 162 neste volume). A estrutura que encontrou foi a "da segregação social, a da exclusão".

Em suas conferências japonesas, Foucault complementa essa perspectiva ao fazer remontar a lógica de seu trabalho a Lévi-Strauss. Lembra que, no Ocidente, no estudo dos sistemas de pensamento a tradição tem sido a de ater-se apenas aos fenômenos positivos. Ora, observa Foucault, "nesses últimos anos, em etnologia, Lévi-Strauss explorou um método que permite esclarecer a estrutura negativa em toda sociedade ou toda cultura" (ver p. 259 neste volume). O autor dos *Mitológicos* demonstrou que a proibição do incesto em uma cultura não se articula com a afirmação de um certo número de valores. Foucault evoca então a metáfora do tabuleiro de xadrez: "É que há aí, por assim dizer, um tabuleiro de xadrez de quadrados cinza ou azul-claros, apenas perceptíveis, que definem a modalidade de uma cultura: é a trama desses quadrados que eu quis aplicar à história dos sistemas de pensamento. Para mim, tratava-se, então, não mais de saber o que é afirmado e valorizado em uma sociedade ou em um sistema de pensamento, mas de estudar o que é rejeitado e excluído" (ver p. 259 neste volume). Foucault contentou-se, então, em recorrer a um método de trabalho que já era reconhecido em etnologia.

Nessas conferências no Japão, Foucault explica o trabalho que realizou em torno da loucura. Diz-nos o seguinte: "Remexendo em documentos históricos, constatei que o Ocidente, até meados do século XVII, mostrava-se notavelmente tolerante para com os loucos e para com a loucura, embora esse fenômeno da loucura fosse definido por um sistema de exclusão e de recusa: ele era admitido no tecido da sociedade e do pensamento" (ver p. 236 neste volume). Os loucos eram repelidos, sim, para as margens da sociedade, mas também eram amplamente disseminados nela.

Ainda que marginais, "não eram completamente excluídos, mas integrados ao funcionamento da sociedade" (ver p. 237 neste volume). Mas a referência à antropologia estrutural não esgota a dimensão política que Foucault extrai de seu recurso à antropologia. Ele lembra o caráter trans-histórico ou pan-histórico da exclusão da loucura: "A loucura foi, em todos os tempos, excluída." E faz um contraponto com o trabalho realizado nos últimos 50 anos: "no que chamamos de países avançados, os etnólogos e os psiquiatras comparatistas tentaram (...) determinar se a loucura que se encontrava em seus países, (...) a neurose obsessiva, a paranoia, a esquizofrenia, existiam também nas sociedades ditas 'primitivas'" (ver p. 259 neste volume). Ou ver se a loucura possuía nessas sociedades caráter positivo. Foucault cita Ruth Benedict. Esta concluiu que toda a tribo dos índios kwakitl apresentava caráter paranoico. E lembra ainda de uma tribo primitiva australiana em que o louco era considerado como um ser temível para a sociedade, dotado de uma força sobrenatural. Por outro lado, alguns loucos tornam-se vítimas da sociedade. Em todos os casos, a pessoa que tem comportamento diferente dos outros no trabalho, na família, no discurso e nos jogos é excluída.

Foucault estabelece uma comparação entre as sociedades ditas primitivas e a nossa: do mesmo modo, em nossas sociedades industrializadas modernas, os loucos são excluídos da sociedade comum por um sistema de exclusão isomorfo, e se veem recebendo um caráter marginal. Como se estabelece o estatuto do louco? O primeiro ponto concerne ao trabalho. Ainda atualmente, "o primeiro critério para determinar a loucura em um indivíduo consiste em mostrar que é um homem inapto para o trabalho". Freud diz com precisão: o louco (ele falava sobretudo das neuroses) era uma pessoa que não podia nem trabalhar nem amar. Foucault considera existir "nesta ideia de Freud (...) uma profunda verdade histórica. Na Europa, na Idade Média, a existência dos loucos era admitida. Às vezes, eles se excitavam, tornavam-se instáveis ou se mostravam preguiçosos, mas era-lhes permitido vagar aqui e ali. Ora, a partir do século XVII, aproximadamente, constitui-se a sociedade industrial e a existência de tais pessoas não foi mais tolerada. Em resposta às exigências da sociedade industrial, criaram-se, quase simultaneamente, na França e na Inglaterra, grandes estabelecimentos para interná-los. Não eram apenas os loucos que se colocavam neles; eram também os desempregados, os doentes, os velhos, todos os que não podiam trabalhar" (ver p. 261 neste volume).

Há, assim, um *status* universal conferido ao louco, observa Foucault, quer seja na sociedade primitiva, quer na sociedade moderna, tanto na Idade Média quanto no século XX. Uma diferença existe, no entanto: "é que, do século XVII ao século XIX, o direito de exigir a internação de um louco pertencia à família. Era, a princípio, a família que excluía os loucos. Ora, a partir do século XIX, essa prerrogativa familiar se perdeu progressivamente e foi concedida aos médicos. Para internar um louco, exigia-se um atestado médico e, uma vez internado, o louco via-se privado de toda responsabilidade e de todo direito como membro de família, ele perdia inclusive sua cidadania, ele era fulminado pela interdição" (ver p. 262 neste volume).

Foucault considera que, no que tange à sexualidade, há um fato a observar. Na documentação europeia até o começo do século XIX, "práticas sexuais como a masturbação, a homossexualidade, a ninfomania não são tratadas como referidas à psiquiatria" (ver p. 262 neste volume). É a partir do século XIX que essas anomalias sexuais vão ser identificadas à loucura e consideradas como distúrbios manifestos por um ser incapaz de se adaptar à estrutura familiar da burguesia. É um acontecimento na ordem do saber que marca a mudança; com a descrição por Beyle da paralisia progressiva demonstrando "que ela era devida à sífilis, a ideia de que a principal causa da loucura resida na anomalia sexual consolidou-se". Ele pensa que o fato de Freud ter considerado o "distúrbio da libido como uma causa ou então como uma expressão da loucura, isto teria tido o mesmo efeito".

Quanto ao ato libertador de Pinel em 1793, Foucault lembra: "os que ele liberou não eram senão enfermos, velhos ociosos e prostitutas; ele deixou os loucos dentro dos estabelecimentos". Foucault explica o processo de libertação de parte da população internada nos hospitais gerais a partir de uma causalidade econômica: "a partir do início do século XIX a velocidade do desenvolvimento industrial se acelerou, (...) as hordas de desempregados proletários eram consideradas como um exército de reserva da força do trabalho. Por essa razão, os que não trabalhavam, sendo capazes de trabalhar, saíram dos estabelecimentos. Porém, ali também, um segundo processo de seleção se operou: não os que não queriam trabalhar, mas os que não tinham a faculdade de trabalhar, a saber, os loucos, foram deixados dentro dos estabelecimentos e foram considerados como pacientes cujos distúrbios tinham causas que se referiam ao seu caráter ou de natureza psicológica" (ver p. 266 neste volume).

Ao estudar a história da loucura, Foucault diz não buscar negar a psiquiatria, mas nota que a medicalização do louco produziu-se bem tarde historicamente. Não lhe "parece que este resultado tenha exercido uma influência profunda sobre o *status* do louco". Para ele, o *status* do louco não varia nada entre as sociedades primitivas e as sociedades avançadas. "Isso não faz senão demonstrar o primitivismo de nossas sociedades."

Foucault afirma ter querido mostrar o "caráter traumatizante que nossas sociedades ainda possuem" (ver p. 267 neste volume). Diz ele que se alguma coisa em nossa época revalorizou um pouquinho o *status* do louco, foi o surgimento da psicanálise e dos psicotrópicos. Trata-se para ele de uma abertura que "apenas começou", na medida em que "nossa sociedade continua excluindo os loucos" (ver p. 267 neste volume).

Articulada a suas investigações sobre a segregação e a exclusão social, há uma entrevista inédita sobre o grande encarceramento, quando Foucault, atuando no Grupo de Informação sobre as Prisões, já deixara a teoria do poder repressivo presente na história da loucura e elaborava as teses sobre o poder disciplinar – um dos eixos de *Vigiar e punir*. Qual o problema na época que levou Foucault a elaborar sua pesquisa sobre a prisão?

Desta se sabia, desde Rusche e Kirchheimer, que, na Idade Média, já havia cárceres e prisões, mas só se internavam as pessoas até que fossem julgadas, até haverem pago o resgate ou até serem executadas. Não existia ainda internamento em massa como no século XVII, momento em que no reinado de Luís XIV seis mil pessoas foram internadas permanentemente. Foi somente quando o capitalismo nascente encontrou-se confrontado com novos problemas, sobretudo o da mão de obra, o dos desempregados, e quando a sociedade do século XVII conheceu grandes insurreições populares, na Alemanha, Inglaterra etc., foi somente nesse momento que se recorreu ao internamento. À pergunta por que isso ocorreu Foucault responde que o "velho método da repressão às insurreições não parecia apropriado". O recurso a exércitos mercenários para massacrar o povo "aniquilava os bens" (ver p. 286 neste volume). Era um massacre absoluto, diz Foucault, ficando o exército vários meses no país, "devorando tudo, os grandes proprietários não podiam recolher impostos, era uma catástrofe econômica". Inventou-se a prisão, que permitiu eliminar como perigosa uma parte da população sem que essa eliminação tivesse consequências econômicas catastróficas. Diz ele que o contexto posterior a Maio de 1968 era homólogo, quando o problema da repressão e das perseguições judiciais tornou-se cada vez mais agudo. Diz Foucault que isso reativa a lembrança do grande internamento: o internamento naquela época dos "velhos, os enfermos, as pessoas que não queriam ou não podiam trabalhar, os homossexuais, os doentes mentais, os pais dilapidadores, os filhos pródigos; eram encarcerados todos juntos no mesmo espaço" (ver p. 288 neste volume). Ele se refere à experiência nazista como um retorno ao grande internamento, na sua "variante sangrenta, violenta, inumana desse novo internamento – judeus, homossexuais, comunistas, vagabundos, ciganos, agitadores políticos, operários, todos no mesmo campo" (ver p. 288 neste volume).

Para Foucault, o problema não é a prisão modelo ou a abolição da prisão: "A sociedade instauraria, simplesmente, um outro meio" (ver p. 296 neste volume). O problema é "oferecer uma crítica do sistema que explique o processo pelo qual a sociedade atual impele para a margem uma parte da população" (ver p. 296 neste volume).

Um fio condutor: a problematização do sujeito

Um grande debate com a orientação de Lacan atravessa muitos aspectos da obra do filósofo. Foucault diz: "descobríamos que a filosofia e as ciências humanas viviam sobre uma concepção muito tradicional do sujeito humano, e que não bastava dizer, ora com uns, que o sujeito era radicalmente livre e, ora com outros, que ele era determinado por condições sociais. (...) O sujeito: uma coisa complexa, frágil, de que é tão difícil falar, e sem a qual não podemos falar" (ver p. 329 neste volume).

A relação complexa com as teorias clássicas da razão e do sujeito desdobra-se, aí, em uma problemática que atravessou momentos diferentes.

À pergunta sobre o que entendia como "história das problemáticas", Foucault respondeu: "Durante muito tempo procurei saber se seria possível caracterizar a história do pensamento distinguindo-a da história das ideias – quer dizer, da análise dos sistemas de representações – e da história das mentalidades – quer dizer, da análise das atitudes e dos esquemas de comportamento.

Pareceu-me que existia um elemento que era capaz de caracterizar a história do pensamento: o que poderíamos chamar de problemas ou, mais exatamente, de problematizações. O que distingue o pensamento é que ele é algo inteiramente diverso do conjunto das representações que subentendem um comportamento; ele é algo inteiramente diverso do domínio das atitudes que podem determiná-lo. O pensamento não é o que habita uma conduta e lhe dá um sentido; é mais exatamente o que permite tomar distância com relação a essa maneira de fazer ou de reagir, de dá-lo para si como objeto de pensamento e interrogá-lo sobre seu sentido, suas condições e seus fins. O pensamento é a liberdade com relação ao que se faz, o movimento pelo qual disto nos distanciamos, o constituímos como objeto e refletimos sobre ele como problema" (ver *Polêmica, Política e Problematizações*, vol. V da edição brasileira desta obra).

A problematização do sujeito se desdobra, pelo menos, em dois momentos cruciais no trabalho de Foucault. Um deles está associado à questão da "morte do homem" ou do que Georges Canguilhem chamou de esgotamento do *cogito*. Na arqueologia das ciências humanas que construiu no seu grande livro *As palavras e as coisas*, Foucault punha em questão o estatuto de ciências das disciplinas que reclamavam de uma antropologia filosófica ou da tradição do *cogito*, que no pensamento filosófico contemporâneo encontrava seu ponto de articulação mais recente na fenomenologia.

A arqueologia das ciências humanas proposta por Michel Foucault é dirigida pela psicanálise e pela etnologia que, como contraciências, estão no coração da *episteme* da modernidade. Foucault atribui aí à psicanálise um lugar privilegiado, mais importante ainda que o da etnologia. O privilégio dessa disciplina, e especialmente da obra de Freud, diz respeito à sua posição no conjunto dos saberes que organizam a *episteme* de nossa época. "Freud é o produtor de uma empresa radical de apagamento da partilha entre 'o negativo e o positivo, o normal e o patológico, do compreensível e do incompreensível, do significante e do insignificante'. E é assim que todo esse saber em cujo interior a cultura ocidental dera para si uma certa imagem do homem gira em torno da obra de Freud" (*Les mots et les choses*, Paris, Edições Gallimard, 1966, p. 372). A psicanálise aparece na configuração do saber contemporâneo, abrindo um novo espaço ao mesmo tempo teórico e prático de uma nova época histórica. É esta que anuncia o fechamento da herança do século XIX ou, em outros termos, do sistema de pensamento que se iniciara com o pensamento de Kant. Ela consagra o crepúsculo das psicologias, das sociologias e, em última instância, da antropologia filosófica. Em *As palavras e as coisas* – livro de inspiração nietzschiana –, a psicanálise é um dos saberes que permitem antecipar a virada da *episteme* em que vivemos hoje; ela permite dizer antes a próxima ruptura nas disposições fundamentais do saber onde o homem virá apagar-se "como no limite do mar um rosto de areia".

A uma pergunta do filósofo Badiou sobre a possibilidade de a psicologia ser capaz, como as ciências exatas, de fazer sua própria filosofia, responde que esse papel cabe, nas chamadas ciências humanas, à psicanálise e à antropologia. E mais: "que depois da análise de Freud, alguma coisa como a análise de Lacan foi possível, que depois de Durkheim, alguma coisa como Lévi-Strauss foi possível, tudo isso prova, de fato, que as ciências humanas estão prestes a instaurar com elas próprias e para elas próprias uma certa relação crítica que não deixa de fazer pensar na relação que a física ou as matemáticas exercem quanto a elas próprias; o mesmo para a linguística" (ver p. 230 neste volume). Não se trata de uma filosofia da psicanálise ou da antropologia, mas de uma relação reflexiva da ciência consigo mesma.

Respondendo a Madeleine Chapsal, que lhe perguntava onde estamos, Foucault respondia estarmos muito longe da geração precedente, da geração de Sartre e de Merleau-Ponty... A oposição de Foucault à filosofia de Sartre é que esta constitui uma modalidade de hermenêutica, uma filosofia do sentido. Para Michel Foucault, a ruptura ocorrera com a obra de Lacan e Lévi-Strauss, quando Lacan mostrara sobre o inconsciente que somos efeito de superfície do sentido, um reflexo, uma espuma, e o que nos sustentava no tempo e no espaço era o sistema. "A importância de Lacan advém de ele mostrar que, através do discurso do paciente e dos sintomas de sua neurose, são as estruturas, o sistema mesmo da linguagem – e não o sujeito – que falam" (ver nº 37, p. 514, vol. I da edição francesa desta obra).

E Foucault generaliza para as três orientações de pensamento que foram para ele fundamentais: a de Lacan, a de Lévi-Strauss e a de Georges Dumézil – todas aparentemente pertencendo às ciências humanas, porém de fato apagando a imagem tradicional que tínhamos do homem, tornando inútil mesmo a herança mais pesada do século XIX, o humanismo (ver nº 37, p. 516, vol. I da edição francesa desta obra).

Se em Lacan não se trata da negação do sujeito, mas da dependência do sujeito em relação ao significante, em Foucault trata-se de uma oposição à tradição que identifica o *cogito* e o sujeito contra o inconsciente.

Quando mais tarde Foucault publicar *Vontade de saber*, ele o fará como parte de uma história da sexualidade que deverá funcionar como uma genealogia da psicanálise. Nesse momento, Foucault apaga a ruptura inaugural da psicanálise em benefício de uma continuidade da prática analítica com a prática religiosa da confissão.

No entanto, Foucault modificou radicalmente de novo sua problemática a partir do *Uso dos prazeres*, e a noção de sujeito volta a ser um ponto focal de seu trabalho. Sob a égide da problematização, eis como ele define essa etapa de seu trabalho e redefine o trabalho que realizara antes: "analisar não os comportamentos nem as ideias, não as sociedades nem suas ideologias", mas as problematizações através das quais o ser se dá como podendo e devendo ser pensado e as práticas a partir das quais elas se formam. A dimensão arqueológica da análise permite analisar as formas mesmas da problematização; sua dimensão genealógica, sua formação a partir das práticas e suas modificações. Problematização da loucura e da doença a partir de práticas sociais e médicas, definindo um certo perfil de "normalização"; problematização da vida, da linguagem e do trabalho em práticas discursivas que obedecem a certas regras "epistêmicas"; problematização do crime e do comportamento criminoso a partir de certas práticas punitivas que obedecem a um modelo "disciplinar" (*L'usage des plaisirs*, Edições Gallimard, p. 17-18).

E agora eu gostaria de mostrar como na Antiguidade a atividade e os prazeres sexuais foram problematizados através das práticas de si, pondo em jogo os critérios de "uma estética da existência". Essa problematização é, na verdade, o objeto de uma investigação que renova radicalmente a ética, na medida em que é "uma história das problematizações éticas feita a partir das práticas de si" (*L'usage des plaisirs*, Edições Gallimard, p. 18-19).

E, na entrevista final, há um amplo panorama do seu trabalho epistemológico-político, falando sobre suas lutas: "A coerência é a da minha vida. Lutei em diferentes domínios, é exato. (...) Conheci algumas experiências com os hospitais psiquiátricos, com a polícia e no terreno da sexualidade. (...) Gostaria de afirmar que a coerência é de natureza estratégica" (ver p. 343-344 neste volume).

Sobre a edição brasileira

A edição brasileira é bem mais ampla do que a americana, publicada em três volumes, e também do que a italiana. Sua diagramação segue praticamente o modelo francês. A única diferença significativa é que na edição francesa a cada ano abre-se uma página e os textos entram em sequência numerada (sem abrir página). Na edição brasileira, todos os textos abrem página e o ano se repete. Abaixo do título há uma indicação de sua natureza: artigo, apresentação, prefácio, conferência, entrevista, discussão, intervenção, resumo de curso. Essa indicação, organizada pelos editores, foi mantida na edição brasileira, assim como a referência bibliográfica de cada texto, que figura sob seu título.

A edição francesa possui um duplo sistema de notas: as notas numeradas foram redigidas pelo autor, e aquelas com asterisco foram feitas pelos editores franceses. Na edição brasileira, há também dois sistemas, com a diferença de que as notas numeradas compreendem tanto as originais de Michel Foucault quanto as dos editores franceses. Para diferenciá-las, as notas do autor possuem um (N.A.) antes de iniciar-se o texto. Por sua vez, as notas com asterisco, na edição brasileira, se referem àquelas feitas pelo tradutor ou pelo revisor técnico, e vêm com um (N.T.) ou um (N.R.) antes de iniciar-se o texto.

Esta edição permite o acesso a um conjunto de textos antes inacessíveis, fundamentais para pensar questões cruciais da cultura contemporânea, e, ao mesmo tempo, medir a extensão e o alcance de um trabalho, de um *work in progress* dos mais importantes da história do pensamento em todas as suas dimensões, éticas, estéticas, literárias, políticas, históricas e filosóficas.

Manoel Barros da Motta

Cronologia

"Qual é então esse momento tão frágil do qual não podemos separar nossa identidade e que a levará com ele?"

Michel Foucault (ver nº 266, vol. III da edição francesa desta obra).

1926

Outubro, dia 15, nascimento de Paul-Michel Foucault, em Poitiers, rua da Visitation, nº 10, mais tarde rua Arthur-Ranc, filho de Paul-André Foucault, doutor em medicina, condecorado com a cruz de guerra, nascido em Fontainebleau, em 23 de julho de 1893, e de Anne-Marie Malapert, nascida em Poitiers, em 28 de novembro de 1900. Cirurgião no hospital público de Poitiers, o Dr. Paul Foucault foi um anatomista brilhante, segundo o virólogo Luc Montagnier, que acompanhou seu ensino na escola de medicina de Poitiers. Ele próprio era filho do Dr. Paul Foucault, médico em Fontainebleau, este, por sua vez, filho do Dr. Foucault, médico dos pobres em Nanterre, onde uma rua lembra seu nome e suas obras.

Anne Malapert, filha de cirurgião – seu pai ensinava na escola de medicina de Poitiers –, guardou sempre o lamento de ter nascido muito cedo para que o estudo da medicina fosse conveniente a uma mulher. Casados desde 1924, tinham uma filha, Francine, nascida em 1925. Se a família paterna é católica e mesmo devota, a família materna, mais liberal, tende a um voltairianismo de bom-tom. A irmã do pai é missionária na China, o irmão da mãe é farmacêutico no Peru.

1930

Entra no jardim de infância do liceu Henri IV de Poitiers, com uma permissão especial devido à sua idade, para não ser separado de sua irmã mais velha.

De 1932 a 1936 frequenta o primário do liceu.

1933

Janeiro, dia 1º, nascimento de seu irmão, Denys, que se tornará cirurgião.

1934

Julho, dia 25, assassinato do chanceler Dollfuss pelos nazistas austríacos: "Foi meu primeiro grande pavor concernente à morte" (ver nº 336, vol. IV da edição francesa desta obra).

1936

Chegada de uma governanta inglesa à família para "falar com as crianças"; ela ficará com eles até o final da guerra. Entrada de Paul-Michel na sexta série do liceu Henri IV de Poitiers, onde se aproxima das primeiras crianças refugiadas da Espanha.

1937

Paul-Michel surpreende seu pai, que lhe prometia um futuro de cirurgião, anunciando que será professor de história. "*Status* familiarmente inaceitável", comentava Foucault, "a não ser estando na Sorbonne como o primo Plattard" – especialista conceituado de Rabelais.

O Ministério da Saúde substitui o "bonito nome asilo", dado por Esquirol, por "hospital psiquiátrico".

1940

Maio, as crianças da família Foucault são enviadas à propriedade familiar de Vendeuvre-du-Poitou, junto à sua avó Raynaud-Malapert, enquanto o exército alemão invade a França.

Junho, a família acolhe na casa de Poitiers seus parentes parisienses em êxodo. No dia 16, Pétain pede a interrupção dos combates e substitui a república por uma "nova ordem" colaboracionista. A casa da família em Vendeuvre é parcialmente requisitada pelos oficiais alemães até a abertura do *front* russo.

Outubro, a ausência de professores, a aglomeração dos estudantes parisienses em Poitiers desorganizam a vida do liceu; a família coloca Paul-Michel no colégio Saint-Stanislas, dirigido pelos padres das escolas cristãs.

1942

Junho, passa nos exames, com uma permissão devido à sua idade, da primeira parte do bacharelado clássico.

Outono, seu professor de filosofia do colégio Saint-Stanislas é deportado por participar da resistência. Sua mãe lhe propicia aulas particulares dadas por um estudante de filosofia, Louis Girard – mais tarde conhecido em Poitiers por suas explicações do *Manifesto comunista* –, enquanto faz com que o colégio recrute um beneditino da abadia de Ligugé, Dom Pierro, para ali ensinar filosofia.

1943

Outubro, bacharel na classe preparatória no liceu Henri IV de Poitiers para a preparação do concurso de entrada para a Escola Normal Superior.

1944

Junho, bombardeio aliado em Poitiers pouco antes de sua libertação.

1945

Outubro, depois de ter sido reprovado no concurso para entrar na Escola Normal, entra na classe preparatória do liceu Henri IV de Paris.

Jean Hyppolite, tradutor da *Fenomenologia do espírito*, de Hegel (Aubier, 1939-1943), ali ensina filosofia. As notas altas que Hyppolite dá às dissertações de Foucault inauguram sua reputação filosófica.

Dezembro, casamento de sua irmã, Francine, de quem permanecera muito próximo.

1946

Março, dia 5, Winston Churchill declara, no Westminster College, em Fulton (Missouri): "Uma cortina de ferro caiu sobre o continente."

Julho, Paul-Michel Foucault é recebido na Escola Normal Superior.

Verão, vexado por ter tropeçado em uma citação durante a prova oral da Escola Normal, põe-se a estudar o alemão seriamente.

George Bataille funda a revista *Critique*.

"Ter 20 anos no dia seguinte à guerra mundial (...) mudar radicalmente uma sociedade que deixara acontecer o nazismo" (ver nº 281, vol. IV da edição francesa desta obra).

Na Escola Normal, Foucault faz alguns laços de amizade e solidariedade definitivos com certos condiscípulos seus: Maurice Pinguet, Robert Mauzi, Pierre Bourdieu, Jean-Claude Passeron, Jean-Pierre Serre, Paul Veyne etc. Os anos na Escola Normal constituem um período infeliz para Foucault, pouco à vontade com seu físico e sua inclinação sexual.

1947

Maurice Merleau-Ponty, professor na faculdade de Lyon, torna-se professor auxiliar de psicologia na Escola Normal, ou seja, encarregado de preparar os alunos para o concurso de professores. Seu curso sobre a união da alma e do corpo em Malebranche, Maine de Biran e Bergson determina o primeiro projeto de tese de Foucault sobre o nascimento da psicologia com os pós-cartesianos.

Fracasso da conferência de Moscou sobre a Alemanha: início da guerra fria.

1948

Foucault recebe sua licenciatura de filosofia na Sorbonne.

Outubro, Louis Althusser, de volta à Escola Normal em 1945 depois de passar cinco anos no campo de prisioneiros (suboficiais) na Alemanha, torna-se professor auxiliar de filosofia e entra no Partido Comunista no contexto da convocação de Estocolmo. Em sua autobiografia (*L'avenir dure longtemps*, Paris, Stock, 1992), ele relata que "a vida filosófica na Escola não era particularmente intensa; estava na moda atingir e desdenhar Sartre".

Dezembro, o caso Lyssenko explode. A relação entre as coisas ditas e suas condições de determinação externa, doravante, apaixona os filósofos e os cientistas. Ciência burguesa e ciência proletária se confrontam no seio da Escola Normal, principalmente no ensino dos filósofos husserl-marxistas Jean-Toussaint Desanti e Tran Duc Thao, filósofo e patriota vietnamita, "as duas esperanças de nossa geração", segundo Althusser. Tentativa de suicídio de Michel Foucault (relatada por Maurice Pinguet em *Le débat*, nº 41, setembro-novembro de 1986).

1949

Maurice Merleau-Ponty, eleito professor de psicologia na Sorbonne, dá seu famoso curso sobre "Ciências do homem e fenomenologia", ao mesmo tempo em que faz conhecer Ferdinand de Saussure aos normalianos, dando a Foucault o gosto por aquilo que ele chamará de pensamento formal, opondo-o ao estruturalismo. "Ele exercia sobre nós uma fascinação" (comentário de Foucault relatado por Claude Mauriac em *Le temps immobile*, Paris, Grasset, 1976, t. III, p. 492).

Fevereiro, graças aos seus conhecimentos dos testes ópticos, ele se faz ter baixa no exército pela má visão.

Foucault recebe a licenciatura de psicologia, criada em 1947. Período em que se alternam para ele trabalho e angústia violenta; tentado pelo álcool, começa uma psicoterapia: "A leitura de Freud lhe sugere que talvez seja de boa e saudável moral não ceder sobre a verdade do desejo" (Maurice Pinguet, *Le débat*, nº 41). Ele redige seu diploma de estudos superiores de filosofia sobre Hegel, sob a orientação de Jean Hyppolite.

1950

Foucault adere ao Partido Comunista. Mais tarde confidenciou que a guerra da Indochina foi determinante em sua decisão. Todavia, ele não fará nenhuma alusão a essas circunstâncias nas entrevistas em que comenta esse período de sua vida. Em fevereiro-março de 1950, os normalianos comunistas estavam efetivamente muito mobilizados contra a guerra da Indochina. Foucault vive muito mal as pressões que o PCF (Partido Comunista Francês) exerce, então, sobre a vida privada de Althusser para que este rompa com sua futura mulher, Hélène Legotien.

Junho, dia 17, nova tentativa de suicídio. Em sua biografia de Althusser (Paris, Grasset, 1992), Yann Moulier-Boutang relata 11 episódios de suicídios entre os alunos da Escola Normal durante 18 meses, entre 1952 e 1955. Embora hesitasse em recorrer à psicanálise, Foucault frequentou por certo tempo um Dr. Gallot. Em 23 de junho, a um amigo que se preocupa ele escreve: "Deixe que eu me cale... deixe que eu me reabitue a olhar em frente, deixe-me dissipar a noite da qual tomei o hábito de cercar-me em pleno meio-dia." No dia 24, um posto de assistente prometido na Sorbonne lhe é subitamente barrado devido aos seus engajamentos políticos, assim ele o crê.

O músico Gilbert Humbert, aluno de Messiaen, testemunho mais próximo dos anos 1950-1952, se lembra de um jovem inquieto, recitando de cor Vigny, Musset, Éluard, Nerval e devorando Saint-John

Perse, Husserl, Jaspers e Bergson. Ele relata também a tentação das "experiências-limite" à maneira de Bataille. Evocando a mesma época, Maurice Pinguet escreve: "Minha primeira imagem de Michel Foucault, um jovem risonho de gestos vivos, um olhar claro e vigilante por trás das lentes sem armação; entendi *en passant* que se tratava do *Dasein*, do ser para a morte; ouvi um de meus camaradas declarar doutamente: 'Foucault é inteligente como todos os homossexuais.' Prova de que ele não conhecia muitos" (*Le débat*, nº 41).

Julho, fracasso no concurso para professores, o que inquieta seus condiscípulos, entre os quais circula o fantasma de uma caça às bruxas comunistas. Isso aproxima Foucault de Althusser. Passa o verão estudando Plotino. Com G. Humbert, discute as teses então desenvolvidas na URSS por Andreï Jdanov, amplamente expostas em *La nouvelle critique* ou, de modo mais matizado, no jornal de Aragon, *Les lettres françaises*, segundo as quais toda técnica praticada no Ocidente em música, filosofia, literatura, na arte em geral, é referida a um formalismo burguês. Ele gosta de Mozart e Duke Ellington.

Agosto, viagem de estudos a Göttingen.

Outubro, *La nouvelle critique* ataca Hyppolite e denuncia o retorno a Hegel como a última palavra do revisionismo universitário.

Breve tratamento de desintoxicação; "retorno de um lugar um pouco distante", escreve ele. Ele discute com seu pai sobre uma eventual hospitalização em Sainte-Anne. Dissuadido por Louis Althusser, que ali fez uma primeira experiência em 1947. Esforça-se para ser um "bom comunista", escreve no jornal dos estudantes comunistas e vende *L'humanité*.

1951

Cogita deixar a França assim que termine seus estudos. Pensa na Dinamarca. Lê Kafka e Kierkegaard – explicado na Sorbonne por Jean Wahl, também um grande iniciador da filosofia alemã –, Heidegger, Husserl e Nietzsche. Pensa também em deixar o PCF.

Junho, dia 1º, visita Georges Duhamel para apresentar sua candidatura à fundação Thiers, única possibilidade de obter um *status* de pesquisador sem cumprir dois anos de ensino. No dia 14, conhece Pierre Boulez durante uma estada na abadia de Royaumont, onde Boulez afirma que cada compositor foi influenciado por um escritor, e ele por Joyce.

Agosto, é recebido no concurso para professores de filosofia. Sorteia, como tema da principal exposição, "a sexualidade", proposto por Georges Canguilhem. Ele confidencia a Gilbert Humbert que há três anos não é mais comunista.

Outubro, torna-se professor auxiliar de psicologia na Escola Normal, onde suas aulas da segunda-feira à noite tornam-se rapidamente muito frequentadas. Durante anos elas são assistidas por Paul Veyne, Jacques Derrida, Jean-Claude Passeron, Gérard Genette e Maurice Pinguet.

Participa como psicólogo dos trabalhos do laboratório de eletroencefalografia do Dr. Verdeaux e de sua mulher, Jacqueline, conhecida em Poitiers durante a guerra no serviço do professor Jean Delay no hospital psiquiátrico Sainte-Anne.

Pensionista na fundação Thiers, começa sua tese sobre os póscartesianos e o nascimento da psicologia. Apaixona-se por Malebranche e Maine de Biran. Frequenta Ignace Meyerson, diretor do *Journal de psychologie normale et pathologique*.

O Dr. Morichau-Beauchant, primeiro francês a aderir à Sociedade Internacional de Psicanálise (carta a Freud, de 3 de dezembro de 1910), autor do primeiro artigo de psicanálise publicado na França ("Le rapport affectif dans la cure des psycho-névroses", *Gazette des hôpitaux*, 14 de novembro de 1911), amigo da família Foucault em Poitiers, lhe envia sua coleção das primeiras revistas de psicanálise.

Leitura de Heidegger. Doravante, nas dobras dos panfletos da célula comunista da Escola Normal, começa a acumular notas, organizadas como planos de conferência, sobre Heidegger e Husserl.

1952

Exerce as funções de psicólogo no serviço do professor Delay, onde Henri Laborit faz experimentar o primeiro neuroléptico, alvorada de uma revolução psiquiátrica.

Maio, início de uma relação intensa com o compositor Jean Barraqué (1928-1973). "Estranha personalidade a desse músico que não hesitamos em designar como a mais importante figura da música contemporânea depois de Debussy (...) a mais delirante liberdade sob o controle mais severo de uma pena", escreve sobre ele André Hodeir ("A música ocidental pós-weberiana", *Esprit*, número especial, janeiro de 1960). "Adorável, feio como um piolho, loucamente espirituoso, sua erudição em matéria de *mauvais garçons* se aproxima da enciclopédia. Eis-me inteiramente desconcertado ao me sentir convidado por ele para explorar um mundo que eu ignorava ainda, onde vou passear meu sofrimento", escreve Foucault a um amigo, segundo o qual aquele, percebido pela jovem música como o único rival possível de Boulez, produziu "uma mutação" sobre o jovem filósofo: a saída do tormento.

Junho, recebe seu diploma de psicopatologia no Instituto de Psicologia de Paris.

Outubro, sai da fundação Thiers e se torna assistente de psicologia na Faculdade de Letras de Lille, onde, segundo G. Canguilhem, A.

Ombredane, o tradutor de Rorschach, procurava alguém competente em psicologia experimental. Deixa o Partido Comunista com o assentimento de Althusser. O caso das "blusas brancas", que revela o antissemitismo da URSS, no qual os médicos judeus ditos "sionistas" são acusados de complô contra Stalin, cristaliza o mal-estar que Foucault sentia no seio do PCF. O fato de um estudo sobre Descartes, encomendado pelo Partido, ter sido amplamente podado para ser publicado acabou por exasperá-lo.

Estuda com Maurice Pinguet o surrealismo.

1953

Janeiro, Foucault assiste a uma representação de *En attendant Godot*, considerada por ele como uma ruptura. "Depois eu li Blanchot, Bataille..." (ver *Arqueologia de uma Paixão*, vol. III desta obra). Foucault compartilha com Barraqué seu entusiasmo por Nietzsche, o qual descobre, e Barraqué compartilha o seu pela música serial, por Beethoven e pelo vinho. Apresenta no círculo dos alunos comunistas da Escola um breve ensaio de psicologia materialista inspirado em Pavlov, redigido sobre uma proposição de Althusser. Segue em Sainte-Anne o seminário de Jacques Lacan.

Março, dia 5, morte de Stalin.

Barraqué remaneja *Séquences*, composto em 1950 sobre textos de Rimbaud, substituindo-os por textos de *Ecce homo* e poesias de Nietzsche.

O entusiasmo de Foucault por Char suplanta definitivamente o que sentia por Saint-John Perse. Leitura intensiva da psiquiatria alemã do entre duas guerras sobre a qual acumula notas e traduções, e igualmente sobre a teologia (Barth) e a antropologia (Haeberlin). Traduz sem publicá-los casos e artigos de Binswanger (1881-1966), entre os quais "O delírio como fenômeno biográfico".

Junho, Daniel Lagache, Juliette Favez-Boutonnier e Françoise Dolto criam a Sociedade Francesa de Psicanálise, à qual Lacan se agrega.

Jacqueline Verdeaux e Foucault visitam Binswanger na Suíça; ele, introdutor da *Daseinanalyse* de Heidegger na prática psicanalítica e psiquiátrica. Ambos empreendem a tradução de seu texto iniciador da psiquiatria existencial, *Traum und Existenz*. No hospital de Münsterlingen, junto ao psiquiatra Roland Kuhn, assistem a uma festa de carnaval dos loucos.

Foucault trabalha a interpretação das pranchas de Rorschach a partir das conferências de Kuhn, que serão traduzidas por J. Verdeaux e prefaciadas por Bachelard. Estuda os manuscritos de Husserl então confiados por Van Breda a Merleau-Ponty e Tran Duc Thao, na rua do Ulm.

Recebe o diploma de psicologia experimental no Instituto de Psicologia.
Julho, "(Bebe) muito, (não mais está) infeliz, mas (está) mais sozinho que antes. Substitui Althusser (como professor auxiliar de filosofia na Escola Normal) e não tem mais tempo de trabalhar para (si)", escreve ele a um amigo. Redige um longo artigo sobre a constituição da psicologia científica (ver *A Psicologia de 1850 a 1950*, neste volume). Pensa em romper com um modo de vida no qual apenas a inteligência de Barraqué o impede.
Roland Barthes publica *Le degré zéro de l'écriture*.
Agosto, viagem à Itália com Maurice Pinguet, que relata: "Hegel, Marx, Heidegger, Freud: tais eram, em 1953, seus eixos de referência quando se deu o encontro com Nietzsche (...). Vejo Michel lendo ao sol, na praia de Civitavecchia, as *Considérations intempestives* (...). Mas, desde 1953, o eixo de um projeto de conjunto se desenhava" (*Le débat*, nº 41).
Foucault frequentemente disse que chegara a Nietzsche através de Bataille, e a Bataille através de Blanchot. Mais tarde, ele dirá que ele lhe fora revelado por Heidegger. Em uma passagem não publicada das entrevistas de 1978 com Trombadori (ver nº 281, vol. IV da edição francesa desta obra), Foucault confidenciava: "O que me fez bascular foi um artigo que Sartre havia escrito sobre Bataille antes da guerra, que li após a guerra, e que era um tal monumento de incompreensão, injustiça e arrogância, de rancor e de agressividade que, depois deste momento, me tornei irredutivelmente a favor de Bataille e contra Sartre."
Setembro, Lacan pronuncia seu famoso discurso de Roma sobre "Função e campo da palavra e da linguagem em psicanálise". Gilles Deleuze publica *Empirisme et subjectivité*, seu primeiro livro, dedicado a Jean Hyppolite.
Outubro, Foucault dá em Lille um curso sobre "Conhecimento do homem e reflexão transcendental", e algumas aulas sobre Nietzsche. O Nietzsche que o apaixona é aquele dos anos 1880. Em seu seminário da Escola Normal, ele explica Freud e a *Anthropologie* de Kant.

1954

Janeiro, em Paris, criação da Arcádia, primeira associação dita "homófila", cujos modos de ação são inspirados na franco-maçonaria (ver *O Verdadeiro Sexo*, vol. V desta obra).
Abril, lançamento de *Maladie mentale et personnalité* (PUF), pequeno livro encomendado por Althusser para uma coleção destinada aos estudantes. "A verdadeira psicologia", escreve Foucault ao concluir, "como toda ciência do homem, deve ter por objetivo desaliená-lo". Pinel ainda liberta os acorrentados de Bicêtre. Se a psiquiatria

existencial de Binswanger é comentada, a segunda parte da obra é uma exposição apologética da reflexologia de Pavlov. Em seus *Títulos e trabalhos* (ver nº 71, vol. I da edição francesa desta obra), Foucault dá sempre como data desta obra 1953. Quase simultaneamente, é publicada sua longa introdução a *Traum und Existenz*, de Binswanger, na coleção de inspiração fenomenológica "Textos e estudos antropológicos", de Desclée de Brouwer (ver *Introdução* (in *Binswanger*), neste volume).

Ainda como assistente de psicologia em Lille e professor auxiliar na Escola Normal, dá um curso sobre antropologia filosófica: Stirner, Feuerbach. Jacques Lagrange, que o assiste na Escola Normal, lembra-se também da importância dada à psicologia genética (Janet, Piaget, Piéron, Freud).

Medo do alcoolismo. Deseja romper com Jean Barraqué, deixar a França e distanciar-se de sua formação anterior, o que, mais tarde, confidenciou a M. Clavel (*Ce que je crois*, Paris, Grasset, 1975).

No verso da cópia datilografada de *Maladie mentale et personnalité*, ele escreve um texto sobre Nietzsche jamais publicado: "Existem três experiências vizinhas: o sonho, a embriaguez e a insensatez"; mais adiante, ele acrescenta: "Todas as propriedades apolíneas definidas em *L'origine de la tragédie* formam o espaço livre e luminoso da existência filosófica." Em 1982, ele diz a Gérard Raulet "ter vindo a Nietzsche em 1953, na perspectiva de uma história da razão" (ver *Estruturalismo e Pós-estruturalismo*, vol. II desta obra).

Seu amigo, o numismata Raoul Curiel, dá seu nome ao historiador das religiões Georges Dumézil, que procura um leitor de francês para a Suécia.

Julho, dia 20, os acordos de Genebra põem fim à guerra da Indochina.

Outubro, começa um curso sobre "Fenomenologia e psicologia".

Dia 15, Dumézil lhe indica por carta a vaga do cargo de leitor e diretor da Maison de France em Uppsala, ocupado por ele próprio 20 anos antes. "O cargo é um dos *top-jobs* das relações culturais, geralmente de futuro. Ele foi ocupado por linguistas, historiadores, filósofos e futuros homens de letras. Não lhes falo da biblioteca, Carolina Rediviva, uma das melhores da Europa, nem da paisagem, a floresta estando a 200 metros da cidade."

Novembro, desencadeamento da insurreição argelina.

1955

Entusiasmo de Foucault e Barraqué por *La mort de Virgile*, de Hermann Broch, revelado por Blanchot, sobre o qual o músico comporá um ciclo musical gigantesco em que trabalhou até 1968.

Cronologia 11

"A música representou para mim um papel tão importante quanto Nietzsche", confidenciou Foucault (ver nº 50, vol. I da edição francesa desta obra).

Fevereiro, a revista *Critique*, na pessoa de Roland Caillois, comenta *Maladie mentale et personnalité*: "É melhor que uma iniciação, é um ajustamento (...). É surpreendente que o autor creia ter definido um materialismo em psicopatologia. Excelente positivismo científico, não implica em si nenhuma posição metafísica. A palavra materialismo é excessiva" (*Critique*, t. XI, nº 93, p. 189-190).

Agosto, dia 26, Foucault é destacado por um ano, pela Educação Nacional, para assuntos estrangeiros.

Outono, ocupa o posto de Uppsala. A França reconstrói então suas relações culturais. Washington, Moscou e Estocolmo – devido ao Prêmio Nobel – são postos importantes. A administração das relações culturais, no quinto andar do Quai d'Orsay, dá muita importância às advertências de Foucault, que permanecerá leitor no departamento de *romanistik* e diretor da Maison de France por três anos. Foucault se apaixona pelas questões de organização e política culturais, preocupação que o acompanhou durante toda a sua vida. A Maison de France torna-se muito frequentada, notadamente por Jean-Christophe Öberg, que deveria, mais tarde, ter um papel na iniciação das negociações americano-vietnamitas, e por Éric-Michel Nilsson, futuro cineasta da televisão a quem foi dedicada a primeira edição de *História da loucura* – mas só almoçava lá quem fosse capaz de recitar René Char. O biólogo Jean-François Miquel, na época em Uppsala, relata que às conferências de Foucault a afluência era comum; delas participavam Svedberg e Tiselius, dois Prêmios Nobel em química com que contava a universidade.

Novembro, Georges Canguilhem, filósofo e médico, antigo resistente da rede de Jean Cavaillès, sucede Gaston Bachelard na Sorbonne.

Dezembro, Foucault acolhe, na Suécia, Jean Hyppolite, que dá duas conferências: "História e existência" e "Hegel e Kierkegaard no pensamento francês contemporâneo".

Em Paris, no Natal, Robert Mauzi faz com que se encontrem Foucault e Roland Barthes, ele próprio antigo funcionário da administração das relações culturais. Início de uma longa amizade.

1956

Aprendizagem da "longa noite sueca" em sua "amplidão de exílio": "A algumas centenas de metros, a floresta imensa onde o mundo recomeça a gênese; em Sigtrina, o sol não nasce mais. Do fundo desta raridade eleva-se apenas o essencial que amamos reaprender: o dia e a noite, as noites protegidas por quatro paredes, frutos crescidos em parte alguma e, de tempo em tempo, um sorriso" (carta a um amigo – 27 de janeiro de 1956).

Colette Duhamel lhe encomenda, para as edições de La Table Ronde, uma breve história da psiquiatria, à qual ele próprio não atribuía uma finalidade universitária, pretendendo, inclusive, não mais pensar em uma carreira na França. Um Jaguar esporte branco de estofamento em couro negro com o qual combinava suas roupas, recordes de velocidade entre Estocolmo e Paris assinalavam essa ruptura, o que ficará para seus amigos como lenda de um período dândi.

Toma conhecimento dos fundos médicos da biblioteca universitária de Uppsala. Dá um curso sobre o teatro francês; depois, uma série de conferências sobre "O amor de Sade a Genet" (é a época em que, em Paris, Pauvert é processado por sua reedição das obras de Sade).

Março, "Tenho uma necessidade nietzschiana de sol" (carta a um amigo). Em Uppsala, conhece Dumézil, a quem estará ligado, durante toda a sua vida, por uma amizade filial. Frequenta o laboratório científico de Tiselius e o Cyclotron de Svedberg. Trabalha também na tradução de um texto de neuropsiquiatria de Weizsäcker. Acolhe o erudito dominicano A. J. Festugière, especialista em filosofia e espiritualidade gregas e helenísticas, com quem manterá contato durante toda a sua vida.

1957

Cansado das coações impostas aos doutorandos franceses a propósito da duração de seus trabalhos, Foucault decide sustentar uma tese sueca, mais curta. Seu manuscrito sobre a história da psiquiatria, que de fato se tornou a história da loucura, é recusado pelo professor Lindroth, que esperava uma abordagem mais positivista.

Anuncia um curso dedicado à experiência religiosa na literatura francesa de Chateaubriand a Bernanos. Todavia, pensa em partir para Frankfurt ou Hamburgo.

Julho, em Paris, onde todos os verões ele trabalha nos arquivos nacionais e na biblioteca do Arsenal, descobre *La vue*, de Raymond Roussel, com o editor José Corti, que o aconselha a adquirir o conjunto da edição Lemerre que se tornou rara (ver *Arqueologia de uma Paixão*, vol. III desta obra).

Dezembro, acolhe Albert Camus, vindo para receber o Prêmio Nobel de literatura. Em uma conferência lembrada por Jean-François Miquel como fascinante, mas que não foi conservada, ele apresenta a obra do grande representante do humanismo do pós-guerra ao público de Uppsala. Foucault estava convencido de que os suecos queriam homenagear a Argélia e fizeram uma falsa análise das posições políticas de Camus.

Hyppolite lê o manuscrito de *Folie et déraison*. Aconselha-o a convertê-lo em tese francesa a ser submetida a Canguilhem.

1958

Fevereiro, publicação da tradução de *Cycle de la structure*, de Viktor von Weizsäcker, feita por Foucault e D. Rocher, pelo editor Desclée de Brouwer (col. "Bibliothèque de neuropsychiatrie"), a partir da quarta edição, de 1948.

Maurice Pinguet deixa a França e parte para o Japão. Foucault pensa em instalar-se em Hamburgo.

Maio, dia 30, retorna precipitadamente a Paris, com Jean-Christophe Öberg, para estar presente nos acontecimentos políticos.

Junho, dia 1º, posse do general De Gaulle como chefe de governo.

Setembro, dia 28, a França adota por *referendum* a Constituição da V República.

Outubro, Foucault deixa Estocolmo e parte para Varsóvia, ainda enormemente arruinada. É encarregado de reabrir, no seio da universidade, o Centro de Civilização Francesa. Instala-se no hotel Bristol, em cima do café intelectual da época. Ali, reescreve *Folie et déraison*.

O general De Gaulle, que se preocupa com a abertura política no Leste, trata com toda deferência a representação diplomática francesa na Polônia, onde foi adido militar nos anos 1930. Uma equipe muito gaullista acompanha o novo embaixador, Étienne Burin des Roziers, companheiro chegado do general. Progressivamente, Foucault representa junto a Burin des Roziers o papel de conselheiro cultural.

Novembro, "Você sabe que Ubu* se passa na Polônia, ou seja, em parte alguma. Estou na prisão: quer dizer, do outro lado, mas que é o pior. De fora: impossível entrar, esfolado contra as grades, a cabeça passada apenas o suficiente para ver os outros lá dentro, andando em círculos. Um sinal, eles já estão mais longe, nada se pode fazer por eles, a não ser espreitar sua próxima passagem e preparar um sorriso. Porém, entrementes, eles receberam um pontapé e não têm mais a força ou a coragem de responder. Esse sorriso não está perdido, um outro o toma para si e, desta vez, o leva com ele. Do rio Vístula sobem névoas, sem cessar. Não se sabe mais o que é a luz. Alojam-me em um hotel luxuoso socialista. Trabalho em minha 'Folie'

---

*(N.T.) *Ubu Rei*: comédia burlesca e caricatural de A. Jarry, 1896.

que, nesse desfiar do delírio, corre o risco de se tornar um pouco mais o que ela sempre pretendeu ser" (carta a um amigo, 22 de novembro de 1958).

Natal, remete o manuscrito de *Folie et déraison*, tornado muito espesso, para o temido G. Canguilhem, que delibera: "Não faça nenhuma alteração, é uma tese."

1959

Em Varsóvia, na estima recíproca que se estabelece entre Burin des Roziers e Foucault, este constrói, sobre as relações de De Gaulle com as instituições e com a Argélia, convicções diferentes daquelas da esquerda francesa que, então, escande pelas ruas: "O fascismo não passará."

Familiar com Husserl e Brentano, Foucault se liga a T. Kotarbinski, herdeiro da tradição semiótica de Lvov-Varsóvia, então presidente da Academia das Ciências.

Faz conferências sobre Apollinaire em Cracóvia e em Gdańsk. Pensa em instalar-se em Berkeley, Califórnia, ou no Japão, onde se encontra Maurice Pinguet. Frequenta diferentes ambientes poloneses francófonos. Seus espessos manuscritos sobre o encarceramento e seu convívio social inquietam a polícia de Gomulka, que lhe arma uma cilada utilizando um jovem intérprete, e exige sua partida.

Setembro, dia 14, morte do Dr. Paul Foucault.

Outubro, dia 1º, destacado por três anos para a Alemanha, Foucault deixa Varsóvia para dirigir o Instituto Francês de Hamburgo.

1960

Escreve sua segunda tese: *Genèse et structure de l'Anthropologie de Kant*, e traduz *Anthropologie du point de vue pragmatique* (esta segunda tese, nunca publicada, está conservada sob a forma de datilograma na biblioteca da Sorbonne).

Fevereiro, prefacia *Folie et déraison*, doravante terminado (ver *A Linguagem ao Infinito*, vol. III desta obra).

Abril, Georges Canguilhem o recomenda a Jules Vuillemin, diretor do departamento de filosofia da Universidade de Clermont-Ferrand, que lhe propõe um posto de mestre de conferências de psicologia. Isso pressupõe a publicação de *Folie et déraison*. Brice Parain, da Gallimard, recusa o manuscrito. Philippe Ariès – cuja *Histoire de l'enfant et de sa famille au XVIIIe siècle* começa a modificar a historiografia francesa – o acolhe em sua coleção "Civilisations et mentalités", nas edições Plon, sob o título exato: *Folie et déraison*.

Cronologia 15

Histoire de la folie à l'âge classique (a publicação é de maio de 1961) (ver n<u>os</u> 346 e 347, vol. IV da edição francesa desta obra). Em Hamburgo, onde frequenta o africanista Rolf Italiaander (ver nº 12, vol. I da edição francesa desta obra), ele acompanha, às vezes, Robbe-Grillet, Roland Barthes ou Jean Bruce – então rei do romance policial – pelos meandros do bairro dos prazeres de Sankt Pauli. Faz com que se encene ali uma peça de Cocteau.

Junho, dia 19, Cocteau lhe escreve em agradecimento.

Outubro, eleito na Faculdade de Clermont-Ferrand, reinstala-se em Paris, na rua Monge, nº 59. Robert Mauzi apresenta-lhe um estudante de filosofia, Daniel Defert, apenas ingressado na Escola Normal Superior de Saint-Cloud, que será seu companheiro de 1963 até sua morte (ver nº 308, vol. IV da edição francesa desta obra).

Foucault inicia uma vida muito específica na Universidade Francesa: viver em Paris e ensinar na província.

1961

Em Clermont-Ferrand, além de Jules Vuillemin, Foucault frequenta os filósofos Michel Serres, Jean-Claude Pariente e o historiador Bertrand Gille. Em Paris, longas jornadas na Biblioteca Nacional onde, sob a cúpula da sacada suspensa sobre a sala de leitura, ele será visto trabalhando anos a fio.

Maio, dia 20, visando ao doutorado, apresenta na Sorbonne suas duas teses: *Kant, Anthropologie*, cuja introdução, tradução e notas são relatadas por J. Hyppolite; e *Folie et déraison. Histoire de la folie à l'âge classique*, tese principal relatada por G. Canguilhem e D. Lagache.

História da loucura é saudado pelos historiadores Robert Mandrou e Fernand Braudel como uma contribuição importante para a história das mentalidades. Maurice Blanchot escreve: "Neste rico livro, insistente por suas necessárias repetições, quase insensato, e sendo esse livro uma tese de doutorado, assistimos com prazer a este choque entre a universidade e a desrazão" (*La nouvelle revue française*, nº 106).

É nomeado examinador no concurso de entrada para a Escola Normal, da qual J. Hyppolite é diretor.

No dia 31, inaugura uma série de emissões radiofônicas de France-Culture sobre "Histoire de la folie et littérature", que prosseguirão até 1963.

Julho, morte de sua avó Raynaud-Malapert, a quem era muito apegado.

No dia 22, entrevista no *Le Monde*, na qual é apresentado como "o intelectual absoluto e jovem: fora do tempo" (ver *A Loucura Só Existe em uma Sociedade*, neste volume).

A herança paterna lhe permite instalar-se na rua Docteur-Finlay, nº 13, no último andar de um imóvel novo, cujos amplos vãos das janelas se abrem, de um lado, para o que em breve se tornará o moderno Front de Seine e, do outro, para o espaço ainda baldio do antigo velódromo de inverno.

Novembro, dia 27, termina a redação de *O nascimento da clínica*, que apresentava como "remates" de *História da loucura*.

Dezembro, dia 25, começa a redação de *Raymond Roussel*.

1962

Pressionado pelo editor para reeditar *Maladie mentale et personnalité*, Foucault reescreve inteiramente a segunda parte intitulada "Les conditions de la maladie", a qual se torna "Folie et culture", um resumo bem distante da *História da loucura*, da reflexologia pavloviana e da antropologia existencial de 1954. Doravante, seu título é *Maladie mentale et psychologie* (*Doença mental e psicologia*).

Fevereiro, conhece Gilles Deleuze, que publica *Nietzsche et la philosophie* (PUF).

Março, dia 18, os acordos de Évian põem fim à guerra da Argélia.

Maio, dia 18, Foucault anota: "Sade e Bichat, contemporâneos estrangeiros e gêmeos, colocaram no corpo do homem ocidental a morte e a sexualidade; estas duas experiências tão pouco naturais, tão transgressivas, tão carregadas de um poder de contestação absoluta e a partir do que a cultura contemporânea fundou o sonho de um saber que permitiria mostrar o *Homo natura*..."

Publicação da tradução francesa de *L'origine de la géométrie*, de Husserl, com uma apresentação de Jacques Derrida. Esse livro torna-se imediatamente o cerne da reflexão epistemológica parisiense. Foucault, que muito trabalhou esse texto nos anos 1950, fala então da "importância desse texto tão decepcionante", que o obriga a aprofundar sua noção de arqueologia (carta[1]).

Eleito professor de psicologia na Universidade de Clermond-Ferrand, onde substitui Jules Vuillemin como chefe do departamento de filosofia, o qual sucede, no Collège de France, a Maurice Merleau-Ponty, bruscamente falecido em 4 de maio de 1961.

Setembro, submete o manuscrito de *O nascimento da clínica* à leitura de Althusser.

---

1. A menção a "carta", sem indicação de destinatário, designa uma correspondência enviada a Daniel Defert.

Cronologia 17

A admiração pela análise estrutural se desenvolve na Escola Normal.

1963

Janeiro, com Roland Barthes e Michel Deguy, entra para o conselho de redação da revista *Critique*. Segundo Jean Piel, cunhado de Georges Bataille, que dirige a revista, a participação de Foucault só foi efetiva depois da publicação de *As palavras e as coisas* (1966), interrompendo-se em 1973, embora Foucault deixasse figurar seu nome até 1977.

Março, dia 4, em uma conferência no Colégio Filosófico, Jacques Derrida critica as páginas dedicadas por Foucault, na *História da loucura*, à primeira das *Meditações*, de Descartes. Derrida havia convidado Foucault, em uma carta de 3 de fevereiro: "Reli seu texto durante as férias de Natal com uma alegria incessantemente renovada. Acho que tentarei mostrar, *grosso modo*, que sua leitura de Descartes é legítima e iluminante em um nível de profundidade histórica e filosófica, que não me parece poder ser imediatamente significado ou assinalado pelo texto que você utiliza e que, penso eu, não o lerei exatamente como você." Mas o "totalitarismo estruturalista" denunciado por Derrida atinge Foucault, que trabalha precisamente para diferenciar sua arqueologia do estruturalismo. "Por que é preciso que a historicidade seja sempre pensada como esquecimento?" (carta).

Abril, publicação de *O nascimento da clínica: uma arqueologia do olhar médico*, na coleção "Histoire et philosophie de la biologie et de la médicine", dirigida por G. Canguilhem, da PUF.

Maio, publicação de *Raymond Roussel* pela Gallimard, na coleção de Georges Lambrichs, saudada por Philippe Sollers na revista *Tel Quel* como "nascimento da crítica". Sua publicação devia acompanhar uma reedição da obra de Roussel.

Julho, os acordos de Moscou definem a coexistência pacífica. Soljenitsyne começa a recolher as lembranças do *gulag*.

Férias em Tanger e Marrakech com R. Barthes e R. Mauzi.

Agosto, dia 5, "Cheguei a Vendeuvre. É o tempo das folhas de papel que enchemos tal qual cestos de maçãs, das árvores que cortamos, dos livros que lemos linha por linha com a meticulosidade das crianças (...) é a sabedoria de cada verão" (carta). Corrige as provas da tradução da *Anthropologie*, de Kant, e da homenagem a Bataille, morto no ano precedente (ver *Prefácio à Transgressão*, vol. III desta obra). Lê Klossowski sobre Nietzsche. Acumula notas sobre as relações entre a arqueologia e a filosofia crítica.

O Quai d'Orsay lhe propõe a direção do Instituto Francês de Tóquio, o que desejava há muito tempo.

Setembro, é convidado a participar de uma obra de 10 volumes em Cerisy-la-Salle pelo grupo Tel Quel, que deseja "determinar as coordenadas sobre a situação da literatura depois do novo romance". Início de relações pessoais com os membros desse grupo (Sollers, Pleynet, Thibaudeau, Baudry, Ollier e, também, J.-É. Hallier, que rompera com Sollers em 1962); sobre os livros destes Foucault escreverá um certo número de artigos.

Outubro, renuncia instalar-se em Tóquio para permanecer junto a Daniel Defert, que se prepara para o concurso de professor de filosofia. Abandonando a continuação prevista da *História da loucura*, que deveria incidir sobre a história da psiquiatria penal, começa a escrever "um livro sobre os signos". Um trabalho intenso interrompe o ritmo dos jantares noturnos com Roland Barthes em Saint-Germain-des-Prés; suas relações se distendem.

Novembro, conferências em Lisboa, onde vai contemplar o quadro de Bosch – *A Tentação de Santo Antão*, e em Madri. Dia 9, carta descrevendo seu encontro, no Prado, com *Las Meninas*, quadro em torno do qual se cristaliza seu projeto de "livro sobre os signos" (ver "As Damas de Companhia", vol. III desta obra).

Dezembro, relê Heidegger. Interrompe o plano de *As palavras e as coisas*.

1964

Longas jornadas de pesquisas na Biblioteca Nacional. Em pequenos cadernos de estudante encadeiam-se notas de leituras, planos de capítulos e esboços de artigos. Lê a *Formation du concept de réflexe*, de Georges Canguilhem, que se tornou seu "bom mestre" desde a *História da loucura*.

As relações com Gilles Deleuze e Pierre Klossowski tornam-se regulares; frequenta igualmente Jean Beaufret. Em julho, encontrase com Karl Löwith, Henri Birault, Gianni Vattimo, Jean Wahl, Colli e Montinari, que estabelecem uma nova edição de Nietzsche, no colóquio organizado por Deleuze sobre Nietzsche, em Royaumont (ver *Nietzsche, Freud, Marx*, vol. II desta obra).

Abril, conferências em Ankara, Istambul ("Le désenchantement oriental"). Visita Êfeso ("nos rastros de Heráclito (...) nunca vi nada tão belo") (carta).

Agosto, dia 10, "Tenho a impressão de que me aproximo da reconversão em não escrita total. O que muito me liberará" (carta). Lê apaixonadamente *Au-dessous du volcan*, de M. Lowry.

Setembro, após os bombardeios americanos sobre o Golfo de Tonkin, Daniel Defert não ocupa o posto de cooperador no Vietnã, que demandara para cumprir suas obrigações militares. Defert está lotado na Tunísia onde, em breve, Foucault irá encontrá-lo.

Lançamento "nos *halls* de estação de trem", como Foucault gostava de dizer, de uma edição muito abreviada da *História da loucura*, em uma coleção de bolso recente, da Plon, "Le monde en 10/18". O meio intelectual está dividido quanto aos fundamentos dessas coleções eruditas a preço baixo. Feliz com essa edição popular que alcançou grandes tiragens, Foucault se decepciona quando o editor recusa-se a republicar a edição integral. Ele rompe, então, com a Plon. As traduções estrangeiras de *História da loucura*, exceto a edição italiana da Rizzoli, de 1963, foram estabelecidas a partir da versão abreviada.

Outubro, dia 18, "Refaço meus malditos signos todo o santo dia" (carta). Ele frequenta os Deleuze, Vuillemin, Desanti, Klossowski. Em Clermont-Ferrand, dá um curso sobre a sexualidade. Opõe-se, com a maioria da faculdade, à nomeação de Roger Garaudy para professor no departamento de filosofia; membro do Comitê Central do Partido Comunista, que diziam ter sido imposto por seu antigo condiscípulo, Georges Pompidou (então primeiro-ministro).

Dezembro, publicação, por Jean Vrin, da tradução da *Anthropologie* de Kant. O que fora uma tese secundária foi reduzido a três páginas de notícia histórica, com esta nota final: "As relações do pensamento crítico e da reflexão antropológica serão estudadas em uma obra ulterior." É o anúncio de *As palavras e as coisas*, ainda designado por Foucault como seu "livro sobre os signos".

Titular das aulas públicas nas faculdades universitárias Saint-Louis em Bruxelas, ele faz uma conferência sobre "Linguagem e literatura".

Natal, temporada na Tunísia. A primeira redação do livro sobre os signos é concluída.

1965

Janeiro, dia 5, observando do avião que decola da ilha de Djerba "o bascular do solo no limite com o mar", ele rabisca em um cartão-postal o que será a última frase de *As palavras e as coisas*.

Forte desejo de instalar-se na cidade de Sidi-Bou-Saïd, que domina o golfo de Cartago.

Participa com Alain Badiou, Georges Canguilhem, Dinah Dreyfus e Paul Ricoeur de uma série de debates de filosofia para a radiotelevisão escolar (ver *Filosofia e Psicologia*, neste volume, e nº 31, vol. I da edição francesa desta obra).

Nomeado para a Comissão de Reforma das Universidades, estabelecida por Christian Fouchet, ministro da Educação do general De Gaulle, Foucault se inquieta quanto ao projeto de multiplicação de universidades locais sem recurso. Prepara um contraprojeto que articula essas faculdades de modo complementar no quadro das regiões, o qual ele remete ao Eliseu, onde Étienne Burin des Roziers se tornou secretário-geral.

Corre o rumor de uma nomeação de Foucault para subdiretor dos ensinos superiores para as ciências humanas.

Fevereiro, dia 13, "Não falei dos signos, mas da ordem" (carta a respeito de seu livro sobre os signos).

Abril, dia 4, "Enfim, tarefa cumprida. Trezentas páginas reescritas desde Sfax com um equilíbrio completamente diferente. Não é mau nem enfadonho." Escreve o prefácio: "Uma teoria geral da arqueologia que me agrada bastante." Pensa em se apresentar no Collège de France para fugir de Clermont-Ferrand. Renuncia, ao tomar conhecimento da candidatura do historiador Georges Duby.

Maio, dia 2, Canguilhem, entusiasmado com o manuscrito do "livro sobre os signos". Foucault é informado de que uma campanha sobre sua vida privada, conduzida por alguns universitários, é a causa de sua não nomeação para a subdireção do ensino superior.

Dia 14, remete seu manuscrito para G. Lambrichs na Gallimard.

Junho, Roges Caillois lhe endereça uma carta entusiasmada a propósito desse manuscrito e pede um texto para sua própria revista, *Diogène* (ver *A Prosa do Mundo*, vol. II desta obra).

Burin des Roziers lhe confidencia que tem, com Malraux, novos projetos para ele. Dia 9, abalado pelas intrigas contra sua nomeação, Foucault viaja para a Suécia e encaminha sua candidatura para Élisabethville – futura Lubumbashi, logo que este país toma o nome de Zaire – onde ensina, então, o lógico G. G. Granger. O sociólogo G. Gurvitch o estimula a se apresentar para uma cadeira de psicosociologia na Sorbonne. Foucault renuncia, ao descobrir demasiada hostilidade.

Nova temporada em Sfax e Sidi-Bou-Saïd.

Agosto, visita a retrospectiva Nicolas de Staël em Zurique. Vai ver os Klee do museu da Basileia. Pensa em pedir uma função em Abidjan.

Setembro, Althusser envia a Foucault seu *Pour Marx*, com a seguinte dedicatória: "Estas poucas velharias."

Outubro, convidado à faculdade de filosofia de São Paulo pelo filósofo Gérard Lebrun, aluno, assim como Jules Vuillemin e Louis Althusser, de Martial Guéroult. Ali, ele se junta aos filósofos Gianotti, Ruy Fausto, ao crítico Roberto Schwartz, à poetisa Lupe Cotrim Garaude e à psicanalista Betty Milan; ele lhes dá as primícias de alguns capítulos de *As palavras e as coisas*. A turnê de conferências prevista é interrompida pelos golpes de força que, de uma semana para outra, fortalecem a posse dos marechais e que, em breve, irão caçar seus amigos de suas funções ou exilá-los.

1966

Janeiro, criação do Círculo de Epistemologia na Escola Normal em torno de Jacques-Alain Miller e François Régnault, sob o duplo apoio de Lacan e Canguilhem. Sua publicação, os *Cahiers pour l'analyse*, que se prevalece de "todas as ciências da análise: a lógica, a linguística, a psicanálise, quer contribuir para uma teoria do discurso". Esse círculo responde, demarcando-se, à criação em torno de Roberto Linhart, da União das Juventudes Comunistas Marxistas-Leninistas (UJCML), primeiro movimento de inspiração maoísta no meio estudantil.

Enquanto *As palavras e as coisas* estão no prelo, Foucault retoma os problemas de método colocados por ele nessa arqueologia. "A filosofia é uma empreitada de diagnóstico, a arqueologia, um método de descrição do pensar" (carta).

Lê Whorf e Sapir. "Não, não é isso: o problema não é a língua, mas os limites da enunciabilidade" (carta).

Fevereiro, aceita, com Gilles Deleuze, a responsabilidade da edição francesa das obras completas de Nietzsche estabelecidas por Colli e Montinari.

Março, dias 11, 12 e 13, o Comitê Central do PCF reunido em Argenteuil declara, contra Althusser, que "o marxismo é o humanismo de nosso tempo".

Dia 28, conferências no Théâtre Universitaire de Budapeste. A conferência anunciada sobre o estruturalismo é suposta, pelas autoridades húngaras, interessar a tão pouca gente que a isolam no gabinete do reitor. Foucault descobre então que, no Leste, devido às suas origens no pensamento formal de Praga e da Rússia, o estruturalismo funciona como um pensamento alternativo ao marxismo. Foucault recusa a visita ritual a György Lukács, preferindo o retrato de Jeanne Duval por Manet no museu Szépművészeti.

Dia 31, seus interlocutores húngaros confidenciam a Foucault sentirem um grande alívio ao descobrirem em *Les Lettres Françaises*, a revista de Aragon, sua longa entrevista com Raymond Bellour que anuncia a saída de *As palavras e as coisas*: serão menos suspeitas em seu país (ver nº 34, vol. I da ediçao francesa desta obra). Viagem a Debrecen, na planície de Puszta: "Fiquei um pouco emocionado ao ver que o pensamento do querido velho Alth (Althusser) chegava ao âmago do marxismo das estepes" (carta; ver nº 281, vol. IV da edição francesa desta obra). Temporada em Bucareste.

Abril, publicação de *As palavras e as coisas*, uma arqueologia das ciências humanas, na coleção "Bibliothèque des ciences humaines", recentemente inaugurada por Pierre Nora na Gallimard. O título desejado era "L'ordre des choses", já utilizado por Jacques Brosse em uma publicação prefaciada por Bachelard; sua retomada não foi autorizada. Tenacidade ou esquecimento, Foucault, mais tarde, intitularia uma coleção de "Les vies parallèles" (ver nº 223, vol. III da edição francesa desta obra), título de um capítulo dessa mesma obra.

Maio, frequenta Derrida e Althusser. Dia 16, Foucault afirma em uma entrevista: "Nossa tarefa é a de nos libertarmos definitivamente do humanismo (...), é neste sentido que meu trabalho é um trabalho político, na medida em que todos os regimes do Leste ou do Oeste fazem passar suas mercadorias sob a bandeira do humanismo" (ver nº 37, vol. I da edição francesa desta obra). A primeira edição de *As palavras e as coisas* esgota-se em um mês e meio. Dia 23, *L'Express* apresenta esse livro como a maior revolução em filosofia desde o existencialismo. Doravante, "a morte do homem" e "o marxismo está no pensamento do século XIX como peixe dentro d'água" circulam na imprensa como as frases emblemáticas da obra.

Dia 26, carta entusiasmada de René Magritte. Início de uma correspondência na qual Foucault o interroga sobre sua interpretação do *Balcon* de Manet. Magritte faz votos de encontrar Foucault no fim do ano.

Junho, a imprensa comenta, doravante, tanto as vendas quanto o livro. As primeiras, como sintoma; o segundo, como ruptura. Mil novecentos e sessenta e seis é uma das grandes safras das ciências humanas francesas: Lacan, Lévi-Strauss, Benveniste, Genette, Greimas, Doubrovsky, Todorov e Barthes publicam alguns de seus textos mais importantes. Percebido até aqui como método regional, o estruturalismo é registrado subitamente como movimento.

Julho, em Vendeuvre, seis horas de escrita por dia para responder aos ataques contra "a morte do homem". "Até mesmo Jean Daniel, depois Domenach. Tentar dizer o que pode ser um discurso filosófico hoje" (carta). Ele retrabalha *Logique formelle et transcendantale*, de Husserl, desta vez, porém, na tradução francesa. "Pela primeira vez, pus-me a ler romances policiais."

Sobre *As palavras e as coisas*, diz Hyppolite: "É um livro trágico." "Ele foi o único que o viu", confidencia Foucault.

Setembro, Foucault decide instalar-se na Tunísia, onde lhe propõem, pela primeira vez, uma cadeira de filosofia (e não de psicologia).

O sucesso na mídia perturbou, segundo ele, a recepção de seu trabalho. A aridez do livro seguinte testemunhará sua vontade de romper com essa forma de sucesso. Dia 15, François Mauriac consagra uma parte de seu "Bloc-notes" ao anti-humanismo de *As palavras e as coisas*, e conclui: "Você tornaria Sartre simpático aos meus olhos." Doravante, Foucault segue de muito longe e bem seletivamente o que se diz sobre "a morte do homem".

Outubro, dia 1º, Foucault obtém seu desligamento da universidade para ficar três anos na Tunísia.

Sartre, no fascículo de *L'Arc* que lhe é dedicado, ataca o estruturalismo, rejeita a tendência de Foucault e de Althusser a privilegiar as estruturas em detrimento da história, chama a arqueologia de uma geologia que substitui as transformações pelas estratificações, e conclui: "Foucault é a última muralha da burguesia." As principais revistas intelectuais manterão até maio de 1968 a polêmica contra *As palavras e as coisas*: *Les Temps Modernes*, janeiro de 1967, *Esprit*, maio de 1967, *La Pensée*, fevereiro de 1968 etc.

Novembro, instalado no hotel Dar-Zarouk, Foucault procura uma casa sobre a encosta selvagem da colina de Sidi-Bou-Saïd. "Eu queria ter com o mar uma relação imediata, absoluta, sem civilização" (carta). Dia 12, é a primeira vez, desde 1955, que ele ensina filosofia: o curso dedicado ao "Discurso filosófico" prolonga *As palavras e as coisas*. Ele dá um curso público sobre a cultura ocidental. "A teoria do discurso permanece um terreno baldio, 396 páginas a refazer" (carta). Dia 16: "Encontrei ontem, nesta manhã, neste momento, esta definição do discurso da qual precisava há anos" (carta).

Dezembro, prefacia uma reedição da *Grammaire de Port-Royal* inicialmente prevista pela Seuil (ver *Introdução* (in *Arnauld e Lancelot*), vol. II desta obra).

Surpreende-se com a penetração de Althusser junto aos estudantes tunisianos: "É curioso ver o que para nós é puro discurso teórico verticalizar-se de repente aqui em imperativo quase imediato" (carta).

Dia 9, instala-se sob as longas abóbadas brancas – descritas por Jean Daniel, que acaba de conhecer – das antigas cavalariças do rei em Sidi-Bou-Saïd. Esforçando-se, segundo o voto de Nietzsche, para tornar-se cada dia um pouco mais grego, esportivo, bronzeado, ascético, ele inaugura uma nova estilização de sua existência.

Natal, acampamento com burros e camelos no planalto de Tassili de Ajjer, no Grande Sul argelino.

1967

Janeiro, *Les Temps Modernes* (nº 22) passa ao ataque. Foucault se contenta em responder por carta privada às questões embaraçosas de Michel Amiot, em seu artigo "Relativismo cultural de Michel Foucault": "Renunciei dar ao livro um prefácio metodológico que teria servido de modo de uso. Não é de modo algum para lhe dar essa explicação que lhe escrevo, mas por gosto pelo sério da discussão e por simpatia real por seu texto." Ele conclui: "Querendo libertar a história – pelo menos a das ideias – de um esquema bastante desgastado no qual se trata de influência, de avanços, de atrasos, de descoberta, de tomada de consciência, procurei definir o conjunto das transformações que servem de regras para uma descontinuidade empírica." Encontra, às vezes, Chadli Klibi, então ministro da Cultura tunisiano, futuro representante da Liga Árabe.

Dia 31: "Estou muito arrebatado pelo que se passa na China. A esperança de terminar [*A arqueologia do saber*] na primavera foi transferida para o ano que vem" (carta).

Fevereiro, "A história, apesar de tudo, é prodigiosamente divertida. Estamos menos solitários e inteiramente livres" (carta). Projeto para escrever um texto referente à reedição do livro de Fernand Braudel sobre o Mediterrâneo, e talvez mesmo para redigir um livro sobre a historiografia, que seria a ocasião de uma outra arqueologia das ciências humanas, manifestando assim que as *epistemes* não periodizam visões do mundo. Lê Dumézil, leitura que o acompanhou durante toda a sua vida, e *La révolution permanente*, de Trotski, entusiasmando-se a tal ponto que lhe ocorrerá qualificar a si mesmo de trotskista em 1968. As leituras de seus estudantes tunisianos, de fato, alimentam Foucault.

Março, dia 14, no Círculo de Estudos Arquitetônicos, em Paris, Foucault faz uma conferência sobre as "heterotopias" e faz uma emissão radiofônica sobre o mesmo assunto (ver nº 359, vol. IV da edição francesa desta obra). Dia 17, na Sorbonne, expõe no seminário de Raymond Aron os critérios segundo os quais se pode identificar historicamente uma formação cultural como a economia política através de diferentes *epistemes*. Raymond Aron quer absolutamente assimilar *episteme* a *Weltanschauung*. Debate que contribuirá para o abandono do conceito em *A arqueologia do saber*. Por trás dessa discussão epistemológica, afinam-se as táticas dos dois protagonistas para o Collège de France. Os argumentos apresentados no seminário de Raymond Aron serão desenvolvidos na segunda entrevista com Raymond Bellour (ver *Sobre as Maneiras de Escrever a História*, vol. II desta obra).

Assiste à *première* de *La tentation de Saint Antoine*, no teatro Odéon, balé de Béjart que utiliza a iconografia recolhida por Foucault em seu estudo sobre Flaubert (ver *Posfácio a Flaubert (A Tentação de Santo Antão)*, vol. III desta obra).

Abril, "Suspendi toda a escrita para ver um pouco mais de perto Wittgenstein e os analistas ingleses" (carta). Sobre os analistas ingleses, ele escreve: "Estilo e nível de análise que eu buscava neste inverno patinhando. A angústia bem pouco suportável deste inverno." Foucault utiliza, então, a biblioteca de seu colega Gérard Deledalle, raro ou único especialista francês em John Dewey e em filosofia

americana. Dia 12, *La presse de Tunis* relata: "Todas as sextas-feiras à tarde, a maior sala da faculdade da Tunísia é muito pequena para receber as centenas de estudantes e ouvintes que vêm seguir as aulas de Michel Foucault."
Maio, a revista *Esprit* consagra um número especial a "Estruturalismo, ideologia e método". "Contra o pensamento frio do sistema que se edifica em relação a todo sujeito individual ou coletivo", Jean-Marie Domenach, diretor da revista, coloca 10 questões a Foucault, das quais ele não reterá senão a questão sobre a "possibilidade de uma intervenção política, a partir de um pensamento da descontinuidade e da coação". Ironia do destino, a longa resposta será publicada em maio de 1968 (ver nº 57, vol. I da edição francesa desta obra).
"Os analistas ingleses me alegram bastante; eles permitem ver bem como se podem fazer análises não linguísticas de enunciados. Tratar dos enunciados em seu funcionamento. Mas no que e em relação a que isso funciona, eles nunca o tornam evidente. Será preciso, talvez, avançar nessa direção" (carta).
Publicação na Grã-Bretanha da tradução de *História da loucura*, prefaciada por David Cooper, em "Studies in existentialism and phenomenology", coleção de R. D. Laing, que outrora dedicara *The divided self* a Binswanger. Essa publicação foi seguida de um artigo de Laing, "Sanity and madness – the invention of madness" (*The new statesman*, 16 de junho de 1967). *História da loucura* circula, doravante, sob o estandarte da antipsiquiatria nos países de língua inglesa.
Sempre solicitado e sofrendo oposição na Sorbonne, Foucault renuncia definitivamente e apresenta sua candidatura à jovem Universidade de Nanterre, onde é eleito em junho para uma cadeira de psicologia. É também nomeado examinador no concurso da Escola Nacional de Administração.
Junho, dia 1º, entrevista com o presidente Bourguiba.
Leitura de Panofsky: artigo no *Le nouvel observateur*, para o qual começa a escrever mais frequentemente (ver *As Palavras e as Imagens*, vol. II desta obra).
Do dia 5 ao dia 10, manifestações anti-imperialistas explodem contra a embaixada dos Estados Unidos na Tunísia, por ocasião da Guerra dos Seis Dias, assim como *pogroms* contra os comerciantes judeus, provavelmente suscitados pelo poder para facilitar a detenção dos oponentes. Os estudantes politizados abrigam cada vez mais suas reuniões junto a Foucault, que observa: "Eles são sinocastristas." "Em nome da grande solicitude" do presidente Bourguiba para com ele, as autoridades tunisianas instalam bruscamente uma linha telefônica na casa de Foucault.

Julho, retorno a Vendeuvre: "É preciso que haja para mim muitos poderes nesse canto de terra, para que eu me sinta nele mais ou menos à vontade" (carta). Dia 16: "Eu escavo Nietzsche; creio começar a perceber por que isso sempre me fascinou. Uma morfologia da vontade de saber na civilização europeia que se deixou de lado em favor de uma análise da vontade de poder" (carta).

Agosto, dia 15, morte de Magritte. Dia 25, termina *A arqueologia do saber*: "Restam-me dois ou três meses de releitura neste inverno."

Outubro, Foucault, achando que o ministro francês da Educação tardava a ratificar sua eleição em Nanterre, parte por um ano para a Tunísia.

Novembro, "Recebi um bom questionário dos *Cahiers pour l'analyse*", destinado a um número dedicado à "Genealogia das ciências" (ver *Sobre a Arqueologia das Ciências. Resposta ao Círculo de Epistemologia*, vol. II desta obra). Termina "um trequinho sobre Magritte" (ver *Isto Não É um Cachimbo*, vol. III desta obra). Promete às Edições de Minuit um ensaio sobre Manet, intitulado *Le noir et la couleur*. Do dia 14 ao dia 19, breve estada na Itália para o lançamento da tradução de *As palavras e as coisas* pela Rizzoli, seguida de um posfácio de Canguilhem, "Morte do homem ou esgotamento do *Cogito*". Conhece Umberto Eco em Milão. Faz uma conferência sobre Manet. Em Roma, revê Burin des Roziers, então embaixador da França, que lhe propõe juntar-se a ele como conselheiro cultural, funções que não mais o atraem.

*Outubro**, lançamento do filme *La chinoise*, de Jean-Luc Godard, no qual Anne Wiazemski, estudante pró-chinesa, lança tomates contra *As palavras e as coisas*, livro símbolo da negação da história e, portanto, da negação da revolução.

Dezembro, descoberta de uma lesão na retina, talvez tumorosa. "Viva o corpo que morre, nada como isto para apagar as angústias. Eu redijo. Quarta redação depois de dois anos. Tenho a impressão de me explicar não muito mal, humor excelente" (carta).

No número de dezembro da revista *Preuves*, o historiador François Furet observa nos intelectuais franceses um declínio da ideologia que ele imputa ao triunfo do estruturalismo sobre o marxismo. "Responderei a isso indiretamente na resposta a Domenach" (carta; ver nº 58, vol. I da edição francesa desta obra).

1968

Janeiro, relê o Beckett dos anos 1950-1953 e Rosa Luxemburgo. Dia 15, Alain Peyrefitte, ministro da Educação Nacional e antigo

---

*(N.T.) Seguindo o original, existe essa descontinuidade na cronologia, com retorno a outubro.

condiscípulo na Escola Normal, lhe anuncia pessoalmente sua nomeação para Nanterre. De passagem em Paris, Foucault encontra um grupo de estudantes dessa faculdade e se surpreende: "Curioso como esses estudantes falam de suas relações com os professores em termos de luta de classe."

Fevereiro, curso público na Tunísia sobre a tradição pictural italiana, ao qual assiste discretamente Ben Salah, pouco depois primeiro-ministro. Na França, o jornal comunista *La Pensée* publica três entrevistas críticas sobre *As palavras e as coisas*. Violenta resposta de Foucault. A direção da revista negociou, por meio de várias correspondências, a atenuação de um vocabulário que ele sistematicamente tomara do arsenal da injúria comunista (ver nº 58, vol. I da edição francesa desta obra).

Março, dia 10, *La Quinzaine Littéraire* anuncia em primeira página uma polêmica Sartre-Foucault. De fato, trata-se de provocar uma resposta de Foucault às formulações de Sartre no número de *L'Arc*. Foucault corta rapidamente esse jogo (ver nº 56, vol. I da edição francesa desta obra).

Lê Che Guevara.

Do dia 15 ao dia 19, manifestação na faculdade de Tunísia pela libertação dos estudantes presos desde o ano anterior. A polícia detém, por meio de fotos, os principais líderes políticos estudantis, principalmente os do Grupo de Estudos e de Ação Socialista Tunisiano, dito "Perspectivas", a partir do nome de sua publicação. Alguns são torturados e acusados de atentar contra a segurança do Estado. Os militantes que permaneceram livres vêm imprimir clandestinamente seus panfletos na casa de Foucault, onde escondem seu mimeógrafo. De comum acordo com eles, Foucault decide ficar na Tunísia para dar suporte logístico e financeiro à sua defesa. Encontra-se, sem sucesso, com Bourguiba e com o embaixador da França, Sauvagnargues. Faz vir de Paris o jovem secretário do Sindicato Nacional do Ensino Superior, Alain Geismar, o qual não conhece. Na França, é criticado por não ter feito uma saída espetacular da Tunísia. Dia 22, oficialização de um movimento estudantil em Nanterre. Foucault escreve: "Daqui, olhamos Nanterre de cima." Manifestações estudantis em Varsóvia, Madri e Roma.

Abril, de carro, percorre a orla de Syrtes, visita Leptis Magna e Sabrata na costa líbia.

Maio, do dia 3 ao dia 13, manifestações de rua em Paris, ocupação da Sorbonne que se propaga na França em uma greve quase geral. Foucault fica bloqueado na Tunísia. Maurice Clavel escreve em *Ce que je crois* (Grasset, 1975): "Quando desembarquei em Paris, em 3 de maio, comprei os jornais na estação de Lyon e, ante as grandes manchetes da primeira revolta estudantil, disse à minha mulher com uma calma, pelo que parece, estranha: Taí, aconteceu, estamos nessa... 'Onde?', ela me perguntou. Em pleno Foucault... afinal, *As palavras e as coisas* não eram o formidável anúncio do craque geológico de nossa cultura humana, humanista, que deveria acontecer em maio de 68? Apressei-me em ir ao *Nouvel Observateur*, onde escrevi, em alguns minutos, cinco páginas que assim se iniciam: uma nova resistência irrompe hoje em Nanterre e na Sorbonne... Acreditava-se que a Mort de l'homme aconteceria entre Le Seuil e Minuit, falo das edições."

Dia 27, para chegar a Paris a tempo de assisti-lo, Foucault aproveita o único voo coincidente com o *meeting* dos líderes da esquerda no estádio de Charléty; dentre eles está Mendès France.

Junho, dia 16, da Tunísia, ele escreve: "Daqui, é um grande enigma." Os serviços paralelos da polícia tunisiana fazem diversas intimidações para que Foucault se vá. Final de junho, Foucault participa das últimas manifestações e assembleias da Sorbonne. Blanchot relata ter lhe falado na Sorbonne, sem ter certeza de que Foucault o tenha identificado (*in* Maurice Blanchot, *Michel Foucault tel que je l'imagine*, Fata Morgana, 1986). Foucault nunca tentou encontrá-lo, dizendo que o admirava demais para desejar conhecê-lo. Dia 30, o partido do general De Gaulle vence, com ampla margem, as eleições organizadas por Georges Pompidou.

Julho, o governo tunisiano cria um Tribunal Superior de Segurança do Estado para julgar os estudantes. Foucault decide passar o verão na Tunísia.

Setembro, é contatado por Hélène Cixous para participar da criação da Universidade Experimental que Edgar Faure, ministro da Educação Nacional, decidiu construir, fora do Quartier Latin, em Vincennes. Dia 9, na Tunísia, abertura do processo de 134 militantes estudantes. Foucault faz com que informações sobre a detenção deles sejam passadas aos advogados franceses. Mas a defesa não terá nenhuma possibilidade de expressão. Ahmed Ben Othman é condenado a 14 anos de prisão, que cumprirá. No dia 30, a seu pedido, os Assuntos Estrangeiros Franceses põem um termo ao desligamento de Foucault, que é reintegrado administrativamente na Universidade de Nanterre. Seu velho mestre, Jean Wahl, professor honorário na Sorbonne, é seu sucessor na Tunísia.

Outubro, Foucault lê os textos americanos dos Black Panthers, que o entusiasmam: "Eles desenvolvem uma análise estratégica liberada da teoria marxista da sociedade" (carta). No dia 27, a bordo do barco que o leva de volta a Marselha, é informado da morte de Jean Hyppolite. A viúva deste entrega a Foucault sua coleção das obras de Beckett. Ele associará seus dois nomes em sua coleção inaugural no Collège de France.

Novembro, o Parlamento transfere uma parte do poder do Estado sobre a universidade para conselhos eleitos de professores e de estudantes, e substitui o saber setorizado por faculdades de combinações pluridisciplinares. A nova universidade de Vincennes deve experimentar essa organização dos poderes e dos saberes. Edgar Faure, nomeado ministro da Educação Nacional, pretende que Foucault tome a responsabilidade da experiência, o que ele recusa, contentando-se em recrutar os professores do departamento de filosofia, a conselho de Alain Badiou, então próximo de Althusser. Com Serge Leclaire, psicanalista lacaniano, cria o primeiro departamento de psicanálise na universidade. Com o sociólogo Jean-Claude Passeron, deseja promover, mais do que uma faculdade de ciências humanas, uma abordagem multidisciplinar da ciência e da política. Confia a Alain Badiou a poda do manuscrito de *A arqueologia do saber*.

A imprensa denuncia os recrutadores da Faculdade Experimental de Vincennes, em sua maioria esquerdistas.

Dezembro, é nomeado professor de filosofia no Centro Universitário Experimental de Vincennes.

1969

Janeiro, abertura efetiva de Vincennes, teste da faculdade, tanto para o poder político, que juntou todos os grandes nomes das disciplinas literárias e das ciências humanas, quanto para o movimento estudantil, que pretende medir a extensão de sua autonomia. No primeiro conflito, a polícia intervém. Foucault toma parte na resistência física à polícia e na ocupação noturna dos prédios. É preso e passa a noite no posto de polícia com 200 estudantes. No dia 19, Foucault participa, ao lado de Althusser, Suzanne Bachelard, Georges Canguilhem, François Dagognet, Martial Guéroult, Michel Henri, Jean Laplanche, Jean-Claude Pariente e Michel Serres, de uma homenagem a Hyppolite na Escola Normal Superior. Ele assinará o pequeno prefácio da edição dessa homenagem pela PUF, em janeiro de 1971. Nela, acrescenta um texto, o mais importante sobre as relações de Nietzsche e a genealogia (ver *Jean Hyppolite. 1907-1968* e *Nietzsche, a Genealogia, a História*, vol. II desta obra).

Fevereiro, dia 10, Foucault é convidado à Mutualité, à tribuna de um *meeting* contra a expulsão de uma trintena de estudantes da universidade. Está muito satisfeito por intervir como manifestante e não como intelectual. Sartre fala nesse mesmo *meeting*, mas eles não se cruzam. M. Contat e M. Rybalka contam que "Sartre encontra na tribuna um bilhete: 'Sartre, seja breve.' Esse *meeting*, pela acolhida que tem por parte dos estudantes, marca o ponto de partida da evolução ulterior de Sartre: pela primeira vez, ele se sente diretamente contestado" (J.-P. Sartre, *Oeuvres romanesques*, Paris, Gallimard, "Bibliothèque de la Pléiade", 1981, p. XCI).

Em Vincennes, dedica um curso à "Sexualidade e individualidade", que responde ao programa de pesquisa anunciado em *A arqueologia do saber* e que incide sobre a história da hereditariedade e da higiene racial, e um outro curso sobre "Nietzsche e a genealogia".

No dia 22, conferência na Sociedade Francesa de Filosofia a pedido de Henri Gouhier. Ele trata da função do autor, prolongando a análise de *A arqueologia do saber* (ver *O Que É um Autor?*, vol. III desta obra). Nesse texto, ele precisa suas distâncias em relação a Derrida e a Barthes. Publicado no *Bulletin de la Société de Philosophie* (ver *O Que É um Autor?*, vol. III desta obra), bastante confidencial, o texto é assimilado àquele de Barthes sobre a morte do autor e tem pouco impacto na França, comparado à sua carreira no seio da teoria da literatura nos Estados Unidos.

Março, dia 13, publicação de *A arqueologia do saber* pela Gallimard. A árida descrição das coisas ditas em suas obras precedentes e sua maneira de se diferenciar do estruturalismo frustram a expectativa.

Convidado a Londres para algumas conferências sobre "Humanismo e anti-humanismo" no Instituto Francês, é informado de que o Quai d'Orsay não deseja que ele fale nas universidades inglesas, pois seria desagradável que expressasse em público sua não aprovação da lei de orientação universitária (*Le Nouvel Observateur*, nº 227, 17-23 de março de 1969, ver nº 65, vol. I da edição francesa desta obra). Ele se recusa a falar de filosofia ao público *habitué* das relações culturais, e inicia um debate livre com os estudantes britânicos sobre seus engajamentos concretos. Aliás, jamais fará conferência na Inglaterra.

Abril, dia 27, o general De Gaulle perde o *referendum* em favor da regionalização e da participação dos assalariados no capital das empresas, e se demite.

Maio, dias 30 e 31, por ocasião das jornadas Cuvier, organizadas por G. Canguilhem no Instituto de História das Ciências, Foucault desenvolve o problema do autor nas disciplinas científicas (ver *A Posição de Cuvier na História da Biologia*, vol. II desta obra).

Julho, participa com Emmanuel Le Roy Ladurie, Jacques Le Goff, Gérard Genette e Michel Serres de uma série radiofônica sobre os novos métodos em história.

Agosto, dia 4, *Le Nouvel Observateur* relata que a *Literatournaïa Gazeta*, órgão da União dos escritores soviéticos, critica Foucault: "O que incomoda Foucault no marxismo é seu humanismo. Sendo a única fonte da transformação revolucionária do mundo, o marxismo é o humanismo autêntico e real de nossa época."

Novembro, dia 30, a assembleia geral dos professores do Collège de France vota a transformação da cadeira de história do pensamento filosófico, de Jean Hyppolite, em cadeira de história dos sistemas de pensamento. Segundo a tradição, o nome do titular eventual da cadeira jamais é pronunciado por ocasião do voto. O projeto da cadeira é apresentado por Jules Vuillemin: "A tradição filosófica do projeto relatado por mim não se inscreve na teoria cartesiana da união substancial do pensamento e da extensão." Evocando a história, breve, dos conceitos, Vuillemin declara: "Quanto aos conceitos, os livros teóricos no-los descrevem tão abstratamente que sua data e sua origem nos parecem estranhas à sua natureza." Ele conclui: "O abandono do dualismo e a constituição de uma epistemologia não cartesiana exigem mais: eliminar o sujeito guardando seus pensamentos e tentar construir uma história sem natureza humana." No mesmo dia foi votada a criação de uma cadeira de sociologia da civilização. Esses projetos visavam certamente a Foucault e Raymond Aron. Paul Ricoeur e Yvon Belaval também eram candidatos à cadeira de filosofia.

Dezembro, nos dias 6 e 7, a revista *L'Évolution Psychiatrique* dedica suas duas jornadas anuais para criticar a *História da loucura*.

1970

Janeiro, o novo ministro da Educação Nacional, Olivier Guichard, recusa conferir um valor nacional à licença de filosofia concedida a Vincennes. Cursos demais, declara ele, são dedicados à política e ao marxismo (ver *Linguística e Ciências Sociais*, vol. II desta obra).

Dia 21, publicação pela Gallimard de *Études de style*, coletânea de ensaios de Leo Spitzer. Foucault traduziu sob o título "Art du langage et linguistique" o ensaio intitulado "Linguistics and literary history" (publicado em Princeton U. P., em 1948).

Março, é convidado pelo Departamento de Literatura Francesa da Universidade do Estado de Nova Iorque em Buffalo, então centro dos estudos franceses nos Estados Unidos. Obtém dificilmente seu visto devido à sua passagem pelo PCF. Faz conferências sobre a pesquisa do absoluto em *Bouvard et Pécuchet*, e sobre Sade. Donald Bouchard, José Harari e Eugenio Donato publicarão a versão modificada que ele apresenta de "Qu'est-ce qu'un auteur?" (ver nº 258, vol. III da edição francesa desta obra). Une-se amigavelmente a Olga Bernal, chefe do Departamento de Literatura Francesa, e a Mark Seem, que traduzirá Deleuze.

A universidade americana conhece um forte movimento de contestação para o exército das pesquisas conduzidas em seu seio. Foucault sustenta o movimento dos estudantes socialistas democratas (SDS), que se defronta com numerosos e dispendiosos processos. "Em suma, não saí de Paris um segundo, nem mesmo um centímetro" (carta). Faz uma conferência em Yale.

Abril, viagem à terra faulkeriana. Sobe o vale do Mississipi até Natchez, onde reside nos Elms, morada histórica do período espanhol.

Dia 12, eleição nominal de Foucault para a cadeira de história dos sistemas de pensamento, pela assembleia dos professores do Collège de France. Nessa ocasião, Foucault publica a brochura *Titres et travaux* (ver nº 71, vol. I da edição francesa desta obra). A Academia das Ciências Morais e Políticas, que tem voz consultiva, não ratifica o voto.

Dia 30, uma lei dita "antidepredadores" introduz no direito francês o princípio de uma responsabilidade penal coletiva visando aos organizadores de manifestações políticas.

Maio, prefacia a edição das *Oeuvres complètes*, de Bataille (ver nº 74, vol. II da edição francesa desta obra). O editor, Gallimard, espera que a autoridade do novo professor do Collège de France o proteja da censura, extremamente pesada na época. Foucault intervém na imprensa pelas mesmas razões em favor de *Éden, Éden, Éden*, de Pierre Guyotat, que é publicado pela Gallimard, prefaciado por Michel Leiris, Philippe Sollers e Roland Barthes (ver *Haverá Escândalo, Mas...*, vol. III desta obra).

Dia 27, o governo dissolve a Esquerda Proletária (GP), movimento maoísta não leninista, nascido da fusão do movimento estudantil antiautoritário de 22 de março e da UJCML.

Junho, Daniel Defert reúne na GP, que se tornou clandestina, aqueles que eram encarregados de manter a ligação com os militantes presos e de preparar seus processos.

Publicação em *La Pensée* de um longo artigo de Althusser sobre os aparelhos do Estado, diferenciados segundo funcionem pela violência ou pela ideologia. Foucault critica essa distinção à qual *Vigiar e punir* oporá mais tarde muitas respostas.

Dia 17, a nomeação de Foucault no Collège de France é efetivada pelo ministro da Educação Nacional.

Agosto, dia 8: "Eu havia prometido um posfácio na reedição de *As palavras e as coisas*, mas agora, para mim, essas são coisas sem interesse" (carta). Relê Kravtchenko e os historiadores das ciências americanos.

Setembro-Outubro, é convidado ao Japão, onde ainda só é conhecido por *O nascimento da clínica* (traduzido em 1969) e *Doença mental e psicologia*, traduzido em 1970 pelo Dr. Miyeko Kamiya, psiquiatra, irmã do professor Maeda, titular da cadeira de civilização francesa, que encontraram Foucault em Paris nos anos 1963-1964. Seus textos literários acabam de ser introduzidos pelo professor Moriaki Watanabe. Faz três conferências: "Manet", "Folie et société", "Retour à l'histoire". Passa uma temporada em Tóquio, Nagoya, Osaka e Kioto (ver *Loucura, Literatura, Sociedade* e *A Loucura e a Sociedade*, neste volume, e *Retornar à História*, vol. II desta obra).

Cronologia 33

Anuncia a Moriaki Watanabe um livro sobre o sistema das penas e a história do crime na Europa.

Mikitaka Nakano, diretor da revista japonesa *Paideia*, prepara um número especial sobre as relações entre filosofia e literatura em Foucault. Quer incluir um artigo de J. Miyakawa sobre Derrida e Foucault, e o artigo de Derrida *sobre* "Cogito *et histoire de la folie*". Foucault propõe a Nakano responder ao artigo de Derrida.

As edições Gallimard recompraram os direitos de *História da loucura* e se apressam em publicar a versão integral que contém a análise do "Cogito" cartesiano de Foucault, desaparecida das edições abreviadas desde 1964. É essa edição que será traduzida no Japão (ver *Resposta a Derrida*, neste volume).

De volta a Paris, Foucault lê os estoicos e Deleuze, que acaba de publicar *Différence et répétition* (PUF) e *Logique du sens* (Ed. de Minuit) (ver *Theatrum Philosophicum*, vol. II desta obra). Redige um longo texto sobre Manet e as imagens, assim como um estudo sobre os rostos de Marylin Monroe por Warhol, jamais publicados.

Novembro, conferência em Florença sobre *Le bar des Folies-Bergère*, de Manet, quadro que o fascina como o inverso de *Las Meninas*.

Dezembro, dia 2, aula inaugural no Collège de France. Foucault tematiza explicitamente a questão do poder e distingue projeto crítico e projeto genealógico.

Doravante, toda quarta-feira, às 17h45, durante 13 sessões anuais, desenrolar-se-á um curso, cada ano um original, no qual serão exploradas as hipóteses e os materiais de seus livros futuros. De saída, a uma assistência internacional, ele propõe como tema desse primeiro curso "A vontade de saber", opondo dois modelos teóricos desta: Aristóteles e Nietzsche. Às segundas-feiras, às 17h30, acontece o seminário que trata, naquele ano, dos inícios da psiquiatria penal na época da Restauração.

1971

Janeiro, saudoso da luminosidade perdida do Golfo de Cartago, Foucault se instala no alto de um imóvel, com amplos vãos de janelas, na rua de Vaugirard, nº 285.

Fevereiro, dia 8, por ocasião de uma conferência de imprensa dos advogados dos militantes maoístas, em greve de fome para obter o estatuto de prisioneiros políticos, Foucault anuncia a criação do Grupo de Informação sobre as Prisões (GIP), ao qual ele dá seu domicílio como sede. Em dezembro de 1970, um "tribunal popular", cujo procurador é Sartre, empenha-se em encontrar a verdade quanto às causas e responsabilidades da catástrofe de Fouquièresles-Lens. Médicos apresentaram relatórios de investigações sobre os mineiros intoxicados com sílica. Daniel Defert propõe à Esquerda Proletária reunir uma comissão de investigação semelhante àquela sobre a situação penitenciária, para ampliar a audiência da greve de fome que os militantes presos iniciarão no dia 14 de janeiro. Foucault aceita com entusiasmo a direção das operações. Porém, ele retifica inteiramente a estratégia, retirando-lhe toda conduta de tribunal para fazer dela um movimento social. Ele lança o que chamou de "investigações intolerância", nas quais se trata, ao mesmo tempo, de recolher e revelar o que é intolerável e também de suscitar essa intolerância. A conselho do magistrado Casamayor, ele convida Jean-Marie Domenach e o historiador Pierre Vidal-Naquet, que denunciou a tortura durante a guerra da Argélia, a levarem o projeto com ele (ver *Manifesto do GIP, Sobre as Prisões, Inquirição sobre as Prisões: Quebremos a Barreira do Silêncio* e *A Prisão em Toda Parte*, vol. IV desta obra).

Dia 21, publicação de *L'ordre du discours* pela Gallimard, texto no qual são restabelecidas as passagens encurtadas ou modificadas, por razões de horário, de sua aula inaugural no Collège de France.

Dia 28, Foucault é atacado no *New York Times Books Review* como "*the mandarin of the hour*" (o mandarim da hora) por George Steiner (ver *As Monstruosidades da Crítica*, vol. III desta obra, e nº 100, vol. II da edição francesa desta obra).

Março-Abril, através da França, os militantes do GIP fazem entrar clandestinamente questionários nas prisões. Famílias trazem à casa de Foucault fragmentos de informação obtidos junto aos presos.

Abril, temporada em Montreal, onde Foucault é convidado pela universidade McGill. É interrogado sobre a experiência do GIP. Encontra os militantes quebequenses partidários da independência do MDPPQ e do FLQ. Conhece Chartrand, Robert Lemieux, Gagnon e visita o autor de *Nègres blancs d'Amérique*, Pierre Vallierès, na prisão.

Maio, dia 1º, Foucault, J.-M. Domenach e uma dezena de membros do GIP são interpelados pela polícia nas portas das prisões como "agitadores". Um policial agride Foucault e grita: "*Heil Hitler!*" (ver *A Prisão em Toda Parte*, vol. IV desta obra).

Dia 20, a convite de seus amigos tunisianos, Foucault faz uma conferência sobre Manet no clube Tahar Haddad. Intervém, em vão, junto às autoridades em favor dos militantes detidos.

Dia 21, publicação da primeira brochura do GIP, *Enquête dans vingt prisons*, montagem de respostas aos questionários organizada e prefaciada por Foucault, sem indicação dos nomes (Champ Libre, col. "Intolérable").

Dia 29, o jornalista Alain Jaubert, que quis acompanhar um ferido em um furgão da polícia, após uma manifestação antilhana, é, ele próprio, colocado ensanguentado no hospital e acusado de golpear e ferir um policial. Foucault estabelece uma comissão de inquérito sobre os fatos com Denis Langlois, advogado da Liga dos Direitos do Homem, e apresenta o resultado de suas investigações em uma conferência de imprensa (ver nos 92 e 93, vol. II da edição francesa desta obra). O caso Jaubert mobiliza os jornalistas, que terão, cada vez mais, de se defrontar com as práticas policiais. Criação da agência de imprensa Libération, dirigida por Maurice Clavel, que será o núcleo embrionário do jornal *Libération*. Na ocasião do caso Jaubert, Foucault encontra Claude Mauriac, por intermédio de Maurice Clavel. Há, então, convergência de certos gaullistas de esquerda com a extrema esquerda (Claude Mauriac, *Le temps immobile*, t. III).

Junho, Catherine von Bülow conduz, à rua Vaugirard, Jean Genet, que prepara um texto para a defesa do militante negro americano George Jackson, detido em San Quentin e Soledad há 11 anos, sem data de liberação. Foucault e Genet decidem escrever juntos esse texto e começam a se frequentar. Catherine von Bülow vai aos Estados Unidos para visitar Jackson e Angela Davis em suas prisões.

Em Paris, os maoístas querem organizar um tribunal popular sobre a polícia, nos moldes do tribunal popular de Lens. Foucault exprime sua divergência sobre a questão dos tribunais populares, em um debate com Pierre Victor, *aliás*, Benny Lévy, dirigente da Esquerda Proletária, e André Glucksmann, designados como os maoístas, por *Les temps modernes* (ver nº 108, vol. II da edição francesa desta obra).

Dia 18, o ministro da Justiça, René Pleven, protesta junto ao diretor do *Le Monde* contra o relato das brochuras do GIP, publicado neste jornal a 8 de junho. Todavia, ele não encontra nenhuma inexatidão permitindo processar o GIP judicialmente.

Julho, os jornais cotidianos e as rádios são autorizados nas prisões, vitória do GIP, que se torna popular nos lugares de detenção. A propósito das prisões, Foucault declara: "Esta nova preocupação ofereceu-se a mim como verdadeira saída em relação ao enfado que eu sentia em face da coisa literária."

Agosto, em Vendeuvre, Foucault estuda a história das práticas judiciárias. Relê o *Journal du voleur*. "Isso resiste?", pergunta-lhe Genet, inquieto, dizendo jamais tê-lo relido.

Dia 10, Foucault é chamado pelos advogados de Christian Riss, em quem dois agentes de polícia atiraram quase à queima-roupa perto da embaixada da Jordânia, atacada pelos manifestantes. Riss foi abandonado pela polícia aos pés de uma paliçada. Foucault, Clavel e Domenach fazem uma conferência de imprensa. "A república está em perigo", declara Clavel. Nessa ocasião, Foucault conhece Thierry Mignon, advogado dos oponentes políticos iranianos. Ele planeja, com Jean Genet, uma denúncia das festas suntuosas que o xá prepara em Persépolis.

Dia 21, assassinato de George Jackson na prisão. Catherine von Bülow assiste às exéquias e, com Genet, Deleuze, Defert e Foucault, publica na coleção "Intolérable", da Gallimard, uma desmontagem da informação americana: *L'assassinat de George Jackson*.

Setembro, do dia 10 ao dia 14, revolta com a retenção de reféns na prisão de Attica, no Estado de Nova Iorque.

Dias 21 e 22, na França, na central de Clairvaux, dois detidos, Buffet e Bontemps, tomam como refém e matam um vigia e uma enfermeira. Uma parte da opinião incrimina o contágio de Attica devido à entrada de informação nas prisões. O debate sobre a manutenção da pena de morte substitui na imprensa a denúncia da situação nas prisões. Foucault intervirá várias vezes publicamente contra a pena de morte (ver nº 113, vol. II da edição francesa, 205, vol. III da edição francesa, e A *"Governamentalidade"*, vol. IV desta obra).

Outubro, publicação de *Habits neufs du président Mao*, por Simon Leys. Foucault é extremamente receptivo a essa crítica, sobretudo depois do tenebroso desaparecimento de Lin Piao. Muito cético, ele questiona os cineastas Joris Ivens e Marceline Loridan de volta da China.

Dia 27, Djellali Ben Ali, um argelino de 15 anos, é assassinado por um vigia de prédio no bairro parisiense da Goutte-d'Or, onde vivem milhares de emigrantes da África do Norte. Crime banal ou crime racista organizado? O bairro se inflama sob a pressão dos comitês palestinos, que rivalizam com a Esquerda Proletária, nesse setor esquadrinhado pela polícia dia e noite.

Novembro, início do curso intitulado "Teorias e instituições penais", que descreve, da Antiguidade ao século XIX, as matrizes jurídico-políticas de certos tipos de saber. De 1970 a 1976, os cursos no Collège de France vão constituir um verdadeiro ciclo sobre a formação das normas em uma sociedade disciplinar. O seminário da segunda-feira, consagrado à *expertise* médico-legal, será a ocasião da "invenção" de Pierre Rivière, caso de parricídio camponês no início do século XIX, encontrado por Foucault nos *Annales d'hygiène*. A história da psiquiatria penal permaneceu sempre um projeto a seguir a *História da loucura*.

Dia 7, na Goutte-d'Or, manifestação dos imigrantes sob o tema "Nós vingaremos Djellali". Foucault retorna dela convencido do desejo de uma resposta terrorista por parte dos militantes. Resposta militarizada ou resposta democrática: aposta com a qual a extrema esquerda maoísta, a mais ativa na época, é confrontada em diversos terrenos. Foucault exprime regularmente sua hostilidade ao terrorismo.

Dia 11, aluga, por sua conta, a grande sala da Mutualité para realizar um *meeting* sobre as prisões. Milhares de pessoas se acotovelam para ver um filme rodado nas prisões de Soledad e de San

Quentin. As famílias dos prisioneiros civis e de antigos prisioneiros falam pela primeira vez em público.

Dia 27, a Esquerda Proletária escolhe nesse momento "a voz democrática", que se traduz por um apelo dos intelectuais aos trabalhadores árabes. É a ocasião do primeiro encontro entre Sartre e Foucault, acompanhados de Jean Genet, em uma sala de reunião do bairro da Goutte-d'Or, a Maison Verte (Claude Mauriac, *Le temps immobile*, t. III, p. 291). Desse episódio data a foto na qual se vê, lado a lado, Sartre, muito enfraquecido mas intocável pela polícia, e Foucault, falando em um megafone, ao lado de Glucksmann e de Catherine von Bülow.

Foucault, Claude Mauriac e muitos outros intelectuais animam o comitê Djellali, encarregado de conduzir o inquérito sobre a existência de um racismo politicamente organizado. Eles instalam serviço permanente no bairro. Genet relata aos árabes sua experiência nos campos palestinos, mas não quer "bancar o intelectual intervindo nas questões francesas; ele prefere estar ao lado dos palestinos ou dos Black Panthers, tão mais proscritos que ele tem o sentimento de estar se comportando aí como um poeta". No final de dezembro ele se afasta, aproximando-se do Partido Comunista.

Foucault é convidado a Eindhoven pela Fundação Holandesa de Televisão para debater com Noam Chomsky a questão da natureza humana (ver *Da Natureza Humana: Justiça contra Poder*, vol. IV desta obra). Chomsky comentou essa entrevista em *Language and responsability* (Harvester Press, 1979).

Dezembro, dia 4, Foucault participa de uma manifestação de famílias de detentos, organizada pelo GIP, diante do Ministério da Justiça, na praça Vendôme, contra as sanções coletivas aplicadas nos detentos em represália depois dos acontecimentos de Clairvaux. Represálias e apoio exterior que estão no ponto de partida de 35 revoltas nas prisões, durante o inverno de 1971-1972, notadamente em Toul, depois em Nancy, para onde vai Foucault. Uma fração dos maoístas em torno de Robert Linhart, em discordância com as posições julgadas "ultraesquerda" de Foucault, suscita cada vez mais contratextos de Sartre sobre a questão das prisões.

Nos dias 9 a 13, as amotinações se sucedem na central de Ney de Toul. Foucault investiga os rituais de violência que distinguem as formas da amotinação entre os jovens e velhos detentos.

Dia 10, lançamento da segunda brochura do GIP, *Le GIP enquête dans une prison modèle: Fleury-Mérogis*, realizada por Jacques-Alain Miller e François Régnault (Champ Libre).

Dia 16, em Toul, Foucault lê, por ocasião de uma conferência de imprensa, o depoimento da psiquiatra da Central, a Dra. Édith Rose, "sobre o que ela viu e ouviu no exercício de suas funções". Para Foucault, esse depoimento é típico da ação de um intelectual específico (ver nº 99, vol. II da edição francesa desta obra).

1972

Janeiro, dia 5, Foucault participa de um novo *meeting* em Toul. Sartre envia uma mensagem denunciando o "regime que nos mantém todos em um universo próprio aos campos de concentração" (*Le Monde*). Dia 15, revolta na prisão de Nancy. Foucault declara em *Le Nouvel Observateur*, contando a história do GIP: "Nós havíamos chegado com nossas perguntas sobre o frio e a fome, e os presos nos responderam com outras, as mesmas que estão hoje no cerne das revoltas e das reivindicações: as condições de trabalho, a proteção jurídica dos presos dentro das prisões, o direito à informação, à saída e à supressão do registro judiciário" (*Le Nouvel Observateur*, 17 de janeiro de 1972, número especial: *Les prisons de Pleven*). Dia 18, com Sartre, Michelle Vian – que assegura doravante um laço amistoso entre Sartre e o GIP, no qual ela milita –, Deleuze Claude Mauriac, Jean Chesnaux, Alain Jaubert, uma quarentena de pessoas no total, Foucault organiza um *sit-in** no *hall* do Ministério da Justiça, para fazer ouvir as reivindicações vindas das diversas prisões.

Fevereiro, dia 25, assassinato do militante maoísta Pierre Overney por um vigia noturno das usinas Renault de Billancourt. No decorrer da manifestação, que aconteceu naquela noite, Foucault foi interpelado pela polícia. Nos dias seguintes, levou Sartre de carro, uma ou duas vezes, até as usinas Billancourt. No dia 26, jornada de ação do GIP em Nancy, com homens e mulheres que conheceram a prisão por terem sustentado o *Front de Libération Nationale* da Argélia (FLN), e que escrevem: "A revolta atual de uma massa de prisioneiros, constituídos principalmente de jovens conduzidos à prisão, na maioria das vezes, pela injustiça social, essa revolta, nós a sustentamos, nós pedimos a toda população que a sustente, e nos engajamos pessoalmente a agir ao lado dos detentos por suas reivindicações e pela dignidade à qual todo homem tem direito, mesmo quando está na prisão" (*Le Nouvel Observateur*, 6 de março de 1972). A polícia reprime duramente os manifestantes.

Março, dia 8, a Nova Resistência Proletária (NRP), braço clandestino da GP, rapta um funcionário da direção da Renault, em represália ao assassinato de Overney. O risco de terrorismo na França parece, então, ser muito sério.

Reedição de *O nascimento da clínica*, sem as palavras, conceitos ou torneios que induziam a uma interpretação estruturalista, e com uma atenção marcada para a análise das formações discursivas.

---

*(N.T.) Expressão inglesa: manifestação pacífica na qual seus participantes sentam-se nas ruas, calçadas ou espaços públicos de circulação.

Cronologia 39

Publicação de *L'anti-Oedipe*, primeiro tomo de *Capitalisme et schizophrénie*, de Deleuze e Guattari. Gracejando, Foucault diz a Deleuze: "É preciso se livrar do freudo-marxismo." Deleuze responde: "Eu me encarrego de Freud. Você vai se ocupar de Marx?" É publicada em *L'Arc* (nº 49 dedicado a Gilles Deleuze) uma discussão na qual os dois filósofos enfatizam a questão do poder, que se torna um dos temas maiores dos debates políticos (ver *Os Intelectuais e o Poder*, vol. IV desta obra).

Grupos se organizam segundo o modelo do GIP: Grupo Informação-Saúde (GIS); Grupo Informação-Asilo (GIA) e, mais tarde, Grupo de Informação e Sustentação dos Trabalhadores Imigrantes (GISTI). Foucault prepara com o GIS um manifesto sobre a medicina. Os maoístas criam comitês verdade-justiça em torno de um certo número de casos judiciários, que substituem o projeto de tribunal sobre a polícia, projeto interditado.

Foucault, de volta a Buffalo, fica muito impressionado pelo marasmo econômico e pelo desemprego. Interessa-se pela história política do *New Deal*. Dedica seu seminário a "A vontade de verdade na Grécia antiga: Hesíodo, Homero, a forma do processo na *Ilíada*, em *Édipo rei*, de Sófocles, e em *As bacantes*, de Eurípedes", e à origem da moeda.

Abril, dia 7, conferência em Minneapolis, "Cerimônia, teatro e política no século XVII", no quadro da *"Fourth Annual Conference on 17th Century French Literature"*.

Dia 21, visita a prisão de Attica (ver *Sobre a Prisão de Attica*, vol. IV desta obra) com J. K. Simon, professor em Buffalo, e encontra-se com o *Attica Defense Committee*. Ele assinala as funções não apenas repressivas, mas também produtoras do poder carcerário.

O GIP publica os *Cahiers de revendication sortis des prisons*, que traduzem a passagem da amotinação ao discurso político reivindicativo. Esses cadernos são preparados por Hélène Cixous e Jean Gattégno.

Maio, série de debates com o Centro de Estudos, de Pesquisas e de Formação Institucionais (CERFI) animado por Félix Guattari, sobre a história dos equipamentos coletivos; esse debates durariam até setembro.

Junho, reedição pela Gallimard, na "Bibliothèque des histoires", da edição integral de *História da loucura*, amputada de seu prefácio original (ver *Prefácio* (Folie et déraison), neste volume). Deleuze convence Foucault a incluir nela "La folie, l'absence d'oeuvre", já publicado; ele acrescenta a resposta a Derrida, reescrita, que dera aos japoneses no ano precedente (ver *A Loucura, a Ausência da Obra*, neste volume, e nº 102, vol. II da edição francesa desta obra).

Dia 8, processo dos amotinados de Nancy. A imprensa nacional intitula: "É o processo da situação penitenciária." A imprensa de extrema direita denuncia Foucault: "O imortal autor de *História da loucura* que, como por acaso, chega de Varsóvia" (*Minute*). Ariane Mnouchkine transcreve os debates do processo, que o Théâtre du Soleil transformará em espetáculo, a ser apresentado também nos bairros operários. Foucault e Deleuze farão o papel dos policiais.

Foucault deplora o moralismo crescente que invade a linguagem política, sobretudo em relação ao crime de Bruay-en-Artois, do qual os maoístas, em abril, fazem uma campanha política. Foucault vai para Bruay e se informa junto aos mineiros. Ele não publicou nada. Conhece François Ewald, que ensina filosofia em Bruay e se tornará seu assistente no Collège de France, a partir de 1977.

Setembro, revê Genet, que lhe conta suas lembranças de Mettray, enquanto ele trabalha em seu "livro sobre as penas" (*Vigiar e punir*).

Outubro, convidado pelo departamento de Romance Studies de Cornell, faz conferências sobre: "O saber do *Édipo rei* de Sófocles", "A literatura e o crime" e "A sociedade punitiva".

Publicação do número especial de *La Nef*, nº 49, que, sob a forma de manifesto de uma antimedicina, publica a síntese de uma mesa-redonda do GIS com Michel Foucault. O GIS lembra que, tal como outros grupos de informação, ele tem como objetivos:

– romper o segredo que cimenta certas estruturas do poder;
– romper a distância entre o pesquisador e o pesquisado na relação médico-paciente;
– opor-se a uma medicina de lucros.

Novembro, dia 6, início do seminário: "Pierre Rivière e suas obras", no Collège de France. Preparação coletiva da edição do dossiê.

Dia 24, em Grenoble, Foucault anima um *meeting* no estádio de Glace; diante de 500 pessoas, questiona certos membros do "meio" tidos como muito perigosos pelos militantes do Secours Rouge para serem nomeados por estes, provavelmente implicados no incêndio – ligado à extorsão – de um *dancing* onde morreram inúmeros jovens (ver nos 112 e 113, vol. II da edição francesa desta obra).

Dezembro, o GIP decide sua dissolução.

Dia 8, lançamento do primeiro número do jornal do Comitê de Ação dos Prisioneiros (CAP). Os recém-libertados agitadores das revoltas de prisões criavam a primeira organização de detentos na França. Foucault se retrai. A autonomia de palavra é alcançada: "Por muito tempo pedimos aos delinquentes suas lembranças, não suas ideias." Paralelamente, Dominique Éluard, Vercors, Jean-Marie Domenach, com o apoio de Deleuze e Foucault, criam a Associação de Defesa dos Direitos dos Detentos (ADDD).

Dia 16, manifestação nos Grands Boulevards logo após o assassinato, no comissariado de Versalhes, de um trabalhador imigrante, Mohammed Diab. Genet, Mauriac e Foucault, que incitaram a manifestação, são novamente detidos e, maltratados pela polícia, passam uma parte da noite nas dependências de Beaujon (Claude

Mauriac, Le temps immobile, t. II, III e IX). Em resposta a Mauriac, que acha que a imprensa fala demasiadamente dos golpes recebidos por ele, Foucault diz: "Devemos dizer que somos espancados para que os árabes o sejam menos. Devemos gritar pelos árabes que não podem se fazer ouvir" (Le temps immobile, t. III, p. 430).

Foucault empreende a análise das relações de poder a partir da "mais depreciada das guerras: nem Hobbes, nem Clausewitz, nem luta de classes, a guerra civil" (carta).

Lançamento do filme Les prisonniers aussi, realizado pelo GIP, por René Lefort e Hélène Châtelain.

Dia 29, uma lei aumenta o papel dos juízes na fiscalização da execução das penas e permite excluir certas condenações do registro criminal. A abolição do registro era uma reivindicação do GIP.

Foucault participa da elaboração do novo jornal Libération. Propõe ter nele uma crônica da memória operária, em relação com a atualidade, e que seja aberta uma rubrica dedicada ao movimento homossexual (Claude Mauriac, Le temps immobile, t. III, p. 422).

1973

Janeiro, publicação da quarta brochura do GIP, preparada e apresentada por Gilles Deleuze, Suicides dans les prisons en 1972 (Gallimard, col. "Intolérable").

Dia 3, primeira sessão do curso sobre "A sociedade punitiva" (inicialmente, "A sociedade disciplinar"), no qual Foucault opõe as sociedades de exclusão às sociedades de internamento.

Fevereiro, Foucault aceita, para protegê-lo da censura, a pedido de Ahmed Baba Miské – mais tarde porta-voz do Polisario –, a direção nominal de um jornal terceiro-mundista, Tempêtes, mais tarde Zone des tempêtes (ver nº 121, vol. II da edição francesa desta obra).

Dia 22, para os números preparatórios de Libération, Foucault debate com José Duarte, militante operário licenciado das usinas Renault-Billancourt (ver nºs 117 e 123, vol. II da edição francesa desta obra).

Março, prefacia uma exposição do pintor Rebeyrolle, a quem admira (ver nº 118, vol. II da edição francesa desta obra). De seus contatos com a galeria Maeght nasce o projeto de um estudo sobre Las Meninas, de Picasso. O texto não foi publicado.

Dia 8, Claude Mauriac: "É a primeira vez que distribuo prospectos nos bulevares. Foucault me responde rindo: 'Eu também.'" Trata-se dos panfletos do Comitê de Ação dos Prisioneiros (Le temps immobile, t. III).

Dia 12, fracasso da União da esquerda nas eleições legislativas.

Publicação de uma edição pirata de fragmentos do curso sobre "A sociedade punitiva", prática que começa a se desenvolver também no estrangeiro.

Abril, Foucault retoma o estudo – iniciado quando da preparação de *História da loucura* – das *lettres de cachet** conservadas no Arsenal. Dia 2, prefacia o livro de Serge Livrozet, *De la prison à la révolte* (ver nº 116, vol. II da edição francesa desta obra). Termina uma primeira redação do livro sobre as prisões (*Vigiar e punir*).

Maio, série de conferências em Montreal ("Tenho pouca impressão de encontrar o Quebec febril de 1971") e em Nova Iorque, onde trabalha sobre Colqhoun e Bentham na Biblioteca Central, "uma biblioteca com quase todos os mortos do mundo, no meio de uma cidade com quase todos os vivos" (carta).

Do dia 21 ao dia 25, encontra-se na Pontifícia Universidade Católica do Rio de Janeiro (PUC). Algumas conferências serão publicadas mais tarde sob o título *A verdade e as formas jurídicas* (ver nº 139, vol. II da edição francesa desta obra). Encontros com médicos e psiquiatras em torno da história da medicina social. Nessa ocasião, esboça uma história da histeria. Seus amigos brasileiros o convenceram da ação política que se poderia conduzir a partir da medicina social e da denúncia da influência do psiquiatra americano Skinner sobre seus confrades brasileiros, alguns dos quais colaborariam com a polícia. Junta-se ao filósofo e epistemólogo Roberto Machado. Dia 30, conferência em Belo Horizonte sobre as instituições psiquiátricas; visita as cidades de Minas Gerais; longo périplo na Amazônia, de Manaus a Belém, cidade da qual guardou grande saudade.

Julho, em Besançon, visita as usinas Lip, postas em autogestão pelos operários, ação percebida, então, como a sequência do movimento antiautoritário dos anos 1968-1972. Aos que o acompanham, Foucault declara: "Não é uma luta antiautoritária, é de desemprego que se trata." Visita as salinas de Ledoux em Arc-et-Senans (ver nº 195, vol. III da edição francesa desta obra).

Em Vendeuvre, volta ao seu "livro sobre os suplícios: as grandes tecnologias de individualização: a medicina clínica, a psiquiatria, a pedagogia, a criminologia" (carta).

Agosto, dia 10, morte de Jean Barraqué. Foucault só o viu uma vez desde os anos 1950.

Setembro, publicação do dossiê constituído, estudado e anotado pelos participantes de seu seminário do Collège de France: *Moi, Pierre Rivière...* (Gallimard-Julliard), col. "Archives", que, levado pela moda da etnologia campesina, alcança grande sucesso.

---

*(N.T.) "*Lettres de cachet*" (no original) – cartas com lacre real, dando, geralmente, ordem de prisão.

Outubro, dia 12, a Esquerda Proletária se autodissolve discretamente, o que marca o fim de um esquerdismo.

É convocado pela polícia judiciária como corresponsável pela brochura do GIS *"Oui, nous avortons"* (Ed. Gît-le-coeur), que advoga em favor da legalização do aborto (ver nº 128, vol. II da edição francesa desta obra).

Patrono de dois estudos do Centro de Estudos de Pesquisas e de Formação Institucionais (CERFI), animado por Félix Guattari sobre:
– a genealogia dos equipamentos de normalização (saúde e escola) (ver nº 168, vol. III da edição francesa desta obra);
– a análise do lugar dos equipamentos urbanos na planificação urbana (ver o *Annuaire du Centre coordinateur de la recherche urbaine pour la France*, 1973-1974).

Publicação de *Isto não é um cachimbo*, pela edições Fata Morgana, em Montpellier, repetição da homenagem a Magritte, com duas cartas do pintor (as cartas de Foucault foram vendidas com o ateliê de Magritte, em Londres, em julho de 1987).

Dezembro, *Recherches*, a revista do CERFI, dedica um número especial aos *Équipements du pouvoir*, síntese dos estudos conduzidos em seus domínios.

1974

Janeiro, expõe a K. S. Karol, jornalista outrora preso nos campos soviéticos, suas perplexidades sobre a China (ver nos 133 e 134, vol. II da edição francesa desta obra).

Início do curso sobre "O poder psiquiátrico" e do seminário que trata, alternativamente, da arquitetura hospitalar no século XVIII e da *expertise* médico-legal em psiquiatria a partir de 1830.

Março-Abril, conferências na universidade de Montreal. Em seu apartamento da Côte-des-Neiges, reescreve várias partes de seu "livro sobre as penas".

Abril, dia 25, o movimento das Forças Armadas Portuguesas derruba o regime de Caetano. A intelectualidade francesa se entusiasma pelo que se denominou a "Revolução dos Cravos". Foucault não viaja para Portugal (Claude Mauriac, *Le temps immobile*, t. III, p. 531).

Dia 26, a revista *Recherches*, por ter publicado uma *Grande encyclopédie des homosexualités*, é processada judicialmente por "ultraje aos costumes por via do livro". Deleuze e Foucault são citados como testemunhas. Foucault, vindo à frente da questão, declara: "Quando é que a homossexualidade receberá os mesmos direitos de expressão e de exercício que a sexualidade dita normal?" (ver nº 138, vol. II da edição francesa desta obra).

Maio, dia 19, eleição de Valéry Giscard d'Estaing para a Presidência da República. O novo presidente quer inaugurar um "desencrespar" da vida política, que almeja estender às relações com os intelectuais. Lucie Faure, inicialmente, depois Lionel Stoléru tentarão organizar para ele um encontro com Foucault, sempre recusado por este.

Junho, publicação da tradução francesa do *Arquipélago de Gulag*.

Julho, afora as novas revoltas das prisões, as lutas sociais perderam sua violência. O pequeníssimo grupo maoísta de Alain Badiou tenta deslocá-las para o terreno ideológico, notadamente o do cinema. Foucault intervém nesse debate em *Les Cahiers du Cinéma* (ver *Antirretro*, vol. III desta obra). Está apaixonado pelo novo cinema alemão (Schroeter, Sylberberg e Fassbinder). Ele quis muito que Werner Schroeter fizesse um filme de *Pierre Rivière*. Frequenta regularmente o realizador suíço Daniel Schmidt e encontra-se com Fassbinder.

Dia 29, um comunicado assinado por Jean-Marie Domenach, Michel Foucault e Claude Mauriac pela Associação de Defesa dos Direitos dos Detentos pede ao governo "a discussão, às claras, do sistema penitenciário": "Lá se vão quatro anos que o problema das prisões foi levado ao público pela greve dos presos políticos durante o inverno de 1970-1971. Há quatro anos, com relação a todas essas revoltas, as autoridades invocam a ajuda exterior. Elas prendem ou interpelam os 'responsáveis'. Há quatro anos, elas querem impedir a verdade de vir à tona e caçam, como em Toul, os médicos, os padres que têm a coragem de dizê-la. Nada mudou nos dias de hoje, nem mesmo os homens que foram responsáveis pela inércia de outrora e que prometem, hoje, as reformas" (*Le Monde*, nº 9.186, 28-29 de julho).

Agosto, dia 26, em Vendeuvre, Foucault termina seu livro "sobre os suplícios". "Meus marginais são incrivelmente familiares e iterativos. Vontade de me ocupar com outras coisas: economia política, estratégia política" (carta).

O cineasta René Allio propõe fazer um filme de *Pierre Rivière*.

Outubro, debate com os advogados sobre a intrusão das ciências humanas no universo judiciário (ver *Mesa-redonda sobre a Expertise Psiquiátrica*, neste volume). A lei Veil (17 de janeiro de 1975) retira o caráter penal, sob certas condições, da interrupção voluntária da gravidez.

Outubro-Novembro, no Rio de Janeiro, organiza dois seminários sobre "Urbanização e saúde pública" e "Genealogia da psicanálise no seio das práticas da psiquiatria do século XIX". Foucault faz seis conferências, uma das quais sobre a psiquiatria no século XIX, no quadro de um curso de medicina social na Universidade do Estado. Somente algumas foram publicadas (ver nºˢ 170 e 196, vol. III da edição francesa desta obra). "Trata-se de manter um discurso histórico, codificado, o único possível. Sob todos os pontos de vista, as coisas estão mais duras do que no ano passado, a recessão inquieta muito, os profissionais de medicina social me dizem que não se pode compreender nada, se não vemos como é a vida dessas 26 milhões de pessoas (do Nordeste)" (carta). Viaja para Recife.

1975

Janeiro, dia 6, retomada do seminário – que tenta restringir a alguns pesquisadores – sobre a *expertise* médico-legal em matéria de psiquiatria, do qual pensa fazer uma publicação. Aborda a questão da periculosidade (ver *A Evolução do Conceito de "Indivíduo Perigoso" na Psiquiatria Legal do Século XIX*, vol. V desta obra). Trabalha nos arquivos de Charcot na Salpêtrière. Quarta-feira, dia 8, sempre às 17h45, começa o curso intitulado "Os anormais", sobre a anexação da anormalidade pela psicologia.

Fevereiro, prefacia a exposição do pintor Gérard Fromanger chegado da China; nessa ocasião, fez uma pesquisa importante sobre as relações entre a pintura e a fotografia no final do século XIX, que prolonga suas análises da imagem, empreendidas em torno de Manet (ver *A Pintura Fotogênica*, vol. III desta obra).

Dia 25, a aula no Collège de France incide sobre a qualificação do corpo como carne.

Publicação de *Vigiar e punir, o nascimento da prisão*, col. "Bibliothèque des histoires", pela Gallimard. As tomadas de posição públicas de Foucault pesam, doravante, sobre a recepção de seus livros. O historiador Jacques Revel escreve em *Le Magazine Littéraire* (nº 150): "Conhecíamos seu engajamento, sua ação no GIP. Esperávamos, de certa forma, um livro militante, eu diria que nos decepcionamos (...). A militância desse livro não está, de modo algum, ali onde pensávamos encontrá-la. O desvio histórico encontra aqui, sem dúvida, sua função crítica." Segue-se um certo silêncio dos historiadores. A esquerda, presa ao lugar central dado ao Estado pela análise marxista, se põe discreta quanto à noção de micropoderes; ela lhe reprova uma visão niilista, na qual não há lugar nem para a resistência, nem para a liberdade. Ela denuncia o inevitável do controle social, a inanidade das ideias de reinserção e da contribuição das ciências humanas, uma crítica ainda mais radical do que a da ação reformadora das Luzes, na *História da loucura*. A obra alcançou rapidamente uma circulação internacional.

Março, dia 5, a aula incide sobre a tecnologia cristã da orientação dos indivíduos.

Abril, começa a frequentar Iannis Yannakakis. Este, que pertencia aos partidos comunistas grego e tcheco, orienta Foucault nas diferentes correntes intelectuais dissidentes dos países do Leste (ver nº 155, vol. II da edição francesa desta obra).

Dia 7, *Le Nouvel Observateur* publica uma reportagem sobre "Os grandes sacerdotes da Universidade francesa": Lacan, Barthes, Lyotard, Foucault. "No Collège de France, o velho anfiteatro, que parece não ter mudado desde Bergson, está formigando de gente, inclusive o estrado. Quando Foucault entra na arena, rápido, intrépido como alguém que se joga na água, ele passa por cima dos corpos para chegar à sua cadeira, empurra gravadores para colocar seus papéis, tira o casaco, acende um abajur e arranca a 100 por hora. Voz forte, eficaz, duplicada pelos alto-falantes, única concessão ao modernismo de uma sala apenas iluminada por uma luz que se eleva das sancas decorativas de estuque. Há 300 lugares e 500 pessoas aglutinadas, entupindo o menor espaço livre." Foucault explica: "Pus-me na obrigação de me ligar às preocupações de nosso tempo. Este ano, explico de que modo se criou, através dos séculos, a noção de anormal. Ano que vem, penso em falar sobre o pensamento político dos militares. Procuro sempre tratar um assunto que possa servir ao maior número de pessoas possível. Eu lhes forneço os instrumentos que utilizarão em seguida, como quiserem, em suas áreas, quer sejam psiquiatras, psicólogos, médicos, educadores ou não sei mais o quê" (*Le Nouvel Observateur*, nº 543, p. 54).

Abril-Maio, primeira viagem à Califórnia, convidado por Leo Bersani, ao Departamento de Literatura Francesa de Berkeley. Duas conferências inéditas são preservadas: "Discurso e repressão" e "A sexualidade infantil antes de Freud". É convidado pelas universidades de Irvine e Claremont. Sua entrevista com Deleuze (ver *Os Intelectuais e o Poder*, vol. IV desta obra), traduzida pela revista *Telos*, atrai numerosos estudantes. Descobre a cultura hedonista que os californianos desenvolvem em torno das drogas, na ocasião de uma apreensão de LSD em Zabriskie Point, no Death Valley: "A droga: ruptura com esta física do poder, trabalho, consumação, localização" (carta). Entusiasma-se com as pequenas comunidades – zen, vegetarianas, feministas, homossexuais – produtoras de estilos de existência que ele aborda com a curiosidade que Max Weber colocou recentemente na análise dos segredos americanos.

Ao regressar, Foucault sente a necessidade de explicitar seu itinerário em um livro de entrevistas que inicia com o jornalista Roger-Pol Droit. Foucault, decepcionado, logo interrompe uma empreitada que desejava mais próxima do diálogo do que da entrevista.

Setembro, o realizador René Allio, de quem apreciou *Les camisards* (1972), começa a filmagem de *Pierre Rivière* nos lugares do crime e com os camponeses normandos. O teatro já se apossou de *Pierre Rivière*, encenado em vários teatros. Foucault: "Encontramos um rapaz incrível que vive sozinho... Escreve um diário" (trata-se de Claude Hébert). Claude Mauriac: "E que você vai instigar (...)." Foucault: "Não, sua mãe morreu" (*Le temps immobile*, t. III, p. 531).

Foucault interpretou um papel de juiz na versão longa não comercializada.

Dia 19, Catherine von Bülow pede a Foucault que intervenha na iminente condenação ao garrote de 11 espanhóis que lutavam contra o regime de Franco. Preparação de uma intervenção em Madri com Jean Daniel, Régis Debray, Claude Mauriac, Costa-Gavras, Jean Lacouture, o R. P. Laudouze, dominicano, Yves Montand; Foucault redige (segundo Claude Mauriac, *Le temps immobile*, t. III, p. 546) o manifesto seguinte: "Onze homens e mulheres acabam de ser condenados à morte. Eles o foram pelos tribunais de exceção e não tiveram direito à justiça. Nem àquela que exige provas para condenar. Nem àquela que dá aos condenados o poder de se defender. Nem àquela que lhes assegura, por mais grave que seja a incriminação, a garantia das leis. Nem àquela que protege os homens doentes, nem àquela que proíbe as sevícias em prisioneiros. Sempre lutamos, na Europa, por essa justiça." São solicitadas as assinaturas de Malraux, outrora condenado à morte na Espanha, Pierre Mendès France, Louis Aragon, Jean-Paul Sartre, François Jacob. Régis Debray faz traduzir o manifesto para o espanhol por Santiago Carillo, dirigente do Partido Comunista espanhol.

Dia 22, no hotel Torre de Madrid, Yves Montand lê o manifesto por ocasião de uma conferência de imprensa. Inspetores com roupas civis caçam os jornalistas sob a mira das metralhadoras, embarcam os sete membros da delegação francesa em um furgão e os expulsam da Espanha. A imprensa internacional os acolhe no aeroporto de Roissy. Numerosas manifestações acontecem em várias cidades da França e no exterior, sem conseguir impedir a execução dos militantes.

Dia 27, noite de manifestação em Paris em frente da embaixada da Espanha. Um estudante espanhol pede a Foucault uma conferência sobre Marx. Foucault se exalta: "Que ninguém me fale mais de Marx! Nunca mais quero ouvir falar deste senhor. Dirijam-se àqueles que fazem disto um emprego. Que são pagos para isso. Que são funcionários disso. Quanto a mim, acabei totalmente com Marx" (Claude Mauriac, *Le temps immobile*, t. III, p. 581).

Dia 29, publicação no *Le Nouvel Observateur* (nº 568, p. 41) de um apelo dos sete expulsos de Madri: "A ser expedida, para todos os endereços da Espanha que se conheça, uma cópia da mensagem que levamos." No editorial do mesmo número, Jean Daniel relata: "Quando os sete amigos organizaram o pequeno comando de Madri (...), eles não sabiam, naquele momento, que a França se opusera a uma proposta holandesa de intervir junto a Franco (...). A comunicação que relatava a partida de nossos sete amigos para Madri dava volta ao mundo (...). Ela era lida no Eliseu por Valéry Giscard d'Estaing. Em alguns minutos, a posição da França estava mudada (...). Os sete intelectuais conseguiram, sem presumi-lo, mudar a posição de nove países a favor da oposição espanhola."

Outubro-Novembro, retorno à Universidade de São Paulo (5 de outubro-18 de novembro): conferências sobre a psiquiatrização e sobre a antipsiquiatria. "Freud e Marx ao infinito. O trabalho político vem dos antigos quadros sindicais e intelectuais" (carta). Dia 29 de outubro, o jornalista Herzog é morto nas dependências da polícia de São Paulo. Foucault lê, na universidade, um texto sobre este assassinato, que os estudantes publicam em um panfleto. Irrompe uma greve. Foucault teve a impressão de ser constantemente seguido. É informado pelos serviços diplomáticos franceses que está sob a proteção destes. Volta a Nova Iorque, onde se hospeda, mais uma vez, no Hotel Roosevelt. "Nova Iorque, insuportável, depois do Brasil."

Novembro, dia 19, na Universidade de Columbia, participa de um debate sobre "Medicina, violência e psiquiatria": "Perdoem-me por esta digressão que não parece falar senão incidentemente dos asilos e não de medicina quando, de fato, nessa nova técnica de tortura foi introduzido um personagem, hoje constantemente presente no ritual da tortura: esse personagem é o médico. Praticamente, em todas as torturas importantes, hoje, está presente um médico que tem por função, em primeiro lugar, dizer quais são as torturas mais eficazes; em segundo lugar, ele faz exames médicos para saber se o doente corre o risco de morrer – Herzog, morto na prisão há 10 dias, não foi suficientemente examinado – e, em terceiro lugar, o médico dá injeções de diferentes tipos para reanimar o paciente, de modo que este possa suportar fisiológica e psicologicamente as torturas" (texto estabelecido por Sylvère Lotringer e John Rachman).

Propõe no Collège de France que se crie uma cadeira de semiologia literária para Roland Barthes.

Dezembro, publicação de uma entrevista sobre um filme de Pasolini, *Salo*, na revista *Cinématographe*. "Um jovem, Gérard Dupont, veio me dizer: 'Se o senhor me der esta entrevista, eu ganharei 500 francos.' Então, eu a dei, eu disse qualquer coisa para que ele tivesse seus 500 francos (...). Aproveitei a ocasião para dizer, enfim, os meus ressentimentos para com Sade" (Claude Mauriac, *Une certaine rage*, Paris, Grasset, 1977, p. 34-35; ver *Sade, Sargento do Sexo*, vol. III desta obra).

Dia 11, Gilles Deleuze, analisando *Vigiar e punir*, pontua o lugar das lutas práticas entre *A arqueologia do saber* e aquele livro: "Escritos, não, um novo cartógrafo" (*Critique*, nº 343).

Dia 18, Foucault participa de uma manifestação pela criação de sindicatos de soldados.

1976

Janeiro, dia 7, primeiro curso do ano intitulado "É preciso defender a sociedade". Ele acontecerá, doravante, às 9h30, para dissuadir os ouvintes, demasiadamente numerosos. Foucault declara querer pôr um termo às pesquisas empreendidas há cinco anos, durante os quais os mecanismos do poder foram tratados como mecanismos de repressão. Ele testa a hipótese da guerra como maneira de compreender as relações de poder. Encontra o dissidente Leonid Plioutch, chegado a Paris. Ao jornalista K. S. Karol, que lhe diz considerar como uma coisa urgente dissociar o mundo do socialismo da sociedade soviética de internação, Foucault responde: "Confesso que não irei nem até aí."
Em sua aula do dia 14, Foucault lembra que acaba de "dedicar cinco anos às disciplinas e (que) outros cinco anos serão dedicados à guerra, à luta (...). Só podemos exercer o poder pela produção da verdade". Pasquale Pasquino e Alessandro Fontana realizam a tradução dessas duas aulas, que serão publicadas na Itália no interior de uma compilação intitulada *Microfísica do poder* (ver nos 93, vol. II da edição francesa, e 194, vol. III da edição francesa desta obra). Sob esse mesmo título estavam, então, publicados, na Alemanha, textos anteriores sobre a justiça, a psiquiatria e a medicina (*Mikrophysik der Macht*, Berlim, Merve Verlag).
Fevereiro, dia 4, associa-se a uma petição amplamente assinada pelos intelectuais e dirigentes do Partido Socialista, denunciando o silêncio das autoridades francesas sobre a violação dos direitos do homem no Irã.
Março, dia 29, conferência na Universidade de Montreal, no programa de uma semana dedicada às alternativas para a prisão: "À questão alternativa para a prisão é preciso responder com um primeiro escrúpulo, uma primeira dúvida ou uma primeira gargalhada, como vocês quiserem; e se não quisermos ser punidos por aquelas, ou por essas razões, e se não quisermos ser punidos de modo algum? E se, no fim das contas, não fôssemos capazes de saber realmente o que quer dizer punir?" (datilograma inédito). Ele declara sua intenção de escrever um livro sobre as instituições militares. Detém-se em Nova Iorque, de onde retorna preocupado, segundo Claude Mauriac, com as relações entre os Estados Unidos e a Europa.
Maio, conferências em Berkeley e Stanford.
Junho, longa entrevista com Alessandro Fontana e Pasquale Pasquino sobre a significação política de seus trabalhos antes e depois de 1968. Essa entrevista será incluída em *Microfísica do poder* (Einaudi, 1977) (ver n° 192, vol. III da edição francesa desta obra).
Julho, trabalha com Michelle Perrot e Jean-Pierre Barouh em uma reedição do *Panoptique*, de Bentham (ver n° 195, vol. III da edição

francesa desta obra). Pede à administração do Collège de France para poder beneficiar-se de um ano sabático para 1976-1977.

Agosto, em Vendeuvre, termina *Vontade de saber*. "Tento rascunhar a introdução às *lettres de cachet*. Tinha a impressão, há muito tempo, de saber o que eu queria dizer e, no momento de abrir o armário, percebo que tudo partiu" (ver *A Vida dos Homens Infames*, vol. IV desta obra). "Reconsiderei estudar a contestação política a partir do saber e da instituição científica de Oppenheimer a Chomsky nos Estados Unidos e na URSS, atualmente" (carta). Cogita instalar-se no Wilson Center de Washington, que o tinha convidado.

Novembro, dia 1º, conferência na Faculdade de Filosofia da Bahia. Crítica da concepção jurídica do poder, de Marx e de Freud, da social-democracia e do investimento do campo sexual pelo Estado. "Todo mundo me fala do parricida de olhos vermelhos (Pierre Rivière); ei-lo a dar a volta ao mundo, isso me dá uma grande alegria" (carta).

Nova temporada em Belém e Recife com Roberto Machado. "Bruscamente apareceu a miséria sul-americana, muito diferente daquela que se vê nas cidades. Sente-se que ela cobre milhares de quilômetros."

Dezembro, publicação de *Vontade de saber*, primeiro volume da *História da sexualidade*. Foucault concebeu esse livro como um manifesto com o qual se deve marcar um encontro. Como *Vigiar e punir*, ele vai na contramão da expectativa do público, por sua crítica à hipótese repressiva, cara aos movimentos de liberação. O livro se apresenta como uma introdução a uma história da sexualidade em seis volumes, mas o autor confidencia não ter a intenção de escrevê-los. Foucault pensa em mudar o sistema de escrita: essa palavra um pouco anônima, envolta em documentos do dossiê Rivière, o seduziu. Essa é a forma sob a qual ele quer estudar o hermafroditismo ou a questão da veridicidade do sexo, a partir dos documentos que recolhe sobre o caso de Alexina B. encontrado nos *Annales d'hygiène*.

Ademais, em 1975, Foucault pedira às edições Gallimard para adiantar 200 mil francos a René Allio para a filmagem de *Pierre Rivière*. O advogado do editor fez Foucault assinar – ele já não tinha mais nenhum compromisso – um contrato de exclusividade por cinco anos. Foucault decidiu, então, que seu próximo livro (*Vontade de saber*) seria de formato muito pequeno, e que não haveria outro durante cinco anos (o que muitos interpretaram como uma crise em seu pensamento).

1977

Janeiro, dia 15, publicação em *Les Cahiers du Chemin*, revista de George Lambrichs, de *La vie des hommes infâmes*, apresentação

Cronologia 51

de uma antologia dos arquivos de encarceramento do Hospital Geral na Bastilha: "Palavras breves e estridentes que as existências menos essenciais trocam com o poder." De antologia, o projeto se torna coleção, com a publicação do memorial de Herculine Barbin, pela Gallimard (ver *A Vida dos Homens Infames*, vol. IV desta obra, e nº 233, vol. III da edição francesa desta obra).

Dia 24, *L'Express* escreve a propósito de *Vontade de saber*: "O farol do pensamento progressista bem no auge de sua campanha pela liberação sexual e suspensão de todos os interditos sobre a sexualidade declara: 'Estou farto do sexo.' (...) É preciso começar por engolir e digerir este choque."

Gilles Deleuze teve o sentimento de que *Vontade de saber* os afastou um do outro, mais do que o episódio simultâneo dos novos filósofos com os quais Deleuze polemizou (*Minuit*, nº 24, maio de 1977); que Foucault o achava hostil às suas análises e que ele se engajava em uma direção nova na qual precisava de um suporte que não encontrava. De fato, a acolhida de *Vontade de saber* foi mais entusiasmada nos movimentos feministas ou *gays* do que nos meios intelectuais. É possível que isso tenha tornado Foucault ainda mais atento ao que se enunciava de novo nesses movimentos.

Prefacia a tradução americana por Mark Seem de *L'Anti-Oedipe* (ver nº 189, vol. III da edição francesa desta obra).

Um vasto movimento de interesse pela obra de Foucault desponta nos Estados Unidos com a tradução de *Vigiar e punir*. Publicação de *Language, counter, memory, practice, selected essays and interviews*, por Michel Foucault (Cornell University Press), editado por Donald Bouchard. Seleção de textos sobre as relações entre discurso, linguagem e literatura, publicados entre 1962 e 1972.

Fevereiro, dia 8, assina com David Cooper um apelo de Victor Fainberg e da revista *Change* pela libertação de Vladimir Borissov, internado no Hospital Psiquiátrico Especial de Leningrado (ver nº 209, vol. III da edição francesa desta obra).

Março, publicação em Moscou de uma tradução de *As palavras e as coisas* que, rapidamente, conhece uma circulação semialternativa no conjunto dos países do bloco soviético, nos quais sua recepção é preparada pelo ensino do georgiano Merab Mamardachvill. Dia 23, o assassino do militante Pierre Overney é executado pelos Noyaux Armés pour l'Autonomie Populaire (NAAP), o que relança na França o debate sobre o terrorismo.

Abril, a esquerda ganha as eleições municipais. Inquieto com uma vitória legislativa que não almeja, o PCF pede para reatualizar o *Programa comum de governo*.

A revista *Annales historiques de la Révolution Française* publica uma série de estudos históricos sobre as prisões, nos quais figura, como abertura, uma crítica do historiador Jacques Leonard a *Vigiar e punir*. Isso propiciará a ocasião de um debate com os historiadores. Foucault a isso responderá em "La poussière et le nuage" (ver *A Poeira e a Nuvem*, vol. IV desta obra).

Maio, faz um resumo crítico de *Maîtres penseurs*, de André Glucksmann, para *Le Nouvel Observateur* (ver nº 196, vol. III da edição francesa desta obra). Os antigos esquerdistas parecem romper, um a um, com o marxismo. O editor, Bernard-Henri Lévy, os reagrupou sob o qualificativo, que faz sucesso, de "novos filósofos", em um dossiê de *Nouvelles Littéraires*, do dia 10 de junho de 1976.

Dia 12, a comissão de reforma do Código Penal convida Foucault a dar seu ponto de vista sobre os artigos do Código concernindo à sexualidade. Dia 19, Foucault participa em Goutelas das jornadas de reflexão do Sindicato da Magistratura. Na perspectiva de uma eventual chegada da esquerda ao poder, em março de 1978, Foucault critica o papel ampliado, atribuído pelo Partido Socialista aos juízes e ao Poder Judiciário, como meio de regulação social, e expresso na obra *Liberté, libertés* (1976), publicada sob a direção de Robert Badinter.

Junho, nos dias 17-19, no congresso do Partido Socialista em Nantes, Michel Rocard desenvolve sua distinção entre as duas culturas políticas da esquerda: uma jacobina, estatal, que aceita a aliança com os comunistas; a outra, descentralizadora e regionalista, que recusa essa aliança, logo chamada de "segunda esquerda".

Dia 21, Leonid Brejnev é recebido na França por Valéry Giscard d'Estaing, enquanto o movimento de dissidência aí tem cada vez mais ecos. André Glucksmann e Pierre Victor, então secretário de Sartre, acometido por uma cegueira, pedem a Foucault para organizar uma contramanifestação: é a *soirée* do teatro Récamier, na qual os parisienses são convidados a encontrar os dissidentes dos países do Leste. Convite lançado por Barthes, Bourseiller, Daix, Glucksmann, Foucault, Jacob, Mauriac, Sartre e Schwartz. Estão presentes Leonid Plioutch, o Dr. Stern, Vladimir Boukovski, Andreï Siniavski, Andreï Amalrik, Natalya Gorbanevskaïa. Alexandre Galitch, acompanhado de sua guitarra, conta em russo as histórias que percorrem o *gulag* de campo em campo.

Soljenitsyne recusou associar-se a uma manifestação com Sartre. Foucault participa de uma demonstração de rua e de um *meeting* na sala Pleyel, em favor do cineasta armênio dissidente Parajdanov.

Julho, dia 4, difusão pela cadeia de televisão TF 1 de uma emissão sobre Maurice Clavel, que reagrupou em sua casa, em Vézelay, os "novos filósofos", Philippe Sollers e Michel Foucault.

Assina um manifesto iniciado por Félix Guattari e 28 intelectuais franceses contra a repressão dos "autonomistas" operários italianos, que Berlinger qualificou de *"untorelli"* ou "portadores de peste", por ocasião de violentas manifestações em Bolonha. Contudo, Foucault

Cronologia 53

não se associa aos protestos que se seguem para não parecer sustentar o terrorismo.

Publicação pela Einaudi de *Microfísica do poder*, traduzido no Brasil, e na Alemanha sob o título de *Dispositive der Macht*. Esses textos políticos vão circular amplamente entre os grupos italianos ditos "autônomos" e alemães ditos "alternativos", e inflectir a recepção política do trabalho de Foucault. Esses textos são publicados na Austrália sob o título *Power, truth, strategy* (Feral, 1979) e nos Estados Unidos sob o título *Power/Knowledge* (Pantheon, 1980).

Agosto, Vendeuvre. Foucault escreve sobre os padres da Igreja. Vai a Bayreuth para o *Ring* do centenário encenado por Patrice Chéreau e dirigido por Pierre Boulez, de quem é o convidado.

Setembro, assiste ao fórum da "segunda esquerda", organizado por *Le Nouvel Observateur* e *Faire* – revista do socialismo de autogestão –, sobre a esquerda e a experimentação social na qual se trata, segundo Edmond Maire, "de encontrar senão uma alternativa para o Programa Comum, ao menos balançar o jugo da cultura dominante" (ver nº 207, vol. III da edição francesa desta obra).

Dias 27 e 28, o PCF rompe a União da esquerda, ruptura interpretada como uma pressão da URSS, que teme o efeito desta nos países satélites.

Setembro-Outubro, a revista italiana *Aut-Aut* (nº 161) publica o artigo "Razionalitā e irrazionalitā nella critica del politico in Deleuze e Foucault", no qual Massimo Cacciari, filósofo comunista italiano, ataca *Vigiar e punir* e *Rhizome*, de Deleuze, dos quais a extrema esquerda italiana se vale cada vez mais.

Outubro, entrevista com a revista *Change* – nascida de uma ruptura com *Tel Quel* quando este movimento se aproximou do PCF, e depois do maoísmo – sobre loucura e dissidência (ver nº 209, vol. III da edição francesa desta obra).

Dia 13, entrevista em Paris com S. Hasumi sobre poder e saber, destinada a preparar uma segunda temporada de Foucault no Japão (ver *Poder e Saber*, vol. IV desta obra).

Dias 24 e 26, comunicação no Simpósio de Toronto, "Law and psychiatry", no Clarke Institute of Psychiatry, sobre "A evolução da noção de 'indivíduo perigoso' na psiquiatria legal do século XIX", síntese de seu seminário no Collège de France, em 1976 (ver *A Evolução do Conceito de "Indivíduo Perigoso" na Psiquiatria Legal do Século XIX*, vol. V desta obra).

Novembro, dia 16, Klaus Croissant, advogado da Fração Armada Vermelha de Andreas Baader, é extraditado da França para a República Federal da Alemanha, onde é acusado de cumplicidade com o terrorismo. Foucault protesta contra as condições dessa extradição; ele será violentamente molestado pela polícia diante da prisão da

Santé (ver nos 210, 211, 213, 214 e 226, vol. III da edição francesa desta obra).

Dezembro, prefacia um inquérito sobre os tribunais militares para sustentar o movimento em favor da legalização da objeção de consciência (ver nº 191, vol. III da edição francesa desta obra). Temporada em Berlim, de leste a oeste. Encontro com o movimento alternativo na Freie Universität. Debate sobre as prisões. É preso com Peter Gente e Heidi Paris, seus editores de Merve Verlag, e Daniel Defert, pela polícia federal, devido à semelhança de Heidi com a militante da Rote Armee Fraktion, Inge Viett, então muito procurada (ver nº 217, vol. III da edição francesa desta obra).

Publicação do número 70 de *L'Arc, La crise dans la tête*, anunciado como dedicado a Foucault, que recusou essa personalização. De fato, a questão colocada no momento desse número era a de saber se Foucault caucionava a dedução feita pelos novos filósofos do totalitarismo moderno, a partir da filosofia das Luzes. O número tratou dos elementos de crise na ideologia política dominante à esquerda.

Publicação de *Politiques de l'habitat, 1800-1850* (Corda, 1977), pesquisas dirigidas de 1975 a 1977 por Foucault, e realizadas por uma equipe de pesquisadores ligados à sua cadeira: Jean-Marie Alliaume, Blandine Barret-Kriegel, François Béguin, Danièle Rancière, Anne Thalamy.

Um estudante maoísta italiano o previne para que fique atento aos acontecimentos que, a cada 40 dias, deverão se desenrolar nas cidades religiosas do Irã.

1978

Janeiro, dia 4, início do curso "Sécurité – Territoire – Population" que, depois de ter começado com a questão do poder, se desloca bruscamente para a questão da "governamentalidade", tão nova para ele próprio quanto para seus ouvintes.

Dia 9, início do seminário público sobre a crise do pensamento jurídico no começo do século XIX, e de um seminário diferente sobre "La généalogie des sociétés de sécurité", animado por François Ewald. Foucault expressava regularmente seu desejo de trabalhar no quadro de um seminário reservado a alguns pesquisadores, embora, segundo o regulamento, todo ensino dispensado no Collège de France devesse ser público. Durante os dois anos em que tratou da "governamentalidade" e da razão política liberal, o grupo de pesquisadores que intervinha em seu seminário se reuniu regularmente em seu escritório: é nesse quadro que foram analisadas as teses nominalistas de Paul Veyne, desenvolvidas em "Foucault révolutionne l'histoire", in *Comment on n écrit l'histoire* (Paris, Éd. du Seuil, 1978, p.

345-385). Uma troca regular se instaura entre Foucault e Paul Veyne em torno de suas novas preocupações sobre a Antiguidade Grega e Romana.

Prefacia a edição americana de *O normal e o patológico*, de Georges Canguilhem, ao qual o ligam tanto uma concepção da ética intelectual quanto uma filosofia do conceito. Trabalha no segundo tomo de *História da sexualidade*, que deve tratar da noção cristã da carne. Trata-se, então, de uma genealogia da concupiscência através da prática da confissão no cristianismo ocidental e da direção da consciência, tal como ela se desenvolve a partir do Concílio de Trento. O manuscrito será inteiramente destruído. Cogita criar um jornal que republicaria as melhores análises e busca financiar esse projeto.

Fevereiro, seminário no IRCAM sobre o tempo musical, com Pierre Boulez, Gilles Deleuze e Roland Barthes.

Dia 1º, o curso proferido neste dia pode ser considerado como a aula inaugural de uma história da "governamentalidade". Essa aula será publicada na Itália, na revista *Aut-Aut*, sob o título "A governamentalidade" (ver A *"Governamentalidade"*, vol. IV desta obra).

Março, dia 2, o hebdomadário socialista *Politique-Hebdo* interroga Foucault sobre suas intenções de voto nas eleições legislativas dos dias 12-19 de março (ver nº 227, vol. III da edição francesa desta obra). Foucault responde não ter de se pronunciar publicamente sobre escolhas eleitorais; para ele, isso seria ocupar uma posição de autoridade, e não uma posição crítica. Ele afirmará a mesma coisa quando da eleição presidencial de 1981. Essa retirada eleitoral prepara a polêmica que explodirá mais tarde entre Foucault e os socialistas, sobre o "silêncio dos intelectuais". Na mesma época, Maurice Clavel escreve no *Le Quotidien de Paris*: "O mudar de vida de maio de 1968 não se recupera com ideologias exangues do século falecido" (2 de março de 1978). A esquerda perde nas eleições legislativas.

Viaja para Berlim com André Glucksmann e Catherine von Bülow para os encontros ditos "Tunix" da esquerda alternativa, em busca de uma nova estratégia. Ladeado por Laing e Cooper, ele não fala sobre a antipsiquiatria, mas sobre o papel político dos intelectuais. Participa em Hanôver de uma manifestação em favor do especialista em politicologia, Peter Brückner, vítima de uma interdição profissional em sua universidade.

Abril, do dia 2 ao dia 29, segunda temporada no Japão organizada pelo conselheiro cultural francês, Thierry de Beaucé. Conferências na Faculdade das Artes Liberais da Universidade de Tóquio sobre "Sexualidade e poder". Dia 13, debate em Kyoto com especialistas sobre mística budista zen, comparada às técnicas da mística cristã. Preleção de Foucault sobre a pastoral cristã. Ele preparou essa temporada há alguns meses, leu Demiéville, Herrigel, Watts, Suzuki. Visita em Fukuoka um hospital psiquiátrico e uma prisão, encontra magistrados e psiquiatras. Dia 17, debate na universidade de Kyushu sobre o poder, analisado através das práticas dos hospitais psiquiátricos e das prisões no Japão e na França. Viagem a Hirado, onde chegaram os primeiros jesuítas. Dia 20, seminário na Universidade de Tóquio sobre *História da sexualidade*, com Moriaki Watanabe. Dia 23, passagem pelo templo Seionji em Uenohara, aos pés do monte Fuji, e exercícios de postura do za-zen sob a condução de um bonzo que havia representado o Japão nas artes marciais nos Jogos Olímpicos de Munique. Dia 25, mesa-redonda com Ryumei Yoshimoto sobre o marxismo (ver nº 235, vol. III da edição francesa desta obra), com quem terá uma correspondência sobre Hegel e Marx. Discussões com Ichio Asukata, presidente do Partido Socialista Japonês, chegado da China, sobre as experiências de gestão municipal em Yokohama, Grenoble e Bolonha. Encontro com o especialista em politicologia Maruyama Masao. Dia 26, entrevista televisionada sobre o movimento das ideias na França sobre NHK: "O que interessa, aqui, é a história e os limites da racionalidade ocidental. Questão inevitável de se colocar porque o Japão não está em oposição à racionalidade ocidental."

Publicação de *Vingt ans et après*, por Thierry Voetzel, pela Grasset, entrevistas sobre os prazeres e os engajamentos de um "rapaz de 20 anos com um amigo mais velho", em quem os leitores reconheceram Michel Foucault.

Maio, no momento em que o *"effeto Foucault"*, segundo a expressão de Rovatti, diretor da *Aut-Aut*, é muito importante sobre a extrema esquerda italiana, o editor Rizzoli, acionista do *Corriere della Sera*, propõe a Foucault publicar regularmente pontos de vista sobre a atualidade, o que ele recusa; por esquivar-se, sugere constituir um grupo de intelectuais repórteres do movimento das ideias.

Dia 20, debate entre Foucault e os historiadores organizado pela Sociedade de História da Revolução Francesa, presidida por Maurice Agulhon, logo após o texto de Jacques Léonard sobre *Vigiar e punir*, publicado nos *Annales historiques de la Révolution Française*. O conjunto será publicado com dois posfácios do historiador Maurice Agulhon e de Foucault na obra *L'impossible prison* (ver *Posfácio de "L'impossible prison"*, vol. IV desta obra).

Dia 27, conferência na Sociedade Francesa de Filosofia publicada sob o título "O que é crítica?", no *Bulletin de la Société Française de Philosophie*, em 1990. A Henri Gouhier, que o acolhe, Foucault declara: "Hesitei muito tempo sobre o título desta conferência, mas o único que convém é *Was ist Aufklärung?*". A leitura dos *Opuscules* de Kant sobre a história, notadamente na edição de Piobetta (Aubier, 1947), tornou-se constante e o acompanhou até seus últimos dias. Publicação de *Herculine Barbin, dite Alexina B.*, pela Gallimard, coleção "Les vies parallèles": o caso de hermafroditismo de Alexina B. A partir de descrições de um relato psiquiátrico, Foucault encontrou, da ilha de Oléron até La Rochelle, os lugares e os arquivos dessa história médico-legal da determinação do verdadeiro sexo. Pensa, a partir de alguns casos semelhantes, em construir um dos volumes de sua *História da sexualidade*. O jovem escritor Hervé Guibert, que conheceu no ano anterior, traça um cenário de filme, do qual Isabelle Adjani aceita o papel-título.

Junho, dia 17, Cavallari, chefe do escritório de Paris do *Corriere della Sera*, elabora com Foucault o programa das reportagens de ideias. Foucault sugere uma reportagem sobre o Vietnã por Suzan Sontag, uma de Alain Finkielkraut nos Estados Unidos, uma outra de Arpad Ajtony na Hungria e uma de Jorge Semprun na Espanha.

Julho-Agosto, é hospitalizado por alguns dias no hospital Vaugirard, depois de ter sido atropelado por um carro em frente à sua casa. Devido ao traumatismo craniano sem perda dos sentidos, ele sentirá enxaquecas durante quase um ano. Em 1980, dirá a Claude Mauriac, por ocasião das exéquias de Sartre: "Desde essa data, minha vida mudou. Houve a batida de carros; fui lançado sobre o capô e tive o tempo de pensar: acabou. Vou morrer. Tudo bem. Eu estava de acordo" (Claude Mauriac, *Le temps immobile*, t. VI).

Agosto, Rizzoli responde positivamente ao programa das reportagens de ideias, enquanto os acontecimentos de Abadan atraem a atenção internacional sobre o Irã. Foucault aceita iniciar a série. Ele se põe a estudar o Irã.

Setembro, dia 16, chegada a Teerã precipitada pelo massacre da praça de Jaleh, onde as tropas do xá atiraram nos manifestantes. Foucault preparou sua viagem com Thierry Voetzel e iranianos exilados próximos a Karim Sandjabi. Ele acompanha Claire Brière e Pierre Blanchet, jornalistas do *Libération*, aos lugares mais agudos do conflito. Dia 20, encontra em Qom, capital religiosa, o aiatolá Chariat Madari, então uma das personalidades religiosas mais importantes, liberal, defensor da tradição espiritual do xiismo. Sua análise impregna a percepção que Foucault tem dos acontecimentos. Mehdi Bazargan, presidente do Comitê de Defesa dos Direitos do Homem, lhes serve de intérprete. Ele encontra os representantes da maioria das tendências políticas. Nessa época, o aiatolá Khomeyni, exilado no Iraque, é ainda desconhecido no Ocidente.

Dia 24, de volta a Paris, redige seus primeiros artigos para o *Corriere della Sera*, convencido, contrariamente à opinião geral, de que o exército do xá, desintegrado pela revolução islâmica, não pode mais ter a decisão política (ver nos 241, 243, 244 e 245, vol. III da edição francesa desta obra). Em Paris, conhece Bani Sadr, pouco antes da chegada de Khomeyni para o exílio na França. Foucault jamais se encontrou com Khomeyni.

Outubro, dia 16, publicação no *Le Nouvel Observateur* da tradução de uma reportagem dada ao *Corriere*, na qual a expressão "espiritualidade política" – muito ligada à reflexão que ele conduz sobre subjetivação política e ética – irrita a esquerda, exceto os mais jovens. Seguir-se-á uma abundante correspondência tanto pública quanto privada (ver *Le Monde*, carta de Claude Roy, setembro de 1979).

Novembro, o Dr. Bernard Kouchner, Jacques e Claudie Broyelle e Alain Geismar lançam um apelo em favor de "Um barco para o Vietnã" em prol dos *boat people*. São apoiados por Sartre, Aron, Montand, Signoret, Beauvoir, Foucault, Rocard, Clavel, Barthes, Ionesco. O apoio aos *boat people* introduz uma nova clivagem no seio da esquerda intelectual.

Ele começa uma releitura sistemática de Thomas Mann.

Dia 9, segunda viagem de Foucault ao Irã. Esforça-se para rever os mesmos interlocutores que na época de sua primeira estada, para seguir a evolução de suas posições. Diz-se preocupado em saber como se constituem, hoje, as referências indispensáveis às existências coletivas fora da esfera do marxismo. Viagem a Abadan, onde há greve nas refinarias de petróleo. Emissários dos *fedayin* do povo lhe expõem as razões da reunião deles com Khomeyni.

Dia 15, retorno a Paris, onde redige seus últimos artigos (ver nos 252 e 253, vol. III da edição francesa desta obra).

Dia 19, o hebdomadário italiano *L'Espresso* publica, sem o seu conhecimento, um fragmento de um texto destinado a *Aut-Aut*, como se se tratasse de uma polêmica entre Foucault e o filósofo comunista italiano Massimo Cacciari e "outros fomentadores do *gulag*". Segue-se uma polêmica do lado dos comunistas italianos terminada por Foucault através de uma carta a *L'Unità* (ver nº 254, vol. III da edição francesa desta obra).

Dezembro, Duccio Trombadori, jornalista de *L'Unità*, lhe propõe um debate com os intelectuais marxistas italianos e envia uma dezena de páginas de perguntas, o que se torna, através de uma série de entrevistas, uma biografia intelectual de Foucault (ver nº 281, vol. IV da edição francesa desta obra).

A American Philosophical Association organiza em Washington uma reunião sobre o pensamento de Foucault; dela participam notadamente Hayden White, Reiner Schurmann, Hugh Silvermann, Peter Caws.

1979

Janeiro, dia 7, ele anota: "Não passar os universais pela grosa da história, mas fazer passar a história pelo fio de um pensamento que recusa os universais. Qual história, então?"

A história da confissão o levou a estudar os primeiros grandes textos dos padres da Igreja: Cassiano, Agostinho, Tertuliano. Progressivamente, nasce uma nova matéria para o segundo volume da *História da sexualidade: Les aveux de la chair*. O estudo dos primeiros textos cristãos orienta sua pesquisa genealógica para os textos gregos e latinos da Antiguidade tardia.

Dia 10, início do curso intitulado "Nascimento da biopolítica", que tratará, de fato, da "governamentalidade" liberal. O seminário da segunda-feira sobre "O método na história das ideias" incide sobre as técnicas de gestão do risco nas sociedades modernas.

Dia 31, declara em seu curso: "O Estado não tem essência. O Estado não é um universal. O Estado não é nele próprio uma fonte autônoma de poder, o Estado não é nada mais do que uma perpétua estatização."

Fevereiro, dia 1º, retorno triunfal ao Irã de Khomeyni, exilado desde outubro de 1978 na França, em Neauphle-le-Château. Bani Sadr propõe a Foucault retornar ao Irã com ele, convite do qual Foucault declina.

Março, dia 6, no jornal *Le Matin*, Foucault é atacado no contexto do Dia Internacional das Mulheres, por seu apoio à Revolução Iraniana.

Dias 14 e 15, Foucault acolhe em sua casa o colóquio israelo-palestino organizado por *Les Temps Modernes* (nº 398, setembro de 1979). Sartre teve dificuldades de encontrar um lugar discreto devido ao medo dos atentados.

Dia 17, grupos paramilitares começam a executar os oponentes ao novo regime iraniano.

Dias 23 e 24, assiste a duas jornadas de estudos sobre "A energia nuclear e a nova ordem energética", na Universidade de Dijon. Não toma parte nos debates e recusa visitar uma central atômica.

Dia 24, publicação de *Iran: la révolution au nom de Dieu*, de Claire Brière e Pierre Blanchet (Éd. du Seuil). O livro termina com uma entrevista de Foucault que lembra o quanto "a vontade coletiva do povo iraniano o impressionou e que esta vontade não é articulada segundo nossos esquemas de revolução". O livro provoca várias reações que concentram sua hostilidade sobre Foucault; ora, a maioria dos argumentos atacados não foi tirada do posfácio, mas do próprio livro. Foucault é muito afetado (ver nº 259, vol. III da edição francesa desta obra).

Dia 26, prefacia a edição francesa do livro de Peter Brückner, *Ennemis de l'État* (La pensée sauvage; ver nº 256, vol. III da edição francesa desta obra).

Propõe a Ronald Laing uma reportagem sobre o suicídio coletivo da seita do pastor Jones na Guiana, seita que havia cogitado ir se instalar na URSS.

Abril, dia 1º, Foucault cede um artigo em favor do suicídio para o primeiro número do jornal homossexual francês, *Le Gai Pied*, do qual lhe é dado o crédito de haver forjado o título-calembur, artigo pelo qual é criticado no *Le Monde* e em outros jornais (ver nº 264, vol. III da edição francesa desta obra).

Dia 14, publicação no *Le Nouvel Observateur* de uma carta aberta a Mehdi Bazargan, na qual Foucault denuncia o desmesurado rigor do regime iraniano e tenta inflectir Mehdi Bazargan, então primeiro-ministro do Irã, que diz estar ele próprio em discordância com o terrorismo (ver nº 265, vol. III da edição francesa desta obra).

Dia 22, morte de Maurice Clavel em Vézelay.

Junho, dia 20, ao lado de Bernard Kouchner, que, nas paragens de Poulo Bidong, transformou o barco *Île-de-Lumière* em hospital, e de André Glucksmann, ele organiza uma conferência de imprensa no Collège de France, da qual participam Sartre e Aron, em favor da ampliação da acolhida na Europa, notadamente na França, dos *boat people*.

Agosto, dia 17, na revista japonesa *Shūkan Posuto*, que faz uma reportagem sobre as "Very important people of the world", ele declara: "O problema dos refugiados é um presságio da grande migração do século XXI" (ver nº 271, vol. III da edição francesa desta obra).

Outubro, do dia 10 ao dia 16, titular em Standford das Tanners Lectures, ele apresenta sob o título "Omnes et singulatim" uma síntese de seus trabalhos sobre a "governamentalidade" (ver Omnes et Singulatim: *para uma Crítica da Razão Política*, vol. IV desta obra). Troca ideias sobre seu trabalho com Hubert Dreyfus e Paul Rabinow, que projetam um estudo: "On the ordering of things, an interpretation of Michel Foucault and Martin Heidegger".

Dia 19, conferência na Universidade de Sacramento.

1980

Janeiro, associa-se a uma petição contra G. Suffert, cujos artigos podem ter encorajado o assassinato, em 4 de maio de 1978, do militante comunista Henri Curiel, irmão de Raoul Curiel, amigo íntimo de Foucault.

Início do curso sobre "O governo dos vivos", que muda a orientação da reflexão sobre o dizer verdadeiro. O seminário incide sobre o

Cronologia 61

pensamento liberal. Pensa em dedicar o seminário do ano seguinte ao niilismo e ao final do século XIX.

Dia 24, assina um manifesto pela defesa das "universidades volantes" polonesas no *New York review of books* (n<u>os</u> 21-22, p. 49).

Fevereiro, entrevista no *Le Monde*, que deseja que o autor não seja indicado: Foucault aí aparece como o "filósofo mascarado". Sartre estando doente, Foucault é cada vez mais solicitado para representar o papel do intelectual maior, o que ele recusa. Essa vontade de discrição engordará a polêmica futura sobre o silêncio dos intelectuais (ver *O Filósofo Mascarado*, vol. II desta obra).

Março, dia 26, morte de Roland Barthes, em consequência de um acidente de automóvel.

Abril, dia 19, exéquias de Jean-Paul Sartre. Foucault se junta ao enorme cortejo que acompanha o filósofo do hospital Broussais ao cemitério de Montparnasse.

Maio, prepara com os advogados Christian Revon e Jacques Vergès uma plataforma em favor do movimento dito de "defesa livre", cujo artigo 2º declara: "Não é porque existem leis, não é porque tenho direitos que estou habilitado a me defender; é à medida que eu me defendo que meus direitos existem e que a lei me respeita. É, portanto, antes de tudo, a dinâmica da defesa que pode dar às leis e aos direitos um valor para nós indispensável. O direito não é nada se não ganhar vida na defesa que o provoca; e apenas a defesa dá, legitimamente, força à lei." E o artigo 3º declara: "Na expressão 'defender-se', o pronome reflexivo é capital. Trata-se, de fato, de inscrever a vida, a existência, a subjetividade e a própria realidade do indivíduo na prática do direito. Defender-se não quer dizer se autodefender. A autodefesa é querer fazer justiça a si mesmo, quer dizer, identificar-se a uma instância do poder e prolongar por sua própria autoridade suas opções. Defender-se, ao contrário, é recusar jogar o jogo das instâncias de poder e se servir do direito para limitar suas ações" (*in Pour la défense libre*, suplemento da revista *Actes*, n<u>os</u> 24-25, preparatória para as Audiências da Defesa Livre em Sainte-Baume, 23-26 de maio de 1980). Segundo Christian Revon, Foucault redigiu esse texto.

Julho, compra em Verrue, perto de Vendeuvre-du-Poitou, uma antiga casa de monges, onde espera ir trabalhar com seus amigos.

Agosto, assiste à última e triunfante representação do *Ring* de Chéreau e Boulez em Bayreuth (ver *A Imaginação do Século XIX*, vol. III desta obra).

Publicação do livro de Alan Sheridan *The will to truth* (Londres, Tavistock), primeiro longo estudo sobre Foucault na língua inglesa.

Setembro, publicação de *Power/Knowledge, selected interviews and other writings, 1972-1977* (Brighton, The Harvester Press), editado e comentado por Colin Gordon, um dos responsáveis pela revista britânica *Ideology and Consciousness*.

Outubro, dias 20 e 21, convidado pelo comitê dos Howison Lectures de Berkeley a pronunciar duas conferências sobre "Truth and subjectivity". Oitocentas pessoas se amontoam no Wheeler Hall, para escutar Foucault falar do início da confissão cristã, enquanto 700 outras fazem manifestações do lado de fora para poder entrar. Pela primeira vez, desde os anos 1970, a polícia devia intervir no *campus* de Berkeley (ver *The Daily Californian*, 1º de novembro de 1980). Dirige um seminário sobre "a ética sexual da Antiguidade tardia e do cristianismo nascente". Redige a maioria de suas conferências diretamente em inglês. Inteirando-se das obras de Donald Bouchard, Colin Gordon e Alan Sheridan sobre Foucault, Leo Bersani descreve esse período no *Washington Post* (15 de março de 1981, p. 14): "Fui testemunha do espetáculo revigorante de mais de mil estudantes de Berkeley escutando avidamente as conferências de Foucault sobre a transformação das estratégias na hermenêutica de si em Sêneca e nos primeiros padres da Igreja. Nessas leituras meticulosas dos textos antigos, o jovem auditório devia reconhecer o trabalho de um bode expiatório extremamente erudito, tomando sobre ele o saber opressivo de nossos egos talvez mutilados, desobstruindo-os talvez mesmo do sexo em benefício de novas economias de prazer."

Novembro, em Nova Iorque. No quadro das James Lectures, conduz um seminário em inglês com Richard Sennett no Institute for the Humanities, da Universidade de Nova Iorque, parcialmente publicado sob o título "Sexualité et solitude".

Dia 16, é informado da morte de Hélène Althusser. Visitará Althusser no hospital psiquiátrico, depois na casa deste, até o final.

Dias 17 e 24, conferências na Dartmouth College sobre "Subjectivity and truth" e sobre "Cristianity and confession".

Debates numerosos com Michael Denneny, aluno de Hannah Arendt. Acredita ter constatado uma virada na comunidade homossexual americana, na qual o tema da amizade começara a prevalecer sobre o da liberação sexual (ver nº 293, vol. IV da edição francesa desta obra). No final de uma conferência, chama seu público para acompanhá-lo a uma manifestação, depois do assassinato de um *gay* em Greenwich Village. Conferência em Princeton a convite de Mark Blasius, sobre "The birth of biopolitics".

Dezembro, decide suprimir seu seminário no Collège de France, garantindo cursos de duas horas que incidirão, doravante, sobre a matéria imediata de seus livros.

1981

Janeiro, dia 7, sob o título "Subjetividade e verdade", começa em seu curso uma investigação sobre as técnicas de si como modalidades do governo de si. A cadeira de História dos Sistemas de Pensamento acolhe um seminário mensal de sociologia do direito coorganizado por François Ewald. Foucault, que almejava o desenvolvimento de trabalhos sobre o direito, participará do seminário de filosofia do direito, que terá lugar em 1982-1983.

Março-Abril, recusa associar-se às petições tardias em favor da eleição de François Mitterand à Presidência da República, segundo um princípio frequentemente reafirmado de que um intelectual não é um diretor de consciência eleitoral.

Maio, de 4 a 25, convida ao Collège de France Fernando Henrique Cardoso, da Universidade de São Paulo, para expor "A emergência de sociedades novas no Terceiro Mundo".

Dia 10, na noite da eleição presidencial ele se mistura à multidão, na praça da Bastilha, com os Rabinow. Recusa qualquer declaração aos jornalistas que o solicitam. A uma estudante do liceu que veio dizer-lhe o quanto ela penara com seus textos na aula de filosofia, ele promete, rindo: "Eram as misérias do capitalismo; agora sob o socialismo, acabou!"

Faz seis conferências sobre "Mal faire, dire vrai. Fonction de l'aveu en justice" na Faculdade de Direito da Universidade Católica de Louvain, no quadro da cadeira Franqui. Dirige um seminário sobre o nascimento da "defesa social". Nessa ocasião é realizada uma longa entrevista autobiográfica em vídeo.

Dia 31, no *Libération*, ele relembra o papel da extrema esquerda na vitória dos socialistas, e como poderia trabalhar com eles sobre certos projetos, como a organização da saúde, da psiquiatria e da penalidade.

Junho, participa, em Genebra, com Bernard Kouchner e Yves Montand, da criação do Comitê Internacional contra a Pirataria, pela defesa dos *boat people*. Sustenta o direito de intervir nas políticas internacionais em nome do "direito dos governados" (ver nº 355, vol. IV da edição francesa desta obra).

Dia 23, entrada dos ministros comunistas no governo (o que desaprova).

Setembro, dia 30, abolição da pena de morte na França.

Outubro-Novembro, é convidado por Mark Poster ao Davidson Conference Center de Los Angeles, para um simpósio sobre "Knowledge, power and history: interdisciplinary approaches to the works of Michel Foucault" (26 de outubro-6 de novembro), e passa por novas dificuldades para obter um visto de entrada nos Estados Unidos; desta feita, a administração americana acreditava que ele hospedara

Khomeyni. Lá encontra os defensores da Escola de Frankfurt, notadamente Leo Lowenthal e Martin Jay (ver William Hackman, "The Foucault conference", *Telos*, nº 51, 1982).

Time Magazine publica, nessa ocasião, uma reportagem sobre "France's philosopher of power", na qual Foucault declara: "Não é tanto o poder que me interessa, mas a história da subjetividade" (nº 46, 16 de novembro de 1981). Estada em Berkeley, onde lhe propõem a criação de um seminário, Foucault-Habermas, que poderia se tornar permanente. Habermas quer intitular sua parte de "A modernidade". Sua crítica do pós-modernismo contribui para orientar a percepção de Foucault na Alemanha e nos Estados Unidos.

Dezembro, dia 14, depois da declaração do ministro francês das Relações Exteriores, Claude Cheysson, de que o estado de guerra instaurado na Polônia pelo coronel Jaruzelski era uma questão interna dos poloneses, e que evidentemente a França não interviria, Pierre Bourdieu e Michel Foucault apelam em protesto: "Não é preciso que o governo francês, tal como Moscou e Washington, faça acreditar que a instauração de uma ditadura militar na Polônia é uma questão interna, que deixará aos poloneses a faculdade de decidir eles próprios sobre seu destino. É uma afirmação imoral e mentirosa (...). O bom entendimento com o Partido Comunista francês será mais importante do que o esmagamento de um movimento operário sob a bota militar? Em 1936, um governo socialista se viu confrontado com um *putsch* militar na Espanha; em 1956, um governo socialista se viu confrontado com a repressão na Hungria. Em 1981, o governo socialista é confrontado com o golpe de Varsóvia (...). Nós lhe lembramos que ele prometeu fazer valer, contra a Realpolitik, as obrigações da moral internacional." Esse protesto, que "faria data" (*Le Monde*, 27 de julho de 1983), reúne muitas centenas de intelectuais, e, em 23 de dezembro, a Confederação Francesa do Trabalho (CFDT) lhes propõe um apelo comum, conforme o espírito de Solidarność. O diretor do *Le Monde*, Jacques Fauvet, reage brutalmente contra "esses 'intelectuais de esquerda' (*sic*) que não assumiram maio de 81". Lionel Jospin, secretário do Partido Socialista, ataca os autores da petição no rádio. O ministro da Cultura, Jack Lang, opõe "a lealdade perfeita dos ministros comunistas à inconsequência tipicamente estruturalista dos intelectuais" (*Libération*, 23 de dezembro de 1981). A CFDT cria um comitê de apoio aos poloneses. Foucault e dois membros exilados do comitê de coordenação de Solidarność e um representante japonês de Sohyo em Paris ocupam-se durante muitos meses da contabilidade e da utilização dos fundos de apoio. "Tinha a impressão de obrigá-lo a gastar um tempo precioso. Ele era membro de nosso comitê de controle financeiro. Lembro-me de seus longos relatórios entupidos de cifras. Não podia impedir-me a ideia

Cronologia 65

de que ele tinha coisa melhor para fazer" (Seweryn Blumsztajn, responsável do comitê Solidarność na França).
Conhece o cineasta Werner Schroeter, a quem confidencia: "Não faço diferença entre as pessoas que fazem de sua existência uma obra e aquelas que fazem uma obra na sua existência" (ver nº 328, vol. IV da edição francesa desta obra).

1982

Janeiro, dia 6, início do curso sobre "A hermenêutica do sujeito".
Abril-Maio, protesta contra a prisão, em Praga, de Jacques Derrida. Na libertação deste, os dois filósofos se encontram. Foucault encontra regularmente Alexandre Adler, especialista da URSS. Dá muitas entrevistas para promover a publicação das obras de K. J. Dover e J. Boswell sobre a história da homossexualidade, das quais impôs a tradução.
Dia 18, em Grenoble, conferência no departamento de filosofia sobre *Onirocritique* de Artémidore, recentemente traduzida por seu amigo André-Jean Festugière, conferência que se tornará o primeiro capítulo de *Cuidado de si*.
Responde em uma entrevista com Gérard Raulet às críticas que lhe opõe Habermas (ver *Estruturalismo e Pós-estruturalismo*, vol. II desta obra).
Maio-Junho, participa com John Searle, Umberto Eco, Sebeok... do Third Internacional Summer Institute for Semiotic and Structural Studies da Universidade de Toronto (31 de maio-26 de junho), onde redige um seminário sobre "Dire vrai sur soi-même". Examina as regras da confissão na perspectiva de uma transformação espiritual. Analisa os textos de Sêneca (*De tranquillitate animi*), de Cassiano (*De institutis coenobiorum*), de Agostinho (*Confessiones*). Faz uma conferência sobre "Le souci de soi dans la culture antique". Trabalha doravante regularmente sobre os estoicos. Em uma entrevista destinada ao periódico canadense *Body Politic*, especifica que "sua política sexual se distingue dos movimentos de liberação" (ver nº 358, vol. IV da edição francesa desta obra).
Junho, cogita demitir-se do Collège de France e viver do seminário permanente que lhe é proposto em Berkeley, assim como de seus direitos autorais.
Julho, sofre de uma sinusite persistente.
Agosto, dia 9, atentado com muitas mortes na rua des Rosiers no restaurante judeu Goldenberg. Doravante, Foucault vai jantar o mais frequentemente possível nesse restaurante em sinal de resistência ao terrorismo.

Dia 28, o presidente da República anuncia prisões importantes nos meios do terrorismo internacional. Trata-se de dois irmãos irlandeses presos em Vincennes pela célula antiterrorista do Eliseu, sob condições irregulares, que Foucault assinala na imprensa (ver nº 316, vol. IV da edição francesa desta obra). Será o primeiro deslize do novo governo, cuja verdade será plenamente revelada em 1985.

Setembro, dia 14, convidado por François Mitterand para almoçar no Eliseu, com Simone de Beauvoir, Pierre Vidal-Naquet..., para falar do Oriente Médio, sobretudo de Israel. Foucault o interroga sobre o Líbano, e o presidente responde: "Está acabado." À noite, ele é informado do assassinato do presidente Gemayel.

Dia 22, com Simone Signoret, os Drs. Bernard Kouchner, Jacques Lebas e Jean-Pierre Mauber, da organização humanitária Médicos do Mundo, ele vai à Polônia para escoltar o último caminhão de medicamentos e de material autorizado. Três mil quilômetros durante os quais eles conduzem, cada um a seu turno, um jipe. Visitam Auschwitz. Não são autorizados a encontrar Walesa. Ao voltarem, Simone Signoret e Foucault dão seu testemunho na televisão.

Outubro, publicação de *Désordre des familles, lettres de cachet des archives de la Bastille* (Gallimard-Julliard, col. "Archives"), livro a quatro mãos sem individualização de escrita da historiadora Arlette Farge e de Foucault.

Outubro-Novembro, conduz um seminário no departamento de religião da Universidade de Vermont em Burlington sobre "Technologies of the self" (15 de outubro-5 de novembro). As transcrições serão publicadas sem sua revisão. Cogita juntar os materiais recolhidos para seminário em um volume sobre as técnicas de si. Propõe às edições du Seuil um livro intitulado *Le gouvernement de soi et des autres*.

1983

Janeiro, sob o título "O governo de si e dos outros", inaugura seu curso sobre a *parrhêsia*, a noção do falar verdadeiro na cultura antiga, que o ocupará durante dois anos.

Fevereiro, publicação da coleção "Des travaux", dirigida por Foucault, Paul Veyne, François Wahl, pelas edições du Seuil. É um velho projeto de Foucault valorizar a pesquisa universitária fora dos circuitos da mídia das publicações gerais. É nessa coleção que ele pensa em publicar *Le gouvernement de soi et des autres*, uma articulação da ética e da política, para a qual projetou vários planos em torno de: Alcebíades ou a noção de preocupação de si e de vida política; Epíteto, escutar, escrever e prática de si. Si e os outros.

Março, o enorme manuscrito do segundo volume de *História da sexualidade*, que nomeia doravante de *Uso dos prazeres*, comporta então quatro partes:
– Uso dos prazeres, parte dividida em dois grandes capítulos: 1) Noção e princípios; 2) Um exemplo: a "onirocrítica"
– As práticas da temperança
– A cultura de si
– Exigências de austeridade, parte dividida em três capítulos: 1) O corpo; 2) A esposa; 3) Os garotos (ver nº 326, vol. IV da edição francesa desta obra).

Do dia 7 ao dia 22, Habermas é convidado por Paul Veyne para fazer uma série de conferências no Collège de France. Habermas e Foucault se encontram muitas vezes; Habermas narra sua biografia intelectual, discute longamente Nietzsche e se informa sobre o Partido Comunista francês.

Publicação de *Michel Foucault, an annotated bibliography*, de Michael Clark (Garland Publishing). Primeira bibliografia de e sobre Foucault desse porte: comportando cerca de três mil entradas.

Foucault lê Rosenzveig, se diz decepcionado. Confidencia a Bernard Kouchner sua intenção de parar com a escrita e com o trabalho na biblioteca. Kouchner lhe sugere partir em missão com Médicos do Mundo, e lhe propõe a responsabilidade do próximo "barco para o Vietnã".

Abril, visita a retrospectiva Manet no Grand Palais e confidencia a Roger Stéphane e a Françoise Cachin, comissária da exposição, que conserva um denso manuscrito sobre Manet.

Abril-Maio, *Regent lecturer* em Berkeley. Conferência sobre as artes de si e a escrita de si. Grava muitos debates sobre a posição de seu trabalho com Paul Rabinow, Hubert Dreyfus, Charles Taylor, Martin Jay, Richard Rorty e Leo Lowenthal, último representante da Escola de Frankfurt. Parte desses debates está compilada em *Michel Foucault, un parcours philosophique*, de Dreyfus e Rabinow (Gallimard, 1984).

Maio, publicação em *Le Débat* (ver nº 334, vol. IV da edição francesa desta obra) de uma entrevista de Foucault e Edmond Maire sobre a crise que o sindicalismo atravessa. Foucault preparou longamente suas questões, lendo os documentos internos à CFDT, discutindo com economistas, com Simon Nora, Pierre Rosanvallon. Ponto de partida de uma série de debates publicados sob o título *La CFDT en questions* (Gallimard, 1984). Foucault continua sua reflexão com os sindicalistas sobre o sistema de proteção social e as políticas de saúde. Ele conclui: "Tentemos, de preferência, dar sentido e beleza à morte-apagamento" (ver *Um Sistema Finito Diante de um Questionamento Infinito*, vol. V desta obra).

Julho, o novo porta-voz do governo, Max Gallo, expõe a Foucault sua inquietação sobre as relações entre o governo e a sociedade. Ele almeja um encontro entre o filósofo e o presidente da República. Foucault lhe responde que "essas tarefas são da competência do Partido Socialista".

Dia 26, Max Gallo tenta mobilizar novamente, do lado do Partido Socialista, os intelectuais faltosos desde o *affaire* polonês: ele publica um artigo em *Le Monde*, intitulado "Os intelectuais, a política e a modernidade". Dia 27, *Le Monde* começa uma enquete sobre "O silêncio dos intelectuais de esquerda". Foucault, de saída, anuncia no jornal que não responderá a essa enquete, não se considerando silencioso, haja vista seu trabalho ao lado da CFDT desde a instalação do poder militar na Polônia. A imprensa se apropria do tema até meados de agosto e frisa, sobretudo, a tomada de distância de Foucault – caso-chave, segundo o *Herald Tribune* –, seu mutismo, suas viagens além do Atlântico, e revela que ele recusou, em 1981, o cargo de conselheiro cultural nos Estados Unidos (o que ele acreditara ser mais um afastamento do que um favor). Ele só se expressará publicamente sobre essa campanha em 1984 (ver *O Cuidado com a Verdade*, vol. V desta obra).

Nascimento da "Academia Tarnier": Bernard Kouchner, André Glucksmann, Yves Montand e um grupo de amigos começam, de um modo novo, a se reunir com ele no anfiteatro do hospital Tarnier, para pensar sobre a situação política internacional.

Foucault propõe um livro branco sobre a política socialista. Ele lança a pergunta: "Há uma problemática do governo junto aos socialistas ou eles têm apenas uma problemática do Estado?" No outono, sugere aos seus estudantes de Berkeley fazer a história da "governamentalidade" a partir dos anos 1930. Lê os escritos de Jaurès, de Blum e de Mitterrand.

Agosto, a economia dos textos de *Uso dos prazeres* é redistribuída em dois volumes; ele reescreve igualmente o prefácio (ver nº 340, vol. IV da edição francesa desta obra).

Setembro, depois da redação de *Uso dos prazeres*, que acredita concluída, viaja na Andaluzia, de Granada a Córdoba.

Outubro-Novembro, é novamente convidado à Universidade de Berkeley, onde traça em seis conferências a história da *parrhêsia*, a partir das tragédias de Eurípedes e através da crise das instituições democráticas antigas. Faz duas conferências em Boulder e Santa Cruz. Retorna extremamente fatigado e mais magro.

Publicação na revista freudiana *L'Âne* de uma interpretação de *Vigiar e punir* inspirada em Rusche e Kischheimer, por Robert Badinter, então ministro da Justiça. Foucault protesta junto a este. Início de uma relação entre os dois homens que se concretiza progressivamente com um projeto de Centro de Pesquisa em Filosofia do Direito, almejado por

Foucault como um ancoradouro para os pesquisadores que trabalham com ele, e de que se ocupará François Ewald.

Pensa em não confirmar seu curso no Collège de France. Recusa-se a inquietar seus amigos e familiares. Começa a traduzir com Martin Ziegler *Die Einsamkeit des Sterbendes*, de Norbert Elias.

Dezembro, dia 29, Jean-Paul Escaude, com quem se consultou, prescreve vários exames pulmonares profundos.

1984

Janeiro, tratado com antibióticos, recobra grande vitalidade. Escreve a Maurice Pinguet: "Pensei que estava com AIDS, porém um tratamento energético me pôs de pé."

Fevereiro, ainda cansado, retoma seu curso no Collège de France sobre a *parrhêsia*. Corrige as provas do segundo volume de *História da sexualidade*, até o final de março.

Março, o grupo de estudantes com o qual Foucault pretende trabalhar em Berkeley, sobre as transformações da "governamentalidade" nos anos 1930, envia-lhe um projeto redigido por Keith Gandall, David Horn e Stephen Kotkin, no qual propõem estudar como as sociedades ocidentais reconstruíram, depois da Primeira Guerra Mundial, um programa de vida social, uma nova planificação econômica e novas organizações políticas. Eles anunciam cinco estudos sobre a emergência de uma nova racionalidade política: o *Welfare State* e o progressismo nos Estados Unidos; o fascismo e a organização dos lazeres na Itália; o Estado-providência na França e a experimentação urbana nas colônias; a construção do socialismo na URSS; a arquitetura do Bauhaus e a República de Weimar.

É regularmente acompanhado no hospital Tarnier, onde seus médicos têm o sentimento de que sua única questão é: "Quanto me resta de vida?" Ele não pede nem recebe nenhum diagnóstico. Em 1978, falando da morte de Philippe Ariès, ele evocara "o jogo de saber e de silêncio que o doente aceita para permanecer senhor de sua relação secreta com sua própria morte".

Dia 10, corrigindo as provas de *História da sexualidade*, recebe Claude Mauriac e representantes de trabalhadores malineses e senegaleses, expulsos de seu domicílio pela polícia, solicitando sua intervenção. Ele escreve várias cartas em favor deles.

Abril, relê o *Journal* de Kafka e se reporta ao manuscrito de *Aveux de la chair*. Na ocasião de seu último curso sobre a *parrhêsia*, evoca as modificações a fazer em sua análise, e Jacques Lagrange o ouve dizer: "É muito tarde."

Dia 6, Foucault dá uma festa em sua casa, em homenagem a William Burroughs, que veio acompanhado pelo poeta Bryon Geysin. Será a última festa.

Maio, publicação de um número especial do *Magazine Littéraire* dedicado a Foucault, por ocasião do lançamento dos volumes II e III de *História da sexualidade*. Nele, Foucault se expressa sobre "o silêncio dos intelectuais" (ver *O Cuidado com a Verdade*, vol. V desta obra).

Dia 14, publicação de *Uso dos prazeres*. Endereça a *La Revue de Métaphysique et de Morale* um texto para o número dedicado a Georges Canguilhem. Embora tivesse prometido um texto original, ele não pode senão corrigir o texto que dera em 1978 para a edição inglesa de *O normal e o patológico*: "Não posso trabalhar esse texto por mais tempo; se vocês constatarem negligências de estilo, não hesitem em corrigi-las" (carta ao editor).

Dia 29, aceita uma entrevista em sua casa com o jovem filósofo André Scala, amigo de Gilles Deleuze. Foucault, esgotado, fala pela primeira vez da importância de sua leitura de Heidegger. Ele não pôde rever essa entrevista; confiou sua forma definitiva a Daniel Defert (ver *A Volta da Moral*, vol. V desta obra).

Junho, dia 3, Foucault passa mal e é hospitalizado por seu irmão, Denys, no hospital Saint-Michel, próximo de sua casa. Dia 9, é transportado para a Salpêtrière, no serviço de neurologia que ocupa as velhas instalações onde trabalhou Charcot. Dia 10, entra para o centro de tratamento intensivo.

Dia 20, momento de melhora, recebe o terceiro volume de *História da sexualidade, Cuidado de Si*.

Dia 25, às 13h15, morte de Michel Foucault.

Dia 29, depois de uma breve cerimônia na Salpêtrière, seu corpo é transportado para Vendeuvre-du-Poitou, onde é exumado na presença dos que lhe são próximos e dos aldeãos.

Contrariamente a uma lenda tenaz, e contrariamente também à tradição médica francesa, que mantém a confidencialidade sobre as causas do falecimento, a pedido da família, um comunicado descrevendo clinicamente a AIDS foi publicado pelo professor Castaigne e pelo Dr. Sauron: "O Sr. Michel Foucault entrou no dia 9 de junho de 1984 para a clínica das doenças do sistema nervoso da Salpêtrière, para que fossem realizados exames complementares, tornados necessários pelas manifestações neurológicas que vieram complicar um estado septicêmico. As investigações revelaram a existência de focos de supuração cerebral (...). Um brutal agravamento retirou toda esperança terapêutica eficaz e o falecimento ocorreu dia 25 de junho às 13h15."

Antes de partir para a Polônia, em setembro de 1982, Michel Foucault redigira um testamento de vida para ser aberto "em caso de acidente", contendo apenas três recomendações: "A morte, não a invalidez" e "Nenhuma publicação póstuma".

1954

Introdução (in Binswanger)

Introduction, in Binswanger (L.), *Le rêve et l'existence* (trad. J. Verdeaux), Paris, Desclée de Brouwer, 1954, p. 9-128.

> "Na idade do homem eu vi elevar-se e crescer, sobre a parede meeira da vida e da morte, uma escada cada vez mais nua, investida de um poder de evulsão único: o sonho... Eis que a obscuridade se afasta e que VIVER torna-se, sob a forma de um amargo ascetismo alegórico, a conquista dos poderes extraordinários de que nós nos sentimos profundamente atravessados mas que não exprimimos senão incompletamente por falta de lealdade, de discernimento cruel e de perseverança."
>
> René Char, *Partage formel*

I

Não se trata, nestas páginas de introdução, de refazer, segundo o paradoxo familiar aos prefácios, o caminho traçado pelo próprio Binswanger em *Le rêve et l'existence*. Sem dúvida, a dificuldade do texto a isto incita, mas ela é demasiado essencial à reflexão que ele desenvolve para merecer ser atenuada pelo zelo de um prefácio *ad usum delphini*, embora o "psicólogo" seja sempre delfim no reino da reflexão. As formas originais do pensamento introduzem-se por si próprias: sua história é a única forma de exegese que suportam, e seu destino, a única forma de crítica.

Contudo, não é essa história que tentaremos decifrar aqui. Uma obra ulterior se esforçará em situar a análise existencial no desenvolvimento da reflexão contemporânea sobre o homem; nela, tentaremos mostrar, segundo a inflexão da fenomenologia para a antropologia, quais os fundamentos propostos à reflexão concreta sobre o homem. Hoje, estas linhas de introdução não têm senão um propósito: apresentar uma forma de análise cujo projeto não é o de ser uma filosofia, e cujo fim é o de não ser uma psicologia; uma forma de análise que se designa como fundamental para todo conhecimento concreto, objetivo e experimental. Enfim, uma análise cujo princípio e método são determinados, desde o início, pelo privilégio absoluto de seu objeto: o homem, ou melhor, o ser-homem, o *Menschsein*. Assim, pode-se circunscrever toda a superfície que porta a antropologia.[1] Esse projeto a situa em oposição a todas as formas de positivismo psicológico que pensa esgotar o conteúdo significativo do homem no conceito redutor de *homo natura* e, ao mesmo tempo, a recoloca no contexto de uma reflexão ontológica que toma como tema principal a presença diante do ser, a existência, o *Dasein*. Bem entendido que uma antropologia desse estilo não pode fazer valer seus direitos, senão mostrando como pode articular-se uma análise do ser-homem em uma analítica da existência: problema de fundamento que deve definir, na segunda, as condições de possibilidade da primeira; problema de justificação que deve ressaltar as dimensões próprias e a significação autóctone da antropologia. Digamos, de modo provisório, e reservando-se todas as revisões eventuais, que o ser-homem (*Menschsein*) não é, afinal de contas, senão o conteúdo efetivo e concreto do que a ontologia analisa como a estrutura transcendental do *Dasein*, da presença no mundo. Sua oposição originária a uma ciência dos fatos humanos, no estilo de conhecimento positivo, de análise experimental e de reflexão naturalista, não remete a antropologia a uma forma *a priori* de especulação filosófica. O tema de sua pesquisa é o do "fato" humano, se entendemos por "fato" não o setor objetivo de um universo natural, mas o conteúdo real de uma existência que se vive e se experimenta, se reconhece ou se perde em um mundo que é, ao mesmo tempo, a plenitude de seu projeto e o "elemento" de sua situação. A antropologia pode, portanto, designar-se como "ciência de fatos", já que desenvolve de modo rigoroso o conteúdo existencial da presença no mundo. Recusá-la, à primeira vista, por ela não ser nem filosofia nem psicologia,

---

1. (N.A.) Haeberlin (P.), *Der Mensch, eine philosophische Anthropologie*, Zurique, Schweizer Spiegel, 1941, prefácio. (*Anthropologie philosophique*, trad. P. Thévenaz, Paris, PUF, col. "Nouvelle encyclopédie philosophique", 1943 (N.E.).)

por não se poder defini-la nem como ciência nem como especulação, por ela não ter a postura de um conhecimento positivo, nem o conteúdo de um conhecimento *a priori*, é ignorar o sentido originário de seu projeto.[2] Pareceu-nos valer a pena seguir, *um instante*, a marcha dessa reflexão, e pesquisar com ela se a realidade do homem não é acessível somente fora de uma distinção entre o psicológico e o filosófico; se o homem, em suas formas de existência, não seria o único meio de alcançar o homem.

Na antropologia contemporânea, a abordagem de Binswanger nos pareceu seguir a via régia. Ele toma indiretamente o problema da ontologia e da antropologia, indo direto à existência concreta, ao seu desenvolvimento e aos seus conteúdos históricos. Daí, e por uma análise das estruturas da existência – desta existência, que tem tal nome e que atravessou tal história –, ele executa sem cessar um movimento de vaivém, das formas antropológicas às condições ontológicas da existência. A linha divisória que parece tão difícil de traçar, ele não cessa de ultrapassá-la, ou melhor, ele a vê incessantemente ultrapassada pela existência concreta em que se manifesta o limite real do *Menschsein* e do *Dasein*. Nada seria mais falso do que ver nas análises de Binswanger uma "aplicação" do conceito e dos métodos da filosofia da existência aos "dados" da experiência clínica. Trata-se, para ele, indo ao encontro do indivíduo concreto, de fazer aparecer o ponto no qual vêm se articular formas e condições da existência. Assim como a antropologia recusa toda tentativa de repartição entre filosofia e psicologia, também a análise existencial de Binswanger evita uma distinção *a priori* entre ontologia e antropologia. Ela a evita, mas sem suprimi-la ou torná-la impossível: ela a reporta ao termo de um exame cujo ponto de partida não está marcado por essa linha divisória, mas pelo encontro com a existência concreta.

Certamente, esse encontro, certamente também o estatuto que afinal se deve conceder às condições ontológicas da existência, causam problemas. *Mas reservamos a outros tempos abordá-los*. Aqui, queremos apenas mostrar que se pode pe-

---

2. (N.A.) Schneider (K.), "Die allgemeine Psychopathologie im Jahre 1928", *Forschritte der Neurologie Psychiatrie und ihrer Grenzgebiete*, Leipzig, G. Thieme, 1929, t. I, nº 3, p. 127-150.

netrar sem percalços nas análises de Binswanger e ir ao encontro de suas significações por um movimento tão primitivo, tão originário quanto aquele por meio do qual ele próprio vai ao encontro da existência concreta de seus doentes. O desvio por uma filosofia mais ou menos heideggeriana não é um rito iniciático que abre o acesso ao esoterismo da *Daseinsanalyse*. Os problemas filosóficos estão presentes, eles não lhe são prévios.

Isso nos dispensa de uma introdução que resumiria *Sein und Zeit* em parágrafos numerados, e nos torna livres para um propósito menos rigoroso. Esse propósito é o de escrever apenas à margem de *Traum und Existenz*.

O tema deste artigo publicado em 1930[3] – o primeiro dos textos de Binswanger que pertence, em sentido estrito, à *Daseinsanalyse*[4] – não é tanto o sonho e a existência quanto a existência tal como ela aparece a ela própria, e tal como se pode decifrá-la no sonho: a existência nesse modo de ser do sonho onde ela se anuncia de maneira significativa. Todavia, não será um despropósito querer circunscrever o conteúdo positivo da existência em referência a um de seus modos menos inseridos no mundo? Se o *Menschsein* detém significações que lhe são próprias, desvelar-se-iam elas de modo privilegiado nesse momento de sonho, no qual a rede das significações parece se comprimir, no qual sua evidência se turva e as formas da presença são as mais esfumadas?

Esse paradoxo constitui, aos nossos olhos, o interesse maior de *Traum und Existenz*. O privilégio significativo concedido por Binswanger ao onírico é de dupla importância. Ele define o movimento concreto da análise para as formas fundamentais da existência: a análise do sonho não se esgotará no nível de uma hermenêutica dos símbolos; mas, a partir de uma interpretação exterior que é também da ordem do deciframento, ela poderá, sem ter de se esquivar em uma filosofia, alcançar a compreensão das estruturas existenciais. O sentido do sonho

---

3. (N.A.) Binswanger (L.), "Traum und Existenz", *Neue Schweizer Rundschau*, vol. XXIII, nº 9, setembro de 1930, p. 673-685; nº 10, outubro de 1930, p. 766-779.
4. (N.A.) Binswanger (L.), "Uber Ideenflucht", *Schweizer Archiv für Neurologie und Psychiatrie*, t. XXVII, 1931, nº 2, p. 203-217; t. XXVIII, 1932, nº 1, p. 18-26, e nº 2, p. 183-202; t. XXIX, 1932, nº 1, p. 193; t. XXX, 1933, nº 1, p. 68-85. *Ideenflucht* é o primeiro estudo de psicopatologia em estilo de *Daseinsanalyse*.

se desdobra de modo contínuo da cifra da aparência às modalidades da existência. Por outro lado, esse privilégio da experiência onírica abarca, de modo ainda silencioso nesse texto, toda uma antropologia da imaginação; ele exige uma nova definição das relações do sentido e do símbolo, da imagem e da expressão; em suma, uma nova maneira de conceber como se manifestam as significações. Esses dois aspectos do problema nos deterão nas páginas seguintes: e isso principalmente por Binswanger tê-los deixado mais na sombra. Não por preocupação de repartir os méritos, mas para manifestar o que é "reconhecer" um pensamento que contribui mais ainda do que ele o diz. E por modéstia com relação à sua história.

II

Valeria a pena insistir um pouco sobre a coincidência de datas: 1900, as *Logische Untersuchungen*, de Husserl,[5] 1900, a *Traumdeutung*, de Freud.[6] Duplo esforço do homem para reassumir suas significações e reassumir-se a si próprio em sua significação.

Com a *Traumdeutung*, o sonho faz sua entrada no campo das significações humanas. Na experiência onírica, o sentido das condutas parecia esfumar-se; como a consciência vígil se cobre de sombras e se apaga, o sonho parecia desapertar e desatar finalmente o nó das significações. O sonho era como o *non-sens* da consciência. Sabemos como Freud inverteu a proposição e fez do sonho o sentido do inconsciente. Insistiu-se muito sobre a passagem da insignificância do sonho à manifestação de seu sentido oculto, e sobre todo o trabalho da hermenêutica; atribui-se também muita importância à realização do inconsciente como instância psíquica e conteúdo latente. Muita, e mesmo demasiada. A ponto que se negligenciou um outro aspecto do problema. É a ele que concerne

---

5. Husserl (E.), *Logische Untersuchungen. Untersuchungen zur Phänomenologie und Theorie der Erkenntnis*, Tübingen, Niemeyer, 1900-1901 (*Recherches logiques. Recherches pour la phénoménologie et la théorie de la connaissance*, trad. H. Élie, L. Kelkel, R. Schérer, Paris, PUF, col. "Épiméthée", 1961-1974, 3 vol.).
6. Freud (S.), *Die Traumdeutung*, Leipzig, Franz Deuticke, 1900 (*L'interprétation des rêves*, trad. D. Berger, Paris, PUF, 1967).

nosso propósito de hoje, na medida em que ele põe em questão as relações da significação e da imagem.

As formas imaginárias do sonho trazem as significações implícitas do inconsciente; na penumbra da vida onírica, elas lhes dão uma quase-presença. Mas, precisamente, essa presença do sentido no sonho não é o próprio sentido efetuando-se em uma evidência completa, o sonho trai o sentido tanto quanto o realiza; se ele o oferece, é sutilizando-o. O incêndio que significa o ardor sexual, poder-se-ia dizer que ele ali está apenas para designá-lo, ou que ele o atenua, o esconde e o obscurece por meio de um novo clarão? A essa pergunta há duas maneiras de responder. Pode-se dar uma resposta em termos funcionais: investe-se o sentido de tantos "contrassensos" quantos forem necessários para cobrir toda a superfície do domínio onírico: o sonho é a realização do desejo, mas, se justamente ele é sonho e não desejo realizado, é porque realiza também todos os "contradesejos" que se opõem ao próprio desejo. O fogo onírico é a ardente satisfação do desejo sexual, mas o que faz com que o desejo tome forma na substância sutil do fogo é tudo aquilo que recusa esse desejo, buscando sem cessar apagá-lo. O sonho é misto funcional; se a significação se investe de imagens, é por um excesso, como uma multiplicação de sentidos que se superpõem e se contradizem. A plástica imaginária do sonho não é, para o sentido que nele emerge, senão a forma de sua contradição.

Nada mais. A imagem se esgota na multiplicidade do sentido, e sua estrutura morfológica, o espaço no qual ela se desdobra, seu ritmo de desenvolvimento temporal, em suma, o mundo que ela leva consigo, não contam para nada quando não são uma alusão ao sentido. Em outras palavras, a linguagem do sonho não é analisada senão na sua função semântica; a análise freudiana deixa na sombra sua estrutura morfológica e sintática. A distância entre a significação e a imagem não é jamais preenchida pela interpretação analítica a não ser por um excedente de sentido; a imagem em sua plenitude é determinada por sobredeterminação. A dimensão propriamente imaginária da expressão significativa é inteiramente omitida.

E, no entanto, não é indiferente que tal imagem dê corpo a tal significação – que a sexualidade seja água ou fogo, que o pai seja demônio subterrâneo, ou potência solar; importa que a imagem tenha seus poderes dinâmicos próprios, que haja uma morfologia do espaço imaginário diferente quando se trata do espaço livre e luminoso, ou quando o espaço utilizado é o da prisão, da obscuridade e da sufocação. O mundo imaginário tem suas leis próprias, suas estruturas específicas; a imagem é um pouco mais que a realização imediata do sentido; ela tem sua espessura, e as leis que nela reinam não são apenas proposições significativas, assim como as leis do mundo não são apenas os decretos de uma vontade, ainda que ela fosse divina. Freud fez habitar o mundo do imaginário pelo Desejo, tal como a metafísica clássica fizera habitar o mundo da física pelo querer e pelo entendimento divinos: teologia das significações na qual a verdade se antecipa à sua formulação e a constitui inteiramente. As significações esgotam a realidade do mundo através do qual ela se anuncia.

Poder-se-ia dizer que a psicanálise não deu ao sonho outro estatuto senão o da fala; ela não soube reconhecê-lo em sua realidade de linguagem. Mas nisso estava a aposta e o paradoxo: se a fala parece apagar-se na significação que ela quer fazer emergir, se ela parece não existir senão pelo sonho e para o sonho, ela só é possível, entretanto, através de uma linguagem que existe com o rigor de suas regras sintáticas e com a solidez de suas figuras morfológicas. A fala, por querer dizer alguma coisa, implica um mundo de expressão que a precede, a sustenta e lhe permite dar corpo ao que ela quer dizer.

Por ter desconhecido essa estrutura de linguagem que envolve necessariamente a experiência onírica, como todo fato de expressão, a psicanálise freudiana do sonho jamais é uma apreensão compreensiva do sentido. O sentido não aparece para ela, através do reconhecimento de uma estrutura de linguagem; mas ele deve extrair-se, deduzir-se, adivinhar-se a partir de uma fala tomada por ela própria. E o método da interpretação onírica será muito naturalmente aquele que utilizamos para encontrar o sentido de um vocábulo, em uma língua da qual ignoramos a gramática: um método de cotejo, tal como o utiliza a arqueologia para as línguas perdidas, um método de confirmação tanto pela probabilidade como pelo decifração dos códigos secretos, um método de coincidência significativa como nas semânticas mais tradicionais. A audácia desses métodos e os riscos que correm não invalidam seus resultados, mas a incerteza da qual eles partem nunca é inteiramente conjurada pela probabilidade incessantemente crescente que se desenvolve no interior da própria análise; ela tampouco é inteiramente apagada pela pluralidade dos casos que autorizam um léxico interindividual das simbolizações mais frequentes. A análise freudiana nunca retoma senão um dos sentidos possíveis pelos atalhos da adivinhação ou pelos longos caminhos da probabilidade: o próprio ato expressivo jamais é reconstituído em sua necessidade. A psicanálise só tem acesso ao eventual. E é aqui, sem dúvida, que se enlaça um dos paradoxos mais fundamentais da concepção freudiana da imagem. No momento em que a análise tenta esgotar todo o conteúdo da imagem no sentido que ela pode esconder, o laço que une a imagem ao sentido é sempre definido como um laço possível, eventual, contingente. Por que a significação psicológica toma corpo em uma imagem em vez de permanecer sentido implícito, ou de se traduzir na limpidez de uma formulação verbal? Através do que se insere o sentido no destino plástico da imagem? A essa pergunta, Freud dá uma dupla resposta. O sentido, em consequência do recalque, não pode ter acesso a uma formulação clara, e ele encontra na densidade da imagem com o que se exprimir de maneira alusiva. A imagem é uma linguagem que exprime sem formular, ela é uma palavra menos transparente ao sentido que o próprio verbo. E, por outro lado, Freud supõe o caráter primitivamente imaginário da satisfação do desejo. Na consciência primitiva, arcaica ou infantil, o desejo se satisfaria primeiro sobre o modo narcísico e irreal do fantasma*; e na regressão onírica, essa forma originária de realização ressurgiria. Vê-se de que modo Freud é levado a encontrar em sua mitologia teórica os temas que eram excluídos pela abordagem hermenêutica de sua interpretação do sonho. Ele recupera a ideia de um laço necessário e original entre a imagem e o sentido, e ele admite que a estrutura da imagem tem uma sintaxe e uma morfologia irredutíveis ao sentido, já que justamente o sentido vem se esconder nas formas expressivas da imagem. Apesar da presença desses dois temas, e devido à forma puramente abstrata que Freud lhes dá, procurar-se-ia em

---

*(N.R.) Preferimos a tradução de *fantasme* por fantasma em português, como se fez em espanhol, de acordo com o significante da língua francesa.

vão em sua obra uma gramática da modalidade imaginária e uma análise do ato expressivo em sua necessidade.

Na origem dessas faltas da teoria freudiana, há, sem dúvida, uma insuficiência na elaboração da noção de símbolo. O símbolo é tomado por Freud somente como ponto de tangência onde vêm se encontrar, por um instante, a significação límpida e o material da imagem tomado como resíduo transformado e transformável da percepção. O símbolo é a delgada superfície de contato, essa película que separa, ao mesmo tempo em que os une, um mundo interior e um mundo exterior, a instância de pulsão inconsciente e a da consciência perceptiva, o momento sensível.

Na análise do presidente Schreber, mais do que em qualquer outra parte, Freud se esforça para determinar essa superfície de contato.[7] O caso privilegiado de um delito manifestava, de fato, essa presença constante de uma significação em marcha em um mundo imaginário, e a estrutura própria desse mundo através de sua referência ao sentido. Mas, finalmente, Freud, no decorrer de sua análise, renuncia a esse esforço e reparte sua reflexão entre dois níveis separados. De um lado, ele estabelece as correlações simbólicas que permitem detectar sob a imagem do deus solar a figura do Pai, e sob a de Ahriman o personagem do próprio doente. De outro lado, sem que esse mundo fantástico seja para elas mais do que uma expressão possível, ele analisa as significações: ele as reduz à sua expressão verbal mais transparente, e as comunica assim purificadas, sob a forma dessa extraordinária declinação passional que é a armadura mágica do delírio paranoico: "Eu não o amo, eu o odeio"; "não é ele que eu amo, é ela que eu amo porque ela me ama"; "não sou eu que amo o homem, é ela que o ama"; declinações cuja forma primeira e o grau semântico mais simples são: "Eu o amo", e cuja forma última inteiramente oposta, adquirida através de todas as flexões da contradição, se enuncia: "Eu não amo nada nem ninguém, eu só amo a mim."[8]

---

7. Freud (S.), "Psychoanalytische Bemerkungen über einen autobiographisch beschriebenen Fall von Paranoia (Dementia paranoides)", *Jahrbuch für psychoanalytische und psychopathologische Forschungen*, Leipzig, Franz Deuticke, 1911, vol. III, nº 1, p. 9-68 ("Remarques psychanalytiques sur l'autobiographie d'un cas de paranoïa (le président Schreber)", trad. M. Bonaparte e R. M. Loewenstein, *Cinq psychanalyses*, 2ª ed., Paris, PUF, 1966, p. 263-324).
8. (N.A.) *Cinq psychanalyses*, trad. fr., 1ª ed., Denoël e Steele, 1935, p. 352-354. (*Cinq psychanalyses, op. cit.*, p. 308-310 (N.E.).)

Se a análise do caso Schreber tem tanta importância na obra freudiana, é na medida em que nunca a distância entre uma psicologia do sentido, transcrita em psicologia da linguagem, e uma psicologia da imagem, prolongada em uma psicologia do fantasma foi mais reduzida. Porém, nunca também se afirmou de modo mais decisivo na psicanálise a impossibilidade de encontrar a junção entre essas duas ordens de análise ou, se quisermos, de tratar, com seriedade, uma psicologia da Imago, na medida em que se pode definir por Imago uma estrutura imaginária, tomada com o conjunto de suas implicações significativas.

A história da psicanálise parece nos dar razão já que atualmente a distância ainda não está reduzida. Veem-se dissociar-se sempre mais essas duas tendências que, durante algum tempo, se buscavam: uma análise à maneira de Melanie Klein, que encontra seu ponto de aplicação na gênese, no desenvolvimento, na cristalização dos fantasmas, reconhecidos, de algum modo, como a matéria-prima da experiência psicológica; e uma análise à maneira do Dr. Lacan, que busca na linguagem o elemento dialético no qual se constitui o conjunto das significações da existência, e no qual elas concluem seu destino, a não ser que o verbo, não se instaurando em diálogo, efetue em seu *Aufhebung* sua libertação e sua transmutação. Melanie Klein fez, sem dúvida, o máximo para retraçar a gênese do sentido apenas pelo movimento do fantasma. E Lacan, por sua parte, fez tudo o que foi possível para mostrar na Imago o ponto em que se congela a dialética significativa da linguagem, e no qual ela se deixa fascinar pelo interlocutor que ela se constituiu. Mas, para a primeira, o sentido, no fundo, não é senão a mobilidade da imagem e como que a esteira de sua trajetória; para o segundo, a Imago não é senão fala envolta, em um instante silenciosa. Portanto, no domínio de exploração da psicanálise, não foi encontrada a unidade entre uma psicologia da imagem que marca o campo da presença e uma psicologia do sentido que define o campo das virtualidades da linguagem.

A psicanálise jamais conseguiu fazer falar as imagens.

*

As *Logische Untersuchungen* são curiosamente contemporâneas da hermenêutica da *Traumdeutung*. No rigor das análises conduzidas ao longo da primeira e da sexta dessas pesquisas, poder-se-á encontrar uma teoria do símbolo e do signo que restitua em sua necessidade a imanência da significação à imagem? A psicanálise tomara a palavra "símbolo" em uma validade imediata que não tentara nem elaborar nem mesmo delimitar. Sob esse valor simbólico da imagem onírica, no fundo, Freud entendia duas coisas bem distintas: de um lado, o conjunto dos indícios objetivos que marcam na imagem estruturas implícitas, acontecimentos anteriores, experiências permanecidas silenciosas; as semelhanças morfológicas, as analogias dinâmicas, as identidades de sílabas e todos os tipos de jogos sobre as palavras constituem tanto índices objetivos na imagem como alusões ao que ela não manifesta em sua plenitude colorida. Por outro lado, há o laço global e significativo que funda o sentido do material onírico e o constitui como sonho de desejo incestuoso, de regressão infantil ou de retorno e de envolvimento narcísico. O conjunto dos indícios, que pode se multiplicar ao infinito à medida que avança e que unifica a significação, não pode, portanto, ser confundido com ela; eles se manifestam sobre a via da indução provável e não são jamais senão o método de reconstituição do conteúdo latente, ou do sentido originário; quanto a esse sentido, não podemos fazê-lo vir à tona senão em uma apreensão compreensível; é por seu próprio movimento que ele funda o valor simbólico da imagem onírica. Essa confusão inclinou a psicanálise a descrever os mecanismos de formação do sonho como o inverso e o correlativo dos métodos de reconstituição; ela confundiu a realização das significações com a indução dos indícios.

Na primeira das *Logische Untersuchungen*,[9] Husserl distinguiu, justamente, o índice e a significação. Sem dúvida, nos fenômenos de expressão eles se encontram intricados ao ponto que tendemos a confundi-los. Quando uma pessoa fala, compreendemos o que ela diz não apenas pela apreensão significativa das palavras que ela emprega e das estruturas de frases que ela aplica, mas nos deixamos guiar também através do método da

---

9. (N.A.) Husserl (Ed.), *Logische Untersuchungen*, Tübingen, M. Niemeyer, 1901, t. I: *Ausdruck und Bedeutung*. (*Recherches logiques, op. cit.*, 1961, t. I: *Expression et signification*, cap. I: "Les distinctions essentielles", p. 29-71 (N.E.).)

voz, que encontramos, aqui, infletir e tremer, e ali, ao contrário, tomar essa firmeza e esse clamor em que reconhecemos a cólera. Mas, nessa compreensão global, as duas atitudes, por misturadas que estejam, não são idênticas; elas são inversas e complementares, já que é, sobretudo, no momento em que as palavras começam a me escapar, enevoadas pela distância, pelo barulho ou pela rouquidão da voz, que a indução dos indícios tomará a frente da compreensão do sentido: o tom da voz, o início das palavras, os silêncios, inclusive os lapsos me guiarão para fazer-me presumir que meu interlocutor sufoca de cólera.

Por si mesmo, o indício não tem significação, e só pode adquiri-la de um modo secundário e pela via oblíqua de uma consciência que o utiliza como marcação, como referência ou como baliza.

Vejo buracos na neve, espécies de estrelas regulares, cristais de sombra. Um caçador aí verá os rastros frescos de uma lebre. Essas são duas situações vividas; seria vão dizer que uma comporta mais verdade do que a outra; mas, no segundo esquema se manifesta a essência da indicação, no primeiro, não. É para o caçador, somente, que a pequena estrela *escavada* na neve é um signo. Isso não quer dizer que o caçador tem mais material associativo do que eu, e que a uma percepção ele pode associar a imagem de uma lebre que me falta na mesma situação. A associação aí é derivada em relação à estrutura de indicação: ela não faz senão repassar os traços pontilhados de uma estrutura que já é marcada na essência do indício e do indicado: "A associação traz à consciência conteúdos, deixando-lhes o encargo de se religarem aos conteúdos dados segundo a lei de suas essências respectivas."[10]

Mas essa estrutura essencial, na qual se apoia o movimento psicológico contingente e derivado da associação, em que se apoia ela? Em uma situação atual que existe ou vai existir ou acaba de existir. Os rastros sobre a neve remetem à lebre real que, nesse instante, acaba de fugir. A voz que treme será, segundo sua modulação, indício da cólera que explode, ou da cólera que cresce ou daquela que, com grande esforço, se contém e se acalma. Enquanto o signo autêntico não precisa apoiar-se, para ser significante, em nenhuma situação objeti-

---

10. (N.A.) *Recherches logiques*, op. cit., t. I, cap. I, § 4, p. 35-36.

va: ao pronunciar a palavra lebre, posso designar aquela que aposta corrida com a tartaruga; quando evoco minha cólera, falo de um movimento de paixão que jamais experimentei a não ser na finta ou comédia. As palavras "lebre" ou "cólera" são significativas; a voz que enrouquece, o rastro impresso na neve são indícios. Para ser rigorosa, uma fenomenologia do sonho não poderia deixar de distinguir os elementos de indicação que, para o analista, podem designar uma situação objetiva balizada por eles e, por outro lado, os conteúdos significativos que constituem, do interior, a experiência onírica. Mas o que é um conteúdo significativo e que relação ele sustenta com um conteúdo imaginário? Ainda aqui, algumas análises das *Logische Untersuchungen* podem nos servir de ponto de partida. Não é legítimo admitir, com a psicanálise, uma identidade imediata entre o sentido e a imagem, reunidos na noção única de símbolo; é preciso buscar a essência do ato significativo mais além e antes mesmo da expressão verbal ou da estrutura da imagem nas quais ele pode tomar corpo: "Os atos de formulação, de imaginação, de percepção são demasiado diferentes para que a significação se esgote ora nesses ora naqueles; devemos preferir uma concepção que atribua essa função de significação a um único ato em tudo idêntico, a um ato que seja liberado dos limites dessa percepção que tão frequentemente nos falta."[11] Quais são as características desse ato fundamental? De um modo negativo, vê-se imediatamente que não pode se tratar de pôr em relação uma ou várias imagens. Como Husserl ainda o observa, se pensamos em um "chiliógono", imaginamos qualquer polígono de muitos lados.[12] De um modo mais positivo, o ato significativo, mesmo o mais elementar, o maior tosco, o mais inserido ainda em um conteúdo perceptivo, abre-se sobre um horizonte novo. Mesmo quando digo "esta mancha é vermelha", ou mesmo na excla-

---

11. (N.A.) *Logische Untersuchungen*, 2ª ed., Tübingen, M. Niemeyer, 1921, t. VI: *Elemente einer Phänomenologischen Aufklärung der Erkenntnis*, p. 15-16. (*Recherches logiques*, t. VI: *Éléments d'une élucidation phénoménologique de la connaissance*, 1ª seção: "La connaissance en tant que synthèse du remplissement et de ses degrés", cap. I: "Intention de signification et remplissement de signification", § 4: "L'expression d'une perception", p. 30 (N.E.).)
12. (N.A.) *Logische Untersuchungen*, op. cit., t. I, p. 65. (*Recherches logiques*, op. cit., t. I, cap. II: "Les caractéristiques des actes conférant la signification", § 18, p. 76 (N.E.).)

mação "esta mancha", mesmo, enfim, quando as palavras me faltam e que com o dedo designo o que há diante de mim, constitui-se em um ato de visada que rompe com o horizonte imediato da percepção e descobre a essência significativa do vivido perceptivo: é *der Akt des Dies-meinens*. Esse ato não se define (o exemplo que tomamos é suficiente para prová-lo) por alguma "atividade judicatória", mas pela unidade ideal do que é visado na designação subjetiva; essa unidade é a mesma cada vez que o ato significativo é renovado, quaisquer que sejam os termos empregados, a voz que os pronuncia, ou a tinta que os fixa no papel. O que significa o símbolo não é um traço individual de nossa experiência vivida, uma qualidade de repetição, uma propriedade de "reaparecer idêntico a si", como diz Husserl; estamos na presença de um conteúdo ideal que se anuncia através do símbolo como unidade de significação.

Mas é preciso ir mais longe, se não queremos reduzir o ato significativo a uma simples visada intencional. Essa ultrapassagem da visada na plenitude significativa em que ela toma corpo, como podemos concebê-la? Será preciso seguir a letra das análises husserlianas e dar-lhe o sentido de um ato suplementar, aquele que a sexta das *Recherches logiques* designa como ato de efetuação? No fundo, isso não é senão batizar o problema, é dar-lhe um *status* no interior da atividade da consciência, mas não é descobrir-lhe um fundamento.

Sem dúvida, é o que Husserl pressentiu em *Umarbeitung* da sexta *Recherche logique*, redigido em 1914.[13] Através desse texto, pode-se adivinhar o que poderia ser uma fenomenologia da significação. Um mesmo traço marca um símbolo (como um sinal matemático), uma palavra ou uma imagem, quer a palavra ou o símbolo seja pronunciado ou escrito, quer nos abandonemos ao fio do discurso ou ao sonho da imaginação, alguma coisa nova surge fora de nós, um pouco diferente do que esperávamos, e isso por essa resistência oferecida pelo material imaginário verbal ou simbólico; também pelas implicações oferecidas pela coisa constituída, agora, como signifi-

---

13. (N.A.) Manuscrito recenseado sob o número M, III 2, II 8 a. (A sigla M indica a classe dos manuscritos: *Abschriften von Manuscripten Husserls in Kurrentschrift*; o III, subdivisão da classe: "Entwürfe für Publikationem; II 8 a: *Zur Umarbeitung der VI Logische Untersuchungen* (N.E.).)

cativa; ao se efetuar na atualidade do significante, a virtualidade intencional abre-se sobre novas virtualidades. Essa atualidade, de fato, encontra-se situada em um contexto espaçotemporal; as palavras se inscrevem em nosso mundo ambiente e designam interlocutores no horizonte das implicações verbais. E é aqui que apreendemos o próprio ato significativo em seu paradoxo: retomado de um tema objetivo que se propõe, à maneira da palavra, como um objeto de cultura ou que se oferece, à maneira da imagem, como uma quase percepção, o ato significativo opera essa retomada como uma atividade temática, na qual vem à luz o "eu falo", ou o "eu imagino"; fala e imagem se declinam na primeira pessoa, no momento mesmo em que se realizam na forma da objetividade. Sem dúvida, é o que Husserl queria dizer quando, a propósito da linguagem, escrevia: "Uma coisa é certa... o significado participa da realização do fazer. Aquele que fala não engendra apenas a palavra, mas a expressão em sua totalidade."[14] Finalmente, é o próprio ato expressivo que uma análise fenomenológica faz aparecer sob a multiplicidade das estruturas significativas.

Isso nos parece essencial sob vários aspectos: contrariamente à interpretação tradicional, a teoria da significação não nos parece a palavra última da eidética husserliana da consciência; ela conduz, de fato, a uma teoria da expressão que permanece envolta, mas cuja existência não está menos presente em todo o processo das análises. Poderíamos nos surpreender de a fenomenologia não se ter jamais desenvolvido no sentido de uma teoria da expressão, e de ela ter sempre deixado na sombra para fazer surgir em plena luz uma teoria de significação. Porém, sem dúvida, uma filosofia da expressão não é possível senão em uma ultrapassagem da fenomenologia.

Uma coisa merece reter, por agora, nossa atenção. Toda essa análise fenomenológica que esboçamos em seguida a Husserl propõe uma escansão para o fato simbólico muito diferente da psicanálise. Ela estabelece, de fato, uma distinção de essência entre a estrutura da indicação objetiva e aquela dos atos significativos; ou, forçando um pouco os termos, ela instaura a maior distância possível entre o que decorre de uma sintomatologia e o que decorre de uma semântica. A psicanálise,

---

14. (N.A.) M, III 2, II 8 a, *op. cit.*, p. 37.

ao contrário, sempre confundiu as duas estruturas; ela define o sentido através do cotejo dos signos objetivos e coincidências do deciframento. Por esse fato, entre o sentido e a expressão, a análise freudiana só podia reconhecer um laço artificial: a natureza alucinatória da satisfação do desejo. Em sentido oposto, a fenomenologia permite reaprender a significação no contexto do ato expressivo que a funda; nessa medida, uma descrição fenomenológica sabe tornar manifesta a presença do sentido em um conteúdo imaginário.

Mas, recolocado assim em seu fundamento expressivo, o ato de significação é cortado de toda forma de indicação objetiva; nenhum contexto exterior permite restituí-lo em sua verdade; o tempo e o espaço que ele leva consigo não formam senão uma esteira que logo desaparece; e o outro não é implicado a não ser de um modo ideal no horizonte do ato expressivo, sem possibilidade de encontro real. Portanto, a compreensão não será definida na fenomenologia senão como uma retomada sobre o modo da interioridade, uma nova maneira de habitar, o ato expressivo; ela é um método para se restituir nele, jamais um esforço para situá-lo. Esse problema da compreensão torna-se central em toda psicologia da significação e é colocado no cerne de toda psicopatologia. Mas na linha de uma fenomenologia pura, ele não pode encontrar o princípio de sua solução. Essa impossibilidade, Jaspers a experimentou mais do que qualquer outro, ele que só pôde justificar a relação médico-paciente em termos de uma mística da comunicação,[15] na medida mesma em que opunha às formas sensíveis (*sinnlich*) da expressão suas formas significativas (*sinnhaft*), para fazer com que estas últimas apenas portassem a possibilidade de uma compreensão válida.[16]

A fenomenologia conseguiu fazer falar as imagens; mas ela não deu a ninguém a possibilidade de empreender sua linguagem.

Sem errar muito, podemos definir esse problema como um dos temas maiores da análise existencial.

A fenomenologia lançara muita luz sobre o fundamento expressivo de toda significação, mas a necessidade de jus-

---

15. (N.A.) Jaspers (K.), *Philosophie*, Berlim, J. Springer, 1932, t. II: *Existenzerhellung*, p. 50. (*Philosophie*, trad. J. Hersch, I. Kruse, J. Étoré, Paris, 1986 (N.E.).)
16. (N.A.) Jaspers (K.), *Allgemeine Psychopathologie*, Berlim, J. Springer, 1913 (*Psychopathologie générale*, trad. A. Kastler e J. Mendousse, segundo a 3ª ed., Paris, Alcan, 1933, p. 230).

tificar uma compreensão implicava que se reintegrasse o momento da indicação objetiva, no qual se detivera a análise freudiana. Encontrar o fundamento comum às estruturas objetivas da indicação, aos conjuntos significativos e aos atos de expressão, tal era o problema colocado pela dupla tradição da fenomenologia e da psicanálise. Da confrontação entre Husserl e Freud nascia uma dupla problemática; era preciso um método de interpretação que restituísse em sua plenitude os atos de expressão. O caminho da hermenêutica não devia deter-se nos procedimentos de escrita que retêm a psicanálise; ela devia ir até o momento decisivo no qual a expressão se objetiva nas estruturas essenciais da indicação; era-lhe necessário algo muito diferente de uma verificação; era-lhe necessário um fundamento.

É esse momento fundamental em que se enlaçam as significações que Binswanger tenta fazer surgir em *Rêve et existence*.

Somos censurados, nessa pontuação, de haver não somente ultrapassado a letra dos textos freudianos e husserlianos, mas ainda de haver inventado inteiramente uma problemática que Binswanger jamais formulou, e cujos temas não estão nem mesmo implícitos em seus textos. Esse agravo nos pesa pouco, porque temos a fraqueza de acreditar na história mesmo quando se trata da existência. Não estamos preocupados em apresentar uma exegese, mas em extrair um sentido objetivo. Acreditamos que a obra de Binswanger é bastante importante para comportar um. Eis por que somente a sua problemática real nos reteve. Encontrar-se-á em seus textos o problema que ele se colocou; nós queríamos, de nossa parte, extrair aquele ao qual ele respondeu.

III

"Nihil magnum somnianti."
Cícero

Trazendo à luz uma plástica tão fundamental do sonho e da expressão, Binswanger reatava os laços com uma tradição. Uma tradição deixada na sombra por esta psicologia do século XIX que Freud nem sempre conseguiu ultrapassar. A psicanálise instaurara uma psicologia do sonho ou, quando menos, restaurara o sonho em seus direitos psicológicos. Mas isso não era, sem dúvida, reconhecer-lhe todo o seu domínio de validade. O sonho, em Freud, é o elemento comum às formas expressivas da motivação e aos métodos do deciframento psicológico: ele é ao mesmo tempo a "Simbólica" e a gramática da psicologia. Freud, assim, restituiu-lhe uma dimensão psicológica; mas não soube conhecê-lo como forma específica de experiência. Ele o reconstituiu em seu modo originário, com fragmentos de pensamentos despertados, traduções simbólicas e verbalizações implícitas; a análise lógica do conjunto é a lógica do discurso; as motivações e as estruturas que aí se descobrem são tecidas sobre a mesma trama psicológica que as formas da consciência vígil. Freud psicologizou o sonho – e o privilégio que ele lhe deu no domínio da psicologia lhe tira todo privilégio como forma específica de experiência.

Freud não chegou a ultrapassar um postulado solidamente estabelecido pela psicologia do século XIX: o sonho é uma rapsódia de imagens. Se o sonho fosse só isso, ele seria esgotado por uma análise psicológica, quer essa análise se fizesse no estilo mecânico de uma psicofisiologia, quer no estilo de uma pesquisa significativa. Mas o sonho é, sem dúvida, algo muito diferente de uma rapsódia de imagens, pela simples razão de ele ser uma experiência imaginária; e se ele não se deixa esgotar – nós o vimos há pouco – por uma análise psicológica, é porque ele também diz respeito à teoria do conhecimento.

Até o século XIX, foi em termos de uma teoria do conhecimento que se colocou o problema do sonho. O sonho é descrito como uma forma de experiência absolutamente específica e, se é possível colocar a psicologia, é de um modo segundo e derivado, a partir da teoria do conhecimento que o situa como um tipo de experiência. É com essa tradição esquecida que Binswanger reata os laços em *Traum und Existenz*.

Ele reencontra a ideia de que o valor significativo do sonho não está mais na medida das análises psicológicas que dele se podem fazer. A experiência onírica, ao contrário, detém um conteúdo ainda mais rico, visto que se mostra irredutível às determinações psicológicas nas quais se tenta inseri-lo. É a velha ideia, tão constante na tradição literária e mística, de que só os "sonhos da manhã" têm um sentido válido. "Os sonhos do homem bem de saúde são sonhos da manhã", dizia Schelling.[17] A ideia remonta a uma tradição greco-latina.

---

17. (N.A.) Schelling (F. W. von), *Werke*, ed. O. Weise, Leipzig, Fritz Eckardt, 1907, t. I: *Schriften zur Naturphilosophie. Von der Weltseele, eine Hypothese der höheren Physik* (1798): *Über den Ursprung des allgemeinen Organismus*,

Encontramos sua justificação em Jâmblico: um sonho não pode ser reputado divino se ele acontece entre os vapores da digestão. Ele só tem valor antes da refeição ou então depois da digestão acabada, no crepúsculo da noite ou da manhã. De Mirbel escreveu em *Le prince du sommeil*:[18] "Ainda é preciso dizer que o tempo da noite mais propício é o que se aproxima da manhã *inter somnum et vigilicum*." E Teófilo fez um dos personagens de seu *Pyrame* dizer:

A hora em que nossos corpos, pesados de grosseiros vapores,
Suscitam em nossos sentidos movimentos enganadores
Já havia passado, e meu cérebro tranquilo
Saciava-se das papoulas que o sono destila,
No ponto em que a noite está para acabar,
E o carro da Aurora ainda está por chegar.[19]

(L'heure où nos corps, chargés de grossières vapeurs,
Suscitent en nos sens des mouvements trompeurs
Était déjà passée, et mon cerveau tranquille
S'abreuvait des pavots que le sommeil distille,
Sur le point que la nuit est proche de finir,
Et le char de l'Aurore est encore à venir.)

Portanto, o sonho não tem sentido, exatamente na medida em que nele se cruzam e se recortam de mil maneiras as motivações psicológicas ou determinações fisiológicas; pelo contrário, ele é rico, na proporção da pobreza de seu contexto objetivo. Ele vale tanto mais quanto menos ele tem razão de ser. E é isso que faz o privilégio estranho desses sonhos da manhã. Tal como a aurora, eles anunciam um dia novo com uma claridade profunda que a vigilância do meio-dia não conhecerá mais.

Entre o espírito que dorme e aquele que vela, o espírito que sonha faz uma experiência cuja luminosidade ou genialidade não são tomadas de nenhuma outra. Nesse sentido, Baader falava dessa "vigilância adormecida" e desse "sono vigilante",

---

IV, § 5: "Die Träume des Gesunden sind Morgenträume", p. 657.
18. (N.A.) Mirbel (C. de), *Le palais du prince du sommeil, où est enseignée l'oniromancie, autrement l'art de deviner par les songes*, Bourges, J. Cristo, 1667, 1ª parte, cap. XX: "Du temps de la nuit où se font les meilleurs songes", p. 52.
19. Teófilo, *Pyrame et Thisbé* (1626), in *Oeuvres*, Paris, 1630, ato IV, cena 2, p. 148-149.

que é igual à clarividência, e que é retorno imediato aos objetos sem passar pela mediação dos órgãos.[20] Mas o tema das dimensões originais da experiência onírica não se inscreve somente em uma tradição literária, mística ou popular; nós o decifraríamos também, sem dificuldade, nos textos cartesianos ou pós-cartesianos. No ponto de convergência de uma tradição mística e de um método racionalista, o *Traité théologico-politique* formula os problemas do sonho profético. "Não somente as coisas verdadeiras, mas também as frivolidades e as imaginações podem ser úteis", escrevia Spinoza a Boxel.[21] E em uma carta endereçada a Pierre Balling,[22] ele distinguia, nos sonhos, os presságios e as advertências prodigiosas, dois tipos de imaginações: a que depende somente do corpo, em sua compleição e movimento de seus humores, e a que dá um corpo sensível às ideias do entendimento, na qual se pode encontrar, ao mesmo tempo, rastro e signo, o vestígio da verdade. A primeira forma de imaginação é a que encontramos nos delírios, é também a que faz a trama fisiológica do sonho. A segunda, porém, faz da imaginação uma forma específica do conhecimento; é desta que fala *L'éthique* ao mostrar a imaginação ligada por essência à ideia e à constituição da alma.[23] A análise dos sonhos proféticos no *Tractatus* situa-se nestes dois níveis: há a imaginação ligada aos movimentos do corpo, e que dá aos sonhos dos profetas sua colaboração individual; cada profeta teve os sonhos de seu temperamento: a aflição de Jeremias ou a cólera de Elias não podem explicar-se senão do exterior; elas decorrem de um exame de seus corpos e de um movimento de seus humores. Mas esses sonhos tinham cada um seu sentido, que a exegese, agora, tem por tarefa esclarecer. Esse sentido, que manifesta o laço entre a imaginação e a verdade, é a linguagem tida por Deus com os homens para fazê-los conhecer seus mandamentos e sua verdade. Homens de imaginação, os hebreus não compreendiam senão o Verbo das imagens; homens de paixão, não podiam ser submetidos

---

20. (N.A.) Baader (F. X. von), *Werke*, t. I: *Gesammelte Schriften zur philosophischen Erkenntniswissenschaft als speculative Logik*, Leipzig, H. Bethmann, 1851, p. 475.
21. (N.A.) Spinoza (B. de), *Lettre à Hugo Boxel* (1674), Ed. Appuhn, nº 52, p. 293.
22. (N.A.) Spinoza (B. de), *Lettre à Pierre Balling* (1664), *ibid.*, nº 17, p. 172.
23. (N.A.) *L'éthique*, livro II, axioma 3, Ed. Appuhn, t. II, p. 119.

senão pelas paixões comunicadas através dos sonhos de terror e de cólera. O sonho profético é como a via oblíqua da filosofia; ele é uma outra experiência da mesma verdade, "pois a verdade não pode ser contraditória com ela própria". É Deus revelando-se aos homens através de imagens e de figuras.[24] O sonho, como a imaginação, é a forma concreta da revelação: "Ninguém recebeu revelação de Deus sem o auxílio da imaginação."[25] Desse modo, Spinoza recorta o grande tema clássico das relações da imaginação e da transcendência. Como Malebranche, ele reencontra a ideia de que a imaginação designa, em sua cifra misteriosa, na imperfeição de seu saber, em sua meia-luz, na presença que ela figura mas que evita sempre, para além do conteúdo da experiência humana, além mesmo do saber discursivo que pode dominar, a existência de uma verdade que em todos os sentidos ultrapassa o homem, mas se inclina para ele e se oferece a seu espírito sob as espécies concretas da imagem. O sonho, como toda experiência imaginária, é, portanto, uma forma específica de experiência que não se deixa inteiramente reconstruir pela análise psicológica, e cujo conteúdo designa o homem como ser transcendido. O imaginário, signo de transcendência; o sonho, experiência dessa transcendência sob o signo do imaginário.

É com essa lição de psicologia clássica que Binswanger implicitamente reatou os laços, em sua análise do sonho.

*

Mas ele também reatou os laços com outra tradição, implicada na primeira. No sonho, como experiência de uma verdade transcendente, a teologia cristã encontra os atalhos da vontade divina e a via rápida segundo a qual Deus distribui suas provas, seus decretos e suas advertências. Ele é como a expressão dessa liberdade humana sempre precária que é tendente sem deixar determinar, que é esclarecida sem poder ser forçada, e que é advertida sem ser reduzida à evidência. Através da literatura clássica do sonho, poder-se-ia encontrar toda a querela teológica da graça, estando o sonho, por assim dizer, para a imaginação o que a graça é para o coração ou para a vontade. Na tragédia clássica, o sonho é como a figuração

---

24. (N.A.) *Traité théologico-politique*, Ed. Appuhn, p. 22.
25. (N.A.) *Ibid.*, p. 29.

da graça. A significação trágica do sonho coloca para a consciência cristã do século XVII os mesmos problemas que a significação teológica da graça. Tristão faz Herodes dizer, depois de um sonho funesto:

> *O que escreve o Destino não se pode apagar...*
> *De suas ciladas secretas não podemos nos libertar*
> *A elas mais direto chegamos pensando delas desviar.*[26]

> *(Ce qu'écrit le Destin ne peut être effacé...*
> *De ses pièges secrets on ne peut s'affranchir*
> *Nous y courons plus droit en pensant les gauchir.)*

Um personagem, depois de um sonho, declara em *Adraste* de Ferrier:

> *Não, Senhor, no céu nossa morte está escrita,*
> *O homem não transpõe tal limite prescrito*
> *E suas precauções fazem-no precipitar*
> *Nas mesmas desgraças que busca evitar.*
> *É assim que dos deuses a grandeza soberana*
> *Se compraz ao jogar com a fraqueza humana.*[27]

> *(Non, Seigneur, dans le ciel notre mort est écrite,*
> *L'homme ne franchit point cette borne prescrite*
> *Et ses précautions le font précipiter*
> *Dans les mêmes malheurs qu'il tâche d'éviter.*
> *C'est ainsi que des dieux la grandeur souveraine*
> *Se plaît à se jouer de la faiblesse humaine.)*

Eis aí algo para o "jansenismo" do sonho trágico. E eis aqui algo para o "molinismo": o sonho aqui não é mais predestinação, mas advertência ou sinal, feito mais para prevenir a determinação do que para melhor marcá-la.

"Aquiles", diz Briséide, na peça de Benserade:

---

26. L'Hermite du Soliers (F.), dito Tristão, *La Mariane* (1636), 2ª ed., Paris, A. Courbé, 1637, ato II, cena 3, versos 146 e 149-150, p. 24.
27. Ferrier de La Martinière (L.), *Adraste*, Paris, J. Ribou, 1680, ato IV, cena 2, p. 45.

Aquiles, tantos quantos os objetos que perturbam vossa alegria,
São os conselhos que o céu vos envia.[28]

*(Achille, autant d'objets qui troublent votre joie,
Sont autant de conseils que le Ciel vous envoie.)*

Em *Osman*, a lição é mais clara ainda:

Mas o céu contudo pode, durante o sono,
Surpreender nosso espírito para conselho nos dar,
O desígnio de nosso fado
Em suas sentenças é sempre não determinado
Os raios múrmuros não caem sempre
Um movimento do coração faz seu curso desviar.[29]

*(Mais le ciel toutefois peut, durant le sommeil,
Estonner notre esprit pour nous donner conseil,
La résolution de notre destinée
Toujours dans ses avis n'est pas déterminée
Les foudres murmurantes ne tombent pas toujours
Un mouvement du coeur en détourne le cours.)*

Mas que ninguém se engane. Sob essa querela, sem dúvida assaz literária, na qual de uma tragédia à outra os personagens se respondem e se lançam argumentos que tomaram dos tratados teológicos, esconde-se o problema, mais autenticamente trágico, do destino. Desde a Antiguidade, o homem sabe que no sonho ele se encontra com o que ele é e com o que ele será; com o que ele faz e com o que ele fará; ele ali descobriu esse nó que liga sua liberdade à necessidade do mundo. No sonho e sua significação individual, Crisipo encontrava a concatenação universal do mundo e o efeito dessa συμπάθεια que conspira para formar a unidade do mundo, e para animar cada fragmento com o mesmo fogo espiritual. Bem mais tarde, o Renascimento retomará a ideia; e, para Campanella, é a alma do mundo – princípio da coesão universal – que inspira ao homem, ao mesmo tempo, seus instintos, seus desejos e seus

---

28. Benserade (I. de), *La mort d'Achille et la dispute de ses armes* (1636), Paris, A. de Sommaville, 1697, ato I, cena 1, p. 3.
29. L'Hermite du Soliers (F.), dito Tristão, *Osman* (1656), Paris, Girard, col. "Les cahiers d'un bibliophile", 1906, t. VII, ato II, cena 1, p. 21.

sonhos. E para marcar a última etapa dessa grande mitologia do sonho, dessa cosmogonia fantástica do sonho na qual todo o universo parece conspirar em uma imagem instantânea e vacilante, há também Schelling[30] e Novalis, que dizia: "O mundo torna-se sonho, o sonho torna-se mundo, e o acontecimento no qual se crê, pode-se vê-lo chegar de longe."[31]

O que mudou segundo as épocas não é essa leitura do destino nos sonhos, nem mesmo os procedimentos de decifração, mas, antes, a justificação dessa relação do sonho com o mundo, da maneira de conceber como a verdade do mundo pode antecipar-se a si própria e resumir seu porvir em uma imagem que não poderia reconstituí-la senão turvada. Evidentemente, essas justificações são ainda mais imaginárias do que filosóficas; elas exaltam o mito aos confins da poesia e da reflexão abstrata.

Em Aristóteles,[32] o valor do sonho está ligado à calma da alma, a esse sonho noturno no qual ela se desprende da agitação do corpo, nesse silêncio, ela se torna sensível aos movimentos mais tênues do mundo, às agitações mais longínquas; e assim como a superfície das águas é tão mais perturbada pela agitação que reina sobre as margens do que ela o é em seu centro mais calmo e tranquilo, assim também, durante o sono, a alma é mais sensível do que durante a vigília aos movimentos do mundo longínquo. Sobre as águas, as ondas vão se desenvolvendo e tomam logo bastante amplidão para fazer estremecer toda a superfície, do mesmo modo, no sonho, as excitações as mais fracas terminam por turvar todo o espelho da alma; um ruído apenas perceptível para uma orelha acordada, o sonho faz dele um ribombar de trovão: o menor aquecimento torna-se incêndio. No sonho, a alma, liberta de seu corpo, mergulha no kósmoj, deixa-se imergir nele, e se mistura aos seus movimentos em uma espécie de união aquática.

Para outros, o elemento místico no qual o sonho vem unir-se ao mundo não é a água, mas o fogo. No sonho, o corpo sutil da alma viria alumiar-se no fogo secreto do mundo, e com ele penetraria na intimidade das coisas. É o tema estoico da

---

30. (N.A.) Schelling (F. W. von), Werke, op. cit., IV, p. 217.
31. Novalis (F. von Hardenberg, dito), Henri d'Ofterdingen, 2ª parte: L'accomplissement, trad. A. Guerne, Oeuvres complètes, Paris, Gallimard, 1975, t. I, p. 209.
32. (N.A.) Aristóteles, Sur les rêves.

coesão do mundo assegurada pelo πνεῦμα e mantida por esse calor que levará ao abrasamento universal; é o tema esotérico – constante desde a alquimia medieval até o espírito "pré-científico" do século XVIII de uma oniromancia que seria como flogística da alma; é, enfim, o tema romântico, no qual a imagem precisa do fogo começa a se atenuar para dele não mais conservar senão as qualidades espirituais e os valores dinâmicos: sutilidade, leveza, luz vacilante e portadora de sombras, ardor que transforma, consome, destrói, e que não deixa senão cinzas lá onde estiveram a claridade e a alegria. É Novalis quem escreve: "O sonho nos ensina de modo notável a sutilidade de nossa alma para insinuar-se entre os objetos e transformar-se ao mesmo tempo em cada um deles."[33]

Os mitos complementares da água e do fogo suportam o tema filosófico de unidade substancial da alma e do mundo no momento do sonho. Mas poder-se-ia encontrar também, na história do sonho, outras maneiras de justificar o caráter transcendente da imaginação onírica, o sonho seria apercepção tenebrosa dessas coisas que se pressentem em torno de si dentro da noite – ou, ao contrário, clarão instantâneo de luz, claridade extrema de intuição que se conclui em sua realização.

Foi Baader sobretudo que definiu o sonho por essa luminosidade da intuição; o sonho é para ele o clarão que traz a visão interior, e que, para além de todas as mediações dos sentidos e do discurso, com um único movimento chega até a verdade. Ele fala dessa "visão interior e objetiva" que "não é mediada pelos sentidos exteriores" e de que "fazemos a experiência nos sonhos costumeiros". No início do sono, a sensibilidade interna está em oposição com a sensibilidade externa; mas, finalmente, em pleno coração do sono, a primeira prevalece sobre a segunda; então, o espírito se desabrocha em um mundo subjetivo bem mais profundo do que o mundo dos objetos, e carregado de uma significação bem mais pesada.[34] O privilégio concedido por tradição à consciência vígil e ao seu conhecimento não é senão "incerteza e preconceito". No mais escuro

---

33. Novalis (F. von Hardenberg. dito), *Schriften*, Leipzig, Ed. Kluckhohn, 1928, t. IV: *Fragment 1200*, p. 348 (*L'encyclopédie. Notes et fragments*, trad. M. de Gandillac, Paris, Éd. de Minuit, col. "Arguments", 1966, p. 279).
34. (N.A.) Baader (F. X. von), *Sämmtliche Werke*, Ed. F. Hoffmann, Leipzig, H. Bethmann, 1852, t. IV: *Gesammelte Schriften zur philosophischen Anthropologie*, p. 135.

da noite, o clarão do sonho é mais luminoso do que a luz do dia, e a intuição que ele traz com ele é a mais elevada forma de conhecimento.

Em Carus,[35] encontramos a mesma ideia: o sonho conduz, muito mais além dela, à consciência objetiva; ele é esse movimento do espírito que por si próprio adianta-se ao mundo, e encontra sua unidade com ele. De fato, ele explica que a consciência vígil do mundo é oposição a esse mundo; a receptividade dos sentidos e a possibilidade de ser afetado pelos objetos, tudo isso não passa de oposição ao mundo, "*Gegenwirken gegen eine Welt*". O sonho, pelo contrário, rompe essa oposição e a ultrapassa: não durante o instante luminoso do clarão, mas pela lenta imersão do espírito na noite do inconsciente. Através desse profundo mergulho no inconsciente, muito mais do que em um estado de liberdade consciente, a alma deve tomar sua parte no entrelaçamento universal e se deixar penetrar por tudo o que é espacial e temporal, tal como isso se produz no inconsciente. Nessa medida, a experiência onírica será um *Fernsehen* como essa "visão onírica", que não se limita senão aos horizontes do mundo, exploração obscura desse inconsciente que, de Leibniz a Hartmann, foi concebido como eco abafado, no homem, do mundo no qual ele foi colocado.

Todas essas concepções constituem uma dupla polaridade na filosofia imaginária do sonho: a polaridade água-fogo e a polaridade luz-escuridão. Veremos, mais adiante, que Binswanger[36] as encontra, empiricamente, por assim dizer, nos sonhos de seus doentes. A análise de Ellen West[37] transcreve os fantasmas de decolar para o mundo da luz, e de atolar-se na terra fria e escura. É curioso ver cada um desses temas imaginários dividir-se e repartir-se na história da reflexão sobre o sonho: a história parece ter explorado todas as virtualidades de uma constelação imaginária – ou talvez a imagina-

---

35. (N.A.) Hartmann (E. von), *Die moderne Psychologie, eine kritische Geschichte der deutschen Psychologie*, Leipzig, H. Haacke, 1901, cap. III: "Das Unbewuste", p. 32-36.
36. Binswanger (L.), "Der Fall Ellen West. Studien zum Schizophrenie Problem", *Schweizer Archiv für Neurologie und Psychiatrie*, t. LIII, 1943, nº 2, p. 255-277; t. LIV, 1944, nº 1, p. 69-117, nº 2, p. 330-360; t. LV, 1945, nº 1, p. 16-40.
37. (N.A.) *Schweizer Archiv für Neurologie*, 1943-1944.

ção retome, cristalizando-os, temas constituídos e trazidos à luz pelo devir cultural.

Retenhamos, por agora, uma coisa: o sonho, como toda experiência imaginária, é um indício antropológico de transcendência; e, nessa transcendência, ele anuncia ao homem o mundo, fazendo-se mundo ele próprio, e tomando ele próprio as espécies da luz e do fogo, da água e da escuridão. O que nos ensina a história do sonho para sua significação antropológica é que ele é ao mesmo tempo revelador do mundo em sua transcendência, e também modulação desse mundo em sua substância, sobre o elemento de sua materialidade.

Propositadamente, deixamos de lado até o momento um dos aspectos mais conhecidos da história do sonho, um dos temas mais comumente explorados por seus historiógrafos. Não há estudos sobre o sonho, depois da *Traumdeutung*, que não se ache no dever de citar o Livro X de *A república*; regularizamos nossa situação para com a história graças a Platão, e esse apelo erudito dá uma consciência tão boa quanto uma citação de Quintiliano a propósito da psicologia do lactente.[38] Não se deixa de sublinhar as ressonâncias pré-freudianas – e pós-freudianas – do texto famoso: "Falo dos desejos que se despertam quando repousa essa parte da alma que é racional, afável e feita para comandar o outro, e que a parte bestial e selvagem, forjada com vinho e comida, estremece e, depois de haver abalado o sono, parte em busca de satisfações a dar aos seus apetites. Sabemos que em tal situação ela ousa tudo, como se estivesse liberta e isenta de toda vergonha e de toda prudência. Ela não teme tentar, na imaginação, unir-se à sua mãe ou a quem quer que seja, homem, deus ou besta, sujar-se com não importa qual homicídio, e não teme abster-se de nenhum tipo de alimento; em uma palavra, não há loucura, imprudência de que não seja capaz."[39] A manifestação do desejo pelo sonho permaneceu, até o século XIX, um dos temas mais frequentemente utilizados pela medicina, pela literatura e pela filosofia. Pesquisando, em 1613, "todas as causas do sonho", André du Laurens, médico do rei, encontra nele o movimento dos homens e os traços de cada temperamento: "Aquele que está encolerizado não sonha senão com fogo,

---
38. (N.A.) Quintiliano, *Institution oratoire*.
39. (N.A.) *A república*, Livro X, 571 c, trad. Baccou.

batalhas, abrasamento; o fleumático pensa sempre estar em meio às águas."[40] A literatura retoma de modo doutoral as lições da Faculdade; Tristão, em *La Mariane*, faz um de seus personagens dizer:

*É assim que cada um apercebe dormindo
Os indícios secretos de seu temperamento.*

*(C'est ainsi que chacun aperçoit en dormant
Les indices secrets de son tempérament.)*

E, passando do princípio aos exemplos, ele descreve a alma do ladrão que

*(...) antecipando seu destino
Encontra Presvots, ou faz algum roubo
Tal qual o agiota dormitando repassa
Os olhos e as mãos sobre o dinheiro que embolsa,
E o amante avisado de medo ou desejo
Prova rigores ou saboreia prazeres.*[41]

*((...) prévenant son destin
Rencontre des Presvots, ou fait quelque butin
De même l'usurier en sommeillant repasse
Et les yeux et les mains sur l'argent qu'il amasse,
Et l'amant prévenu de crainte ou de désir
Éprouve des rigueurs ou goûte des plaisirs.)*

O romantismo retoma o mesmo tema e o diversifica de mil formas. Para Novalis, o sonho é "esse caminho secreto" que nos abre o acesso "às profundezas de nosso espírito".[42] Schleiermacher decifra nas imagens do sonho desejos tão vastos e profundos que não podem ser aqueles do homem individual. E Bovet lembra o texto de Hugo, em *Os miseráveis*:

---

40. (N.A.) Du Laurens (A.), *Discours de la conservation de la vue, des maladies mélancoliques, des catarrhes et de la vieillesse* (1613), 2ª ed., Rouen, Claude Le Villain, 1615, segundo discurso: *Des maladies mélancoliques et du moyen de les guérir*, cap. VI: "D'où vient que les mélancoliques ont de particuliers objets sur lesquels ils rêvent", p. 101.
41. L'Hermite du Soliers (F.), dito Tristão, *La Mariane* (1636), 2ª ed., Paris, A. Courbé, 1637, ato I, cena 2, versos 61-62 e 69-74, p. 18-19.
42. (N.A.) Novalis (F. von Hardenberg, dito), *Blüthenstaub Pollens*, § 16, Ed. J. Minor, *in Werke*, Iena, E. Diedrichs, 1907, t. II, p. 114. (*Oeuvres complètes, op. cit.*, t. I, p. 357 (N.E.).)

"Se fosse dado aos nossos olhos de carne ver dentro da consciência do outro, muito mais frequentemente julgaríamos um homem segundo aquilo que ele sonha do que segundo o que ele pensa... o sonho que é todo espontâneo toma e guarda a figura de nosso espírito. Nada sai mais direta e sinceramente do fundo mesmo de nossa alma que nossas aspirações irrefletidas e desmesuradas... Nossas quimeras são o que melhor se parece conosco."[43] Mas a precisão das analogias não deve tender ao pecado do anacronismo. O que há de freudiano em Platão ou Victor Hugo, o que se pode pressentir de junguiano em Schleiermacher não é da ordem da antecipação científica. O funcionamento e a justificação dessas intuições não são para se buscar em uma psicanálise que ainda não se reconhecera. Na origem desse tema do sonho como manifestação da alma em sua interioridade encontrar-se-ia, antes, o princípio de Heráclito: "O homem desperto vive em um mundo de conhecimento; mas aquele que dorme voltou-se para o mundo que lhe é próprio." Além de *Traum und Existenz*, Binswanger retornou seguidamente a esse princípio, para dele tirar significação antropológica.[44] A frase se oferece, de imediato, com um sentido trivial: os caminhos da percepção estariam fechados ao sonhador, isolado pelo desabrochar interior de suas imagens. Assim compreendido, o aforismo de Heráclito estaria em contradição rigorosa com o tema, evidenciado há pouco, de uma transcendência da experiência onírica; e ele negligenciaria tudo o que há de riqueza sensorial no conjunto das imagens do sonho, toda essa plenitude de calor e de coloração sensível que fazia Landermann dizer: "Quando nos abandonamos aos sentidos, é então que estamos aprisionados no sonho."[45] O que constitui o ἴδιος κόσμος do sonhador não é a ausência de conteúdos perceptíveis, mas sua elaboração em um universo isolado. O mundo onírico é um mundo próprio, não no sentido de que a experiência subjetiva nele desafie as normas da objetividade,

---

43. (N.A.) Bovet (P.), "Victor Hugo über den Traum" (*Les misérables*, t. III, Livro V, cap. V), *Internationale Zeitschrift für Arzliche Psychoanalyse*, 1920, t. VI: *Beiträge zur Traumdeutung*, § 10, p. 354.
44. (N.A.) Binswanger (L.), "Heraklits Auffassung des Menschen", *Die antike Zeitschrift für Kunst und Kultur des klassischen Altertums*, Berlim, Walter de Gruyter, vol. XI, nº 1, p. 1-38.
45. (N.A.) *Die Transzendenz des Erkennens*, Berlim, Bond Verlag, 1923.

mas no sentido de que ele se constitui no modo originário do mundo que me pertence anunciando ao mesmo tempo minha própria solidão.

Não é possível aplicar ao sonho as dicotomias clássicas da imanência e da transcendência, da subjetividade e da objetividade; a transcendência do mundo onírico, de que falamos anteriormente, não pode definir-se em termos de objetividade, e seria vão reduzi-la, em nome de sua "subjetividade", a uma forma mistificada de imanência. O sonho em sua transcendência, e por sua transcendência, desvela o momento originário através do qual a existência, em sua irredutível solitude, se projeta sobre um mundo que se constitui no lugar de sua história; o sonho desvela, em seu princípio, essa ambiguidade do mundo que ao mesmo tempo designa a existência que se projeta nele e se perfila em sua experiência segundo a forma da objetividade. Ao romper com essa objetividade que fascina a consciência vígil e ao restituir ao sujeito humano sua liberdade radical, o sonho desvela paradoxalmente o movimento da liberdade em direção ao mundo, o ponto originário a partir do qual a liberdade se faz mundo. A cosmogonia do sonho é a origem da própria existência. Esse movimento da solidão e da responsabilidade originária, é ele sem dúvida que Heráclito designava pelo famoso ἴδιος κόσμος.

Esse tema de Heráclito percorreu toda a literatura e toda a filosofia. Ele reapareceu nos diversos textos que citamos, tão próximos, à primeira vista, da psicanálise; mas o que é designado, de fato, por essa profundeza do Espírito, esses "abismos da alma" dos quais se descreve a emergência no sonho, não é o equipamento biológico dos instintos libidinais, é o movimento originário da liberdade, é o nascimento do mundo no movimento mesmo da existência. Novalis, mais que qualquer outro, aproximou-se desse tema e buscou incessantemente encerrá-lo em uma expressão mítica. Ele reconhece no mundo do sonho a designação da existência que o leva: "Nós sonhamos com viagens através do mundo todo, este mundo todo não estaria dentro de nós? É em si e em nenhuma outra parte que reside a Eternidade com seus mundos, o passado e o porvir. O mundo exterior é um mundo de sombras, e ele lança suas sombras sobre o império da luz."[46] Mas o momento do

---

46. (N.A.) Novalis (F. von Hardenberg, dito), *Werke*, op. cit., p. 114. (*Oeuvres complètes*, op. cit., p. 357-358 (N.E.).)

sonho não permanece o instante equívoco da redução irônica à subjetividade. Novalis retoma de Herder a ideia de que o sonho é o momento originário da gênese: o sonho é a imagem primeira da poesia, e a poesia, a forma primitiva da linguagem, a "língua materna do homem".[47] O sonho, assim, está no princípio mesmo do devir e da objetividade. E Novalis acrescenta: "A natureza é um animal infinito, uma planta infinita, um mineral infinito; e esses três domínios da natureza são as imagens de seu sonho."[48]
Nessa medida, a experiência onírica não pode ser isolada de seu conteúdo ético. Não porque ela desvelaria tendências secretas, desejos inconfessáveis e sublevaria todas as nuvens negras dos instintos, não porque poderia, como o Deus de Kant, "sondar os rins e os corações"; mas, porque restitui em seu sentido autêntico o movimento da liberdade, ela manifesta de que maneira ela se fundamenta ou se aliena, de que maneira ela se constitui como responsabilidade radical no mundo, ou do qual ela se esquece e se abandona à queda na causalidade. O sonho é o desvelamento absoluto do conteúdo ético, o coração posto a nu. Essa significação é a que Platão designava no Livro X de *A república* e não, em um estilo pré-freudiano, as manifestações secretas do instinto. O sensato não tem os mesmos sonhos que os homens violentos – que esse homem "tirânico", submetido à tirania de seus desejos e ofertado à tirania política do primeiro Trasímaco vindo; o homem do desejo faz sonhos de impudência e de loucura: "Quando um homem são de corpo e de temperamento se entrega ao sono depois de haver despertado o elemento ponderado de sua alma..., quando ele evitou esfaimar tanto quanto fartar o elemento de concupiscência, a fim de que ele fique em repouso e não faça nenhum distúrbio ao princípio melhor..., quando, de modo semelhante, esse homem abrandou o elemento irascível não adormecendo com o corpo agitado de cólera contra alguém; quando ele acalmou esses dois elementos da alma e

---

47. (N.A.) Herder (J. G. von), *Ideen zur Philosophie der Geschichte der Menscheit*, Leipzig, J. F. Hartknoch, 4 vol., 1784-1791. (*Idées sur la philosophie de l'histoire de l'humanité*, trad. E. Tandel, Paris, Firmin-Didot, 1861-1862, 2 vol. (N.E.).)
48. (N.A.) Novalis (F. von Hardenberg, dito), *Freiberger Studien, Werke*, Iena, E. Diedrichs, 1907, t. III, p. 253. (*Les études de Freiberg, Oeuvres complètes*, op. cit., t. III, § 96, p. 209 (N.E.).)

estimulou o terceiro no qual reside a sabedoria e que, enfim, ele repousa, então, tu o sabes, *melhor do que nunca ele toma contato com a verdade e as visões de seus sonhos não são de modo algum desregradas.*"[49]

A história cultural conservou com cuidado esse tema do valor ético do sonho; com frequência, seu alcance premonitório não lhe é senão segundo; o que o sonho anuncia para o devir do sonhador deriva apenas daquilo que ele desvela dos engajamentos ou dos laços de sua liberdade. Jezabel não prediz a desgraça iminente para Atália; anunciam-lhe depressa que o "cruel Deus dos judeus prevalece ainda" sobre ela; ela lhe mostra apenas sua liberdade encadeada pela sequência de seus crimes e entregue, sem proteção, à vingança que restaura a justiça. Dois tipos de sonhos serão considerados como particularmente significativos: o sonho do pecador empedernido que, no momento de vacilar no desespero, vê abrir-se diante de seus olhos o caminho da salvação (às vezes esse sonho é transferido para um outro personagem menos cego e mais pronto para apreender seu sentido: é o caso do famoso sonho de Sta. Cecília, que sabe ler no sonho que seu filho tornou-se disponível para Deus), e o sonho do assassino que encontra no sonho, ao mesmo tempo, a morte anunciada por ele e a morte que o espreita, e que descobre o horror de uma existência que ele próprio uniu à morte através de um pacto de sangue. Esse sonho que liga o passado ao presente na repetição do remorso, e que os enlaça na unidade de um destino, é ele quem povoa as noites de Macbeth, é ele que encontramos tão frequentemente na tragédia clássica.

Corpo pálido, corpo percluso, monte de ossada,
Que perturba a doçura de meus agrados,
Objeto cheio de horror, medonha figura
Mistura de horrores de toda natura,
Ah, não venhas aproximar![50]

(Corps pâle, corps perclus, froid amas d'ossements,
Qui trouble la douceur de mes contentements,
Objet rempli d'horreur, effroyable figure

---
49. (N.A.) *A república*, Livro X, 572 a.
50. (N.A.) Arnaud, *Agamemnon*, Avignon, 1642, ato I, cena I, p. 3.

*Mélange des horreurs de toute la nature,
Ah, ne t'approche pas!)*

E Cyrano escreve em seu *Agrippine*:

*A causa de meu luto
É de um vero caixão ouvir gemer o eco,
Uma sombra desolada, uma imagem falante
Que me puxa a veste com sua mão tremente
Um fantasma traçado no horror da noite
Que ouço soluçar à cabeceira de meu leito.*[51]

*(La cause de mon deuil
C'est d'entendre gémir l'écho d'un vrai cercueil,
Une ombre désolée, une image parlante
Qui me tire la robe avec sa main tremblante
Un fantôme tracé dans l'horreur de la nuit
Que j'entends sangloter au chevet de mon lit.)*

Se o sonho é portador das mais profundas significações humanas, não o é na medida em que denuncia os mecanismos escondidos e que deles mostra as engrenagens inumanas, ele o é, pelo contrário, na medida em que traz à luz a mais originária liberdade do homem. E quando, por incansáveis repetições, ele diz o destino, é porque ele chora a liberdade que se perdeu a si própria, o passado indelével, e a existência decaída de seu próprio movimento em uma determinação definitiva. Veremos, mais adiante, como Binswanger restitui atualidade a esse tema incessantemente presente na expressão literária, e como, retomando a lição dos poetas trágicos, ele restitui, graças à trajetória do sonho, toda a odisseia da liberdade humana.

*

Tal é, sem dúvida, o sentido que se deve dar ao ἴδιος κόσμος de Heráclito. O mundo do sonho não é o jardim interior da fantasia. Se o sonhador nele encontra seu próprio mundo, é porque pode reconhecer nele a face de seu destino: o sonhador nele encontra o movimento originário de sua existência, e sua

---

51. (N.A.) Cyrano de Bergerac (S. de), *La mort d'Agrippine*, Paris, Ch. de Sercy, 1653, ato II, cena 2, p. 70.

liberdade, em sua realização ou em sua alienação. Mas o sonho não refletiria, assim, uma contradição na qual se poderia ler a cifra da existência? Não designaria ele, ao mesmo tempo, o conteúdo de um mundo transcendente e o movimento originário da liberdade? Ele se desdobra, nós o vimos há pouco, em um mundo que encerra seus conteúdos opacos e as formas de uma necessidade que não se deixa decifrar. Porém, ao mesmo tempo, ele é livre gênese, realização de si, emergência do que há de mais individual no indivíduo. Essa contradição é manifesta no conteúdo do sonho, quando este é desdobrado e ofertado à interpretação discursiva. Ela irrompe inclusive como seu sentido último em todos os sonhos assombrados pela angústia da morte. A morte é experimentada como o momento supremo dessa contradição, a qual constitui em destino. Assim, tomam sentido todos esses sonhos de morte violenta, de morte selvagem, de morte apavorante, nos quais é preciso reconhecer, afinal de contas, o afrontamento de uma liberdade contra um mundo. Se, no sono, a consciência adormece, no sonho, a existência se desperta. O sono vai em direção à vida que ele prepara, escande e favorece; se ele é uma morte aparente, é por uma astúcia da vida que ele não quer morrer; ele "banca o morto", mas por "medo da morte"; ele permanece da ordem da vida.

O sonho não tem cumplicidade com esse sono; ele torna a subir a encosta que este desceu em direção à vida, ele vai à existência, e lá, em plena luz, vê a morte como o destino da liberdade; pois o sonho em si mesmo, e através de todas as significações de existência que ele leva consigo, mata o sono e a vida que adormece. Não se deve dizer que o sono torna o sonho possível, pois é o sonho que torna o sono impossível, despertando-o à luz da morte. O sonho, à maneira de Macbeth, assassina o sono, "o inocente sono, o sono que restaura a ordem nas mechas confusas de nossas preocupações. O sono, morte tranquila da vida de todo dia, banho que o duro trabalho concede bálsamo, da alma doente, lei protetora da natureza, alimento principal do festim tutelar da vida".[52]

---

52. (N.A.) Shakespeare (W.), *Macbeth*, ato II, cena 2. (Trad. M. Maeterlinck, *Oeuvres complètes*, Paris, Gallimard, col. "Bibliothèque de la Pléiade", 1959, t. II, p. 970 (N.E.).)

1954 – Introdução (in Binswanger) 105

No mais profundo de seu sonho, o que o homem encontra é sua morte – morte que em sua forma a mais inautêntica não é senão a interrupção brutal e sangrenta da vida, mas que, em sua forma autêntica, é a realização de sua existência. Não é por acaso, sem dúvida, que Freud tenha sido detido, em sua interpretação do sonho, pela repetição dos sonhos de morte: de fato, eles marcavam um limite absoluto ao princípio biológico da satisfação do desejo; eles mostravam, Freud o percebeu muito bem, a exigência de uma dialética. Mas não se tratava, com efeito, da oposição rudimentar entre o orgânico e o inorgânico, cujo jogo se manifestaria até o interior do sonho. Freud formulava, um contra o outro, dois princípios exteriores, um dos quais levava consigo sozinho todas as potências da morte. Porém, a morte é algo bem diferente do termo de uma oposição; ela é essa contradição na qual a liberdade, no mundo e contra o mundo, se realiza e se nega ao mesmo tempo como destino. Essa contradição, essa luta, nós as encontramos de modo claro no sonho de Calpurnia anunciando-lhe a morte de César: sonho que diz tanto da onipotência do imperador e sua liberdade que faz fletir o mundo – na interpretação de Decius – quanto dos perigos que ele corre e seu próprio assassinato, na interpretação da própria Calpurnia.[53]

A morte, que aqui transparece, é aquela que chega pelas costas, como um ladrão, para apossar-se da vida e unir para sempre uma liberdade com a necessidade do mundo: "As coisas que me ameaçaram jamais me surpreenderam, a não ser pelas costas."[54]

Mas a morte pode aparecer no sonho também com uma outra face: não mais a da contradição entre a liberdade e o mundo, mas aquela na qual se liga sua unidade originária, ou sua nova aliança. A morte traz, então, o sentido da reconciliação, e o sonho no qual se encontra figurada essa morte é assim o mais fundamental que se possa fazer: ele não diz mais da interrupção da vida, mas da realização da existência; ele mostra o momento em que ela conclui sua plenitude em um mundo próximo a se acabar. Por isso ele é, em todas as lendas, a recompensa do sábio, o bem-aventurado aviso de que, dora-

---

53. Shakespeare (W.), *Jules César*, trad. Ed. Fleg, *op. cit.*, ato II, cena 2, p. 575-576.
54. (N.A.) Shakespeare (W.), *Jules César*, ato II, cena 2. (*Op. cit.*, p. 575 (N.E.).)

vante, a perfeição de sua existência não mais necessita do movimento de sua vida; ao anunciar a morte, o sonho manifesta a plenitude de ser à qual a existência, agora, adveio. Sob essa segunda forma, do mesmo modo que sob a primeira, o sonho da morte aparece como o que a existência pode aprender de mais fundamental sobre ela própria. Nessa morte, de angústia ou de serenidade, o sonho realiza sua vocação última. Portanto, nada é mais falso do que a tradição naturalista do sono como morte aparente; trata-se, antes e muito mais, da dialética do próprio sonho, na medida em que ele é como uma explosão da vida para a existência, descobrindo nessa luz o destino de sua morte. A iteração dos sonhos de morte que fez vacilar, por um momento, a psicanálise freudiana, a angústia que os acompanha denunciam neles uma morte confrontada, recusada, blasfemada como um castigo, ou uma contradição. Mas, nos sonhos serenos da realização, a morte também está lá: seja com a face nova da ressurreição, no doente curado, seja como a calma, enfim, da vida. Porém, em todos os casos, a morte é o sentido absoluto do sonho.

"Banquo, Donalbain, Malcolm, despertai-vos! Sacudi esse calmo sono que não é senão momice da morte e vinde ver a morte mesma."[55]

IV

"O que pesa no homem é o sonho."
Bernanos

Nas filigranas dessa experiência onírica tomada nas únicas transcrições que dela oferecem a literatura, a filosofia e a mística, consegue-se já decifrar uma significação antropológica do sonho. É essa mesma significação que Binswanger tentou retomar em *Rêve et existence*, sob um outro viés, e através de uma análise de um estilo inteiramente diferente. Não pretendemos nem resumi-la, nem dela fazer a exegese, mas mostrar somente em que medida ela pode contribuir para uma antropologia da imaginação. A análise antropológica de um sonho descobre mais camadas significativas do que o que implica o

---

55. Shakespeare (W.), *Macbeth*, op. cit., ato II, cena 3, p. 973.

método freudiano. A psicanálise não explora senão uma dimensão do universo onírico, a do vocabulário simbólico, ao longo da qual se faz a transmutação de um passado determinante para um presente que o simboliza; a polissemia do símbolo com frequência definida por Freud como "sobredeterminação" complica, sem dúvida, esse esquema e lhe dá uma riqueza, dela atenuando o arbitrário. Mas a pluralidade das significações simbólicas não faz surgir um novo eixo de significações independentes. Freud, no entanto, sentira os limites de sua análise e percebera a necessidade de ultrapassá-los; muitas vezes ele encontrara no sonho os sinais de uma situação do próprio sonhador no interior do drama onírico, como se o sonho não se contentasse de simbolizar e de dizer em imagens a história de experiências anteriores, como se ele fizesse o circuito da existência inteira do sujeito, para restituir-lhe, de uma forma teatral, a essência dramática. É o caso do segundo sonho de Dora, do qual Freud teve que reconhecer, *a posteriori*, não ter dele apreendido todo o sentido:[56] esse sonho não dizia apenas da afeição de Dora pelo Sr. K..., nem mesmo a transferência atual de seus sentimentos para o psicanalista, mas, através de todos os sinais de fixação homossexual à Sra. K..., ele dizia do nojo de Dora pela virilidade dos homens, sua recusa de assumir sua sexualidade feminina; e ele anunciava em termos ainda confusos a decisão de pôr fim a essa psicanálise que, para ela, não passava de um novo sinal da grande cumplicidade entre os homens. Tal como sua afonia ou seus ataques de tosse, o sonho de Dora não se referia somente à história de sua vida, mas a um modo de existência de que essa história não era, a rigor, senão a crônica: existência na qual a sexualidade estranha do homem só aparecia sob o signo da hostilidade, do constrangimento, da irrupção que se conclui em estupro; existência que nem mesmo encontra a ocasião de se realizar na sexualidade, no entanto tão próxima e tão paralela da mulher, mas que inscreve as suas significações mais profundas nas condutas de rupturas das quais uma, a

---

56. (N.A.) *Cinq psychanalyses, op. cit.*, p. 99 e 107. ("Bruchstück einer Hysteric-Analyse", *Monatsschrift für Psychiatrie und Neurologie*, t. XVIII, 1905, nº 4, outubro, p. 285-310, e nº 5, novembro, p. 408-467; "Fragment d'une analyse d'hystérie [Dora]", § III: "Le second rêve", *Cinq psychanalyses, op. cit.*, p. 69-83 (N.E.).)

mais decisiva, porá fim à psicanálise. Pode-se dizer que Dora curou-se, não apesar da interrupção da psicanálise, mas porque, tomando a decisão de interrompê-la, ela assumia inteiramente sua solidão; solidão da qual sua existência, até aquele momento, não fora senão a marcha hesitante. Todos os elementos do sonho indicam essa resolução tanto como ruptura concluída quanto solidão consentida. De fato, ela se via em seu sonho "tendo saído sem que seus pais soubessem", ela é informada da morte de seu pai; depois, ela está na floresta onde encontra um homem, mas recusa deixar-se acompanhar; de volta à casa, é informada pela arrumadeira que sua mãe e os outros já estão no cemitério; ela não se sente nada triste, sobe para seu quarto onde se põe a ler um livro espesso.[57] Essa resolução de solitude, Freud a pressentira, formulada inclusive sob o discurso explícito do sonho. Não teria ele presumido o seguinte: "Eu te abandono e continuo meu caminho inteiramente sozinha"[58]? Se estivéssemos preocupados em implicar o psicanalista na psicanálise, não deixaríamos, sem dúvida, de atribuir o fracasso de Freud, ou pelo menos o limite de sua compreensão, à sua recusa em ver que esse discurso, tanto quanto ao Sr. K..., se endereçava a ele.

Mas isso é acessório. Para nós, a falha real da análise freudiana é ter visto ali uma das significações possíveis do sonho e ter querido analisá-la dentre outras como uma de suas múltiplas virtualidades semânticas. Um método desse tipo supõe uma objetivação radical do sujeito sonhando, que viria desempenhar seu papel entre outros personagens, e em um cenário no qual ele teria uma figura simbólica. O sujeito do sonho, no sentido de Freud, é sempre uma mínima subjetividade, delegada, por assim dizer, projetada e permanecida intermediária entre o jogo do outro, suspensa em algum lugar entre o sonhador e aquilo com que ele sonha. A prova é que, para Freud, esse jogo pode efetivamente, através de uma identificação alienante, representar o outro, ou que um outro personagem pode, por uma espécie de "heautoscopia",* representar o próprio sonhador.

---

57. (N.A.) *Ibid.*, p. 85 e nota. (*Ibid.*, p. 70, nota 4 (N.E.).)
58. (N.A.) *Ibid.*, p. 99, nota 1. (*Ibid.*, p. 83, nota 1 (N.E.).)
*(N.R.) Do grego *heauton* – si mesmo, e *scopia* – percepção anormal de um sujeito que situa seu próprio corpo fora dele mesmo.

Mas não é esse quase sujeito que porta, de fato, a radical subjetividade da experiência onírica. Ele não é senão uma subjetividade constituída, e a análise do sonho deveria fazer emergir em plena luz o momento constituinte da subjetividade onírica. É aqui que o método freudiano se torna insuficiente; as significações unidimensionais que ele extrai pela relação simbólica não podem concernir a essa subjetividade radical. Jung o havia, talvez, percebido, ele que falava desses sonhos nos quais o sujeito vive como drama seu próprio destino. Mas é graças aos textos de Binswanger que se pode compreender melhor o que pode ser o sujeito do sonho. Esse sujeito não é ali descrito como uma das significações possíveis de um dos personagens, mas como o fundamento de todas as significações eventuais do sonho, e, nessa medida, ele não é a reedição de uma forma anterior ou de uma etapa arcaica da personalidade; ele se manifesta como o devir e a totalidade da própria existência.

*

Eis um exemplo de análise de sonho feita por Binswanger, muito antes de ele ter escrito *Rêve et existence*.[59] Trata-se de uma jovem mulher de 33 anos que é tratada por causa de uma depressão severa, com crises de raiva e inibição sexual. Há cinco anos ela havia sofrido um traumatismo sexual; um rapaz lhe fizera tentativas de sedução; ela reagira, a princípio, com muito interesse e curiosidade e, em seguida, através de uma conduta de defesa e de raiva violenta. Ao longo da psicoterapia, ela teve muitos sonhos; o tratamento já durava um ano quando teve este: ela está prestes a atravessar a fronteira, um fiscal aduaneiro faz com que ela abra sua bagagem, "eu desfaço todas as minhas coisas, o funcionário pega uma após a outra; finalmente, eu tiro uma taça de prata envolta em um papel de seda. Ele então diz: 'Por que você me traz a peça mais importante em último lugar?'".

No momento em que o sonho se produziu, a psicoterapia ainda não chegara a descobrir o traumatismo primário. Ante a demanda do médico para que ela faça associações com a taça de prata, ela experimenta uma sensação de mal-estar; ela se agita, tem batimentos cardíacos, sente angústia e, finalmente,

---

59. (N.A.) Binswanger (L.), *Wandlungen in der Auffassung und Deutung des Traumes. Von den Griechen bis zur Gegenngenwart*, Berlim, J. Springer, 1928.

declara que sua avó possuía objetos de prata desse modelo. Ela é incapaz de dizer mais; porém, durante todo o dia, tem uma impressão de angústia que declara "sem significação". Finalmente, à noite, no momento em que adormecia, a cena traumática retorna: era na casa de sua avó; ela tentava pegar uma maçã na despensa, o que lhe fora expressamente proibido. Nesse momento, um rapaz abre a janela, entra na despensa e se aproxima dela. No dia seguinte, contando a cena ao seu médico, vem-lhe bruscamente à memória que, nessa despensa, sobre um velho harmônio que não servia mais, havia um bule de prata, envolto em um papel prateado, e ela exclama: "Olha aí a prata no papel de seda, olha aí a taça."

Bem entendido que, no nível simbólico, o sonho põe em cena a doente. A passagem da alfândega significa a situação analítica na qual a doente deve abrir suas bagagens e mostrar tudo o que ela traz consigo; a taça de prata substitui a doente em uma fase anterior de sua história e a designa como em uma mínima existência que, agora, apenas lhe pertence. Porém, o ponto essencial do sonho não está tanto no que ele ressuscita do passado, mas no que ele anuncia do futuro. Ele pressagia e anuncia esse momento no qual a doente vai, enfim, confiar a seu analista esse segredo que ela ainda não conhece e que é, no entanto, a carga mais pesada de seu presente; esse segredo, o sonho já o designa em seu conteúdo, pela precisão de uma imagem em detalhe; o sonho antecipa o momento da liberação. Ele é presságio da história, mais ainda que a repetição forçada do passado traumático.

Mas, como tal, ele não pode ter como tema o sujeito quase objetivado dessa história passada, seu momento constituinte não pode ser senão essa existência que se faz através do tempo, essa existência em seu movimento em direção ao futuro. O sonho já é esse futuro se fazendo, o primeiro momento da liberdade se liberando, o abalo, ainda secreto, de uma existência que se reassume no conjunto de seu devir.

O sonho não comporta o sentido da repetição a não ser na medida em que esta é justamente a experiência de uma temporalidade que se abre sobre o futuro e se constitui como liberdade. É nesse sentido que a repetição pode ser autêntica, e não neste outro em que ela seria exata. A exatidão histórica de um detalhe no sonho não é senão a crônica de sua autenticidade; aquela permite enlaçar as significações horizontais do simbolismo; esta permite trazer à tona a significação profunda da repetição. A primeira toma por referência situações anedóticas; a segunda alcança o movimento constitutivo da história individual em sua origem, e o que ela extrai é o modo de existência tal como ele se perfila, através de seus momentos temporais.

Não é, penso eu, forçar o pensamento de Binswanger interpretar nesse sentido a dialética hegeliana do sonho proposta por ele em Rêve et existence. O sonho que ele analisa foi feito justamente pela paciente da qual acabamos de falar. O movimento ternário de um mar agitado, depois aprisionado e como se congelado em uma imobilidade de morte, devolvido finalmente à sua alegre liberdade, é o próprio movimento de uma existência abandonada, a princípio, ao caos de uma subjetividade que não conhece senão a si mesma, e cuja liberdade não é senão incoerência, fantasia e desordem; existência, depois, investida em uma objetividade que fixa essa liberdade, chegando até a submetê-la e aliená-la no silêncio das coisas mortas e que, enfim, a reencontra como ressurreição e libertação. Porém, uma vez passada pelo momento doloroso da objetividade na qual ela se perde, a liberdade agora não é mais inquietação, algazarra, sound und fury, ela é a alegria de uma liberdade que sabe se reconhecer no movimento de uma objetividade. Contudo, vê-se que, se essa interpretação é exata, o sujeito do sonho não é tanto o personagem que diz "eu" (je) (no caso, uma alegre passeante que caminha pela orla interminável de uma praia), mas é, na realidade, o sonho todo, com o conjunto de seu conteúdo onírico; a doente que sonha é de fato o personagem angustiado, porém é também o mar, e o homem inquietante que desdobra sua rede mortal, e também, e sobretudo, esse mundo a princípio tumultuado, depois abalado com a imobilidade e a morte, que retorna finalmente ao movimento alegre da vida. O sujeito do sonho ou a primeira pessoa onírica é o próprio sonho, é o sonho todo. No sonho, tudo diz "eu", inclusive os objetos e os animais, o espaço vazio, mesmo as coisas longínquas e estranhas que povoam sua fantasmagoria. O sonho é a existência escavando-se em espaço deserto, fragmentando-se em um caos, explodindo em barulhos atroadores, apegando-se, animal que apenas respira, às redes da morte. O sonho é o mundo na aurora de seu primeiro estrondo quando ainda é a existência mesma e já não é o universo da objetividade. Sonhar não é um outro modo de fazer a experiência de um outro mundo, para o sujeito que sonha é a maneira radical de fazer a experiência de seu mundo, e se essa maneira é a tal ponto radical, é porque nela a existência não se anuncia como sendo o mundo. O sonho situa-se nesse momento último no qual a existência é ainda seu mundo, logo mais além, desde a aurora do despertar, a existência já não mais o é. Por isso é que a análise do sonho é decisiva para trazer à luz as significações fundamentais da existência. Quais são, neste momento, as mais essenciais dessas significações?

*

Encontramo-las nos movimentos primeiros da liberdade e em sua direção originária; se o sonho tem tanto peso para designar as significações existenciais, é porque ele marca em suas coordenadas fundamentais a trajetória da própria existência. Falou-se muito das pulsões temporais do sonho, de seu ritmo próprio, dos contrassensos ou dos paradoxos de sua duração. Falou-se muito menos do espaço onírico.

E, no entanto, as formas da espacialidade desvelam no sonho o "sentido" mesmo da existência. Não dizia Stefan George que "o espaço e a presença nunca permanecem por algum tempo a não ser na imagem" *("Raum und Dasein bleiben nur im Bilde")*? Na experiência vivida, em seu nível originário, o espaço não se oferece como a estrutura geométrica da simultaneidade; um espaço desse tipo, aquele no qual as ciências da natureza desdobram a coerência dos fenômenos objetivos, não é constituído senão através de uma gênese cujos momentos foram analisados por Oscar Becker, sob seu perfil psicológico,[60] e por Husserl, sob seu perfil histórico.[61] Antes de ser geométrico, ou mesmo geográfico, o espaço se apresenta, primeiro, como uma paisage:[62] ele se dá originalmente como a distância

---

60. (N.A.) Becker (O.), "Beiträge zur phänomenologischen Begründung der Geometrie und ihrer physikalischen Anwendungen", *Jahrbuch für Philosophie und phänomenologische Forschung*, Halle, Max Niemeyer, 1923, t. VI, p. 385-560.
61. (N.A.) Husserl (E.), "Die Frage nach dem Ursprung der Geometrie als intentional-historisches Problem", *Revue internationale de philosophie*, t. VI, nº 2, 15 de janeiro de 1939, p. 203-225. (*L'origine de la géométrie*, trad. J. Derrida, Paris, PUF, col. "Épiméthée", 1962 (N.E.).)
62. (N.A.) Straus (E.), *Vom Sinn der Sinne: ein Beitrag zur Grundlegung der Psychologie*, Berlim, J. Springer, 1935.

das plenitudes coloridas ou aquela dos lugares longínquos perdidos no horizonte, envolto na distância que o comprime; ou então, ele é o espaço das coisas que estão lá, resistindo sob minha mão, desde sua origem, à minha direita ou à minha esquerda; atrás de mim, obscuro, ou transparente sob meu olhar. Em oposição ao espaço da demarcação geográfica, que é totalmente elucidado sob a forma de um plano geral, a paisagem é paradoxalmente fechada pela abertura infinita do horizonte; e tudo o que esse horizonte implica de um além eventual delimita a familiaridade de um aquém e de todos os caminhos trilhados pelo hábito; assim, ele remete ao absoluto de uma situação que reúne todas as potências afetivas do lar, da terra natal, da *Heimat*; e cada uma dessas linhas que se perdem no horizonte já é como um caminho de retorno, de indicação familiar para reencontrar τὴν ὁδόν οἴκαδε. No espaço geográfico, o movimento nunca é somente deslocamento: mudança comedida de posição de um ponto a outro, segundo uma trajetória previamente estabelecida. O trajeto, então, não passa do intermediário indispensável reduzido ao mínimo, limite inferior do tempo, indispensável para ir de um ponto a outro. No espaço vivido, o deslocamento conserva um caráter espacial originário; ele não atravessa, ele percorre; ele permanece, até o momento em que se detém, uma trajetória disponível que não sabe de um saber certo senão seu ponto de partida; seu futuro não é predisposto pela geografia do plano, ele é esperado em sua historicidade autêntica. É nesse espaço, enfim, que se fazem os encontros, não somente os cruzamentos de linhas que marcam a mais curta distância de um ponto a outro, mas cotejo dos itinerários, encruzilhadas dos caminhos, estradas que convergem para um mesmo ponto do horizonte ou que, à maneira do caminho de Guermantes, incidem, no momento da volta mais longa, de repente, sobre a casa natal. É nessa espacialidade originária da paisagem que o sonho se desenrola e reencontra as significações afetivas mais importantes.

"O espaço signo de meu poder." Isso não é verdade, no nível do espaço vivido, senão na medida em que os valores desse espaço são ordenados uns aos outros. A segurança que o espaço oferece, o apoio sólido que ele dá ao meu poder repousa sobre a articulação do espaço próximo com o espaço longínquo: o espaço longínquo, aquele pelo qual nos liberamos, nos esquivamos, ou que vamos explorar ou conquistar; o espaço próximo, o do repouso, da familiaridade, aquele que temos nas mãos. Mas, em certas experiências, essa relação é perturbada: o espaço longínquo, então, pesa sobre o espaço próximo, investe-o por todos os lados de uma presença maciça e como que de uma opressão que não se pode afrouxar. Ora o longínquo penetrará lentamente a presença porosa do espaço próximo, e se misturará a ele em uma abolição total da perspectiva, como acontece com os catatônicos que "assistem" ao que se passa "à sua volta", indiferentes como se tudo estivesse distante e, no entanto, concernidos, como se tudo estivesse próximo, misturando o deslocamento objetivo das coisas no horizonte e o movimento mesmo de seus corpos. Ora o espaço longínquo penetrará como um meteoro na esfera imediata do sujeito: o doente, de quem Binswanger[63] relata o caso, o testemunha; ele está convenientemente orientado no espaço, mas, deitado em sua cama, tem a impressão de que um pedaço da via férrea, lá longe, sob sua janela, se destaca do horizonte, penetra em seu quarto, o atravessa, perfura-lhe o crânio e vem cravar-se em seu cérebro. Em todas essas metáteses do próximo e do longínquo, o espaço perde sua segurança, enche-se de ameaças sufocantes, de perigos repentinos, está sulcado de irrupções. O espaço, signo de minha impotência. A polaridade do claro e do escuro não é idêntica àquela do próximo e do longínquo, embora ela nem sempre seja distinta. M. Minkowski[64] descreveu esse espaço obscuro no qual as vozes alucinatórias se repercutem e se misturam ao mesmo tempo longínquas e próximas. Nesse mundo negro, a implicação espacial não se faz sobre o modo das leis da justaposição, mas segundo as modalidades particulares do envolvimento ou da fusão. O espaço, então, não tem mais o papel de repartir ou de dissociar; ele não é mais que o movimento das figuras e dos sons, ele segue o fluxo e o refluxo de suas aparições. Diante dessa espacialidade noturna, pode-se, como Minkowski, analisar o espaço claro que se escava diante do sujeito, espaço nivelado e socializado, no qual eu experimento, sobre o modo da atividade, todas as minhas virtualidades de movimentos, e

---

63. (N.A.) "Das Raumproblem in der Psychopathologie" (24 de fevereiro de 1933), *Zeitschrift für die gesamte Neurologie und Psychiatrie*, nº 145, 1933, p. 598-647.
64. (N.A.) "Esquisses phénoménologiques", *Recherches philosophiques*, 1934-1935, t. IV, p. 295-313.

no qual cada coisa tem seu lugar determinado, o de sua função e de seu uso. De fato, no espaço da obscuridade se opõe mais radicalmente ainda um espaço de pura luminosidade, no qual todas as dimensões parecem ao mesmo tempo realizar-se e suprimir-se, no qual todas as coisas parecem encontrar sua unidade, não na fusão das aparições fugitivas, mas no clarão de uma presença inteiramente ofertada aos olhares.

São experiências desse gênero que foram descritas por Rümke:[65] uma de suas doentes sente nela própria alguma coisa muito vasta, muito tranquila, um imenso lençol d'água, e ela se sente difundida nessa transparência luminosa. Uma outra declarava: "Em certos momentos, tudo o que eu via tomava proporções enormes, os homens pareciam gigantes, todos os objetos e todas as distâncias me apareciam como em um binóculo de teatro, era como se eu olhasse dentro de lunetas, muito mais perspectiva, profundidade e clareza em todas as coisas."

Enfim, Binswanger mesmo analisou o eixo vertical do espaço em sua significação de existência: tema do esforço rude e lento, do entusiasmo e da alegria; tema do cume cintilante onde a claridade misturada à sombra purificou-se em luz absoluta, onde o movimento se realiza e repousa na serenidade do instante. Mas o movimento para o alto não implica as únicas significações de uma existência que se transcende no entusiasmo, ele não é apenas a direção dessa autoultrapassagem através do que o homem, arrancado de si mesmo, acede, segundo Fink, ao sendo mais importante, ao Théion.[66] O eixo vertical pode ser também o vetor de uma existência que perdeu seu lar sobre a terra, e que, à maneira de Solness, o construtor, vai retomar lá em cima seu diálogo com Deus; ele marca então a fuga na desmesura, e leva consigo, desde a partida, a vertigem de sua queda: "Ele não ousa, ele não pode subir tão alto quanto edificou." E, no entanto, é chamado lá em cima, por aquele que queimou sua casa e roubou seus filhos, aquele que queria "que ele não tivesse mais nada para se apegar do que a Ele"; é na direção dele que quer subir

---

65. (N.A.) *Zur Phänomenologie und Klinik des Glücksgefühls*, Berlim, J. Springer, 1924.
66. (N.A.) Fink (E.), *Vom Wessen des Enthusiasmus*, Freiburg, H. Chamier, 1947.

para significar-lhe que vai tornar a descer, enfim, na direção do amor dos homens. Mas, dessas alturas, só se torna a descer pela vertigem e pela queda.

Esse conjunto de oposições define as dimensões essenciais da existência. São elas que formam as coordenadas primitivas do sonho, e como o espaço mítico de sua cosmogonia. Nas análises de sonhos, de fantasmas, de delírios, nós os vemos compor-se e simbolizar uns com os outros, para constituir um universo. Estudando um caso de esquizofrenia, o caso Ellen West,[67] Binswanger fez vir à luz esses grandes conjuntos imaginários, cujas significações fenomenológicas antecipam-se às imagens concretas e singulares que lhe dão um conteúdo expressivo. O mundo de Ellen West é dividido entre duas potências cósmicas que não conhecem nenhuma conciliação possível: o mundo subterrâneo do atoleiro, simbolizado pela escuridão fria do túmulo, e que a doente repele com todas as suas forças recusando engordar, envelhecer, deixar-se prender à vida grosseiramente material de sua família; e o mundo etéreo, luminoso, onde poderia mover-se, no instante, uma existência totalmente livre, que não conheceria mais o pesadume da vida, mas apenas essa transparência na qual se totaliza o amor na eternidade do instante. A vida não se tornou possível para ela senão sob a forma do voo para esse espaço longínquo e altivo da luz; e a terra, em sua proximidade obscura, não encerra mais que a iminência da morte. Para Ellen West, o espaço sólido do movimento real, o espaço onde se realiza pouco a pouco a progressão do devir, esse espaço desapareceu. Ele se reabsorveu totalmente em seus próprios limites; tornou-se sua própria supressão; foi exilado nas duas contraditórias de que formava o momento de unidade. Ele não existe mais senão além dele próprio, ao mesmo tempo como se ainda não existisse, e como já não existisse mais. O espaço existencial de Ellen West é aquele da vida suprimida, ao mesmo tempo no desejo da morte e no mito de um segundo nascimento; ele já traz a marca desse suicídio através do que Ellen West devia alcançar a realização de sua existência.

*

---

67. (N.A.) Binswanger (L.), "Der Fall Ellen West", *Schizophrenie*, Tübingen, B. Neske, 1953, p. 57-188.

Porém, uma análise nesse estilo fenomenológico não pode bastar-se a si própria. Ela deve concluir-se e fundar-se. Concluir-se, por uma elucidação do ato expressivo que dá uma figura concreta a essas dimensões originárias da existência; fundar-se, através de uma elucidação desse movimento no qual se constituem as direções de sua trajetória. Deixaremos de lado, por agora, a análise da expressão, reservando-a para estudos ulteriores. Indiquemos somente alguns elementos fáceis de se extraírem.

Cada ato de expressão deve ser compreendido sobre o fundo dessas direções primeiras; ele não os produz *ex nihilo*, mas situa-se sobre sua trajetória, e é a partir dela, como a partir dos pontos de uma curva, que se pode restituir o conjunto do movimento em sua realização total. É nessa medida que pode haver aí uma antropologia da arte, que em nenhum caso se apresentará como uma redução psicológica. De fato, não pode tratar-se de remeter as estruturas de expressão ao determinismo das motivações inconscientes, mas de poder restituí-las ao longo dessa linha segundo a qual a liberdade humana se move. Sobre essa linha, que vai do espaço próximo ao espaço longínquo, nós vamos encontrar uma forma específica de expressão: lá onde a existência conhece a aurora das partidas triunfantes, as navegações e périplos, as descobertas maravilhosas, o cerco às cidades, o exílio que retém em suas redes, a obstinação do retorno e a amargura das coisas encontradas imóveis e envelhecidas, ao longo dessa Odisseia da existência, sobre os "grandes festos tecidos do sonho e do real", a expressão épica situa-se como estrutura fundamental do ato expressivo.

A expressão lírica, ao contrário, não é possível senão nessa alternância de luz e de obscuridade na qual se desenrola a existência: por natureza – e sem levar em conta o sujeito que escolhe ou a metáfora que toma emprestado, embora um e outra com frequência tenham um valor significativo –, o lirismo é sazonal ou *nyct hemeral*. Ele é ao mesmo tempo solar e noturno, e envolve por essência valores crepusculares. O lirismo não ultrapassa as distâncias, para ele, são sempre os outros que partem; seu exílio é sem retorno porque ele já se exilou em sua própria pátria; e se ele encontra sob seu olhar todos os movimentos do mundo, se ele pode, imóvel, explorar todas as suas direções, é que ele as capta nos jogos de luz e sombra, nessas pulsações do dia e da noite que, na superfície movente das coisas, dizem a inalterável verdade.

Enfim, é sobre o eixo vertical da existência que o eixo da expressão trágica situa-se: o movimento trágico é sempre da ordem da ascensão e da queda, e o ponto que dele leva a marca privilegiada é aquele em que se realiza o balanceamento imperceptível da subida que se detém e oscila antes de bascular. Por isso é que a tragédia não necessita ser ouvida no tempo e no espaço, ela não precisa nem de terras estranhas, nem mesmo do apaziguamento das noites, se é verdade que ela se dá a tarefa de manifestar a transcendência vertical do destino.[68]

Há, portanto, um fundamento antropológico das estruturas próprias à expressão trágica, épica ou lírica; uma análise mantém-se por fazer nesse sentido, para mostrar ao mesmo tempo o que é o ato expressivo em si mesmo, e por quais necessidades antropológicas ele é dominado e regido; poder-se-iam assim estudar as formas expressivas do exílio, da descida aos infernos, da montanha, da prisão.

Retornemos à única questão que deve nos deter: como se constituem essas direções essenciais da existência, que formam como que a estrutura antropológica de toda a sua história?

Uma primeira coisa deve ser observada. As três polaridades que descrevemos não têm a mesma universalidade e a mesma profundidade antropológica. E embora tenha cada uma sua independência, uma ao menos parece mais fundamental, mais originária. É por essa razão, sem dúvida, e por ele não ter abordado o problema das diversas formas de expressões, que Binswanger não insistiu a não ser sobre a oposição entre a

---

68. (N.A.) Cf. Hebbel (F.), *Un rêve étrange*: "Foi à noite que minha imaginação efervescente atingiu seu ponto culminante em um sonho tão monstruoso e impressionante que se renovou sete vezes seguidas.
Tinha a impressão de que Deus havia esticado uma corda entre o céu e a terra, sentara-me nela e se preparava para balançar-me. Eu voava para o alto, depois para baixo a uma altura vertiginosa; em um momento, encontrava-me entre as nuvens, meus cabelos flutuando ao vento, eu me agarrava fechando os olhos; em um outro momento, eu era precipitado tão perto do chão que chegava a distinguir a areia amarelada, as pedrinhas brancas e vermelhas, e parecia-me até poder tocá-las com o pé. Foi quando eu quis descer, mas, antes de poder consegui-lo, senti-me novamente projetado no ar e não pude senão agarrar-me à corda para evitar cair e me despedaçar no chão." (*Aufzeichnungen aus meinen Leben*, in *Werke*, Munique, Carl Hanser, 1965, Band 3, p. 729-730 (N.E.).)

ascensão e a queda. Em que consiste o privilégio antropológico dessa dimensão vertical? Primeiro, no que ela traz à luz, quase a nu, as estruturas da temporalidade. A oposição horizontal, entre o próximo e o longínquo, não oferece o tempo senão em uma cronologia da progressão espacial; o tempo aí não se desenvolve a não ser entre um ponto de partida e um ponto de chegada; ele se esgota na marcha; e quando ele se renova, é sob a forma da repetição, do retorno e da nova partida. Nessa direção existencial, o tempo é por essência nostálgico; ele busca fechar-se sobre si mesmo, retomar-se reatando-se com sua própria origem; o tempo da epopeia é circular ou interativo. Na oposição entre o claro e o escuro, o tempo não é tampouco a temporalidade autêntica: trata-se, então, de um tempo rítmico e escandido de oscilações, de um tempo sazonal, no qual a ausência é sempre promessa de retorno e a morte, fiança de ressurreição.

Com o movimento da ascensão e da queda, pelo contrário, pode-se reapreender a temporalidade em seu sentido primitivo.

Retomemos o caso de Ellen West. Todo movimento de sua existência se esgota no medo fóbico de uma queda no túmulo, e no desejo delirante que planaria no éter e colheria seu gozo na imobilidade do movimento puro. Mas o que essa orientação e a polaridade afetiva que ela implica designam é a forma mesma segundo a qual se temporaliza a existência. O futuro não é assumido pela doente como desvelamento de sua plenitude e antecipação da morte. A morte, ela já a experimenta ali, inscrita nesse corpo que envelhece e que a cada dia fica mais pesado de um peso novo; para ela, a morte não passa de um pesadume atual da carne, ela não faz senão uma única e mesma coisa com a presença de seu corpo. Durante os 13 anos que durará sua doença, Ellen West só viveu para fugir da iminência dessa morte apegada à sua carne: ela recusa comer e dar a esse corpo, seja lá de que maneira, uma vida que ele transformaria em ameaça de morte. Tudo o que dá consistência, continuidade e pesadume a essa presença do corpo multiplica os poderes mortais que o envolvem. Ela recusa todo alimento e, do mesmo modo, recusa seu passado: ela não o retoma sob a forma autêntica da repetição, ela o suprime pelo mito de um novo nascimento que apagaria nela tudo o que ela foi. Mas, através dessa presentificação da morte, sob as espécies da ameaça iminente, o futuro é liberado da plenitude: ele não é mais aquilo através do qual a existência antecipa sua morte e assume ao mesmo tempo sua solidão e sua facticidade, mas, pelo contrário, ele é aquilo através do que a existência arranca-se de tudo o que a fundamenta como existência finita. O futuro no qual ela se projeta não é aquele de uma existência no mundo, mas o de uma existência acima do mundo, de uma existência de sobrevoo; lá, os limites no qual se fecham sua plenitude são abolidos, e ela dá acesso à pura existência da eternidade. Eternidade vazia, é claro, e sem conteúdo, "má eternidade", como é má a infinidade subjetiva de que fala Hegel. Essa temporalização da existência em Ellen West é a da inautenticidade.

De fato, é nessa direção vertical da existência e segundo as estruturas da temporalidade que podem diferenciar-se melhor as formas autênticas e inautênticas da existência. Essa transcendência do existente a si mesmo no movimento de sua temporalidade, essa transcendência designada pelo eixo vertical do imaginário pode ser vivida como arrancadura dos fundamentos da própria existência; então, cristalizar-se-ão todos os temas da imortalidade, da sobrevivência, do puro amor, da comunicação imediata das consciências; ela pode ser vivida, pelo contrário, como "transcendência", como queda iminente a partir do cume perigoso do presente; então, o imaginário se desdobrará em um mundo fantástico de desastre; o universo não será mais do que o instante de seu próprio aniquilamento; é o movimento constitutivo das experiências delirantes de "Fim do mundo". O movimento de transcendência da temporalidade pode ser igualmente recoberto e escondido por uma pseudotranscendência do espaço; então, o eixo vertical se reabsorve inteiramente na trajetória horizontal da existência; o futuro inverte-se no ponto longínquo do espaço; e, contra as ameaças de morte que ele leva com ele, a existência se defende através de todos os ritos obsessivos que barram com obstáculos mágicos os livres caminhos do mundo. Poder-se-ia também descrever a transcendência que se assume unicamente na descontinuidade do instante e que não se anuncia senão na ruptura de si consigo: é nesse sentido que Binswanger descreveu a "existência maníaca".[69]

Com essas diferentes estruturas da autenticidade e da inautenticidade, nos juntamos às formas da historicidade da

---

69. (N.A.) *Über Ideenflucht, op. cit.*

existência. Quando a existência é vivida sob o modo da inautenticidade, ela não advém à maneira da história. Ela se deixa absorver na história interior de seu delírio, ou então sua duração se esgota inteiramente no devenir das coisas; ela se abandona a esse determinismo objetivo no qual se aliena totalmente sua liberdade originária. E, tanto em um caso como no outro, a existência vem, por ela mesma e por seu próprio movimento, inscrever-se nesse determinismo da doença, em que o psiquiatra vê a verificação de seu diagnóstico e pelo qual se crê justificado por considerar a doença como um "processo objetivo", e o doente como a coisa inerte na qual se desenrola esse processo, segundo seu determinismo interno. O psiquiatra esquece que é a própria existência que constitui essa história natural da doença como forma inautêntica de sua historicidade, e o que ele descreve como a realidade em si da doença não passa de um instantâneo tomado desse movimento da existência que funda sua historicidade no momento em que ela se temporaliza.

É preciso, portanto, conceder um privilégio absoluto, sobre todas as dimensões significativas da existência, à dimensão da ascensão e da queda: é nela e somente nela que podem decifrar-se a temporalidade, a autenticidade e a historicidade da existência. Permanecendo no nível das outras direções, não se pode jamais reapreender a existência senão em suas formas constituídas; poder-se-ão reconhecer suas situações, definir suas estruturas e seus modos de ser; explorar-se-ão as modalidades de seu *Menschsein*. Mas é preciso ir ao encontro da dimensão vertical para aprender a existência se fazendo nessa forma de presença absolutamente originária, na qual se define o *Dasein*. Desse modo, abandona-se o nível antropológico da reflexão que analisa o homem como homem e no interior de seu mundo humano, para ter acesso a uma reflexão ontológica que concerne ao modo de ser da existência como presença no mundo. Assim se efetua a passagem da antropologia à ontologia, da qual se confirma aqui não ser referida a uma divisão *a priori*, mas a um movimento de reflexão concreta. É a própria existência que, na direção fundamental da imaginação, indica seu próprio fundamento ontológico.[70]

---

70. (N.A.) Na medida em que a expressão trágica situa-se sobre essa direção vertical da existência, ela tem um enraizamento ontológico que lhe dá um

V

"O poeta está à disposição de sua noite."
Cocteau

É preciso derrubar as perspectivas familiares. Tomado em seu sentido rigoroso, o sonho não indica, como seus elementos constituintes, uma imagem arcaica, um fantasma, ou um mito hereditário; ele não faz destes sua matéria primeira, e eles próprios não constituem sua significação última. Pelo contrário, é ao sonho que todo ato de imaginação remete. O sonho não é uma modalidade da imaginação; ele é sua condição primeira de possibilidade.

Classicamente, a imagem se define sempre por referência ao real; referência que marca sua origem e a verdade positiva, na concepção tradicional da imagem resíduo da percepção, ou que define negativamente sua essência, como na concepção sartriana de uma "consciência imagética", que coloca seu objeto como irreal. Em uma e em outra dessas análises, a imagem porta nela mesma, e por uma necessidade de natureza, uma alusão à realidade, ou ao menos à eventualidade de um conteúdo perceptivo. Sem dúvida, Sartre mostrou muito bem que esse conteúdo "não está lá"; que, justamente, eu me dirijo para ele, na medida em que ele está ausente; que ele se oferece, de saída, como irreal; que ele está inteiramente aberto ao meu olhar, que ele permanece poroso e dócil aos meus encantamentos mágicos; a imagem de Pierre é a percepção invocada de Pierre, mas que se efetua, se limita e se esgota na irrealidade em que Pierre se apresenta como ausente; "primeiro, é somente Pierre que eu desejo ver. Mas meu desejo torna-se desejo de tal sorriso, de tal fisionomia. Assim, ele se limita e se exaspera ao mesmo tempo, e o objeto irreal é precisamente (...) a limitação e a exasperação desse desejo. Ademais, não passa de uma miragem, e o desejo, no ato imagético, alimenta-se de si mesmo".[71]

De fato, devemos nos perguntar se a imagem é, na verdade, como o quer Sartre, designação – mesmo negativa e sobre o

---

privilégio absoluto sobre os outros modos de expressão: esses últimos são muito mais modulações antropológicas.
71. (N.A.) Sartre (J.-P.), *L'imaginaire. Psychologie phénoménologique de l'imagination*, Paris, Gallimard, 1940, p. 163.

modo do irreal – do próprio real. Tento imaginar, hoje, o que fará Pierre quando ele souber de tal novidade. Bem entendido que sua ausência cinge e circunscreve o movimento de minha imaginação; mas essa ausência, ela já estava lá, antes que eu imaginasse e não de um modo implícito, mas do modo deveras pungente do lamento por não tê-lo visto há mais de um ano; ela já estava presente, essa ausência, inclusive nas coisas familiares que portam, ainda hoje, o sinal de sua passagem. Ela precede minha imaginação e a colore; mas não é nem a condição de possibilidade nem o indício eidético. Se ainda ontem eu visse Pierre, e se ele me tivesse irritado, ou humilhado, minha imaginação hoje o tornaria demasiado próximo para mim e obstruiria com sua presença demasiado imediata. Imaginar Pierre depois de um ano de ausência não é anunciá-lo para mim sobre o modo da irrealidade (não é preciso imaginação para isso, o menor sentimento de amargor é suficiente); é, em primeiro lugar, irrealizar-me eu próprio, ausentar-me desse mundo onde não me é mais possível encontrar Pierre. O que não quer dizer que eu "me evada para um outro mundo", nem mesmo que eu passeie às margens possíveis do mundo real. Mas remonto os caminhos do mundo com minha presença; então, embaralham-se as linhas dessa necessidade de que Pierre está excluído, e minha presença, como presença neste mundo, se apaga. Esforço-me em revestir esse modo da presença na qual o movimento de minha liberdade ainda não estava preso nesse mundo para o qual ele se dirige, em que tudo ainda designava a pertinência constitutiva do mundo à minha existência. Imaginar o que faz Pierre hoje, em tal circunstância que nos concerne, não é invocar uma percepção ou uma realidade: é primeiramente tentar reencontrar esse mundo no qual tudo ainda se declina na primeira pessoa. Quando na imaginação eu o vejo em seu quarto, eu não me imagino espiando-o pelo buraco da fechadura, ou olhando-o pelo lado de fora; tampouco é inteiramente exato que me transporte magicamente para dentro de seu quarto, onde eu ficaria invisível; imaginar não é realizar o mito do pequeno ratinho, não é transportar-se para o mundo de Pierre; é tornar-se esse mundo onde ele está: sou a carta que ele lê, e recolho em mim seu olhar de leitor atento; sou as paredes de seu quarto que o observam de todos os lados, e por isso mesmo não o "veem"; mas sou também seu olhar e sua atenção; sou seu descontentamento ou sua surpresa; não sou apenas senhor absoluto do que ele faz, sou o que ele faz, o que ele é. Por isso é que a imaginação não acrescenta nada de novo ao que já sei. E, no entanto, seria inexato dizer que ela não me traz nem me ensina nada; o imaginário não se confunde com a imanência; ele nem mesmo se esgota sobre a transcendência formal daquilo que se perfila como irreal. O imaginário é transcendente; sem dúvida, não de uma transcendência "objetiva", no sentido de Szilazyi: pois no momento em que imagino Pierre, ele me obedece, cada um dos seus gestos satisfaz minha expectativa e, finalmente, ele vem inclusive me ver, já que eu o desejo. Mas o imaginário se anuncia como uma transcendência na qual, sem nada aprender de desconhecido, posso "reconhecer" meu destino. Mesmo na imaginação, ou melhor, sobretudo na imaginação, não obedeço a mim mesmo, não sou nem meu próprio senhor, pela simples razão de que sou vítima de mim mesmo; no retorno de Pierre que imagino, não estou ali diante dele porque estou por toda parte, em volta dele e nele; eu não lhe falo, eu lhe sustento um discurso; não estou com ele, eu lhe "faço uma cena". E é por encontrar-me e reconhecer-me por toda parte que, nessa imaginação, posso decifrar a lei de meu coração e ler meu destino; esses sentimentos, esse desejo, essa obstinação em mimar as coisas mais simples, que designam necessariamente minha solidão, no exato momento em que tento, na imaginação, rompê-la. Assim, imaginar não é tanto uma conduta que concerne ao outro e que o visa como uma quase presença sobre um fundo essencial de ausência. É antes visar a si mesmo como sentido absoluto de seu mundo, visar-se como movimento de uma liberdade que se faz mundo e, finalmente, se ancora nesse mundo como em seu destino. Através do que imagina, a consciência visa, então, ao movimento originário que se desvela no sonho. Sonhar não é, portanto, um modo singularmente forte e vivo de imaginar. Imaginar, pelo contrário, é visar a si mesmo no momento do sonho; é sonhar-se sonhando.

E assim como os sonhos de morte nos pareceram manifestar o sentido último do sonho, do mesmo modo há, sem dúvida, certas formas de imaginação que, ligadas à morte, mostram com mais clareza o que é, no fundo, imaginar. No movimento da imaginação, é sempre eu mesmo que eu irrealizo como presença neste mundo; e experimento o mundo (não um outro, mas este mesmo) como inteiramente novo para minha presença, penetrado por ela e me pertencendo como coisa particular e, através desse mundo que não é senão a cosmogonia de minha existência, posso encontrar a trajetória total de minha liberdade, dominar todas as suas direções e totalizá-la como a curva de meu destino. Quando imagino o retorno de Pierre, o essencial não é que tenho uma imagem de Pierre atravessando a porta; o essencial é que minha presença, tendendo a encontrar-se com a ubiquidade onírica, repartindo-se do lado de cá e do lado de lá da porta, encontrando-se inteiramente nos pensamentos de Pierre que chega e nos meus, para mim que o espera, em seu sorriso e em meu prazer, minha presença descobre, como no sonho, o movimento de uma existência que se dirige para esse encontro como para sua realização. A imaginação tende não para a suspensão, mas para a totalização do movimento da existência; imaginamos sempre o decisivo, o definitivo, o doravante fechado; o que imaginamos é da ordem da solução, não da ordem da tarefa; a felicidade e o infortúnio inscrevem-se no registro do imaginário, não o dever e a virtude. Por isso é que as formas mais importantes da imaginação se aparentam ao suicídio. Ou melhor, o suicídio se apresenta como o absoluto das condutas imaginárias: todo desejo de suicídio é preenchido desse mundo no qual não estarei mais presente aqui ou ali, porém presente em toda parte, do qual cada setor me seria transparente, e designaria sua pertinência à minha presença absoluta. O suicídio não é uma forma de suprimir o mundo ou eu, ou os dois juntos, mas uma forma de reencontrar o momento originário no qual me faço mundo, no qual nada ainda é coisa no mundo, no qual o espaço ainda não passa de direção da existência, e o tempo, movimento de sua história.[72] Suicidar-se é a maneira última de imaginar; querer exprimir o suicídio em termos realistas de supressão é condenar-se a não compreendê-lo: só uma antropologia da imaginação pode fundamentar uma psicologia e uma ética do suicídio. Retenhamos, apenas por agora, que o suicídio é o mito último, o "juízo final" da imaginação, assim como o sonho é a sua gênese, a origem absoluta.

---

72. (N.A.) Em alguns esquizofrênicos, o tema do suicídio é ligado ao mito do segundo nascimento.

Portanto, não é possível definir o imaginário como a função inversa, ou como o indício da negação da realidade. Sem dúvida, ele se desenvolve facilmente sobre o fundo de ausência, e é sobretudo em suas lacunas ou nas recusas que ele opõe ao meu desejo que o mundo é reenviado ao seu fundamento. Mas é também através dele que se desvela o sentido originário da realidade; portanto, ele não pode ser por natureza exclusivo; e no coração mesmo da percepção, ele sabe trazer em plena luz a potência secreta e surda que trabalha nas formas as mais manifestas da presença. Evidentemente, a ausência de Pierre e o lamento que tenho convidam-me a sonhar esse sonho no qual minha existência vai ao encontro de Pierre; mas em sua presença também, e diante desse rosto, hoje, estou reduzido a imaginar, eu já poderia me dar Pierre em imaginação: eu não o imaginava alhures e nem de outro modo, mas ali mesmo onde ele estava, tal como era. Esse Pierre que está sentado ali diante de mim não é meu imaginário no sentido em que sua atualidade se desdobra e delega para mim a virtualidade de um outro Pierre (aquele que suponho, que desejo, que prevejo), mas no sentido precisamente de que neste instante privilegiado ele é, para mim, ele próprio; ele é aquele para quem eu vou e cujo encontro me promete certas realizações; sua amizade situa-se ali, em algum lugar, nessa trajetória de minha existência que eu já esboço; ela marca o momento em que as direções mudarão, em que talvez elas encontrarão sua retitude inicial e não terão mais que ir senão no encalço de seu rastro. Imaginar Pierre no momento em que o percebo não é ter ao lado dele uma imagem sua de quando for mais velho, ou de quando ele estiver alhures, mas é reapreender esse movimento originário de nossas duas existências, cujo precoce cotejo pode formar um mesmo mundo mais fundamental do que esse sistema de atualidade que define, hoje, nossa presença comum nesse quarto. É então que minha percepção, mesmo permanecendo percepção, torna-se imaginário pelo simples fato de ela encontrar suas coordenadas nas direções mesmas da existência; imaginários são também minhas palavras e meus sentimentos, imaginário é esse diálogo que tenho realmente com Pierre, imaginária essa amizade. E, no entanto, não falsos nem mesmo ilusórios. O imaginário não é um modo da irrealidade, mas antes um modo da atualidade, um modo de tomar em diagonal a presença para fazer surgir dela as dimensões primitivas.

O Sr. Bachelard tem mil vezes razão quando mostra a imaginação em obra na intimidade mesma da percepção, e o trabalho secreto que transmuta o objeto que percebemos em objeto que contemplamos: "Compreendemos as figuras por sua transfiguração"; é então que, para além das normas da verdade objetiva, "impõe-se o realismo da irrealidade".[73] Melhor que ninguém, o Sr. Bachelard captou o trabalho dinâmico da imaginação e o caráter sempre vetorial de seu movimento. Porém, devemos nós segui-lo, ainda quando ele mostra esse movimento realizando-se na imagem e o elã da imagem inscrevendo-se por si mesmo no dinamismo da imaginação?

*

Parece, pelo contrário, que a imagem não é feita da mesma trama que a imaginação. A imagem, de fato, que se constitui como uma forma cristalizada e que toma emprestado, quase sempre, sua vitalidade da lembrança, tem bem esse papel de substituto da realidade ou de elemento de analogia que contestamos à imaginação. Quando imagino o retorno de Pierre, ou o que será nosso primeiro encontro, não tenho, propriamente falando, imagem, e apenas o movimento significativo desse encontro eventual me transporta – o que ela comportará de elã ou de amargor, de exaltação ou de recaída. Mas eis que, bruscamente, Pierre aparece-me "em imagem", com essa roupa sombria e esse meio-sorriso que conheço. Viria essa imagem concluir o movimento de minha imaginação e satisfazê-la com o que ainda lhe faltava? Absolutamente, não: pois eu cesso logo de imaginar, e mesmo se deve durar um pouco, essa imagem não deixa jamais de reenviar-me, cedo ou tarde, à minha percepção atual, a essas paredes brancas que me envolvem e excluem a presença de Pierre. A imagem não se oferece no momento em que culmina a imaginação, mas no momento em que ela se altera. A imagem faz a mímica da presença de Pierre, a imaginação vai ao seu encontro. Ter uma imagem é, então, renunciar a imaginar.

---

73. (N.A.) Bachelard (G.), *L'air et les songes. Essai sur l'imagination du mouvement*, Paris, José Corti, 1943, p. 13.

Impura e precária será a imagem. Impura, porque ela será sempre da ordem do "como se"; em uma certa medida, ela se inscreverá no movimento da imaginação que restitui as direções mesmas da existência, mas ela simulará identificar essas direções com as dimensões do espaço percebido e esse movimento com a mobilidade do objeto percebido; apresentando-me meu encontro com Pierre neste quarto, e um diálogo com tais e tais palavras, a imagem permite-me esquivar à verdadeira tarefa da imaginação, que seria a de trazer à tona a significação desse encontro e o movimento de minha existência que me leva com invencível liberdade. Por isso é que o "como se" da imagem transforma a liberdade autêntica da imaginação em fantasia do desejo; ao mesmo tempo em que ela faz a mímica da percepção através de uma quase presença, a imagem faz a mímica da liberdade através de uma quase satisfação do desejo.

E por isso mesmo ela é precária; ela se esgota totalmente em seu *status* contraditório: ela toma o lugar da imaginação e desse movimento que me faz remontar às origens do mundo constituído; e, ao mesmo tempo, ela me indica como ponto de conclusão esse mundo constituído sobre o modo da percepção. Por isso é que a reflexão mata a imagem, assim como a percepção também mata, ao mesmo tempo em que uma e outra alimentam a imaginação. Quando percebo essa porta, não posso ter a imagem de Pierre atravessando-a; e, no entanto, este quarto onde me encontro, com tudo o que ele tem de familiaridade, com todos os rastros que comporta de minha vida passada e de meus projetos, pode, sem cessar, por seu próprio conteúdo perceptivo, ajudar-me a imaginar o que quererão dizer o retorno de Pierre e sua reaparição em minha vida. A imagem como fixação a uma quase presença não é senão a vertigem da imaginação no seu remontar ao sentido primitivo da presença. A imagem constitui uma astúcia da consciência para não mais imaginar; ela é o instante do desencorajamento no duro trabalho da imaginação.

A expressão poética seria a prova manifesta disso. Ela não encontra, de fato, sua maior dimensão ali onde descobre o maior número de substitutos da realidade, ali onde inventa o maior número de desdobramentos e de metáforas; porém ali, pelo contrário, onde restitui ao máximo a presença para ela mesma, ali onde a dispersão das analogias se recolhe e onde as metáforas, neutralizando-se, restituem sua profundidade ao imediato. Os inventores de imagens descobrem semelhanças e caçam as analogias; a imaginação, em sua verdadeira função poética, medita sobre a identidade. E se é verdade que ela circula através de um universo de imagens, não é na medida em que ela as promove e reúne, mas na medida em que ela as quebra, as destrói e as consome: ela é, por essência, iconoclasta. A metáfora é a metafísica da imagem, no sentido em que a metafísica seria a destruição da física. O verdadeiro poeta recusa-se ao desejo realizado da imagem, porque a liberdade da imaginação impõe-se a ele como uma tarefa de recusa: "No decorrer de sua ação no meio dos terrenos roçados da universalidade do Verbo, o poeta íntegro, ávido, impressionável e temerário guardar-se-á de simpatizar com as empreitadas que alienam o prodígio da liberdade em poesia."[74] O valor de uma imaginação poética se mede pela potência de destruição interna da imagem.

Do lado inteiramente oposto, ter-se-ia o fantasma mórbido e já, talvez, certas formas rudes de alucinações. Aqui, a imaginação está totalmente entravada na imagem. Há fantasma quando o sujeito encontra o livre movimento de sua existência esmagado na presença de uma quase percepção que o envolve e imobiliza. O menor esforço da imaginação se detém e se esgota nela como se caísse em sua contradição imediata. A dimensão do imaginário desmoronou-se; no doente não subsiste mais do que a capacidade de ter imagens, imagens tanto mais fortes, tanto mais consistentes quanto a imaginação iconoclasta se tenha alienado nelas. A compreensão do fantasma não deve, portanto, fazer-se em termos de imaginação desdobrada, mas em termos de imaginação suprimida; e é à liberação do imaginário murado na imagem que deverá tender a psicoterapia.

Há, no entanto, uma dificuldade ainda mais importante para nós por concernir ao nosso tema principal: não é o sonho uma rapsódia de imagens? E se é verdade que as imagens não passam da imaginação alterada, desviada de seu propósito, alienada em sua essência, toda nossa análise da imaginação onírica arrisca-se a ser invalidada por esse fato mesmo.

---

74. (N.A.) Char (R.), *Partage formel*, XXXIII. (*Oeuvres complètes*, Paris, Gallimard, col. "Bibliothèque de la Pléiade", 1983, p. 163 (N.E.).)

Mas, na realidade, estamos nós fundamentados para falar das "imagens" do sonho? Sem dúvida, não tomamos consciência de nosso sonho senão através das imagens e a partir delas. Porém, por elas próprias, elas se apresentam lacunares e segmentadas: "No começo, eu estava em uma floresta... depois eu me encontrava na minha casa etc..."; e, por outro lado, cada um sabe que o sonho bruscamente interrompido se detém sempre sobre uma imagem bastante cristalizada.

Longe de ser a prova de que a imagem forma a trama do sonho, esses fatos mostram que a imagem é um registro fotográfico da imaginação do sonho, um modo de a consciência vígil recuperar seus momentos oníricos. Em outras palavras, no desenrolar do sonho, o movimento da imaginação dirige-se para o movimento primeiro da existência onde se conclui a constituição originária do mundo. Ora, quando a consciência vígil, no interior desse mundo constituído, tenta reapreender esse movimento, ela o interpreta em termos de percepção, dá-lhe como coordenadas as linhas de um espaço quase percebido e infletido para a quase presença da imagem; em suma, ela remonta a corrente autêntica da imaginação e, no sentido contrário do que é o próprio sonho, ela o restitui sob a forma de imagens.

Não obstante, o gênio de Freud poderia dar testemunho disso, já que ele percebeu muito bem que o sentido do sonho não era para ser buscado no nível do conteúdo das imagens; melhor que qualquer outro, ele compreendeu que a fantasmagoria do sonho escondia mais ainda do que mostrava, e que o sonho não era senão um compromisso inteiramente habitado de contradições. Mas, de fato, o compromisso não é entre o recalcado e a censura, entre as pulsões instintivas e o material perceptivo; ele está entre o movimento autêntico do imaginário e sua adulteração na imagem. Se o sentido do sonho está sempre além das imagens que a vida recolhe, não é porque elas recobrem potências escondidas, é porque a véspera não pode ir senão mediatamente até ele e que, entre a imagem vígil e a imaginação onírica, há a mesma distância que entre uma quase presença em um mundo constituído e uma presença originária em um mundo constituinte.

A análise de um sonho a partir das imagens trazidas pela consciência vígil deve, justamente, ter por fim ultrapassar essa distância da imagem à imaginação, ou, se quisermos, operar a redução transcendental do imaginário. É esse procedimento que, em nossa opinião, Binswanger realizou concretamente em *Rêve et existence*. E é essencial que essa redução transcendental do imaginário não faça, no fundo, senão uma única e mesma coisa com a passagem de uma análise antropológica do sonho a uma analítica ontológica da imaginação. Assim, encontra-se, de fato, realizada essa passagem do antropológico ao ontológico que nos pareceu, no início, como o problema mais importante da *Daseinsanalyse*.

*

É claro que não seguimos a imaginação na curva total de seu movimento; nós não retraçamos senão essa linha que a religa ao sonho como à sua origem e à sua verdade; nós só a seguimos no seu remontar ao onírico, através do que ela se arranca das imagens nas quais arrisca-se sem cessar a alienar-se. Mas o momento do sonho não é a forma definitiva na qual se estabiliza a imaginação. Sem dúvida, ele a restitui em sua verdade, e lhe dá novamente o sentido absoluto de sua liberdade. Toda imaginação, por ser autêntica, deve reaprender a sonhar; e a "arte poética" só tem sentido se ensinar a romper a fascinação das imagens, para reabrir para a imaginação seu livre caminho, em direção ao sonho que lhe oferece, como verdade absoluta, seu "inquebrantável núcleo de noite". Mas, do outro lado do sonho, o movimento da imaginação prossegue; ele é então retomado no trabalho da expressão que dá um sentido novo à verdade e à liberdade: "O poeta pode, então, ver os contrários – essas miragens pontuais e tumultuosas – concluírem, sua linhagem imanente personificar-se, poesia e verdade sendo, como o sabemos, sinônimos."[75]

A imagem, então, pode oferecer-se de novo, não mais como renúncia à imaginação, mas como sua realização ao contrário; purificado no fogo do sonho, o que nela não era senão alteração do imaginário torna-se cinza, mas esse fogo mesmo se consuma na flama. A imagem não é mais imagem *de* alguma coisa, inteiramente projetada na direção de uma ausência que ela substitui; ela é recolhida em si mesma e se dá como a plenitude de uma presença; ela não designa mais alguma coisa, ela se endereça a alguém. A imagem aparece agora como uma modalidade de expressão, e toma seu sentido em um estilo, se

---

75. (N.A.) Char (R.), *Partage formel*, XVII. (*Op. cit.*, p. 159 (N.E.).)

pudermos entender por "estilo" o movimento originário da imaginação quando ele toma a fisionomia da troca. Mas eisnos já sobre o registro da história. A expressão é linguagem, obra de arte, ética: todos os problemas de estilo, todos os momentos históricos cujo devir objetivo é constituinte desse mundo, de que o sonho nos mostra o momento originário e as significações diretrizes para nossa existência. Não é que o sonho seja a verdade da história, mas, ao fazer surgir o que na existência é o mais irredutível à história, ele mostra ao máximo o sentido que ela pode tomar para uma liberdade que ainda não atingiu, em uma expressão objetiva, o momento de sua universalidade. Por isso é que o primado do sonho é absoluto para o conhecimento antropológico do homem concreto; mas a ultrapassagem desse primado é uma tarefa de futuro para o homem real – uma tarefa ética e uma necessidade de história: "Sem dúvida cabe a esse homem, inteiramente às voltas com o mal cujo rosto voraz e medular ele conhece, transformar o fato fabuloso em fato histórico. Nossa convicção inquieta não deve denegri-lo, mas interrogá-lo, nós, ardentes matadores de seres reais na pessoa sucessiva de nossa quimera... A evasão em seu semelhante com imensas promessas de poesia será, talvez, um dia possível."[76]

Mas tudo isso concerne a uma antropologia da expressão, mais fundamental, em nossa opinião, que uma antropologia da imaginação; não está em nosso propósito esboçá-la hoje. Quisemos simplesmente mostrar tudo o que o texto de Binswanger sobre o sonho podia trazer a um estudo antropológico do imaginário. O que ele trouxe à luz no sonho é o momento fundamental em que o movimento da existência encontra o ponto decisivo da divisão entre as imagens onde ela se aliena em uma subjetividade patológica e a expressão onde ela se conclui em uma história objetiva. O imaginário é o meio, o "elemento" dessa escolha. Podemos, portanto, indo ao encontro da significação do sonho no coração da imaginação, restituir as formas fundamentais da existência, manifestar sua liberdade, designar sua felicidade e infortúnio, já que o infortúnio da existência inscreve-se sempre na alienação, e que a felicidade, na ordem empírica, não pode ser senão felicidade de expressão.

---

76. (N.A.) Char (R.), *Partage formel*, op. cit., LV, p. 169.

1957

A Psicologia de 1850 a 1950

"La psychologie de 1850 à 1950", in Huisman (D.) e Weber (A.), *Histoire de la philosophie européenne*, t. II: *Tableau de philosophie contemporaine*, Paris, Librairie Fischbacher, 1957, 33, rue de Seine, p. 591-606.

Introdução

A psicologia do século XIX herdou da *Aufklärung* a preocupação de alinhar-se com as ciências da natureza e de encontrar no homem o prolongamento das leis que regem os fenômenos naturais. Determinação de relações quantitativas, elaboração de leis que se apresentam como funções matemáticas, colocação de hipóteses explicativas, esforços através dos quais a psicologia tenta aplicar, não sem sacrifício, uma metodologia que os lógicos acreditaram descobrir na gênese e no desenvolvimento das ciências da natureza. Ora, foi o destino dessa psicologia, que se queria conhecimento positivo, apoiar-se sempre em dois postulados filosóficos: que a verdade do homem está exaurida em seu ser natural e que o caminho de todo conhecimento científico deve passar pela determinação de relações quantitativas, pela construção de hipóteses e pela verificação experimental.

Toda a história da psicologia até o meado do século XX é a história paradoxal das contradições entre esse projeto e esses postulados; ao perseguir o ideal de rigor e de exatidão das ciências da natureza, ela foi levada a renunciar aos seus postulados; foi conduzida por uma preocupação de fidelidade objetiva em reconhecer na realidade humana outra coisa que não um setor da objetividade natural, e em utilizar para reconhecê-lo outros métodos diferentes daqueles de que as ciências da natureza poderiam lhe dar o modelo. Mas o projeto de rigorosa exatidão que a levou, pouco a pouco, a abandonar seus postulados tornou-se vazio de sentido quando esses mesmos postulados desapareceram: a ideia de uma precisão objetiva e quase matemática no domínio das ciências humanas não é mais conveniente se o próprio homem não é mais da ordem da natureza. Portanto, é a uma renovação total que a psicologia obrigou a si própria no curso de sua história; ao descobrir um novo *status* do homem, ela se impôs, como ciência, um novo estilo.

Ela precisou buscar novos princípios e desvelar para si mesma um novo projeto: dupla tarefa que os psicólogos nem sempre compreenderam com todo o rigor e que, com muita frequência, tentaram rematar com a economia; uns, ainda que percebendo a exigência de novos projetos, permaneceram ligados aos antigos princípios de método: as psicologias que tentaram analisar a conduta, mas que para fazê-lo utilizaram os métodos das ciências da natureza o testemunham; outros não entenderam que a renovação dos métodos implicava a emergência de novos temas de análise: assim, as psicologias descritivas, que permaneceram ligadas aos velhos conceitos. A renovação radical da psicologia como ciência do homem não é, portanto, simplesmente um fato histórico do qual podemos situar o desenrolar durante os últimos cem anos; ela ainda é uma tarefa incompleta a ser preenchida e, a esse título, permanece na ordem do dia.

Foi igualmente no decorrer desses últimos cem anos que a psicologia instaurou relações novas com a prática: educação, medicina mental, organização de grupos. Ela se apresentou como seu fundamento racional e científico; a psicologia genética constituiu-se no quadro de toda pedagogia possível, e a psicopatologia ofereceu-se como reflexão sobre a prática psiquiátrica. Inversamente, a psicologia se colocou como questão os problemas suscitados por essas práticas: problema do sucesso e do fracasso escolar, problema da inserção do doente na sociedade, problema da adaptação do homem à sua profissão. Através desse laço apertado e constante com a prática, através dessa reciprocidade de suas trocas, a psicologia torna-se semelhante a todas as ciências da natureza. Mas estas não respondem senão aos problemas colocados pelas dificuldades da prática, seus fracassos temporários, as limitações provisórias de seu exercício. A psicologia, em contrapartida, nasce nesse ponto no qual a prática do homem encontra sua própria contradição; a psicologia do desenvolvimento nasceu como uma reflexão sobre as interrupções do desenvolvimento; a psicologia da adaptação, como uma análise dos fenômenos de inadaptação; a da memória, da consciência, do sentimento surgiu, primeiro, como uma psicologia do esquecimento, do inconsciente e das perturbações afetivas. Sem forçar uma exatidão, pode-se dizer que a psicologia contemporânea é, em sua origem, uma análise do anormal, do patológico, do conflituoso, uma reflexão sobre as contradições do homem consigo mesmo. E se ela se transformou em uma psicologia do normal, do adaptativo, do organizado, é de um segundo modo, como que por um esforço para dominar essas contradições.

O problema da psicologia contemporânea – e que para ela própria é um problema de vida ou de morte – é saber em que medida ela consegue efetivamente dominar as contradições que a fizeram nascer, através desse abandono da objetividade naturalista, que parece ser sua outra característica maior. A essa pergunta a própria história da psicologia deve responder.

O preconceito de natureza

Sob sua diversidade, as psicologias do final do século XIX possuem esse traço comum, de tomar emprestado das ciências da natureza seu estilo de objetividade e de buscar, em seus métodos, seu esquema de análise.

1) *O modelo físico-químico.* É ele que serve de denominador comum a todas as psicologias da associação e da análise elementar. Encontramo-lo definido com a maior clareza na *Logique*, de J. S. Mill, e em seu *Preface to James Mill's Analysis*.[1] Os fenômenos do espírito, assim como os fenômenos materiais, exigem duas formas de pesquisa: a primeira tenta, a partir dos fatos, ter acesso às leis mais gerais, segundo o princípio da universalização newtoniana; a segunda, tal como a análise química para os corpos compostos, reduz os fenômenos complexos em elementos simples. Assim, a psicologia terá por tarefa encontrar, nos fenômenos do pensamento mais abstrusos, os segmentos elementares que os compõem; no

---

1. (N.A.) Mill (J. S.), *A system of logic ratiocinative and inductive*, Londres, Parker, 1851, 2 vol. (*Système de logique déductive et inductive*, trad. L. Peisse, Paris, Ladrange, 1866, 2 vol. (N.E.).) *Preface to James Mill's analysis of the phenomena of the human mind*, Londres, Longman's, 1869.

princípio da percepção e do conhecimento da matéria, ela encontrará a sensação ("a matéria pode ser definida como uma possibilidade permanente de sensação"); no princípio do espírito e do conhecimento que o espírito tem de si mesmo, a psicologia descobrirá o sentimento. Mas esses elementos, em sua relação e em seu agrupamento, são regidos pela lei absolutamente geral da associação, já que ela é universal, mas somente as formas de aplicação nos diversos tipos de fenômenos mentais.[2]

2) *O modelo orgânico.* Não se busca mais definir o domínio psicológico por coordenadas tomadas da física de Newton ou da química de Lavoisier; fazem-se esforços para se manter em vista a realidade humana definindo-a por sua natureza orgânica, tal como se a conhece depois de Bichat, Magendie, Claude Bernard. O psiquismo, tal como o organismo, é caracterizado por sua espontaneidade, sua capacidade de adaptação e seus processos de regulações internas.

Bain, a partir de um estudo dos instintos,[3] Fechner, pela análise das relações entre estimulação e o efeito sensorial,[4] Wundt, retomando o problema da atividade específica dos nervos,[5] todos ressaltaram esse tema essencial de que o aparelho psíquico não funciona como um mecanismo, mas como um conjunto orgânico cujas reações são originais, e, consequentemente, irredutíveis às ações que os desencadeiam. É preciso, portanto, como dizia Wundt, substituir o princípio da energia material pelo princípio do acréscimo da energia espiritual. É nesse sentido que foram empreendidas, no final do século XIX, as pesquisas experimentais dos limiares absolutos e diferenciais da sensibilidade, os estudos sobre o tempo de reação e sobre as atividades reflexas: em suma, toda essa constelação de estudos psicofisiológicos nos quais se buscava manifestar a inserção orgânica do aparelho psíquico.

---

2. A frase está manifestamente truncada.
3. (N.A.) Bain (A.), *The senses and the intellect,* Londres, Longman's, 1864. (*Les sens et l'intelligence,* trad. E. Cazelles, Paris, Baillière, 1874 (N.E.).)
4. (N.A.) Fechner (T. G.), in *Sachen der Psychophysik,* Leipzig, Breitkopf e Härtel, 1877.
5. (N.A.) Wundt (W.), *Grundzüge der Physiologischen Psychologie,* Leipzig, W. Engelmann, 1874. (*Éléments de psychologie physiologique,* trad. E. Rouvier, Paris, Alcan, 2 vol., 2ª ed., 1886 (N.E.).).

Foi a mesma inspiração orgânica que suscitou as pesquisas sobre as regulações internas do psiquismo: prazer e dor, tendências, sentimentos, emoções, vontade. Para Bain, o prazer resulta da harmonia das sensações; a dor, de suas contradições e conflitos.[6] É sob os fenômenos conscientes que Ribot busca o princípio dessas regulações que caracterizam a vida ativa e a vida afetiva: em uma região onde o prazer e a dor ainda nem mesmo afloram, há um "inconsciente dinâmico" que trabalha, que elabora "na sombra das combinações incoerentes ou adaptadas"; essa "subpersonalidade" envolve em sua profundeza a origem da grande trindade afetiva, constituída pelo medo, pela raiva e pelo desejo; são os três instintos procedentes diretamente da vida orgânica: instinto defensivo, instinto ofensivo, instinto nutritivo.[7]

3) *O modelo evolucionista*. *A origem das espécies* esteve, na metade do século XIX, no início de uma renovação considerável nas ciências do homem; ela provocou o abandono do "mito newtoniano" e assegurou sua substituição através de um "mito darwiniano", cujos temas imaginários ainda não desapareceram totalmente do horizonte dos psicólogos. É essa mitologia grandiosa que serve de cenário ao *Système de philosophie* de Spencer; nele, os *Principes de psychologie* são precedidos dos *Principes de biologie* e seguidos dos *Principes de sociologie*. A evolução do indivíduo ali é descrita, ao mesmo tempo, como um processo de diferenciação – movimento horizontal de expansão para o múltiplo – e por um movimento de organização hierárquica – movimento vertical de integração na unidade; assim procederam as espécies no curso de sua evolução; assim procederão as sociedades no curso de sua história; assim procede o indivíduo no curso de sua gênese psicológica, desde o "*feeling* indiferenciado" até a unidade múltipla do conhecimento.[8]

Jackson, para a neurologia, Ribot, para a psicologia patológica, retomaram os temas spencerianos. Jackson define a evolução das estruturas nervosas através de três princípios: ela se faz do simples ao complexo, do estável ao instável, do

---

6. (N.A.) Bain (A.), *The emotions and the will*, Londres, Parker, 1859. (*Les émotions et la volonté*, trad. P.-L. de Monnier, Paris, Alcan, 1885 (N.E.).)
7. (N.A.) Ribot (T.), *La psychologie des sentiments*, Paris, Alcan, 1897.
8. (N.A.) Spencer (H.), *The principles of psychology*, Londres, Longman's, 1855. (*Principes de psychologie*, trad. A. Espinas e Th. Ribot, Paris, Baillière, 2 vol., 2ª ed., 1875 (N.E.).)

mais organizado ao menos organizado; o que implica, em compensação, que a doença siga o caminho inverso ao da evolução, e que ela se afronte, a princípio, com as estruturas mais instáveis e mais recentes, para progredir rapidamente na direção das estruturas mais sólidas e mais antigas; mas a doença é também dissociativa: a supressão das estruturas superiores provoca uma desintegração que descobre e libera as instâncias inferiores.[9] Ribot transferiu as análises neuropsiquiátricas de Jackson para os domínios da personalidade, dos sentimentos, da vontade, da memória:[10] nas amnésias, são as lembranças mais antigas e mais estáveis que permanecem, quando são varridas as mais recentes e as mais superficiais; nas alterações da vida afetiva, os sentimentos egoístas que são também os mais arcaicos reaparecem, assim como surgem uma vez mais os automatismos, quando a vontade desmorona, ou as estruturas inconscientes da personalidade, quando as formas lúcidas são obnubiladas.

A importância do evolucionismo na psicologia deve-se, sem dúvida, a ele ter sido o primeiro a mostrar que o fato psicológico não tem sentido senão com relação a um futuro e a um passado, que seu conteúdo atual assenta-se sobre um fundo silencioso de estruturas anteriores que o carregam de toda uma história, mas que ele implica, ao mesmo tempo, um horizonte aberto sobre o eventual. O evolucionismo mostrou que a vida psicológica tinha uma orientação. Mas, para desligar a psicologia do preconceito de natureza, restava ainda mostrar que essa orientação não era apenas força que se desenvolve, mas significação que nasce.

A descoberta do sentido

A descoberta do sentido fez-se, no final do século XIX, por caminhos bem diversos. Mas eles parecem, no entanto, já

---

9. (N.A.) Jackson, (J. H.), *Croonian lectures on the evolution and dissolution of the nervous system*, in *The lancet*, 29 de março, 5 e 12 de abril de 1884. ("Sur l'évolution et la dissolution du système nerveux", trad. A. Pariss, *Archives suisses de neurologie et de psychiatrie*, vol. VIII, 1921, nº 2, p. 293-302; vol. IX, 1922, nº 1, p. 131-152 (N.E.).)
10. (N.A.) Ribot (T.), *Les maladies de la mémoire*, Paris, Baillière, 1878; *Les maladies de la volonté*, Paris, Baillière, 1883; *Les maladies de la personnalité*, Paris, Alcan, 1885.

pertencer a uma paisagem comum, e a mesma direção parece esboçar-se: trata-se de deixar de lado as hipóteses demasiado amplas e gerais pelas quais se explica o homem como um setor determinado do mundo natural; trata-se de retomar um exame mais rigoroso da realidade humana, ou seja, mais de acordo com sua medida, mais fiel às suas características específicas, mais apropriado a tudo o que, no homem, escapa às determinações de natureza. Tomar o homem não no nível desse denominador comum que o assimila a todo ser vivente, mas no seu próprio nível, nas condutas nas quais se exprime, na consciência em que se reconhece, na história pessoal através da qual ele se constituiu.

Janet,[11] sem dúvida, permanece ainda bem próximo ao evolucionismo e aos seus preconceitos de natureza; a "hierarquia das tendências" que se estende das mais simples e das mais automáticas (tendência à reação imediata) até as mais complexas e as mais integradas (ações sociais), a noção de energia psíquica que se reparte entre essas tendências para ativá-las são temas que lembram Jackson e Ribot. No entanto, Janet chegou a sair fora desse quadro naturalista dando como tema à psicologia não as estruturas reconstituídas nem energias supostas, mas a conduta real do indivíduo humano. Por "conduta", Janet não entende esse comportamento externo de que se esgotam o sentido e a realidade, confrontando-o com a situação que o provocou: é reflexo ou reação, não conduta. Há conduta quando se trata de uma reação submetida a uma regulação, quer dizer, cujo desenrolar depende sem cessar do resultado que ela acaba de obter. Essa regulação pode ser interna e apresentar-se sob a forma de sentimento (o esforço que faz recomeçar a ação para aproximá-la do sucesso; a alegria que a limita e a conclui no triunfo); ela pode ser externa e tomar como ponto de referência a conduta do outro: a conduta é, então, reação à reação de um outro, adaptação à sua conduta, e ela exige, assim, um desdobramento cujo exemplo mais típico é dado pela linguagem que se desenrola sempre

---

11. (N.A.) Janet (P.), *Les obsessions et la psychasthénie* (em col. com F. Raymond), Paris, Alcan, 1903, 2 vol. *Les névroses*, Paris, Flammarion, 1909. *De l'angoisse à l'extase. Études sur les croyances et les sentiments*, Paris, Alcan, 1926. *Les débuts de l'intelligence*, Paris, Flammarion, 1935.

como diálogo eventual. A doença, então, não é nem um *deficit* nem uma regressão, mas um distúrbio dessas regulações, uma alteração funcional do sentimento: disso é testemunha a linguagem do psicastênico, que não pode mais regular-se pelas normas do diálogo, mas prossegue em um monólogo sem auditor; testemunhas também são os escrúpulos dos obsessivos que não podem concluir suas ações, porque perderam essa regulação que lhes permite iniciar e concluir uma conduta.

O surgimento das significações na conduta humana se fez igualmente a partir da análise histórica. "O homem", segundo Dilthey, "não aprende o que ele é ruminando sobre si mesmo, ele o aprende pela história".[12] Ora, o que a história lhe ensina é que ele não é um elemento segmentar dos processos naturais, mas uma atividade espiritual cujas produções depositaram-se sucessivamente no tempo, como atos cristalizados, significações doravante silenciosas. Para reencontrar essa atividade originária, será preciso endereçar-se às suas produções, fazer reviver seus sentidos através de uma "análise dos produtos do espírito destinada a nos dar acesso a um apanhado sobre a gênese do conjunto psicológico". Mas essa gênese não é nem um processo mecânico, nem uma evolução biológica; ela é movimento próprio do espírito que é sempre sua própria origem e seu próprio termo. Portanto, não se trata de explicar o espírito por outra coisa do que por ele próprio; mas, ao se colocar no interior de sua atividade, ao tentar coincidir com esse movimento no qual ele cria e se cria, é preciso, antes de mais nada, compreendê-lo. Esse tema da compreensão, oposto à explicação, foi retomado pela fenomenologia que, seguindo Husserl, fez da descrição rigorosa do vivido o projeto de toda filosofia tida como ciência. O tema da compreensão conservou sua validade; mas, em vez de fundamentá-la em uma metapsicologia do espírito, como Dilthey, a fenomenologia estabeleceu-a sobre uma análise do sentido imanente a toda experiência vivida. Assim, Jaspers[13] pôde distinguir nos fenômenos pato-

---

12. (N.A.) Dilthey (W.), *Ideen über eine beschreibende und zergliedernde Psychologie* (1894), in *Gesammelte Schriften*, Leipzig, Teubner, 1924, t. V: *Die geistige Welt. Einleitung in die Philosophie des Lebens*, p. 129-240.
13. (N.A.) Jaspers (K.), *Allgemeine Psychopathologie*, Berlim, J. Springer, 1913. (*Psychopathologie générale*, trad. A. Kastler e J. Mendousse, 3ª ed., Paris, Alcan, 1933 (N.E.).)

lógicos os processos orgânicos referidos à explicação causal, e as reações ou os desenvolvimentos da personalidade que envolvem uma significação vivida de que o psiquiatra deve ter a tarefa de compreender. Mas nenhuma forma de psicologia deu mais importância à significação do que a psicanálise. Sem dúvida, ela ainda permanece, no pensamento de Freud,[14] ligada às suas origens naturalistas e aos preconceitos metafísicos ou morais, que não deixam de marcá-la. Sem dúvida, há na teoria dos instintos (instinto de vida ou de expansão, instinto de morte ou de repetição) o eco de um mito biológico do ser humano. Sem dúvida, na concepção da doença como regressão a um estádio anterior do desenvolvimento afetivo, reencontramos um velho tema spenceriano e os fantasmas evolucionistas de que Freud não nos poupa, mesmo em suas implicações sociológicas mais duvidosas. Mas a própria história da psicanálise fez ver esses elementos retrógrados. A importância histórica de Freud vem, sem dúvida, da impureza mesma de seus conceitos: foi no interior do sistema freudiano que se produziu essa reviravolta da psicologia; foi no decorrer da reflexão freudiana que a análise causal transformou-se em gênese das significações,

---

14. (N.A.) Freud (S.), *Die Traumdeutung*, Viena, Franz Deuticke, 1900. (*L'interprétation des rêves*, trad. D. Berger, Paris, PUF, 1967 (N.E.).) *Drei Abhandlungen zur Sexualtheorie*, Viena, F. Deuticke, 1905. (*Trois essais sur la théorie sexuelle*, trad. Ph. Koeppel, Paris, Gallimard, col. "Connaissance de l'inconscient", 1987 (N.E).) "Bruchstück einer Hysterie-Analyse", *Monatsschrift für Psychiatrie und Neurologie*, t. XVIII, 1905, nº 4, outubro, p. 285-310, e nº 5, novembro, p. 408-467. ("Fragment d'une analyse d'hystérie [Dora]", trad. M. Bonaparte e R. M. Loewenstein, *Cinq psychanalyses*, 2ª ed., Paris, PUF, 1966, p. 1-91 (N.E.).) *Totem und Tabu. Einige Übereinstimmungen im Seelenleben der Wilden und der Neurotiker*, Viena, Hugo Heller, 1913. (*Totem et tabou. Interprétation par la psychanalyse de la vie sociale des peuples primitifs et des névrosés*, trad. S. Jankélévitch, Paris, Payot, col. "Petite Bibliothèque Payot", nº 77, 1965 (N.E.).) *Vorlesungen zur Einführung in die Psychoanalyse*, Viena, Hugo Heller, 1916-1917. (*Introduction à la psychanalyse*, trad. S. Jankélévitch, Paris, Payot, 1921 (N.E.).) *Jenseits des Lustprinzips*, Viena, Internationaler Psychoanalytischer Verlag, 1920. ("Au-delà du principe de plaisir", trad. J. Laplanche e J.-B. Pontalis, *Essais de psychanalyse*, Paris, Payot, col. "Petite Bibliothèque Payot", nº 44, 1981, p. 41-115 (N.E.).) *Das Ich und das Es*, Viena, Internationaler Psychoanalystischer Verlag, 1923. ("Le moi et le ça", trad. J, Laplanche, *Essais de psychanalyse, op. cit.*, p. 219-275 (N.E.).) *Neue Folge der Vorlesungen zur Einführung in die Psychoanalyse*, Viena, Internationaler Psychoanalytischer Verlag, 1933. (*Nouvelles conférences d'introduction à la psychanalyse*, trad. R.-M. Zeitlin, Paris, Gallimard, col. "Connaissance de l'inconscient", 1984 (N.E.).)

que a evolução cede seu lugar à história, e que o apelo à natureza é substituído pela exigência de analisar o meio cultural.

1) Para Freud, a análise psicológica não deve partir de uma distribuição das condutas entre o voluntário e o involuntário, o intencional e o automático, a conduta normalmente organizada e o comportamento patológico e perturbado; não há diferença de natureza entre o movimento voluntário de um homem são e a paralisia histérica. Para além de todas as diferenças manifestas, essas duas condutas têm um sentido: a paralisia histérica tem o sentido da ação que ela recusa, assim como a ação intencional tem o sentido da ação que ela projeta. O sentido é coextensivo a toda conduta. Ali mesmo onde ele não aparece, na incoerência do sonho, por exemplo, na absurdidade de um lapso, na interrupção de um jogo de palavras, ele também está presente, mas de um modo oculto. E o próprio insensato é sempre uma astúcia do sentido, uma forma para o sentido vir à tona testemunhando contra ele próprio. A consciência e o inconsciente não são tanto dois mundos justapostos; são, antes, duas modalidades de uma mesma significação. E a primeira tarefa terapêutica será, através da interpretação dos sonhos e dos sintomas, modificar essa modalidade do sentido.

2) Quais são essas significações imanentes à conduta, mas às vezes escondidas da consciência? São aquelas que a história individual constituiu e cristalizou no passado em torno de acontecimentos importantes: o traumatismo é um transtorno das significações afetivas (o desmame, por exemplo, que transforma a mãe, objeto e princípio de todas as satisfações, em um objeto que se recusa, em um princípio de frustrações); e quando essas significações novas não ultrapassam e não integram as significações antigas, então o indivíduo fica fixado nesse conflito do passado e do presente, em uma ambiguidade entre o atual e o inatual, o imaginário e o real, o amor e o ódio, sinal maior da conduta neurótica. O segundo tema da terapêutica será, portanto, a redescoberta dos conteúdos inatuais e das significações passadas da conduta presente.

3) Por mais assombrada que ela seja pelo passado, a conduta não deixa de ter um sentido atual. Dizer que um sintoma reproduz simbolicamente um traumatismo arcaico implica que o passado não invada totalmente o presente, mas que o presente se defenda contra sua reaparição. O presente está

sempre em dialética com seu próprio passado; ele o recalca no inconsciente, separa suas significações ambíguas; ele projeta sobre a atualidade do mundo real os fantasmas da vida anterior; ele transpõe seus temas para níveis de expressão reconhecidos válidos (é a sublimação); em suma, ele erige todo um conjunto de mecanismos de defesa que a cura psicanalítica tem o encargo de girar reatualizando as significações do passado pela transferência e pela ab-reação.

4) Mas qual é o conteúdo desse presente? Qual é seu peso ante a massa latente do passado? Se ele não é vazio, ou instantâneo, é na medida em que ele é essencialmente a instância social, o conjunto de normas que, em um grupo, reconhece ou invalida tal ou tal forma de conduta. A dialética do passado e do presente reflete o conflito entre as formas individuais de satisfação e as normas sociais de conduta, ou ainda, como diz Freud, entre o "id" e o "superego"; o "ego", com os mecanismos de defesa, é o lugar de seu conflito e o ponto onde a angústia faz irrupção na existência. No tratamento psicanalítico, o papel do terapeuta é, justamente, através de um jogo de satisfação e de frustração, reduzir a intensidade do conflito, flexibilizar a dominação do "id" e do "superego", ampliar e abrandar os mecanismos de defesa; ele não tem o projeto mítico de suprimir o conflito, mas de transformar sua contradição neurótica em uma tensão normal.

Ao levar a seus limites extremos a análise do sentido, Freud deu sua orientação à psicologia moderna; se ele foi mais longe que Janet e que Jaspers, é por ter conferido um estatuto objetivo à significação; ele buscou reapreendê-la no nível dos símbolos expressivos, no próprio "material" do comportamento; ele lhe deu como conteúdo uma história real, ou melhor, o afrontamento de duas histórias reais: a do indivíduo, na sequência de suas experiências vividas, e a da sociedade, nas estruturas pelas quais ela se impõe ao indivíduo. Nessa medida, pode-se ultrapassar a oposição entre o subjetivo e o objetivo, entre o indivíduo e a sociedade. Um estudo objetivo das significações tornou-se possível.

O estudo das significações objetivas

Esse estudo recobre um domínio do qual não podemos, aqui, senão delimitar as regiões essenciais.

1) *Elementos e conjuntos*. O behaviorismo,[15] inaugurado por Watson, busca o sentido adaptativo das condutas a partir das manifestações objetivas do comportamento. Sem fazer intervir a experiência vivida, nem mesmo o estudo das estruturas nervosas e de seus processos, deve ser possível, confrontando a análise das estimulações com a das reações, reencontrar a unidade do comportamento. Watson propõe como axioma: "Uma resposta é executada ante todo estímulo efetivo e a resposta é imediata." Portanto, todo comportamento deve explicar-se a partir de uma constelação estimulante, sem apelar para entidades como o instinto, a consciência, a liberdade; inversamente, a toda estimulação há de se buscar uma resposta, ao menos implícita, como é o caso das reações vegetativas (as emoções), ou das reações laríngeas silenciosas (o pensamento). Para o behaviorismo molecular, essa análise deve fazer-se por segmentos tão elementares quanto possível; para o behaviorismo molar, ela deve seguir as articulações significativas dos conjuntos (concepção do *Sign-Gestalt*, em Tolman). Mas, em todos os casos, o projeto do behaviorismo é, na verdade, aquele definido por Boring: constituir uma "psicologia científica do *meaning*".

Reencontramos os mesmos problemas na psicologia da forma: qual é o domínio de objetividade das condutas significativas? E o estudo dessas significações deverá ser feito de uma forma segmentar ou global? Na *Gestalt-Theorie*, é o segundo problema que domina o primeiro e comanda sua solução.[16] Wertheimer, Köhler e Koffka mostram que são as qualidades estruturais da estimulação que motivam, em seu aspecto geral, respostas como a percepção que articula o campo, a inteligência que o reestrutura, a emoção que embaralha suas linhas. É preciso, portanto, abandonar a hipótese de uma ação imediata dos estímulos locais e definir a relação entre a constelação estimulante e a resposta, através de um campo que não implique nem objetividade natural nem processo causal; esse "campo

---

15. (N.A.) Watson (J. B.), *Behavior. An introduction to comparative psychology*, Nova Iorque, Henry Holt, 1914. Tolman (E. C.), *Purposive behavior in animals and men*, Ed. R. Elliott, Nova Iorque, The Century Psychology Series, 1932.
16. (N.A.) Köhler (W.), *Gestalt psychology. An introduction to new concepts in modern psychology*, Nova Iorque, H. Liveright, 1929. Koffka (K.), *Principles of gestalt psychology*, Nova Iorque, Harcourt and Brace, 1935. Lewin (K.), *Principles of topological psychology*, Londres, Mac Graw-Hill, 1935.

fenomenal" define a objetividade pela pregnância e constância das figuras; e ele substitui o processo causal por toda uma interação de forças entre o sujeito e o meio. O campo dinâmico do comportamento torna-se, assim, o objeto maior da psicologia.
2) *Evolução e gênese*. Essas estruturas de conjunto e as significações que habitam nelas evoluem no decorrer do devir individual. Para certos psicólogos, como Gesell,[17] a emergência das estruturas se faz na conduta por uma maturação surda dos esquemas fisiológicos. Para outros, como Kuo, ela se faz pela coesão progressiva de condutas segmentares e adquiridas que, pela força de iteração da facilitação, organizam-se em estereótipos gerais de condutas.[18]

Entre essas duas formas extremas de interpretação, a psicologia genética, depois de Baldwin, busca levar em conta a maturação e a aquisição, o desenvolvimento necessário e o progresso ligado às circunstâncias. Piaget[19] atribui o máximo ao desenvolvimento necessário das estruturas ao mesmo tempo biológicas e lógicas; ele busca mostrar no desenvolvimento das primeiras – desde as que são irreversivelmente orientadas e concretas até as que são reversíveis e abstratas, desde a reação imediata à operação técnica – um processo que refaz em sentido inverso a marcha da história das ciências – desde a geometria euclidiana até o cálculo vetorial e tensorial: o devir psicológico da criança não é senão o inverso do devir histórico do espírito. Em contrapartida, Wallon atribui o máximo ao meio, mostrando na individualidade psicológica não um dado, mas um resultado, como o ponto de interferência entre os movimentos centrípetos da emoção, da simpatia, da fusão afetiva, e os movimentos centrífugos da experiência do outro e do reconhecimento de si. O pensamento não é, portanto, o modelo lógico e já constituído da ação, mas é o ato desdobran-

---

17. (N.A.) Gesell (A.) e Ilg (F.), *The first five years of life. A guide to the study of the preschool child*, Nova Iorque, Harper, 1940. *The child from five to ten*, Nova Iorque, Harper, 1946. (*L'enfant de 5 à 10 ans*, trad. N. Granjon e I. Lézine, PUF, 1949 (N.E.).) Gesell (A.) e Amatruda (C.), *The embryology of behavior; the beginnings of the human mind*, Nova Iorque, Harper, 1945. (*L'embryologie du comportement; les débuts de la pensée humaine*, trad. P. Chauchard, Paris, PUF, 1952 (N.E.).)
18. (N.A.) Kuo (Z.-Y.), *Les principes fondamentaux du comportement*, 1941.
19. (N.A.) Piaget (J.), *La représentation du monde chez l'enfant*, Paris, Alcan, 1926. *La naissance de l'intelligence chez l'enfant*, Paris, Delachaux e Niestlé, 1936. *La psychologie de l'intelligence*, Paris, A. Colin, nº 249, 1947.

do-se em um meio que se constitui como pensamento, através da intermediação do rito, do símbolo e, finalmente, da representação.[20] O devir psicológico não é o desenvolvimento de estruturas inteiramente preparadas, ele é a preparação efetiva de estruturas adultas; não se trata mais de evolução espontânea, mas de gênese ativa.

3) Performances e aptidões. Um outro problema colocado pela existência dessas significações objetivas é o de suas manifestações, seu afloramento no domínio da observação. Ele se dá sob duas formas: a da *performance*, da realização, da *Leistung*, como dizem os alemães, e a da expressão.

A psicologia tradicional era uma psicologia do virtual; as faculdades não se inscreviam nunca senão entre as possibilidades abstratas. É atualmente no nível mesmo do real, e no quadro por ele definido, que se buscam determinar as eventualidades do comportamento. Disso surgiu o princípio do teste, devido a Cattell e a Binet, e definido como uma prova estandartizada cujo resultado é estimado por comparação estatística entre os indivíduos a ele submetidos. Quanto às crianças retardadas, Binet e Simon[21] foram os primeiros a buscar definir o "nível mental" de um indivíduo, em relação aos sujeitos de sua idade; o teste toma, então, a forma de uma escala de desenvolvimento. O imenso acaso dos testes mentais conduziu Spearman[22] a definir como critério de inteligência as únicas *performances* que se podem aferir sob a forma de testes: a inteligência seria um fator geral que, em um grau mais ou menos elevado segundo a natureza da prova, daria conta de uma parte das *performances*, em todos os testes de aptidões. A determinação da importância do "fator *g*" em tal ou tal prova se faz por uma elaboração estatística, um cálculo de correlações que estão na origem da análise fatorial. Mais

---

20. (N.A.) Wallon (H.), *Les origines du caractère chez l'enfant: les préludes du sentiment de personnalité*, Paris, Boivin, 1934. *De l'acte à la pensée. Essai de psychologie comparée*, Paris, Flammarion, 1942.
21. (N.A.) Binet (A.) e Simon (T.), "Méthode nouvelle pour le diagnostic du niveau intellectuel des anormaux", *Année psychologique*, t. XI, 1905, p. 191-244.
22. (N.A.) Spearman (C. E.), *The abilities of man. Their nature and measurement*, Londres, MacMillan, 1927. (*Les aptitudes de l'homme, leur nature et leur mesure*, trad. F. Brachet, Paris, Conservatoire national des arts et métiers, 1936 (N.E.).)

tarde, Thurstone,[23] Thomson e Vernon praticaram o método de análise multifatorial, que também, através do mesmo método de análise estatística das *performances*, busca determinar, ao lado, ou eventualmente no lugar do fator *g*, fatores polimorfos (aptidão verbal, compreensão espacial, aptidão numérica). Em todo esse movimento fatorial, a objetividade das significações só é mantida e garantida pela fragilidade das relações estatísticas que alteram sua necessidade e a despojam de todo conteúdo efetivo.

4) *A expressão e o caráter*. Em compensação, as psicologias da expressão e do caráter esforçam-se em reapreender o conteúdo das significações na forma da necessidade individual. Esse conteúdo individual aflora, em primeiro lugar, em todos os fenômenos da projeção e sobretudo na projeção sobre um estímulo pouco diferenciado, de interpretações que lhe emprestam um sentido imaginário: é o princípio das provas de Rorschach e de Muway (manchas de tinta, imagens de cenas humanas). Ele aflora igualmente nesses outros fenômenos de expressão constituídos pelos julgamentos que se têm de si mesmo, ou ainda pela imagem que nós damos a nós mesmos (é esse domínio que os questionários de Heymans ou de Woodworth exploram). Há, aproximadamente, tantas características quantos forem os métodos de investigação. Mas deve-se notar o prestígio da grande oposição delineada por Bleuler entre o tipo esquizoide (tendência ao fechamento sobre si mesmo, ao autismo, à ruptura de contato com a realidade) e o caráter cicloide (tendência à expansão, à labilidade afetiva, ao contato permanente com o mundo exterior).

Tal como o mundo verbal e o universo imaginário, o corpo mesmo detém um valor expressivo; essa ideia, desenvolvida por Klages, encontra sua validade tanto na estrutura geral do corpo quanto em suas manifestações patológicas. O aspecto morfológico do organismo é posto por Kretschmer e Sheldon em relação com a estrutura do caráter: o corpo "simboliza com ela em uma unidade na qual pode decifrar-se um estilo geral

---

23. (N.A.) Thurston (L.), *The vectors of mind*, Chicago, University of Chicago Press, 1935. Thomson (G.), *The factorial analysis of human ability*, Londres, University of London Press, 1939. (*L'analyse factorielle des aptitudes humaines*, trad. P. Naville, 3ª ed., Paris, PUF, 1950 (N.E.).)

de reação psicocorporal".[24] Pela via da análise simbólica na qual os sinais corporais são lidos como uma linguagem, a psicanálise mostrou o caráter expressivo do corpo e denunciou a origem psicogênica de certas síndromes orgânicas; sistematizando essa pesquisa, Alexander[25] pôde mostrar a ligação de doenças como a hipertensão ou a ulceração das vias digestivas com as estruturas neuróticas que as provocam ou que se exprimem nelas.

5) *Conduta e instituições*. Expressas ou silenciosas, as significações objetivas das condutas individuais são ligadas por um laço de essência à objetividade das significações sociais: as obras de Janet, de Freud, de Blondel[26] tentaram destacar esse elo.

"Conduzir-se" só pode ter sentido em um horizonte cultural que dá à conduta sua norma (sob o aspecto do grupo), o tema, enfim, que a orienta (sob as espécies da opinião e da atitude): esses são os três grandes setores da psicologia social.

O estudo das instituições busca determinar as estruturas de base de uma sociedade; isolar as condições econômicas com sua incidência direta sobre o desenvolvimento do indivíduo e sobre as formas pedagógicas, no sentido amplo, que Kardiner designa como "instituições primárias"; descrever a maneira como o indivíduo reage a essas instituições, como ele integra experiências, como ele projeta, enfim, os temas maiores sob a forma do mito, da religião, das condutas tradicionais, das regras jurídicas e sociais que se definem como "instituições secundárias".[27] Essa problemática definida com precisão por Kardiner está presente de maneira mais ou menos difusa em todos os estudos antropológicos, quer eles estudem as populações "primitivas" (M. Mead em Samoa, R. Benedict no Novo México, Linton em Madagascar), quer se esforcem em desafiar eiras culturais mais desenvolvidas, como Linton em Plainville.

---

24. (N.A.) Sheldon (W.) em col. com Stevens (S.), *The varieties of temperament. A psychology of constitutional differences*, Nova Iorque, Harper, 1942. (*Les variétés du tempérament. Une psychologie des différences constitutionnelles*, trad. A. Ombredane e J.-J. Grumbach, Paris, PUF, 1951 (N.E.).)
25. (N.A.) Alexander (F.), *Psychosomatic medicine, its principles and applications*, Nova Iorque, Norton, 1950. (*La médecine psychosomatique. Ses principes et ses applications*, trad. S. Horinson e E. Stern, Paris, Payot, 1951 (N.E.).)
26. (N.A.) Blondel (C.), *Introduction à la psychologie collective*, Paris, A. Colin, nº 102, 1927.
27. (N.A.) Kardiner (A.) com Linton (R.), Du Bois (C.) e West (J.), *Psychological frontiers of society*, Nova Iorque, Columbia University Press, 1945.

Os problemas do grupo concernem, ao mesmo tempo, ao jogo de interação dos indivíduos que estão em presença direta uns dos outros, e à experiência – vivida por cada um dos membros do grupo – de sua situação própria no interior do conjunto. Moreno focalizou métodos de análise do grupo, pelos quais se determinam valências positivas ou negativas que unem e opõem os indivíduos em uma constelação característica do grupo. Ele tentou, inclusive, estabelecer, sob o nome de sociodrama, uma terapêutica de grupos, que permitiria, assim como na análise individual, um esclarecimento e uma atualização dos temas afetivos latentes, dos conflitos ou das ambivalências cujas relações manifestas são subentendidas, e que tornaria possível, por essa via, uma readaptação mútua, e uma restruturação afetiva do grupo.[28]

A análise das opiniões e das atitudes busca determinar os fenômenos coletivos que servem de contexto às condutas afetivas do indivíduo, assim como às suas operações intelectuais de percepção, de julgamento e de memória. Essas pesquisas são quantitativas antes de serem estruturais e se apoiam sempre na elaboração de dados estatísticos: mede-se, assim, a extensão de uma opinião através de investigações feitas sobre um grupo representativo de uma população em seu conjunto, ou ainda a força de uma atitude em um grupo de indivíduos, através do apego comparado que ele manifesta com relação a tal ou tal opinião. O caráter coletivo dessas opiniões e dessas atitudes permite extrair a noção de estereótipo, espécie de opinião generalizada e cristalizada que provoca, em função de atitudes preestabelecidas, reações sempre idênticas.[29]

O fundamento das significações objetivas

Todas essas análises de significações objetivas situam-se entre os dois tempos de uma oposição: totalidade ou elemento; gênese inteligível ou evolução biológica; *performance* atual ou

---

28. (N.A.) Moreno (J. L.), *Who shall survive? Foundation of sociometry*, Nova Iorque, Beacon Press, 1934. (*Fondements de la sociométrie*, trad. Lesage e Maucorps, Paris, PUF, 1954 (N.E.).)
29. (N.A.) Cantril (H.), *Gauging public opinion*, Princeton University Press, 1947. Allport (G. W.) e Postman (L.), *The psychology of rumor*, Nova Iorque, Henry Holt, 1947. Stoetzel (J.), *Théorie de l'opinion*, Paris, PUF, 1943.

aptidão permanente e implícita; manifestações expressivas momentâneas ou constância de um caráter latente; instituição social ou condutas individuais: temas contraditórios cuja distância constitui a dimensão própria da psicologia. Mas cabe à psicologia ultrapassá-los, ou deve ela se contentar de descrevê-los como formas empíricas, concretas, objetivas, de uma ambiguidade que é a marca do destino do homem? Diante desses limites, deve a psicologia liquidar-se como ciência objetiva e desviar-se em uma reflexão filosófica que contesta sua validade? Ou ela deve buscar descobrir fundamentos que, se não suprimem a contradição, permitem ao menos dar conta dela?

Os esforços mais recentes da psicologia vão nessa direção e, apesar da diversidade de sua inspiração, pode-se resumir sua significação histórica deste modo: a psicologia não mais busca provar sua possibilidade por sua existência, mas fundamentá-la a partir de sua essência, e ela não mais busca suprimir, nem mesmo atenuar suas contradições, mas, sim, justificá-las.

A cibernética está longe, assim parece, de um semelhante projeto. Sua positividade parece afastá-la de toda especulação, e se ela toma por objeto a conduta humana, é para encontrar nela, a um só tempo, o fato neurológico dos circuitos em *feedback*, os fenômenos físicos da autorregulação e a teoria estatística da informação.[30] Mas, ao descobrir nas reações humanas os processos mesmos dos servomecanismos, a cibernética não retorna a um determinismo clássico: sob a estrutura formal das estimações estatísticas, ela deixa espaço às ambiguidades dos fenômenos psicológicos e justifica, do seu ponto de vista, as formas sempre aproximadas e sempre equívocas do conhecimento que podemos ter.

Em um outro sentido, a ultrapassagem da psicologia se faz em direção a uma antropologia que tende a uma análise da existência humana em suas estruturas fundamentais. Reapreender o homem como existência no mundo e caracterizar cada homem pelo estilo próprio a essa existência é, para L.

---

30. (N.A.) Wiener (N.), *Cybernetics or control and communication in the animal and the machine*, Paris, Hermann, 1948. Walter (W. G.), *The living brain*, Nova Iorque, Norton, 1953. (*Le cerveau vivant*, Paris, Delachaux e Niestlé, 1954 (N.E.).)

Binswanger, para H. Kunz, atingir, mais além da psicologia, o fundamento que lhe dá sua possibilidade e dá conta de suas ambiguidades: a psicologia aparece como uma análise empírica da maneira segundo a qual a existência humana se oferece no mundo; mas ela deve assentar-se sobre a análise existencial da maneira segundo a qual essa realidade humana se temporaliza, se espacializa e, finalmente, projeta um mundo: então, as contradições da psicologia, ou a ambiguidade das significações que ela descreve, terão encontrado sua razão de ser, sua necessidade e, ao mesmo tempo, sua contingência, na liberdade fundamental de uma existência que escapa, com todo o direito, à causalidade psicológica.[31]

Porém, a interrogação fundamental permanece. Nós mostramos, no início, que a psicologia "científica" nasceu das contradições encontradas pelo homem em sua prática, e que, por outro lado, o desenvolvimento dessa "ciência" consistiu em um lento abandono do "positivismo" que a alinhava, no começo, com as ciências da natureza. Esse abandono e a análise nova das significações objetivas puderam resolver as contradições que o motivaram? Não parece, uma vez que nas formas atuais da psicologia reencontramos essas contradições sob o aspecto de uma ambiguidade que se descreve como coextensiva à existência humana. Nem o esforço em direção à determinação de uma causalidade estatística, nem a reflexão antropológica sobre a existência podem ultrapassá-las realmente; quando muito, podem esquivar-se delas, quer dizer, encontrá-las finalmente transpostas e travestidas.

O futuro da psicologia não estaria, doravante, no levar a sério essas contradições, cuja experiência, justamente, fez nascer a psicologia? Por conseguinte, não haveria desde então psicologia possível senão pela análise das condições de existência do homem e pela retomada do que há de mais humano no homem, quer dizer, sua história.

---

31. (N.A.) Binswanger (L.), *Grundformen und Erkenntnis des menschlichen Daseins*, Zurique, Max Niehans, 1942.

1961

Prefácio (*Folie et déraison*)

Préface; in Foucault (M.), *Folie et déraison. Histoire de la folie à l'âge classique*, Paris, Plon, 1961, p. I-XI. Este prefácio só figura de modo integral na edição original. A partir de 1972, desaparece das três reedições.

Pascal: "Os homens são tão necessariamente loucos que não ser louco seria ser louco de um outro giro de loucura." E este outro texto, de Dostoïevski, no *Journal d'un écrivain*: "Não é isolando seu vizinho que nos convencemos de nosso próprio bom-senso."

Há de se fazer a história desse outro giro de loucura – desse outro giro pelo qual os homens, no gesto de razão soberana que isola seu vizinho, se comunicam e se reconhecem através da linguagem sem piedade da não loucura. Há de se encontrar o momento dessa conjuração, antes de ela ter sido definitivamente estabelecida no reino da verdade, antes de ela ter sido reanimada pelo lirismo da protestação. Tratar de ir ao encontro, na história, desse grau zero da história da loucura, no qual ela é experiência indiferenciada, experiência ainda não partilhada da própria partilha. Descrever, desde a origem de sua curvatura, esse "outro giro" que, de um e de outro lado de seu gesto, deixa recair coisas doravante exteriores, surdas a toda troca, e como mortas uma para outra: a Razão e a Loucura.

Sem dúvida, essa é uma região incômoda. Para percorrê-la é preciso renunciar ao conforto das verdades terminais, e nunca se deixar guiar por aquilo que podemos saber da loucura. Nenhum dos conceitos da psicopatologia deverá, inclusive e sobretudo no jogo implícito das retrospecções, exercer o papel de organizador. É constitutivo o gesto que divide a loucura, e não a ciência que se estabelece, uma vez feita essa divisão, na calma recobrada. É originária a cesura que estabelece a distância entre razão e não razão; quanto ao poder que a razão exerce sobre a não razão para lhe arrancar sua verdade de loucura, de falta ou de doença, dele ela deriva, e de longe. Será, portanto, preciso falar desse primitivo debate sem supor vitória, nem direito à vitória; falar desses gestos incessantemente repetidos na história, deixando em suspense tudo que pode fazer figura de conclusão, de repouso na verdade; falar desse gesto de corte, dessa distância tomada, desse vazio instaurado entre a razão e o que não é ela, sem jamais tomar apoio na plenitude do que ela pretende ser.

Então, e somente então, poderá aparecer o domínio no qual o homem de loucura e o homem de razão, separando-se, não estão ainda separados e, em uma linguagem muito originária, muito tosca, bem mais matinal do que a da ciência, iniciem o diálogo de sua ruptura, o que testemunha de um modo fugidio que eles se falam ainda. Ali, loucura e não loucura, razão e não razão estão confusamente implicadas: inseparáveis, já que não existem ainda, e existindo uma para a outra, uma em relação à outra, na troca que as separa.

No meio do mundo sereno da doença mental, o homem moderno não se comunica mais com o louco; há, de um lado, o homem de razão que delega para a loucura o médico, não autorizando, assim, relacionamento senão através da universalidade abstrata da doença; há, do outro lado, o homem de loucura que não se comunica com o outro senão pelo intermediário de uma razão igualmente abstrata, que é ordem, coação física e moral, pressão anônima do grupo, exigência de conformidade. Linguagem comum não há; ou melhor, não há mais; a constituição da loucura como doença mental, no final do século XVIII, estabelece a constatação de um diálogo rompido, dá a separação como já adquirida e enterra no esquecimento todas essas palavras imperfeitas, sem sintaxe fixa, um tanto balbuciantes, nas quais se fazia a troca entre a loucura e a razão. A linguagem da psiquiatria, que é monólogo da razão *sobre* a loucura, só pode estabelecer-se sobre um tal silêncio.

Não quis fazer a história dessa linguagem; antes, a arqueologia desse silêncio.

*

Os gregos relacionavam-se com alguma coisa que chamavam de ὕβρις. Essa relação não era apenas de condenação; a existência de Trasímaco, ou a de Cálicles, basta para mostrá-lo, ainda que seu discurso nos seja transmitido, já envolto na dialética tranquilizadora de Sócrates. Mas o *Logos* grego não tinha contrário.

O homem europeu, desde o recôndito da Idade Média, relaciona-se com alguma coisa que ele chama confusamente de: Loucura, Demência, Desrazão. É talvez a essa presença obscura que a Razão ocidental deve alguma coisa de sua profundidade, assim como à ameaça da ὕβρις, a σωφροσύνη dos discursos socráticos. Em todo caso, a relação Razão-Desrazão constitui para a cultura ocidental uma das dimensões de sua originalidade; ela já a acompanhava muito antes de Jheronimus Bosch e a seguirá bem depois de Nietzsche e Artaud.

O que é então esse afrontamento sob a linguagem da razão? Em direção a que poderia conduzir-nos uma interrogação que não seguiria a razão em seu devir horizontal, mas buscaria retraçar no tempo essa verticalidade constante que, ao longo da cultura europeia, a confronta com o que ela não é, medindo-a em sua própria desmedida? Em direção a qual região iríamos nós, que não é nem a história do conhecimento nem a história simplesmente, que não é comandada nem pela teologia da verdade, nem pelo encadeamento racional das causas, os quais só têm valor e sentido mais além da divisão? Uma região, sem dúvida, onde se trataria mais dos limites do que da identidade de uma cultura.

Poder-se-ia fazer uma história dos *limites* – desses gestos obscuros, necessariamente esquecidos logo que concluídos, pelos quais uma cultura rejeita alguma coisa que será para ela o Exterior; e, ao longo de sua história, esse vazio escavado, esse espaço branco pelo qual ela se isola a designa tanto quanto seus valores. Pois seus valores, ela os recebe e os mantém na continuidade da história; mas nessa região de que queremos falar, ela exerce suas escolhas essenciais, ela faz a divisão que lhe dá a face de sua positividade; ali se encontra a espessura originária na qual ela se forma. Interrogar uma cultura sobre suas experiências-limites é questioná-la, nos confins da história, sobre um dilaceramento que é como o nascimento mesmo de sua história. Então, encontram-se confrontados, em uma tensão sempre prestes a desenlaçar-se, a continuidade temporal de uma análise dialética e o surgimento, às portas do tempo, de uma estrutura trágica.

No centro dessas experiências-limites do mundo ocidental explode, é evidente, a do próprio trágico – tendo Nietzsche mostrado que a estrutura trágica a partir da qual se faz a história do mundo ocidental não é outra coisa senão a recusa, o esquecimento e a recaída silenciosa da tragédia. Em torno desta, que é central já que ela enlaça o trágico à dialética da história na própria recusa da tragédia pela história, muitas outras experiências gravitam. Cada uma, nas fronteiras de nossa cultura, traça um limite que significa, ao mesmo tempo, uma divisão originária.

Na universalidade da *ratio* ocidental, há essa divisão que é o Oriente: o Oriente, pensado como a origem, sonhado como o ponto vertiginoso do qual nascem as nostalgias e as promessas de retorno, o Oriente oferecido à razão colonizadora do Ocidente, mas indefinidamente inacessível, pois ele permanece sempre o limite: noite do começo, em que o Ocidente se formou, mas na qual ele traçou uma linha de divisão, o Oriente é para ele tudo o que ele não é, ainda que ele deva aí buscar o que é sua verdade primitiva. Será preciso fazer uma história dessa grande divisão, ao longo do devir ocidental, segui-la em sua continuidade e suas trocas, mas deixá-la também aparecer em seu hieratismo trágico.

Será preciso também narrar outras divisões: na unidade luminosa da aparência, a divisão absoluta do sonho, que o homem não pode impedir-se de interrogar sobre sua própria verdade – quer seja a de seu destino ou a de seu coração –, mas que ele só questiona no mais além de uma essencial recusa que o constitui e o impele na irrisão do onirismo. Será preciso fazer também a história, e não somente em termos de etnologia, dos interditos sexuais: em nossa própria cultura, falar das formas continuamente moventes e obstinadas da repressão, e não para fazer a crônica da moralidade ou da tolerância, mas para trazer à tona, como limite do mundo ocidental e origem de sua moral, a divisão trágica do mundo feliz do desejo. É preciso, enfim, e em primeiro lugar, falar da experiência da loucura.

O estudo que se lerá não seria senão o primeiro, e o mais fácil, sem dúvida, dessa longa investigação, que, sob a luz da grande pesquisa nietzschiana, gostaria de confrontar as dialéticas da história com as estruturas imóveis do trágico.

*

O que é então a loucura, em sua forma mais geral, porém mais concreta, para quem recusa, desde o início, todas as possibilidades de ação do saber sobre ela? Nada mais, sem dúvida, do que *a ausência de obra*. A existência da loucura, que lugar pode ela ter no devir? Qual é sua esteira? Bem tênue, sem dúvida; algumas rugas que inquietam pouco e não alteram a grande calma razoável da história. Que peso têm, em face de algumas palavras decisivas que tramaram o devir da razão ocidental, todas essas formulações vãs, todos esses dossiês de delírio indecifrável que o acaso das prisões e das bibliotecas lhe justapuseram? Haverá um lugar no universo de nossos discursos para os milhares de páginas nas quais Thorin, lacaio quase analfabeto, e "demente furioso",[1] transcreveu, no final do século XVII, suas visões em fuga e os ladridos de seu pavor? Tudo isso não passa do tempo decaído, pobre presunção de uma passagem que o futuro recusa, alguma coisa no devir que é irreparavelmente menos do que a história.

É esse "menos" que é preciso interrogar, liberando-o, de início, de todo indício de pejoração. Desde sua formulação originária, o tempo histórico impõe silêncio a alguma coisa que não podemos mais apreender depois senão sob as espécies do vazio, do vão, do nada. A história só é possível sobre o fundo de uma ausência de história, no meio desse grande espaço de murmúrios que o silêncio espreita, como sua vocação e sua verdade: "Nomearei deserto este castelo que foste, noite, esta voz, ausência, teu rosto." Equívoco dessa obscura região: pura origem, já que é dela que nascerá, conquistando pouco a pouco sobre tanta confusão as formas de sua sintaxe e a consistência de seu vocabulário, a linguagem da história – e resíduo último, praia estéril das palavras, areia percorrida e logo esquecida, não conservando, em sua passividade, senão o rastro vazio das figuras extraídas.

A grande obra da história do mundo é indelevelmente acompanhada de uma ausência de obra, que se renova a cada instante, mas que corre inalterada em seu inevitável vazio ao longo da história: e desde antes da história, uma vez que ela já está lá na decisão primitiva, e ainda depois dela, uma vez que ela triunfará na última palavra pronunciada pela história.

---

1. (N.A.) Bibliothèque de l'Arsenal; mss. nºˢ 12.023 e 12.024.

A plenitude da história só é possível no espaço, vazio e povoado ao mesmo tempo, de todas essas palavras sem linguagem que fazem ouvir, a quem afinar a orelha, um barulho surdo debaixo da história, o murmúrio obstinado de uma linguagem que falaria *sozinha* – sem sujeito falante e sem interlocutor, comprimida sobre ela própria, atada à garganta, desmoronando antes de ter atingido qualquer formulação e retornando sem brilho ao silêncio do qual jamais se desfez. Raiz calcinada do sentido.

Isso ainda não é loucura, mas a primeira cesura a partir do que a divisão da loucura é possível. Essa divisão é a reprise, o redobramento, a organização na unidade serrada do presente; a percepção que o homem ocidental tem de seu tempo e de seu espaço deixa aparecer uma estrutura de recusa, a partir da qual denunciamos uma palavra como não sendo linguagem, um gesto como não sendo obra, uma figura como não tendo direito a tomar lugar na história. Essa estrutura é constitutiva do que é sentido e não sentido, ou melhor, dessa reciprocidade pela qual são ligados um ao outro; só ela pode dar conta desse fato geral de que não pode haver na nossa cultura razão sem loucura, mesmo quando o conhecimento racional que tomamos da loucura a reduza e a desarme, conferindo-lhe o frágil *status* de acidente patológico. *A necessidade da loucura* ao longo da história do Ocidente está ligada a esse gesto de decisão, que destaca do ruído de fundo e de sua monotonia contínua uma linguagem significativa, que se transmite e se conclui no tempo; em suma, ela está ligada à *possibilidade da história*.

Essa estrutura da experiência da loucura, que é inteiramente da história, mas cuja sede é em seus confins, e ali onde ela se decide, constitui o objeto deste estudo.

Isso quer dizer que não se trata de uma história do conhecimento, mas dos movimentos rudimentares de uma experiência. História não da psiquiatria, mas da própria loucura, em sua vivacidade antes de toda captura pelo saber. Portanto, será preciso estirar a orelha, debruçar-se sobre esse rosnar do mundo, tratar de aperceber tantas imagens que jamais foram poesia, tantos fantasmas que jamais alcançaram as cores da vigília. Mas, sem dúvida, eis aí uma tarefa duplamente impossível, já que ela nos obrigaria a reconstituir a poeira dessas dores concretas, dessas palavras insensatas que nada amarra ao tempo; e, sobretudo, uma vez que essas dores e palavras não existem e não são dadas a elas próprias e aos outros senão no gesto da divisão que desde já as denuncia e as domina. É somente no ato da separação e a partir dele que se podem pensá-las como poeira ainda não separada. A percepção que busca compreendê-las no estado selvagem pertence necessariamente a um mundo que já as capturou. A liberdade da loucura só se ouve do alto da fortaleza que a tem prisioneira. Ora, ela "não dispõe ali senão do moroso estado civil das prisões, de sua experiência muda de perseguida, e nós não temos senão seus sinais identificatórios de fugitiva".

Fazer a história da loucura quererá então dizer: fazer um estudo estrutural do conjunto histórico – noções, instituições, medidas jurídicas e policiais, conceitos científicos – que mantém cativa uma loucura cujo estado selvagem jamais poderá ser restituído nele próprio; mas, na falta dessa inacessível pureza primitiva, o estudo estrutural deve remontar à decisão que liga e separa, ao mesmo tempo, razão e loucura; deve tender a descobrir a troca perpétua, a obscura raiz comum, o afrontamento originário que dá sentido à unidade tanto quanto à oposição entre o sentido e o insensato. Assim, poderá reaparecer a decisão fulgurante, heterogênea ao tempo da história, mas inapreensível fora dele, que separa da linguagem da razão e das promessas do tempo esse murmúrio de insetos sombrios.

*

Essa estrutura, será que precisamos surpreender-nos ante o fato de que ela seja visível, sobretudo durante os 150 anos que precederam e levaram à formação de uma psiquiatria considerada por nós como positiva? A Idade Clássica – de Willis a Pinel, dos furores de Orestes à casa do Surdo e a *Juliette* – cobre justamente esse período no qual a troca entre a loucura e a razão modifica sua linguagem, e de maneira radical. Na história da loucura, dois acontecimentos assinalam essa alteração com uma singular nitidez: 1657, a criação do Hospital Geral e o "grande internamento" dos pobres; 1794, liberação dos acorrentados de Bicêtre. Entre esses dois acontecimentos singulares e simétricos, alguma coisa se passa, cuja ambiguidade deixou em apuros os historiadores da medicina: repressão cega em um regime absolutista, segundo alguns e, segundo outros, descoberta progressiva, pela ciência e pela filantropia, da loucura em sua verdade positiva. De fato, sob essas significações reversíveis, uma estrutura se forma, que não desfaz essa ambiguidade, mas decide dela. É essa estrutura que dá conta da passagem da experiência medieval e humanista da loucura a esta experiência que é a nossa, e que confina a loucura na doença mental. Na Idade Média e até o Renascimento, o debate do homem com a demência era um debate dramático que o afrontava com os poderes surdos do mundo; e a experiência da loucura se obnubilava, então, em imagens nas quais se tratava da Queda e da Realização, da Besta, da Metamorfose e de todos os segredos maravilhosos do Saber. Em nossa época, a experiência da loucura se faz na calma de um saber que, por conhecê-la demasiado, a esquece. Mas de uma à outra dessas experiências, a passagem se fez por um mundo sem imagens nem positividade, em uma espécie de transparência silenciosa que deixa aparecer, como instituição muda, gesto sem comentário, saber imediato, uma grande estrutura imóvel; esta não é nem do drama nem do conhecimento; ela é o ponto no qual a história se imobiliza no trágico que ao mesmo tempo a funda e a recusa.

No centro dessa tentativa para deixar valer, em seus direitos e em seu devir, a experiência clássica da loucura, encontraremos então uma figura sem movimento: a partilha simples entre o dia e a obscuridade, entre a sombra e a luz, o sonho e a vigília, a verdade do sol e as potências da meia-noite. Figura elementar, que não acolhe o tempo senão como retorno indefinido do limite.

E cabia também a essa figura induzir o homem a um poderoso esquecimento; essa grande divisão, ele iria aprender a dominá-la, a reduzi-la ao seu próprio nível; a fazer *nele* o dia e a noite; a alinhar o sol *da verdade* e a frágil luz de *sua* verdade. O fato de ter dominado sua loucura, tê-la captado entregando-a às masmorras de seu olhar e de sua moral, tê-la desarmado empurrando-a para um canto dele próprio, autorizava o homem a estabelecer, enfim, dele próprio para ele próprio, essa espécie de relação que chamamos de "psicologia". Foi preciso que a Loucura cessasse de ser a Noite e se tornasse sombra fugitiva na consciência para que o homem pudesse pretender deter *sua* verdade e desatá-la no conhecimento.

Na reconstituição dessa experiência da loucura, uma história das condições de possibilidade da psicologia escreveu-se como que por si mesma.

*

No decorrer deste trabalho, aconteceu de eu me servir do material que pôde ser reunido por certos autores. Todavia, isso foi o mínimo possível e nos casos em que não pude ter acesso ao próprio documento. É que, além de qualquer referência a uma "verdade" psiquiátrica, era preciso deixar falar, por eles próprios, essas palavras, esses textos que vêm de um debaixo da linguagem, e que não eram feitos para dar acesso até a palavra. E, talvez, a parte mais importante deste trabalho, em minha opinião, seja o lugar que eu tenha deixado ao próprio texto dos arquivos.

No mais, foi preciso manter-se em uma espécie de relatividade sem apelo, não buscar saída em nenhum golpe de violência psicológico que teria virado as cartas e denunciado a verdade desconhecida. Foi preciso não falar de loucura a não ser em relação ao "outro giro" que permite aos homens não serem loucos, e esse outro giro não pôde ser descrito, por sua vez, senão na vivacidade primitiva que o engaja, no que tange à loucura, em um debate indefinido. Uma linguagem sem apoio era, portanto, necessária: uma linguagem que entrasse no jogo, mas devia autorizar a troca; uma linguagem que, retomando-se sem cessar, devia ir, com um movimento contínuo, até o fundo. Tratava-se de salvaguardar, a qualquer preço, o *relativo*, e de ser *absolutamente* entendido.

Ali, nesse simples problema de elocução, escondia-se e exprimia-se a maior dificuldade da empreitada: era preciso fazer vir à superfície da linguagem e da razão uma divisão e um debate que devem necessariamente permanecer aquém, já que essa linguagem só toma sentido bem mais além deles. Era preciso, portanto, uma linguagem bastante neutra (bastante livre de terminologia científica e de opções sociais ou morais) para que pudesse se aproximar o máximo possível dessas palavras primitivamente embaralhadas, e para que essa distância pela qual o homem moderno se garante contra a loucura se abolisse; mas uma linguagem bastante aberta para que venham nela inscrever-se, sem traição, as palavras decisivas pelas quais se constitui, para nós, a verdade da loucura e da razão. Por regra e por método, não retive senão uma, a que está contida no texto de Char, no qual se pode ler também a definição da verdade mais premente e mais contida: "Eu retirava das coisas a ilusão que elas produzem para preservar-se de nós e lhes deixava a parte que elas nos concedem."[2]

*

Nesta tarefa, que não podia deixar de ser um pouco solitária, todos os que me ajudaram têm o direito ao meu reconhecimento. E o Sr. Georges Dumézil é o primeiro, sem o qual este trabalho não teria sido empreendido – nem empreendido ao longo da noite sueca, nem concluído em pleno sol cabeçudo da liberdade polonesa. Devo agradecer ao Sr. Jean Hyppolite e, entre todos, ao Sr. Georges Canguilhem, que leu este trabalho ainda informe, aconselhou-me quando tudo não era simples, poupou-me muitos erros, e mostrou o prêmio que pode haver quando se é entendido. Meu amigo Robert Mauzi trouxe-me sobre o século XVIII, que é o seu, muitos conhecimentos que me faltavam.

Seria preciso citar outros nomes que, aparentemente, não importam. Eles sabem, no entanto, esses amigos suecos e poloneses, que há algo da presença deles nestas páginas. Que me perdoem de tê-los conhecido, eles e sua felicidade, tão próximos de um trabalho onde não se tratava senão de longínquos sofrimentos e de arquivos um pouco empoeirados da dor.

*

"Companheiros patéticos que apenas murmurais, ide, lâmpada apagada, e devolvei as joias. Um novo mistério canta em vossos ossos. Desenvolvei vossa estranheza legítima."

Hamburgo, 5 de fevereiro de 1960.

---

2. (N.A.) Char (R.), *Suzerain*, in *Poèmes et prose*, p. 87.

1961

A Loucura Só Existe em uma Sociedade

"La folie n'existe que dans une société" (entrevista com J.-P. Weber), *Le monde*, nº 5.135, 22 de julho de 1961, p. 9.

– Nasci em 1926, em Poitiers. Aceito na Escola Superior em 1946, trabalhei com filósofos e também com Jean Delay, que me fez conhecer o mundo dos loucos. Mas eu não faço psiquiatria. Para mim, o que conta é a interrogação sobre as próprias origens da loucura. A boa consciência dos psiquiatras me decepcionou.
– *E como lhe veio a ideia de sua tese?*
– Colette Duhamel, na época na Table Ronde, tinha me pedido uma história da psiquiatria. Propus, então, um livro sobre as relações entre o médico e o louco. O eterno debate entre razão e desrazão.
– *Influências?*
– Sobretudo das obras literárias... Maurice Blanchot, Raymond Roussel. O que me interessou e guiou é uma certa forma de presença da loucura na literatura.
– *E a psicanálise?*
– O senhor concorda com o fato de que Freud é a própria psicanálise. Mas, na França, a psicanálise, no início estritamente ortodoxa, teve, mais recentemente, uma existência segunda e prestigiosa, devido, como o senhor sabe, a Lacan...
– *E foi, sobretudo, o segundo estilo de psicanálise que o marcou?*
– Sim. Mas também, e principalmente, Dumézil.
– *Dumézil? Como é que um historiador das religiões pôde inspirar um trabalho sobre a história da loucura?*
– Por sua ideia de estrutura. Tal como Dumézil o faz para os mitos, tentei descobrir formas estruturadas de experiência

cujo esquema pudesse ser encontrado, com modificações, em níveis diversos...
- *E qual é essa estrutura?*
- A da segregação social, a da exclusão. Na Idade Média, a exclusão atinge o leproso, o herético. A cultura clássica exclui mediante o hospital geral, a *Zuchthaus*, a *work-house*, todas as instituições derivadas do leprosário. Eu quis descrever a modificação de uma estrutura exclusiva.
- *Não seria mais uma história da internação do que uma história da loucura, o que o senhor compôs?*
- Em parte, sim. Com certeza. Mas tentei, sobretudo, ver se há uma relação entre essa nova forma de exclusão e a experiência da loucura, em um mundo dominado pela ciência e uma filosofia racionalista.
- *E existe essa relação?*
- Entre a maneira com que Racine trata o delírio de Orestes, no final de *Andrômaca*, e aquela com que um oficial de polícia, no século XVII, interna um louco furioso ou violento há, não unidade, certamente, mas coerência estrutural...
- *Então, há uma filosofia da história da loucura?*
- A loucura não pode ser encontrada no estado selvagem. A loucura só existe em uma sociedade, ela não existe fora das normas da sensibilidade que a isolam e das formas de repulsa que a excluem ou a capturam. Assim, podemos dizer que na Idade Média, e depois no Renascimento, a loucura está presente no horizonte social como um fato estético ou cotidiano; depois, no século XVII - a partir da internação -, a loucura atravessa um período de silêncio, de exclusão. Ela perdeu essa função de manifestação, de revelação que ela tinha na época de Shakespeare e de Cervantes (por exemplo, Lady Macbeth começa a dizer a verdade quando fica louca); ela se torna derrisória, mentirosa. Enfim, o século XX se apossa da loucura, a reduz a um fenômeno natural, ligado à verdade do mundo. Desse ato de posse positivista derivariam, por um lado, a filantropia desdenhosa manifestada por toda psiquiatria com respeito ao louco e, por outro, o grande protesto lírico encontrado na poesia, de Nerval até Artaud, e que é um esforço para tornar a dar à experiência da loucura uma profundidade e um poder de revelação que haviam sido aniquilados pela internação.
- *Então, a loucura vale mais do que a razão?*

– Uma das objeções do júri foi, justamente, de que eu teria tentado refazer o *Elogio da loucura*. No entanto, não: eu quis dizer que a loucura só se tornou objeto de ciência na medida em que ela foi descaída de seus antigos poderes... Mas, quanto a fazer a apologia da loucura em si, isso não. Afinal de contas, cada cultura tem a loucura que merece. E se Artaud é louco, e se foram os psiquiatras que permitiram a internação de Artaud, isso já é uma bela coisa, e o mais belo elogio que se possa fazer...

– *Não à loucura, com certeza...*
– Mas aos psiquiatras.

1962

Introdução (in Rousseau)

Introduction, in Rousseau (J.-J.), *Rousseau juge de Jean-Jacques. Dialogues*, Paris, A. Colin, col. "Biblitothèque de Cluny", 1962, p. VII-XXIV.

São anticonfissões. E vindas, como que de seu monólogo interrompido, de um refluxo da linguagem que explode por ter encontrado uma obscura barragem. No início do mês de maio de 1771, Rousseau concluiu a leitura das *Confissões*, na casa do conde de Egmont: "Qualquer um que, mesmo sem ter lido meus escritos, examinar por seus próprios olhos meu natural, meu caráter, meus costumes, minhas inclinações, meus prazeres, meus hábitos e vier a considerar-me um homem desonesto, é ele próprio um homem a ser sufocado." Um jogo de sufocação começa, e não cessará antes da redescoberta do domínio aberto, respirável, irregular, enredado, mas sem entrelaçamento,[1] do passeio e do devaneio. O homem que não considerar Jean-Jacques honesto deve, portanto, ser sufocado: dura ameaça, já que ele não deve fundamentar sua convicção na leitura dos livros, mas no conhecimento do homem, esse conhecimento que é dado sem maquiagem no livro das *Confissões*, mas que através dele deve afirmar-se sem ele. Há de se acreditar no que diz a palavra escrita, mas não acreditar nela por a termos lido. E a injunção, para alcançar seu sentido e não contestar a ordem que ela dá através do lugar de onde ela a profere, é lida pelo autor; dessa maneira, poder-se-á ouvi-la: então, abrir-se-á um espaço da palavra leve, fiel, indefinidamente transmissível na qual se comunicam, sem obstáculo, verdade e crença, esse espaço sem dúvida da voz imediata, no qual o vicário saboiano, na escuta, havia outrora

---

1. (N.A.) Sobre esse tema, cf. as páginas notáveis de J. Starobinski, em seu *J.-J. Rousseau*, Plon, 1958, p. 251 sq.

alojado a profissão de sua fé. O livro das *Confissões* é lido muitas vezes seguidas na casa do Sr. du Pezay, em Dorat, diante do príncipe real da Suécia, na casa de Egmont, enfim; leitura em confidência, ante um público restrito, mas cujo quase segredo não visa no fundo senão ao texto que a leva; a verdade que ela quer transmitir será, através desse segredo, liberada para um percurso indefinido e imediato, verdade já idealizada para tornar-se crença. No éter onde a voz enfim triunfa, o malvado que não crê não poderá mais respirar; não serão mais necessários mãos nem cordões para sufocá-lo.

Essa voz leve, essa voz que, com sua gravidade, atenua ao extremo o texto de onde nasce, cai no silêncio. A grande afluência de convicções de que Rousseau esperava o efeito instantâneo não se faz ouvir: "Todos se calaram: Madame d'Egmont foi a única que me pareceu emocionada; ela estremeceu visivelmente, mas bem depressa refez-se e guardou o silêncio assim como toda a companhia. Tal foi o fruto que colhi dessa leitura e de minha declaração." A voz está sufocada, e o único eco que ela desperta não é, em resposta, senão um arrepio reprimido, uma emoção por um instante visível, logo reconduzida ao silêncio.

Provavelmente, foi no decorrer do inverno seguinte que Rousseau pôs-se a escrever os *Diálogos*, segundo um uso da voz absolutamente diferente. De início, trata-se de uma voz já sufocada e encerrada em um "silêncio profundo, universal, não menos inconcebível que o mistério que ele encobre... silêncio assustador e terrível". Ela não mais evoca à sua volta o círculo de um auditório atento, mas o único labirinto de um escrito cuja mensagem está toda engajada na espessura material das folhas que recobre. Do âmago de sua existência, a conversação dos *Diálogos* é tão escrita quanto *As confissões* em seu monólogo eram faladas. Nesse homem que sempre se queixou de não saber falar, e que faz dos 10 anos nos quais exerceu a profissão de escrever um parêntese infeliz em sua vida, nesse homem, os discursos, as cartas (reais ou romanescas), os endereçamentos, as declarações – as óperas também –, ao longo de sua existência, definiram um espaço de linguagem onde a fala e a escrita se cruzam, se contestam, se reforçam. Esse entrelaçamento recusa cada uma sobre a outra, mas justifica-as abrindo-as uma sobre a outra: a fala sobre o texto que a fixa ("eu virei com esse livro na mão..."), o escrito sobre a fala que a torna uma confissão imediata e ardente.

Mas precisamente ali, na encruzilhada das sinceridades, nessa abertura primeira da linguagem, nasce o perigo: sem texto, a fala é propagada, deformada, sem fim travestida e maldosamente deturpada (como a confissão das crianças abandonadas o foi); escrito, o discurso é reproduzido, alterado, sua paternidade é posta em questão; as livrarias vendem as más cópias tipográficas; falsas atribuições circulam. A linguagem não é mais soberana em seu espaço. Daí, a grande angústia que desapruma a existência de Rousseau de 1768 a 1776: que sua voz não se perca. E de duas maneiras possíveis: que o manuscrito das *Confissões* seja lido e destruído, deixando essa voz em suspense e sem justificação; e que o texto dos *Diálogos* seja ignorado e permaneça em um definitivo abandono no qual a voz seria sufocada pelas folhas nas quais ela se transcreveu: "Se eu ousasse fazer uma prece àqueles em cujas mãos cairá este escrito, seria a de pedir-lhes que aceitassem lê-lo todo." Conhecemos o gesto ilustre com que Rousseau quis depositar o manuscrito dos *Diálogos* em Notre-Dame, quis perdê-lo transmitindo-o, quis confiar a um lugar anônimo esse texto da suspeita, para que ele ali se transformasse em fala; aí está, segundo uma coerência rigorosa, o simétrico dos cuidados ministrados para proteger o manuscrito das *Confissões*; este, frágil, indispensável suporte de uma voz, fora profanado por uma leitura que se endereçava "às orelhas menos feitas para ouvi-lo"; o texto dos *Diálogos* tem encerrada uma voz sobre a qual se fecha uma muralha de trevas, e que somente um mediador todo-poderoso poderá fazê-la ouvir como uma fala viva; "poderia ocorrer que o ruído desta ação fizesse até chegar meu manuscrito sob os olhos do rei".

E o fracasso vem alojar-se na necessidade sistemática do acontecimento. A leitura das *Confissões* não suscitou senão um longo silêncio, abrindo, sob a voz apaixonada e diante dela, um espaço vazio no qual ela se precipita, renuncia fazer-se ouvir e no qual é sufocada, pouco a pouco, pela surda pressão dos murmúrios que a fazem virar ao contrário do que ela disse, ao contrário do que ela era. A deposição dos *Diálogos* choca-se, em contrapartida, com um espaço barrado; o lugar maravilhoso onde a escrita poderia fazer-se ouvir está interditado; ele é cercado por uma grade tão tênue que ela permaneceu invisível até o momento de ultrapassá-la, porém tão rigorosamente fechada a cadeado, que esse lugar de onde se poderia ser ouvido é tão separado quanto aquele no qual a fala reduziu-se à escrita. Durante todo esse período, o espaço da linguagem foi coberto por quatro figuras que se encadeiam: a voz das *Confissões*, que se ergue de um texto em perigo, voz sempre ameaçada de ser cortada de seu suporte e, assim, estrangulada; essa mesma voz que se enterra no silêncio e se sufoca por uma ausência de eco; o texto dos *Diálogos* que encerra uma voz não ouvida e a oferece, a fim de que ela não morra, a uma escuta absoluta; esse mesmo texto rejeitado do lugar onde poderia tornar-se fala e condenado, talvez, a "elançar-se" a si próprio na impossibilidade de fazer-se ouvir. Não resta senão entregar-se calmamente e do fundo de uma doçura anuente à opressão universal: "Ceder doravante ao meu destino, não se obstinar a lutar contra ele, deixar meus perseguidores disporem a seu bel-prazer de sua presa, permanecer seu joguete sem resistência durante o resto de meus velhos e tristes dias... essa é minha última resolução."

E essas quatro figuras de sufoco não serão resolvidas senão no dia em que retornará vivo na lembrança o espaço livre do lago de Berna, o ritmo lento das águas, e esse barulho interrompido que, não sendo nem palavra falada nem texto, reconduz a voz à sua fonte, ao murmúrio do devaneio: "Ali, o barulho das ondas e a agitação da água fixando meus sentidos e expulsando de minha alma qualquer outra agitação mergulhavam-na em um devaneio delicioso no qual a noite me surpreendia com frequência sem que dela eu me tivesse apercebido." Nesse sussurro absoluto e originário, toda fala humana encontra sua imediata verdade e sua confidência: "Do puro cristal das nascentes saíram os primeiros fogos do amor."

O sufoco exigido contra o inimigo no final das *Confissões* tornou-se obsessão de entrelaçamento pelos "Messieurs" ao longo dos *Diálogos*: Jean-Jacques e aquele que o considera desonesto estão atados em um mesmo abraço mortal. Um só cordel os une um contra o outro, rompe a voz e faz crescer de sua melodia a desordem de falas interiores inimigas delas próprias e votadas ao silêncio escrito de fictícios diálogos.

*

A linguagem de Rousseau é, na maioria das vezes, linear. Em *As confissões*, as evocações dos acontecimentos passados, as antecipações, a interferência dos temas decorrem do livre uso da escrita melódica. Escrita que sempre foi privilegiada por ele, porque ele ali via – tanto para a música quanto para a linguagem – a mais natural das expressões, aquela na qual o sujeito que fala está presente por inteiro, sem reserva nem reticência, em cada uma das formas do que ele diz: "Na tarefa que empreendi de mostrar-me inteiro ao público, é preciso que nada de mim permaneça obscuro ou escondido para ele; é preciso que me abandone incessantemente sob seus olhos, que ele me siga por todos os descaminhos de meu coração, em todos os recônditos de minha vida." Expressão contínua, indefinidamente fiel no decorrer do tempo, e que o segue como um fio; não deve acontecer que o leitor "encontrando em meu relato a menor lacuna, o menor vazio e perguntando-se: que fez ele durante esse tempo? me acuse de não ter querido tudo dizer". Uma variação perpétua no estilo faz-se então necessária, para seguir sinceramente essa sinceridade de todos os instantes: cada acontecimento e emoção que o acompanha deverão ser restituídos em seu frescor, e dados agora por aquilo que foram: "Direi cada coisa como eu a sinto, como a vejo, sem rebuscar, sem constrangimento, sem embaraçar-me com a baralhada." Pois essa diversidade das coisas não o é senão por um lado: ela é em sua perpétua e constante origem a da alma que as experimenta, goza delas ou sofre com elas; ela libera, sem interpretação, sem recuo, não o que advém, mas aquele a quem o acontecimento advém: "Escrevo menos a história desses acontecimentos do que aquela do estado de minha alma, à medida que eles chegaram." Quando a linguagem é a da natureza, ela traça uma linha de imediata reversibilidade, de tal forma que não há nem segredo, nem fortaleza, nem, a bem dizer, interior, mas sensibilidade no exterior logo expressa: "Detalhando com simplicidade tudo o que me aconteceu, tudo o que eu fiz, tudo o que eu pensei, tudo o que senti, não posso induzir em erro, a não ser que eu o queira; e ainda, mesmo querendo, não conseguiria fazê-lo facilmente desse modo."

Aqui, essa linguagem linear toma seus surpreendentes poderes. De uma tal diversidade de paixões, de impressões e de estilo, de sua fidelidade a tantos acontecimentos estranhos ("sem ter eu mesmo nenhum estado, conheci todos os estados; vivi em todos, desde os mais baixos até os mais elevados"), essa linguagem faz nascer um desenho que é ao mesmo tempo um e único: "Só eu." O que significa: inseparável proximidade a si próprio e absoluta diferença com os outros. "Não sou feito como nenhum daqueles que vi; ouso crer não ser feito como nenhum daqueles que existem. Se não valho mais, ao menos sou outro." E, no entanto, essa maravilhosa e tão diferente unidade, só os outros podem reconstituí-la, como a mais próxima e a mais necessária das hipóteses. É o leitor que transforma essa natureza sempre exterior a ela própria em verdade: "Cabe a ele juntar esses elementos e determinar o ser que compõem; o resultado deve ser sua obra; e se ele se engana, então todo o erro será seu feito." Nesse sentido, a linguagem das *Confissões* encontra sua morada filosófica (exatamente como a linguagem melódica da música) na dimensão do original, quer dizer, nessa hipótese que funda o que aparece no ser da natureza.

Os *Diálogos*, ao contrário, são construídos sobre uma escrita vertical. O sujeito que fala, nessa linguagem estabelecida, de estrutura harmônica, é um sujeito dissociado, superposto a ele próprio, lacunar, e que não se pode tornar presente senão por uma espécie de adição jamais concluída: como se ele aparecesse em um ponto de fuga que apenas uma certa convergência permitiria balizar. Em vez de ser recolhido no ponto sem superfície de uma sinceridade onde o erro, a hipocrisia, o querer mentir não têm nem mesmo lugar de se alojar, o sujeito que fala nos *Diálogos* cobre uma superfície de linguagem que jamais é fechada, e onde os outros vão poder intervir por sua sanha, sua maldade, sua decisão obstinada de tudo alterar.

De 1767 a 1770, na época em que concluía *As confissões*, Rousseau se fazia chamar de Jean-Joseph Renou. Quando redigiu os *Diálogos*, ele abandonou o pseudônimo e assinava novamente com seu nome. Ora, é esse Jean-Jacques Rousseau que em sua unidade concreta está ausente dos *Diálogos* – ou melhor, através deles, e por eles talvez, se encontre dissociado. A discussão põe em jogo um Francês anônimo, representativo dos que roubaram de Rousseau seu nome; diante dele, um certo Rousseau que, sem outra determinação concreta além de sua honestidade, leva o nome do Rousseau real arrebatado pelo público, e ele conhece precisamente o que é de Rousseau: suas obras. Enfim, uma terceira mas constante presença, aquele que não se designa mais senão por Jean-Jacques, com uma familiaridade arrogante, como se ele não tivesse mais direito ao nome próprio que o individualiza, mas apenas à singularidade de seu primeiro nome. Porém, esse Jean-Jacques não é nem mesmo dado na unidade à qual tem direito: há um Jean-Jacques-para-Rousseau que é o "autor dos livros", e um outro para o Francês, que é o "autor dos crimes". Mas como o autor dos crimes não pode ser o dos livros que só têm como propósito interessar os corações na virtude, o Jean-Jacques-para-Rousseau cessará de ser o autor dos livros para ser somente o criminoso da opinião, e Rousseau, negando que Jean-Jacques tenha escrito seus livros, afirmará que ele não passa de um falsário. Inversamente, o Jean-Jacques-para-o-Francês, se ele cometeu todos os crimes que conhecemos, não pôde dar pretensas lições de moral a não ser escondendo nelas um "veneno" secreto; esses livros são, portanto, diferentes do que parecem, e sua verdade não está no que dizem; ela se manifesta somente deslocada, nesses textos que Jean-Jacques não assina, mas que as pessoas avisadas têm razão de lhe atribuir; o autor dos crimes torna-se então o autor dos livros criminosos. É através desses quatro personagens que, progressivamente, o Jean-Jacques Rousseau real é delimitado (aquele que dizia tão simples e soberanamente "só eu" em *As confissões*). Todavia, ele nunca foi dado em carne e osso, e jamais tem a palavra (exceto sob a forma sempre elidida do autor dos *Diálogos*, na irrupção de algumas notas e em fragmentos de discurso relatados por Rousseau ou pelo Francês). Se ele foi visto e ouvido, foi pelo único Rousseau (este outro ele mesmo, o portador de seu nome verdadeiro); o Francês se declara satisfeito sem tê-lo sequer encontrado; ele não tem a coragem e não reconhece nenhuma utilidade em falar por ele: quando muito ele aceita ser o depositário de seus papéis e seu mediador para um reconhecimento póstumo. Como está longe e inacessível agora esse personagem cuja imediata presença tornava possível a linguagem das *Confissões*; doravante ele está alojado no extremo limite da fala, e já mais além dela, na ponta virtual e jamais percebida desse triângulo formado pelos dois interlocutores e os quatro personagens definidos por seu diálogo alternadamente.

O topo do triângulo, o momento em que Rousseau, tendo se unido a Jean-Jacques, será reconhecido por aquilo que ele é pelo Francês, e no qual o autor dos verdadeiros livros terá dissipado o falso autor dos crimes, só poderá ser alcançado em um mais além quando, tendo a morte acalmado os ódios, o tempo puder retomar seu curso original. Essa figura virtualmente traçada no texto dos *Diálogos*, e de que todas as linhas convergem para a unidade reencontrada em sua verdade, desenha uma imagem invertida de uma outra figura; a que comandou do exterior a redação dos *Diálogos* e os procedimentos que imediatamente a seguiram. Jean-Jacques Rousseau, o autor de seus livros, viu-se recriminar pelos franceses por ter escrito livros criminosos (condenação de *Emílio* e do *Contrato*), ou então acusado por não tê-los feito (contestação a propósito do *Devin du village*), ou ainda suspeito de ter escrito panfletos: de qualquer forma, ele se tornava, através de seus livros, e por causa deles, o autor de crimes sem nome. Os *Diálogos* são destinados, retomando a hipótese dos inimigos, a encontrar o autor dos livros e, consequentemente, a dissipar o autor dos crimes: e isso por uma deposição tão extraordinária e tão solene que sua própria ostentação desvelaria o segredo; daí, a ideia de colocar o manuscrito sobre o grande altar de Notre-Dame (depois, as ideias substitutivas: a visita a Condillac e o bilhete circular). Mas a cada vez ergue-se um obstáculo: a indiferença do público, a incompreensão do homem de letras e, sobretudo, o modelo e símbolo de todos os outros, a grade, tão visível porém impercebida que circunda o coro da igreja. Todas essas barragens não passam de reflexo, no mundo real, desse limite que repelia indefinidamente, na ficção dos *Diálogos*, a redescoberta de J.-J. Rousseau. O Deus de quem Jean-Jacques esperava que lhe restituísse sua indivisível e triunfante unidade esquiva-se atrás da grade tal como brilha, mais além da morte, essa sobrevida sem fim na qual se verá a memória de Rousseau "restabelecida na honra que merece", e seus livros "úteis pela estima devida ao seu Autor".

É somente nesse mais além gradeado e mortal que poderá reconstituir-se o mal simples que falava em *As confissões*. A não ser que, de repente, um deslizamento lateral se produza (o que Rousseau chama de "entrar em si mesmo"). A não ser que a linguagem se torne melódica e linear, simples esteira de um eu pontual e, portanto, verdadeiro. Então, ao "só eu" que

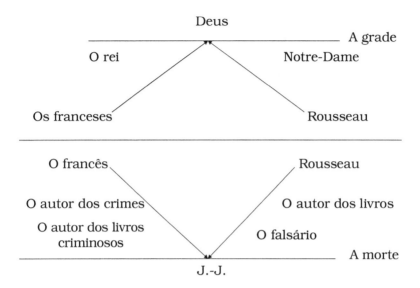

abre o primeiro livro das *Confissões* responderá, desde a primeira linha de *Devaneios*, seu rigoroso equivalente: "Eis-me aqui, portanto, sozinho sobre a terra." Esse "portanto" envolve em sua curva lógica toda a necessidade que organizou os *Diálogos*, a dolorosa dispersão daquele que é ao mesmo tempo seu "sujeito" e seu "objeto", o espaço escancarado de sua linguagem, o ansioso depósito de sua letra, sua solução, enfim, em uma palavra que rediz natural e originalmente "eu", e que restitui depois de tantas obsessões a possibilidade de sonhar, depois de tantos procedimentos forçosos a abertura livre e ociosa do passeio.

Os *Diálogos*, texto autobiográfico, têm no fundo a estrutura dos grandes textos teóricos: trata-se, em um único movimento de pensamento, de fundar a inexistência e de justificar a existência. Fundar, segundo a hipótese mais próxima, mais econômica, mais verossimilhante também, tudo o que está referido à ilusão, à mentira, às paixões deformadas, a uma natureza esquecida e expulsa para fora de si mesma, tudo o que acomete nossa existência e nosso repouso com uma discórdia que, por ser aparente, não é menos premente, é, ao mesmo tempo, manifestar o não ser e mostrar sua inevitável gênese. Justificar a existência é reconduzi-la à sua verdade de natureza, nesse ponto imóvel onde nascem, realizam-se e depois se acalmam todos os movimentos segundo uma espontaneidade que é igualmente necessidade do caráter e frescor de uma liberdade não ligada. Assim, a justificação tende pouco a pouco a extenuar a existência em uma figura sem espaço nem tempo, e que só sustenta seu ser frágil dos movimentos que a solicitam, a atravessam contra sua vontade e a assinalam sob a forma evanescente, sempre exterior a ela própria, do ser sensível. Enquanto a inexistência, à medida que se funda, encontra suas bases, a lei de sua organização, e até a necessidade interior de seu ser. A existência não passa de uma inocência que não chega a ser vitoriosa, e a inexistência, sem cessar de ser ilusão, se obscurece, se espessa em uma essencial maldade. Esse duplo movimento nunca é levado ao extremo da incompatibilidade, porque intervém a linguagem, que detém uma dupla função: expressar a inocência e ligá-la por sua sinceridade; formar o sistema das convenções e das leis que limitam o interesse, organizam as consequências e o estabelecem em suas formas gerais.

Mas o que se passa então em um mundo no qual não se pode mais falar? Que medida poderá parar a desmedida de cada movimento, impedir a existência de não ser senão um ponto indefinidamente sensível, e a inexistência de organizar-se em um complô indefinido? É essa desmesura da qual os *Diálogos* fazem a experiência, através de um mundo sem linguagem, tal como o *Contrato* definia através da linguagem dos homens a medida possível da existência justificada e da necessária maldade.

O silêncio é a experiência primeira dos *Diálogos*, a um só tempo, a que os tornou necessários com sua escrita, sua organização singular, e a que, do interior, serve de fio à dialética, à prova e à afirmação. *As confissões* queriam traçar um caminho de verdade simples entre os ruídos do mundo, para fazê-los calar. Os *Diálogos* esforçam-se para fazer nascer uma linguagem no interior de um espaço no qual tudo se cala. Eis aqui, mais ou menos, os momentos dessa linguagem que tenta, em vão, solicitar a linguagem, e como se desenvolve esse fracasso.

1) Aos meus contemporâneos, deram ideias sobre mim que são falsas. Toda a minha obra, no entanto, deveria ter justificado minha existência (*A nova Heloísa*, provar a pureza de meu coração, *Emílio*, meu interesse pela virtude).

2) Diante do perigo que ganhava, eu cedi e tentei restabelecer a linguagem em um momento ulterior. Eu supus que tinha sobre mim mesmo as opiniões dos outros (suponho, portanto, fundamentadas todas essas ilusões): como teria eu agido com relação a esse obscuro personagem que me tornei em minha própria e fictícia opinião? Eu teria ido visitá-lo, o teria interrogado, teria escutado e lido suas *Confissões*.

3) Mas o que teria feito, eles não o fizeram; nem mesmo procuraram saber qual teria sido minha conduta, se eu tivesse diante de mim esse personagem que eles fizeram de mim. Cedo, portanto, uma vez mais, e procuro, para evitar também a absoluta desmedida da inocência e da maldade, uma terceira forma de linguagem, mais alta e mais profunda: já que não me questionaram para conhecer minhas respostas, vou dar uma resposta que questionará os outros, forçando-os a dar-me uma resposta que, talvez, mostrar-me-á que me enganei, que a desmedida não é total, entre a inexistência fundada na maldade e a existência inocentada; e constrangindo-os a cessar de calar-se, descobrirei a linguagem que limita a desmedida.

A linguagem dos *Diálogos* é, portanto, uma linguagem no terceiro grau, já que se trata de superar três formas de silêncio – essa "tripla muralha de trevas" de que muitas vezes se trata e que não se deve entender como simples cláusula de estilo: ela é a estrutura fundamental de onde os *Diálogos* tiram a existência. E necessidade interior, já que os três personagens representam em ordem invertida os diferentes níveis dessa linguagem em fracasso: o Francês (que falou primeiro, mas pelos lados, e fez, antes da abertura dos *Diálogos*, o retrato do monstro) define essa resposta que, em última instância, e porque ele não a obteve, J.-J. Rousseau dá no lugar dos franceses; Rousseau representa aquele que teria falado no segundo nível, o homem que depois de ter lido as obras, mas acreditado no monstro, iria escutar as Confissões de J.-J. Rousseau; enfim, o próprio Jean-Jacques é o homem do primeiro nível, aquele que é justo como o provam seus livros e sua vida, aquele cuja linguagem, de início, não foi ouvida.

Mas, nos *Diálogos*, ele próprio não aparece, ele está simplesmente prometido, por ser tão difícil em um nível de linguagem tão complexo encontrar a primeira palavra pela qual inocentemente a existência se justifica fundando a inexistência.

O diálogo é uma convenção de escrita bastante rara em Rousseau: ele prefere a correspondência, lenta e longa troca na qual o silêncio é vencido tão mais facilmente quanto os parceiros o ultrapassam, em uma liberdade que, de um ao outro, reenvia sua própria imagem e se faz espelho dela mesma. Porém, aqui, a forma de um diálogo imaginário é imposta pelas condições de possibilidade da linguagem que nele se desdobra; trata-se de uma estrutura harmônica, de fazer falar outras vozes; é uma linguagem que deve necessariamente passar pelos outros para endereçar-se a eles, já que, se lhes falamos sem impor-lhes a palavra, eles reduzem ao silêncio o que dizemos ao se calarem eles próprios. É muito necessário que eles falem, se quero fazer-me ouvir, e fazer ouvir, em minha linguagem, que eles devem cessar, enfim, de calar-se. Essa linguagem deles, que mantenho com eles (e através do que, honestamente, eu fundo a hipocrisia de sua mentira), é uma necessidade de estrutura para que eu lhes fale, a eles, desse silêncio ao qual, calando-se, eles querem reduzir minha linguagem e a justificação de minha existência.

Essa estrutura fundamental é refletida na superfície temática do texto pelo valor indefinidamente significante que é dispensado ao silêncio. O silêncio que seus inimigos fazem reinar em torno de Rousseau significa todos os ruídos infames que circulam a seu respeito. O silêncio com que se recobre esse falatório significa o complô que o organiza. O silêncio no qual se esconde essa trama combinada significa a vigilância jamais surpreendida daqueles que aí presidem; nessa ausência de fala é que se lê a maravilhosa eficácia de uma seita secreta – a dos "Messieurs", na qual os filósofos das Luzes, que acabam de triunfar dos jesuítas, retomam explicitamente o papel dos reverendos padres das *Provinciais* e, como eles, fazem calar a Fala. O silêncio de que por toda parte se beneficia sua empreitada significa uma universal cumplicidade, a cadeia ininterrupta que liga, em uma mesma vontade de crime, todas as pessoas do mundo, depois todos os franceses, depois toda a Inglaterra, depois o universo inteiro. Que uma tal rede permaneça escondida, que não haja nessa associação de malvados nenhum homem que seja honesto o bastante, apesar de tudo, para falar, ou que haja esse grau suplementar de perversidade que o faça trair, eis aí, é evidente, um paradoxo. Mas esse silêncio significa que o complô é organizado por uma cabeça muito pequena, apenas alguns homens, um só talvez, Diderot, secundado no máximo por Grimm. Estes, sem dúvida, são os únicos que estão a par de tudo, conhecem cada elemento da empreitada; mas ninguém sabe por que eles se calam e só se traem fazendo os outros calarem (testemunha disso: d'Alembert impor silêncio ao barulhento Voltaire); e é entre as mãos deles que o silêncio absoluto, quer dizer, o absoluto complô é entabulado; eles são o topo de onde cai imperiosamente o silêncio; todos os outros são mais instrumentos que agentes, cúmplices parciais, indiferentes a quem se cala, no fundo do projeto, e que, por sua vez, se calam. E pouco a pouco o silêncio redescende até aquele que é seu objeto e seu fim. Até aquele que incansavelmente fala em seus *Diálogos*, e só fala aí porque se calam e para relançar como linguagem o silêncio que pesa sobre ele.

É que se o silêncio é para ele o significante monótono do complô, ele é para os conjurados o que é unanimemente significado como vítima. Significam-lhe que ele não é o autor de seus livros; significam-lhe que, seja o que for que se diga, sua formulação será deformada; significam-lhe que sua fala não lhe pertence mais, que lhe sufocarão a voz; que ele não poderá mais fazer ouvir nenhuma fala de justificação; que seus manuscritos serão aprisionados; que ele não encontrará para escrever nenhuma tinta legível, mas "água ligeiramente tingida"; que a posteridade não conhecerá dele nem seu rosto real nem seu coração verdadeiro; que ele não poderá transmitir nada do que quis dizer às gerações futuras, e que, finalmente, é de seu próprio interesse calar-se, já que ele não tem a fala. E esse silêncio lhe é significado da maneira mais pesada e mais imperiosa pelas aparentes bondades que se têm para com ele. O que tem ele a dizer quando lhe oferecem uma festa, e que secretamente fazem caridade para com Thérèse? O que tem ele a dizer já que não se denunciam seus vícios, já que se faz silêncio sobre seus crimes, já que não se dizem nem mesmo os que ele confessou? Contra quem poderia ele reclamar, já que nossos Messieurs o deixam viver e "inclusive agradavelmente, tanto quanto possível para um malvado sem fazer mal"? O que tem ele a dizer, quando nós nos calamos? Todo um mundo se edifica: aquele silencioso, da Vigilância e do Signo. De todos os lados, J.-J. é espreitado: "Mostraram-no, assinalaram-no, recomendaram-no por toda parte aos carteiros, aos cobradores, aos guardas, aos espiões, aos saboianos, em todos os espetáculos, em todos os cafés, aos barbeiros, aos comerciantes, aos vendedores ambulantes, aos livreiros." As paredes, os assoalhos têm olhos para segui-lo. Dessa vigilância muda, nenhuma expressão direta que se transforme em linguagem acusadora. Somente signos, dos quais nenhum é palavra: quando ele passeia, escarram à sua passagem; quando entra em um espetáculo, deixam vazios os lugares à sua volta, ou, pelo contrário, cercam-no com punho em riste, a bengala ameaçando; falam dele em voz alta, mas com uma linguagem muda, congelada, que não se endereça a ele, passando atravessada de um a outro, em torno de suas orelhas inquietas, para que ele se sinta em questão, e não questionado. Em Môtiers atiram-lhe pedras, e em Paris, sob suas janelas, queimam um boneco de palha que lhe assemelha: duplo signo – que queriam queimá-lo, mas que só o queimarão por derrisão, pois ele teria direito à palavra caso decidissem condená-lo. Ora, ele está condenado a esse mundo de signos que lhe retiram a palavra.[2]

Por isso é que contra o sistema Vigilância-Signos ele reivindica como uma liberação a entrada em um sistema Julgamento-Suplício. O julgamento de fato supõe a explosão da fala: seu edifício só é totalmente sólido se culminar com a confissão do acusado, nesse reconhecimento falado do crime pelo criminoso. Ninguém tem o direito de isentar quem quer que seja de um julgamento: é preciso ser julgado e condenado, já que sofrer a punição é ter falado. O suplício supõe sempre uma fala anterior. Finalmente, o mundo fechado do tribunal é menos perigoso que o espaço vazio onde a palavra acusadora não se choca com nenhuma oposição, já que ela se propaga no silêncio, e onde a defesa não convence jamais, já que ela

---

2. (N.A.) Na época em que Rousseau viveu nesse mundo sem palavras, ele retomou sua atividade de copista, tendo escrito talvez 12 mil páginas de música; ao longo dos *Diálogos*, ele ressalta que não se trata de pobreza afetada, mas necessidade real, e que se arrisca a perder a saúde e a visão.

1962 – Introdução (in Rousseau) 179

não responde senão a um mutismo. As paredes de uma prisão seriam preferíveis, elas manifestariam uma injustiça *pronunciada*. A masmorra seria o contrário dessa vigilância e desses signos que surgem, circulam, se apagam e reaparecem indefinidamente em um espaço no qual flutuam livremente; seria uma vigilância ligada a um suplício, um signo que significaria, enfim, a fala clara de um julgamento. Rousseau, ele, aceitou ser *juiz* de Jean-Jacques.

Mas a reivindicação da prisão não é senão um momento dialético (como foi um momento tático, quando Rousseau a formulou realmente em 1765, depois de ter sido expulso da ilha de Saint-Pierre). Há outros meios de converter a Vigilância em livre olhar, e o Signo em imediata expressão.

Essa é a função do mito inicial, aquele de um "mundo ideal semelhante ao nosso e, contudo, inteiramente diferente"; tudo nele é um pouco mais marcado do que no nosso, e melhor oferecido aos sentidos: "As formas são mais elegantes, as cores mais vivas, os odores mais suaves, todos os objetos mais interessantes." Nada precisa ser espreitado, refletido, interpretado: tudo se impõe com uma força doce e viva ao mesmo tempo; as almas são movidas por um movimento direto, rápido, que nenhum obstáculo pode mudar a direção ou desviar, e que se apaga tão logo desaparece o interesse. É um mundo sem mistério, sem véu, portanto sem hipótese, sem mistério nem intriga. A reflexão não tem de preencher os vazios de um olhar turvo ou míope; as imagens das coisas se refletem por si mesmas nos olhares claros nos quais desenham diretamente a simplicidade original de suas linhas. À Vigilância que franze os olhos, acossa seu objeto deformando-o, e o encerra silenciosamente, opõe-se, de saída, um olhar indefinidamente aberto que deixa a livre extensão oferecer-lhe suas formas e suas cores.

Nesse mundo, que se encanta com a própria realidade, os signos são desde a origem plenos daquilo que querem dizer. Eles só formam uma linguagem na medida em que detêm um imediato valor expressivo. Cada um só pode dizer e só tem a dizer seu ser: "Jamais ele age a não ser no nível de sua fonte." Ele não tem, portanto, o poder de dissimular ou de enganar, e é recebido como é transmitido: na vivacidade de sua expressão. Ele não significa um julgamento mais ou menos fundamentado, ele não faz circular uma opinião no espaço da inexistência, ele traduz, de uma alma para outra, "o cunho de suas modificações". Ele expressa o que está impresso, fazendo corpo, absolutamente, com o que oferece o olhar. No mundo da Vigilância, o Signo significava a opinião, portanto a inexistência, portanto a maldade; no mundo do Olhar, ele significa o que se vê, portanto a existência e seu frescor inocente. No decorrer de um passeio, Rousseau, um dia, detém-se diante de uma gravura; ele a contempla; ele se diverte com suas linhas e com suas cores; seu ar absorvido, seus olhos fixos, todo seu corpo imóvel não significam outra coisa do que o que é dado ao seu olhar, e a impressão de repente marcada em sua alma: eis o que se passa nesse mundo maravilhoso. Mas Rousseau olhando é vigiado: alguns encarregados do complô veem que ele olha o plano de uma fortaleza; suspeitam-no de espionar e de meditar uma traição: que outra coisa poderia significar, nesse mundo da "reflexão", tanta atenção a uma simples gravura?

No início dos *Diálogos*, o universo do Olhar e da Expressão não tem existência senão fictícia: como o estado de natureza, é uma hipótese para compreender, e para compreender o que é o contrário dele próprio ou ao menos sua verdade desviada. Ele figura nosso mundo metodicamente conduzido a uma verdade irreal, que a explica justamente por esse afastamento, por uma ínfima, porém decisiva, diferença. Esse valor explicativo, ele o guarda ao longo dos *Diálogos*, permitindo compreender como Rousseau foi estimado desconhecido, mas difamado célebre, como nasceu o complô, como o desenvolveu, como um retorno agora tornou-se impossível. Mas, ao mesmo tempo, o mito desse mundo irreal perde, pouco a pouco, com seu caráter de universo, seu valor fictício para tornar-se cada vez mais restrito e cada vez mais real: no final das contas, ele definirá somente a alma de Jean-Jacques.

Muito cedo, já nos *Diálogos*, Rousseau o imagina interferindo com o nosso, misturando-se com ele em um espaço único e formando com ele uma mistura tão inextricável que seus habitantes são obrigados, para se reconhecer, a usar um sistema de signos, esses signos que são justamente uma veracidade de expressão imperceptível aos outros; eles formam então mais uma seita do que um universo; eles desenham na sombra da sociedade real uma rede apenas reconhecível de iniciados, cuja existência mesma é hipotética, já que o único exemplo que é dado é o autor das obras de Jean-Jacques Rousseau. No segundo Diálogo, Jean-Jacques é introduzido realmente no mito, mas com grandes precauções. Do exterior, inicialmente, Rousseau pôde reconhecer nele um ser do Olhar. Ele pôde constatar nele as três condutas características de tais homens: solitário, ele contempla suas *ficções*, quer dizer, os objetos dos quais é inteiramente senhor e que nenhuma sombra pode esconder ao seu olhar; quando ele está fatigado de imaginar (pois ele é de uma "natureza preguiçosa"), ele *sonha*, apelando ao concurso dos objetos sensíveis e povoando, em troca, a natureza com "seres segundo seu coração"; enfim, ele quer descansar do devaneio e se entrega passivamente ao "repouso", se abrindo sem a menor atividade ao mais indiferente dos espetáculos: "um barco que passa, um moinho que gira, um boieiro que lavra, jogadores de pelota ou de raquete, o riacho que corre, o passarinho que voa". Quanto à própria alma de Jean-Jacques, ela é deduzida de algum modo *a priori*, como se se tratasse de fazê-la entrar por raciocínio na sociedade à qual ela tem direito: "Afastemos por um momento todos os fatos"; suponhamos um temperamento feito de uma extrema sensibilidade e de uma viva imaginação; em um homem desse tipo, a reflexão terá pouco espaço, a dissimulação será impossível; ele mostrará imediatamente o que sente no momento em que sente. Não haverá nesse homem nenhum outro signo além daqueles da expressão a mais viva e a mais imediata. Esse homem ainda abstrato, será Jean-Jacques? Sim, "este é bem o homem que acabo de estudar".

Mas ele é o único a ser como tal? Aparentemente; ele ao menos é o único exemplo citado dessa família ao mesmo tempo sincera e totalmente secreta. Mas, para dizer a verdade, o personagem dos *Diálogos* que leva o nome de Rousseau é, de fato, também um homem segundo o mito: ele soubera reconhecer o autor de *Heloísa* e de *Emílio*, ele soube decifrar nele o imediato valor expressivo de seus signos, ele soube olhar Jean-Jacques sem preconceito nem reflexão, ele abriu sua alma à dele. Quanto ao Francês, ele entrou mais tarde no jardim delicioso, foi-lhe preciso primeiro deixar o universo dos Signos e da Vigilância, do qual era mais confidente do que empreendedor; mas, através de Rousseau, aprendeu a olhar Jean-Jacques, através de seus livros, aprendeu a ler. O

Francês, Rousseau e Jean-Jacques poderão todos três, mas completamente sozinhos, nas últimas linhas do texto, formar essa sociedade real que o início dos *Diálogos* construía como um grande mito metódico, dando-lhe toda a amplidão de um mundo. Esse universo a três (cuja estrutura é tão altamente privilegiada em toda a obra de Rousseau) é prometido no final dos *Diálogos* como o sonho iminente que poderá conduzir, senão até a felicidade, ao menos até a paz definitiva: "Acrescentemos", propõe Rousseau ao Francês, "a doçura de ver dois corações honestos e verdadeiros se abrirem ao seu. Temperemos assim o horror dessa solidão... arranjemos para ele esse consolo para sua última hora: que mãos amigas lhe fechem os olhos".

Mas o mito em vão é reduzido a uma trindade encantada, ele ainda é sonho. Para se tornar inteiramente real, será preciso que se restrinja ainda mais, que cesse de invocar a bem-aventurada trindade e sua idade do ouro; será preciso renunciar a chamar o Francês e a invocar sua terceira presença; será preciso que Rousseau encontre exatamente Jean-Jacques. Então, a Vigilância recuará para o fundo de um céu indiferente e calmo; os Signos se apagarão; não restará senão um Olhar indefinidamente sensível e sempre convidado à confidência; um olhar maravilhosamente aberto às coisas, mas que não dá outro sinal do que vê senão a expressão toda interior do prazer de existir. Olhar sem vigilância e expressão aquém dos signos se fundirão no ato puro do gozo, no qual a trindade sonhada vem, enfim, ao encontro da solidão soberana, já divina: "De que se goza em semelhante situação? De nada exterior a si, de nada senão de si mesmo e de sua própria existência; enquanto durar esse estado, bastamo-nos a nós mesmos como Deus."

O mito que abria o espaço dos *Diálogos* e no qual tomavam lugar, para tentar aí encontrar-se, seus três personagens, não encontra finalmente a realidade para a qual avançavam a palavra e o sonho, senão nessa primeira pessoa dos *Devaneios*, que é a única a sonhar, que é a única a falar.

*

– Os *Diálogos* não são, então, a obra de um louco?
– Essa pergunta importaria se ela tivesse um sentido; mas a obra, por definição, é não loucura.

1962 – Introdução (in Rousseau) 183

– A estrutura de uma obra pode deixar aparecer o desenho de uma doença.
– É decisivo que a recíproca não seja verdadeira.
– O senhor a impediu de ser verdadeira ao se obstinar a não falar nem de delírio, nem de perseguição, nem de crença mórbida etc.
– Eu inclusive fingi ignorar que a loucura estava presente em outros lugares, e antes dos *Diálogos*: nós a vemos nascer e podemos segui-la em toda a correspondência desde 1765.
– O senhor colocou a obra antes da possibilidade da loucura, como que para melhor apagar a loucura da obra; o senhor não mencionou os pontos nos quais o delírio irrompe. Quem poderia acreditar, se tiver bom-senso, que a Córsega foi anexada para irritar Rousseau?
– Que obra demanda que se lhe acrescente fé, caso ela seja uma obra?
– Em que ela é diminuída, se ela é delirante?
– É uma estranha liga de palavras, e bastante bárbara, esta, tão frequente (tão elogiosa em nossos dias) que associa obra e delírio; uma obra não pode ter seu lugar no delírio; pode ocorrer apenas que a linguagem, que do fundo de si mesma a torna possível, a abra, além disso, ao espaço empírico da loucura (como teria podido abri-la também àquele do exotismo ou do misticismo).
– Portanto, uma obra pode existir delirante, desde que ela não seja "delirada".
– Só a linguagem pode ser delirante. Delirante é, aqui, um particípio presente.
– A linguagem de uma obra? E então, uma vez mais...
– A linguagem que prescreve a uma obra seu espaço, sua estrutura formal e sua existência mesma como obra de linguagem pode conferir à linguagem segunda, que reside no interior da obra, uma analogia de estrutura com o delírio. É preciso distinguir: a linguagem da obra é, mais além dela mesma, aquilo para o que ela se dirige, o que ela diz; mas é também, aquém dela mesma, aquilo a partir do que ela fala. A essa linguagem podem-se aplicar as categorias do normal e do patológico, da loucura e do delírio; pois ela é ultrapassagem primeira, pura transgressão.
– É Rousseau que era delirante e toda sua linguagem por via de efeito.

– Nós falávamos da obra.

– Mas Rousseau no momento exato em que, caneta na mão, traçava as linhas de sua queixa, de sua sinceridade e de seu sofrimento?

– Essa é uma questão de psicólogo. Por conseguinte, não é minha.

1962

O "Não" do Pai

"Le 'non' du père", *Critique*, nº 178, março de 1962, p. 195-209. (Sobre J. Laplanche, *Hölderlin et la question du père*, Paris, PUF, 1961.)

A importância do *Hölderlin Jahrbuch*[1] é extrema; pacientemente, desde 1946, ele extraiu a obra que comenta, da espessura em que a haviam enredado, durante quase meio século, exegeses visivelmente inspiradas pelo George Kreis.[2] O comentário de Gundolf em *L'Archipel*[3] (1923) vale como testemunha: a presença circular e sagrada da natureza, a visível proximidade dos deuses que tomam forma na beleza dos corpos, sua vinda à luz nos ciclos da história, seu retorno, enfim, e já assinalado pela fugidia presença da Criança – do eterno e perecível guardião do fogo –, todos esses temas sufocavam em um lirismo da iminência dos tempos, o que Hölderlin anunciara no vigor da ruptura. O rapaz de *Fleuve enchaîné*,[4] o herói arrancado das margens estupefatas por um voo que o expõe à violência sem fronteira dos deuses, ei-lo que se tornou, segundo a temática de George, uma criança terna, coberta de penugem e prometedora. O canto dos ciclos fez calar a palavra,

---

1. *Hölderlin Jahrbuch*, publicado inicialmente sob a responsabilidade de F. Beissner e P. Kluckhon, a partir de 1947 (Tübingen, J. C. B. Mohr), depois de W. Binder e F. Kelletat, e, enfim, de B. Böschenstein e G. Kurz.
2. Trata-se do círculo de amigos agrupados em torno do poeta alemão Stefan George (1868-1933), que contava, dentre seus membros, com poetas como C. Derleth, P. Gérardy, A Schuler e F. Walters; filósofos, germanistas e historiadores como L. Klages e F. Gundolf, E. Bertram, M. Kommerell e E. Kantorowicz.
3. Gundolf (F.), *Hölderlins Archipelagus, in Dichter und Helden*, Heidelberg, Weiss, 1923, p. 5-22. Cf. Hölderlin (F.), *Der Archipelagus*, 1800 (*L'Archipel*, trad. J. Tardieu, in *Oeuvres*, Paris, Gallimard, col. "Bibliothèque de la Pléiade", 1967, p. 823-830).
4. Hölderlin (F.), *Der gefesselte Strom*, 1801 (*Le fleuve enchaîné*, trad. R. Rovini, in *Oeuvres, op. cit.*, p. 789-790).

a dura palavra que divide o tempo. Era necessário retomar a linguagem de Hölderlin lá onde ela nascera.

Pesquisas, algumas antigas, outras mais recentes, fizeram uma série de decalagens significativas submeterem-se às referências da tradição. Há muito tempo, haviam embaralhado a cronologia simples de Lange, que atribuía todos os textos "obscuros" (como *Fondement pour l'Empédocle*) a um calendário patológico, cujo ano zero teria sido fixado pelo episódio de Bordeaux;[5] foi preciso avançar as datas e deixar nascer os enigmas mais cedo do que se queria (todas as elaborações de *Empédocle* foram redigidas antes da partida para a França[6]). Mas, na direção inversa, a erosão obstinada do sentido não cessou de ganhar; Beissner interrogou incansavelmente os últimos hinos e os textos da loucura;[7] Liegler e Andreas Müller estudaram as figuras sucessivas de um mesmo núcleo poético (*Le voyageur* e *Ganymède*)[8]. A escarpadura do lirismo mítico, as lutas nas fronteiras da linguagem de que é o momento, a única expressão e o espaço constantemente aberto não são mais luminosidade derradeira em um crepúsculo que se eleva; eles se instalam, na ordem das significações como na dos tempos, nesse ponto central e profundamente soterrado no qual a poesia abre-se sobre ela própria a partir da palavra que lhe é própria.

---

5. Lange (W.), *Hölderlin. Eine Pathographie*, Stuttgart, F. Enke, 1909. Cf. Hölderlin (F.), *Grund zum Empedokles*, 1799 (*Fondement pour l'Empédocle*, trad. D. Naville, in *Oeuvres, op. cit.*, p. 656-668).
6. Hölderlin (F.), *Empedokles*: a) primeira versão: *Der Tod des Empedokles*, 1798 (*La mort d'Empédocle*, trad. R. Rovini, in *Oeuvres, op. cit.*, p. 467-538); b) segunda versão: *La mort d'Empédocle. Tragédie en cinq actes*, in *Oeuvres, op. cit.*, p. 539-562; c) terceira versão: *Empédocle sur l'Etna*, 1800, in *Oeuvres, op. cit.*, p. 563-590.
7. Beissner (F.), "Zum Hölderlin Text. Fortsetzung der Empedokles Lessungen, Dichtung und Volkstum", *Hölderlin Jahrbuch*, t. XXXIX, 1938, p. 330-339; "Hölderlins Letzte Hymne", *Hölderlin Jahrbuch*, t. III, 1949, p. 66-102; "Vom Baugesetez der späten Hymnen Hölderlins", *Hölderlin Jahrbuch*, t. IV, 1950, p. 47-71. Cf. sua compilação de artigos, *Reden und Aufsätze*, Weimar, H. Böhlaus, 1961.
8. Liegler (L.), "Der gefesselte Strom und Ganymed. Ein Beispiel für die Formprobleme der Hölderlinschen Oden-Überarbeitungen", *Hölderlin Jahrbuch*, t. II, 1948, p. 62-77. Müller (A.), "Die beiden Fassungen von Hölderlins Elegie *Der Wanderer*", *Hölderlin Jahrbuch*, t. III, 1949, p. 103-131. Cf. Hölderlin (F.), *Der Wanderer*, 1800 (*Le voyageur*, trad. F. Fédier, in *Oeuvres, op. cit.*, p. 799-803); *Ganymed*, 1801 (*Ganymède*, trad. R. Rovini, in *Odes*, in *Oeuvres, op. cit.*, p. 790-791).

A terraplanagem biográfica realizada por Adolf Beck prescreve, ela também, toda uma série de reavaliações.[9] Elas concernem, sobretudo, a dois episódios: o retorno de Bordeaux (1802) e os 18 meses que, do final de 1793 a meados de 1795, são delimitados pelo protetorado em Waltershausen e pela partida de Iena. Nesse período, singularmente, relações pouco ou mal conhecidas foram colocadas sob uma nova luz: é a época do encontro com Charlotte von Kalb, das relações ao mesmo tempo próximas e distantes com Schiller, das lições de Fichte, do brusco retorno à casa materna; mas é a época, sobretudo, de estranhas antecipações, de repetições às avessas que dão em tempo fraco o que será, mais tarde ou em outras formas, restituído como tempo forte. Charlotte von Kalb anuncia, evidentemente, Diotima e Susette Gontard; o apego extático a Schiller que, de longe, vigia, protege e, do alto de sua reserva, diz a Lei, desenha do exterior e na ordem dos acontecimentos essa terrível presença dos deuses "infiéis", dos quais Édipo, por ter-se aproximado demais, desviar-se-á no gesto que o cega: "Traidor de modo sagrado." E a fuga para Nürtingen, longe de Schiller, de Fichte legislando, e de um Goethe já deificado, mudo diante de Hölderlin silencioso, não seria, no pontilhado das peripécias, a figura decifrável desse retorno natal que será mais tarde oposto, para fazer-lhe equilíbrio, ao retorno categórico dos deuses? Ainda em Iena, e na própria espessura da situação que aí se enlaça, outras repetições encontram seu espaço de jogo, mas segundo a simultaneidade dos espelhos: a ligação, agora certa, entre Hölderlin e Wilhelmine Marianne Kirmes forma, ao modo da dependência, o duplo da bela e inacessível união na qual se encontram, como os deuses, Schiller e Charlotte von Kalb; a tarefa pedagógica na qual o jovem preceptor se engajou com entusiasmo e na qual ele se mostrou rigoroso, exigente, insistente, talvez até a crueldade, faz surgir em relevo a imagem invertida desse mestre presente e amante que Hölderlin buscava em Schiller, quando não encontrava junto a ele senão solicitude discreta, distância mantida e, aquém das palavras, surda incompreensão.

---

9. Beck (A.), "Aus den letzten Lebensjahren Hölderlins. Neue Dokumente", *Hölderlin Jahrbuch*, t. III, 1949, p. 15-47; "Vorarbeiten zu einer künftigen Hölderlin Biographie. I: Zu Hölderlins Rückkehr von Bordeaux", *Hölderlin Jahrbuch*, t. IV, 1950, p. 72-96; *Id.*, II: "Moritz Hartmanns 'Vermuthung'", *Hölderlin Jahrbuch*, t. V, 1951, p. 50-67.

Graças aos céus, o *Hölderlin Jahrbuch* permanece estranho ao galreio dos psicólogos; graças ao mesmo céu – ou a um outro –, os psicólogos não leem o *Hölderlin Jahrbuch*. Os deuses velaram: a ocasião foi perdida, quer dizer, salva. É que teria sido grande a tentação de ter sobre Hölderlin e sua loucura um discurso muito mais fechado, mas da mesma semente, que aquele de que tantos psiquiatras (Jaspers em primeiro e último lugar[10]) nos deram os modelos repetidos e inúteis: mantidos até o coração da loucura, o sentido da obra, seus temas e seu espaço próprio parecem tomar emprestado seu desenho de uma trama de acontecimentos de que conhecemos hoje o detalhe. Não seria possível ao ecletismo sem conceito de uma psicologia "clínica" enlaçar uma cadeia de significações ligando sem ruptura nem descontinuidade a vida à obra, o acontecimento à fala, as formas mudas da loucura à essência do poema?

De fato, essa possibilidade, para quem a escuta sem deixar-se tomar, impõe uma conversão. O velho problema: onde termina a obra, onde começa a loucura? encontra-se, pela restringência que embaralha as datas e imbrica os fenômenos, revolvido, de alto a baixo, e substituído por uma outra tarefa: em vez de ver no acontecimento patológico o crepúsculo no qual a obra desmorona-se realizando sua verdade secreta, é preciso seguir esse movimento pelo qual a obra abre-se pouco a pouco sobre um espaço no qual ser esquizofrênico toma seu volume, revelando, assim, no extremo limite, o que nenhuma linguagem, fora do sorvedouro em que se precipita, teria podido dizer, o que nenhuma queda teria podido mostrar se ela não tivesse sido ao mesmo tempo acesso ao topo.

Assim é o trajeto do livro de Laplanche. Ele começa sem muito alarde em um estilo de "psicobiografia". Depois, percorrendo a diagonal do campo que ele se destinou, descobre no momento de concluir a posição do problema que, desde a origem, dera ao seu texto prestígio e mestria: como é possível uma linguagem que mantenha sobre o poema e sobre a loucura

---

10. Jaspers (K.), *Strindberg und Van Gogh. Versuch einer pathographischen Analyse unter vergleichender Heranziehung von Swedenborg und Hölderlin*, Berna, E. Bircher, 1922 (*Strindberg et Van Gogh. Swedenborg-Hölderlin*, trad. H. Naef, precedido de *La folie par excellence*, de Maurice Blanchot, Paris, Éd. de Minuit, col. "Arguments", 1953, p. 196-217).

um único e mesmo discurso? Que sintaxe pode passar *a um só tempo* pelo sentido que se pronuncia *e* pela significação que se interpreta? Mas, talvez, para esclarecer no seu próprio tempo o texto de Laplanche em seu poder de inversão sistemática, seria preciso que fosse, senão resolvida, ao menos colocada em sua forma de origem a seguinte questão: de onde vem a possibilidade de uma tal linguagem que nos parece há muito tempo tão "natural", quer dizer, tão esquecida de seu próprio enigma?

*

Quando a Europa cristã se pôs a nomear seus artistas, ela atribuiu à existência deles a forma anônima do herói: como se o nome devesse representar somente o papel pálido de memória cronológica no ciclo dos recomeços perfeitos. As *Vite* de Vasari dão-se a tarefa de lembrar o imemorável; elas seguem uma ordenação estatutária e ritual.[11] O gênio ali se pronuncia desde a criança: não sob a forma psicológica da precocidade, mas por esse direito que é o seu de ser anterior ao tempo e de não vir à luz senão já na conclusão; não há nascimento mas sim aparição do gênio, sem intermediário nem duração, no dilaceramento da história; tal como o herói, o artista rompe o tempo para reatá-lo com suas mãos. Essa aparição, contudo, não é sem peripécia; uma das mais frequentes forma o episódio do desconhecimento-reconhecimento: Giotto era pastor e desenhava seus carneiros sobre a pedra, quando Cimabue o viu e saudou nele sua realeza escondida (como nos relatos medievais, o filho dos reis, misturado aos camponeses que o acolheram, é reconhecido de repente pela graça de uma cifra misteriosa). Chega a aprendizagem; ela é mais simbólica do que real, reduzindo-se ao afrontamento singular e sempre desigual do mestre e do discípulo; o ancião acreditou tudo dar ao adolescente que já tudo possuía; desde o primeiro torneio, a façanha inverte as relações; a criança marcada pelo signo torna-se o mestre do mestre e, simbolicamente, o mata, pois seu reino não era senão usurpação e o pastor sem nome tinha

---

11. Vasari (G.), *Le vite de piu eccelenti pittori, scultori e architetti italiani*, Lorenzo Torrentino, 1550 (*Les vies de meilleurs peintres, sculpteurs et architectes italiens*, trad. e ed. crítica sob a direção de A. Chastel, Paris, Berger-Levrault, col. "Arts", 1981-1985, 9 vol.).

direitos imprescritíveis: Verrocchio abandonou a pintura quando Leonardo desenhou o anjo do *Batismo do Cristo*, e o velho Ghirlandaio, por sua vez, inclinou-se diante de Michelangelo. Mas o acesso à soberania impõe ainda desvios; ele deve passar pela nova prova do segredo, mas este é voluntário; tal como o herói se bate sob uma couraça negra e com a viseira abaixada, o artista esconde sua obra para desvelá-la apenas quando concluída; foi o que fez Michelangelo para o seu *David*, e Uccello para o afresco que figurava acima da porta de San Tommaso. Então, as chaves do reino são dadas: são as do Demiurgo; o pintor produz um mundo que é o duplo, o fraternal rival do nosso; no equívoco instantâneo da ilusão, ele toma seu lugar e vale por ele. Leonardo pintou, sobre o escudo de Ser Piero, monstros cujos poderes de horror são tão grandes quanto os da natureza. E, nesse retorno, nessa perfeição do idêntico, uma promessa se cumpre: o homem é liberado, como Filippo Lippi o foi realmente, segundo a anedota, no dia em que ele pintou um retrato de seu mestre com uma semelhança sobrenatural.

O Renascimento teve da individualidade do artista uma percepção épica, na qual vieram confundir-se as figuras arcaizantes do herói medieval e os temas gregos do ciclo iniciático; nessa fronteira aparecem as estruturas ambíguas e sobrecarregadas do segredo e da descoberta, da força inebriante da ilusão, do retorno a uma natureza que, no fundo, é *outra*, e o acesso a uma nova terra que se revela a *mesma*. O artista só saiu do anonimato no qual haviam permanecido, durante séculos, aqueles que cantaram as epopeias ao retomar por sua conta as forças e o sentido dessas valorizações épicas. A dimensão do heroico passou do herói àquele que o representa, no momento em que a cultura ocidental tornou-se ela própria um mundo de representações. A obra não retira mais seu único sentido do fato de ser um monumento que figura como uma memória de pedra através do tempo; ela pertence a essa lenda que recentemente ela cantava; ela é "gesto", já que é ela que dá sua eterna verdade aos homens e às suas perecíveis ações, mas também porque ela remete, como que ao seu lugar natural de nascimento, à ordem maravilhosa da vida dos artistas. O pintor é a primeira flexão subjetiva do herói. O autorretrato não é mais, no canto do quadro, uma participação furtiva do artista na cena que ele representa; é, no coração da obra, a obra da obra, o encontro, ao final de seu percurso, da origem e da conclusão, a heroização absoluta daquele através de quem os heróis aparecem e permanecem.

Assim, para o artista, no interior de seu gesto, enlaça-se uma relação de si para consigo que o herói não pudera conhecer. O heroísmo aí está envolto como modo primeiro de manifestação, na fronteira do que aparece e do que se representa, como uma maneira de não fazer, para si e para os outros, senão uma única e mesma coisa com a verdade da obra. Precária e, no entanto, indelével unidade. Ela abre, do fundo de si própria, a possibilidade de todas as dissociações; ela autoriza o "herói desviado", que sua vida ou suas paixões contestam sem cessar à sua obra (é Filippo Lippi trabalhado pela carne ao pintar uma mulher quando, por não ter podido possuí-la, era-lhe necessário "apagar seu ardor"); o "herói alienado" em sua obra, esquecendo-se nela e esquecendo ela própria (tal como Uccello que "teria sido o pintor mais elegante e mais original depois de Giotto se tivesse dedicado às figuras de homens e de animais o tempo que perdeu em suas pesquisas sobre a perspectiva"); o "herói ignorado" e rejeitado por seus pares (como Tintoreto caçado por Tiziano e repelido ao longo de toda sua vida pelos pintores de Veneza). Nesses avatares, que fazem pouco a pouco a divisão entre o gesto do artista e o gesto do herói, abre-se a possibilidade de uma apreensão ambígua na qual se trata *ao mesmo tempo*, e em um vocabulário misto, da obra *e* daquilo que não é a obra. Entre o tema heroico e os obstáculos nos quais ele se perde, abre-se um espaço do qual o século XVI começa a suspeitar, e que o nosso século percorre no regozijo dos esquecimentos fundamentais: é aquele no qual vem instalar-se a "loucura" do artista; ela o identifica com sua obra tornando-o estranho aos outros – a todos os que se calam –, e ela o situa no exterior dessa obra vendo-o cego e surdo às coisas que ele vê e às palavras, no entanto, pronunciadas por ele próprio. Não se trata mais dessa ebriedade platônica que tornava o homem insensível à realidade ilusória para colocá-lo na plena luz dos deuses, mas de uma relação subterrânea na qual a obra e o que não é a obra formulam sua exterioridade na linguagem de uma interioridade sombria. Então, torna-se possível essa estranha empreitada que é uma "psicologia do artista", sempre assediada pela loucura, mesmo quando o tema patológico não aparece nela. Ela se inscreve sobre o fundo da bela unidade heroica que deu seu nome aos primeiros pintores, mas avalia seu dilaceramento, negação e esquecimento. A dimensão do psicológico é, em nossa cultura, o negativo das percepções épicas. E estamos devotados agora, para interrogar o que foi um artista, a essa via diagonal e alusiva na qual se percebe e se perde a velha aliança muda entre a obra e "outro que não a obra", de que Vasari nos contou outrora o heroísmo ritual e os ciclos imutáveis.

*

A essa unidade, nosso entendimento discursivo tenta dar-lhe novamente linguagem. Estará essa unidade perdida para nós? Ou somente engajada, até tornar-se dificilmente acessível, na monotonia dos discursos sobre as "relações entre a arte e a loucura"? Em suas incessantes repisas (penso em Vinchon[12]), em sua miséria (penso no bom Fretet,[13] e em muitos outros ainda), tais discursos só são possíveis através dela; ao mesmo tempo, eles a mascaram, a repelem e disseminam ao longo de suas repetições. Ela adormece neles, e através deles enterra-se em um esquecimento obstinado. Eles podem despertá-la, entretanto, quando são rigorosos e sem compromisso: disso é testemunha o texto de Laplanche, o único, sem dúvida, a ser salvo de uma dinastia até então sem glória. Uma importante leitura dos textos multiplica nele os problemas colocados pela esquizofrenia com uma recente insistência sobre a psicanálise.

O que se diz, ao certo, quando se diz que o lugar vazio do Pai é este *mesmo* lugar imaginariamente ocupado por Schiller para Hölderlin e, depois, abandonado: esse *mesmo* lugar que os deuses dos últimos textos fizeram cintilar por sua presença infiel, antes de deixar os hesperianos sob a lei real da instituição? E, mais simplesmente, qual é essa *mesma* figura de que *Thalia-Fragment* desenha os contornos antes do encontro real com Susette Gontard que, por sua vez, encontrará na Diotima definitiva sua fiel repetição?[14] Qual é esse *mesmo* ao

---

12. Vinchon (J.), *L'art et la folie* (1924), 2ª ed. aumentada, Paris, Stock, col. "Série psychologique", 1950.
13. Fretet (J.), *L'aliénation poétique. Rembrandt, Mallarmé, Proust*, Paris, J.-B. Janin, 1946.
14. Hölderlin (F.), *Thalia-Fragment*, 1794 (*Fragment Thalia*, trad. Ph. Jaccottet, in *Hyperion*, Paris, Gallimard, col. "Poésie", nº 86, 1973, p. 17-47); *Diotima*, 1799 (*Diotima*, trad. R. Rovini), in *Oeuvres, op. cit.*, p. 776.

qual tão facilmente a análise recorre? Qual é essa obstinação em um "idêntico" sempre reposto em jogo, que assegura, sem problema aparente, a passagem entre a obra e o que não é ela? Na direção desse "idêntico", as estradas são várias. A análise de Laplanche segue certamente as mais seguras, servindo-se, às vezes, de uma, às vezes, de outra, sem que jamais o sentido de sua marcha se perca, tanto ela permanece fiel a esse "mesmo" que a obsidia com sua presença inacessível, com sua tangível ausência. Elas formam em direção a ele três vias de acesso metodologicamente distintas, mas convergentes: a assimilação dos temas no imaginário; o desenho das formas fundamentais da experiência; o traçado, enfim, dessa linha ao longo da qual a obra e a vida afrontam-se, equilibram-se e tornam-se uma à outra ao mesmo tempo possíveis e impossíveis.

1) As forças míticas de que a poesia de Hölderlin experimenta o estranho e penetrante vigor, nele e fora dele, são aquelas cuja violência divina atravessa os mortais para conduzi-los até uma proximidade que os ilumina e os reduz a cinzas; são aquelas do Jungling, do jovem rio subjugado e lacrado pelo gelo, pelo inverno e pelo sono que, em um movimento, liberta-se para encontrar longe de si, fora de si, sua longínqua, profunda e acolhedora pátria. Não seriam elas *também* as forças da criança Hölderlin detidas por sua mãe, confiscadas por sua avareza e das quais ele pedirá que ela lhe conceda o "uso inalterado", como a livre disposição de uma herança paterna? Ou *ainda* essas forças que ele confronta com aquelas de seu aluno, em uma luta na qual elas se exasperam em reconhecer-se, sem dúvida, como na imagem de um espelho? A experiência de Hölderlin é ao mesmo tempo sustentada e desaprumada por essa ameaça maravilhosa das forças que são suas e outras, longínquas e próximas, divinas e subterrâneas, invencivelmente precárias; entre elas se abrem as distâncias imaginárias que fundam e contestam sua identidade e o jogo de sua simbolização recíproca. A relação oceânica dos deuses com seu jovem vigor que se desencadeia, será ela a forma simbólica e luminosa ou o suporte profundo, noturno, constitutivo das relações com a imagem da mãe? Indefinidamente as relações se invertem.

2) Esse jogo, sem começo nem chegada, desenvolve-se em um espaço que lhe é próprio – espaço organizado pelas categorias do próximo e do longínquo. Essas categorias coman-

daram, segundo um balanço imediatamente contraditório, as relações de Hölderlin com Schiller. Em Iena, Hölderlin exalta-se com "a proximidade dos espíritos verdadeiramente grandes". Mas nessa profusão que o atrai, ele sente sua própria miséria – vazio desértico que o mantém ao longe e abre, inclusive nele mesmo, um espaço sem recursos. Essa aridez desenha a forma vazia de uma abundância: poder de acolhimento para a fecundidade do outro, desse outro que, mantendo-se na reserva, recusa-se, e voluntariamente estabelece o intervalo de sua ausência. Aqui, a partida de Iena toma seu sentido: Hölderlin se afasta da vizinhança de Schiller porque, na imediata proximidade, ele sentia que não era nada para seu herói e que dele permaneceria indefinidamente afastado; quando buscou aproximar de si a afeição de Schiller, foi porque ele próprio queria "aproximar-se do Bem" – do que precisamente está fora do alcance; então, ele parte de Iena para tornar mais próximo a si esse "apego" que o liga, mas que todo elo degrada e toda proximidade recua. É muito provável que essa experiência esteja ligada para Hölderlin àquela de um espaço fundamental onde lhe aparecem a presença e o afastamento dos deuses. Esse espaço é, inicialmente e em sua forma geral, o grande círculo da natureza que é o "Um-Todo do divino"; mas esse círculo sem falha nem mediação não emerge senão na luz agora apagada da Grécia; os deuses não estão *aqui* senão *acolá*; o gênio da Hélada foi "o primogênito da alta natureza"; é ele que se deve encontrar no grande retorno de que *Hyperion*[15] canta os círculos indefinidos. Mas, desde *Thalia-Fragment*, que forma o primeiro esboço do romance, aparece a Grécia como não sendo a terra da presença ofertada: quando Hyperion deixa Mélite apenas reencontrada, para fazer sobre as margens do Escamandro uma peregrinação junto aos heróis mortos, ela por sua vez desaparece e o condena a retornar para essa terra natal, onde os deuses estão presentes e ausentes, visíveis e ocultos, na manifesta reserva do "grande segredo que dá a vida ou a morte". A Grécia desenha essa praia onde se cruzam os deuses e os homens, sua mútua presença e sua ausência recíproca. Daí seu privilégio de ser a terra da

---

15. Hölderlin (F.), *Hyperion, oder der Eremit von Griechenland*, t. I, 1797; t. II, 1799 (*Hypérion ou l'ermite de Grèce*, trad. P. Jaccottet, Paris, Gallimard, col. "Poésie", nº 86, 1973, p. 49-240).

luz: nela se define um longínquo luminoso (oposto termo a termo à proximidade noturna de Novalis) atravessado pela violência de um rapto ao mesmo tempo assassino e amoroso, tal como a águia ou o raio. A luz grega é a absoluta distância ao mesmo tempo abolida e exaltada pela força longínqua e iminente dos deuses. Contra essa fuga absoluta do que está próximo, contra a flecha ameaçadora do longínquo, onde está o abrigo, e quem protegerá? "Será o espaço para sempre esse absoluto e cintilante feriado, reles meia-volta?"

3) Em sua redação definitiva, o *Hyperion* já é a busca de um ponto de fixação; ele o requer na improvável unidade de dois seres tão próximos e tão inconciliáveis quanto uma figura e sua imagem especular: ali, o limite se estreita em um círculo perfeito, sem nada do exterior, tal como foi circular e pura a amizade com Susette Gontard. Nessa luz na qual se refletem dois rostos que são o mesmo, a fuga dos Imortais é interrompida, o divino é pego na armadilha do espelho; enfim, é afastada a ameaça sombria da ausência e do vazio. A linguagem avança agora contra esse espaço que, ao abrir-se, a chamava e a tornava possível; ela tenta fechá-lo cobrindo-o com belas imagens da presença imediata. A obra, então, torna-se medida daquilo que ela não é, nesse duplo sentido de que ela percorre toda a sua superfície e o limita opondo-se a ele. Ela se instaura como felicidade de expressão e loucura conjurada. É o período de Frankfurt, do cargo de preceptor na casa dos Gontard, da ternura partilhada, da perfeita reciprocidade dos olhares. Mas Diotima morre, Alabanda parte em busca de uma pátria perdida, e Adamas, da impossível Arcádia; uma figura introduziu-se na relação dual da imagem do espelho – grande figura vazia, mas cuja hiância devora o reflexo frágil, alguma coisa que não é nada mas que designa sob todas as suas formas o *Limite*: fatalidade da morte, lei não escrita da fatalidade dos homens, existência divinizada e inacessível dos mortais. Na felicidade da obra, na borda de sua linguagem surge, para reduzi-la ao silêncio e concluí-la, esse limite que era ela própria contra tudo o que não fosse ela. A forma do equilíbrio torna-se esse penhasco abrupto no qual a obra encontra um termo que só consegue conclui-la subtraindo-a a ela própria. O que a fundava, a arruína. O limite ao longo do qual se equilibravam a vida dual com Susette Gontard e os espelhos encantados do *Hyperion* surge como limite *na*

vida (é a partida "sem razão" de Frankfurt) e limite *da* obra (é a morte de Diotima e o retorno de Hyperion na Alemanha "como Édipo cego e sem pátria às portas de Atenas"). Esse enigma do Mesmo em que a obra vai ao encontro do que não é ela, eis que se anuncia na forma exatamente oposta àquela na qual Vasari o proclamara resolvido. Ele vem colocar-se naquilo que, no âmago da obra, consuma (e desde seu nascimento) sua ruína. A obra e o *outro que não a obra* não falam da *mesma* coisa e na *mesma* linguagem, senão a partir do limite da obra. É necessário que todo discurso que tente atingir a obra em seu fundo seja, mesmo implicitamente, interrogação sobre as relações entre a loucura e a obra: não somente porque os temas do lirismo e aqueles da psicose se parecem, não somente porque as estruturas da experiência são aqui e ali isomorfas, porém mais profundamente porque a obra ao mesmo tempo coloca e ultrapassa o limite que a funda, a ameaça e a conclui.

*

A gravitação segundo a lei da maior vulgaridade possível à qual está submetida, em sua maior parte, a população dos psicólogos conduziu-a, há muitos anos, ao estudo das "frustrações", no qual o jejum involuntário dos ratos serve de modelo epistemológico indefinidamente fecundo. Laplanche deve à sua dupla cultura de filósofo e de psicanalista ter conduzido sua formulação sobre Hölderlin, até um profundo questionamento do negativo, no qual se encontram *repetidas*, quer dizer, exigidas em sua destinação, a *repetição* hegeliana do Sr. Hyppolite e aquela, freudiana, do Dr. Lacan.

Melhor do que em francês, os prefixos e sufixos alemães (*ab-*, ent-, -los, un-, ver-) distribuem sob modos distintos essas formas da ausência, da lacuna, do afastamento que, na psicose, concernem sobretudo à imagem do Pai e às armas da virilidade. Nesse "não" do Pai, não se trata de ver uma orfandade real ou mítica, nem o rastro de um apagamento relativo ao caráter do genitor. O caso de Hölderlin é aparentemente claro mas, no fundo é, ambíguo: aos dois anos de idade, ele perdeu ser verdadeiro pai; quando tinha quatro, sua mãe se casou novamente com o burgomestre Gock, morto cinco anos mais tarde, deixando para a criança uma lembrança encantada, que parece jamais ter sido obscurecida pela presença de um meio-irmão. Na ordem da memória, o lugar do pai é largamente ocupado por uma figura clara, positiva, somente contestada pelo acontecimento da morte. Sem dúvida, a ausência não deve ser tomada no nível do jogo das presenças e dos desaparecimentos, mas nesse outro no qual estão ligados o que se diz e aquele que o diz. Melanie Klein e depois Lacan mostraram que o pai, como terceira pessoa na situação edipiana, não é apenas o rival odiado e ameaçador, mas aquele cuja presença limita a relação ilimitada da mãe para com a criança, à qual o fantasma da devoração dá a primeira forma angustiada. O pai é, então, aquele que separa, quer dizer, que protege quando, pronunciando a Lei, enlaça em uma experiência maior o espaço, a regra e a linguagem. De um golpe são dadas a distância ao longo da qual se desenvolve a escansão das presenças e das ausências, a palavra cuja forma primeira é a do constrangimento, e a relação, enfim, do significante com o significado, a partir da qual vai se fazer não somente a edificação da linguagem, mas também a rejeição e a simbolização do recalcado. Não é, portanto, em termos alimentares ou funcionais da carência que se deve pensar uma lacuna fundamental na posição do Pai. Poder dizer que ele falta, que é odiado, rejeitado ou introjetado, que sua imagem passa por transmutações simbólicas, supõe que ele não está, para começar, "foracluído", como diz Lacan, e que em seu lugar não se abre uma hiância absoluta. Essa ausência do Pai, manifestada pela psicose ao precipitar-se nela, não incide sobre o registro das percepções ou das imagens, mas sobre o dos significantes. O "não" através do qual se abre essa hiância não indica que o nome do pai permaneceu sem titular real, mas que o pai jamais alcançou a nominação, e que esse lugar do significante pelo qual o pai se nomeia e pelo qual, segundo a Lei, ele nomeia permaneceu vazio. É na direção desse "não" que infalivelmente se dirige a linha reta da psicose quando, arrojando-se para o abismo de seu sentido, ela faz surgir sob as formas do delírio ou do fantasma, e no desastre do significante, a ausência devastadora do pai.

Desde a época de Homburg, Hölderlin se encaminha para essa ausência que as elaborações sucessivas de *Empédocle* escavam incessantemente. O hino trágico lança-se primeiro para esse profundo coração das coisas, esse "Ilimitado" central em que se dissipa toda determinação. Desaparecer no fogo do vulcão, e ir juntar-se em sua morada inacessível e aberta ao Um-Todo – ao mesmo tempo vigor subterrâneo das pedras e chama clara da verdade. Mas, à medida que Hölderlin retoma o tema, as relações do espaço fundamental modificam-se: a proximidade abrasante do divino (forja alta e profunda do caos onde todas as conclusões recomeçam) abre-se para não mais designar senão uma presença dos deuses longínqua, cintilante e infiel; ao qualificar-se de Deus e ao tomar a estatura de mediador, Empédocle desenlaçou a bela aliança; ele acreditou traspassar o Ilimitado, ele repeliu, para uma falha que é sua própria existência e "o jogo de suas mãos", o Limite. E, no recuo definitivo dos confins, a vigilância dos deuses trama desde então sua inevitável astúcia; a cegueira de Édipo poderá logo avançar, os olhos abertos sobre essa praia desertada na qual se erguem para o parricida linguareiro, afrontadas porém fraternais, a Linguagem e a Lei. A Linguagem, em um sentido, é o lugar da falha: é proclamando os deuses que Empédocle os profana, e lança no coração das coisas a flecha de sua ausência. À linguagem de Empédocle opõe-se a resistência do inimigo fraterno; seu papel é fundar, no intermédio do limite, o alicerce da Lei que liga o entendimento à necessidade e prescreve à determinação a estrela do destino. Essa positividade não é a do esquecimento; no último esboço, ela reaparece sob os traços de Manès, como poder absoluto de interrogação ("diz-me quem tu és e quem eu sou"), e vontade resistente de guardar silêncio; ele é a questão perpétua que jamais responde; e, no entanto, ele, que veio do fundo dos tempos e do espaço, testemunhará sempre que Empédocle foi o Chamado, o definitivo ausente, aquele através de quem "toda coisa nova regressa e o que deve advir já está concluído".

Nessa confrontação última e tão comprimida encontram-se dadas as duas possibilidades extremas – as mais vizinhas e as mais opostas. De um lado, desenham-se o reviramento categórico dos deuses em direção ao seu éter essencial, o mundo terrestre dado em partilha aos hesperianos, a figura de Empédocle que se apaga como aquela do último grego, o par do Cristo e de Dionísio vindo do fundo do Oriente testemunhar da fulgurante passagem dos deuses em agonia. Mas, ao mesmo tempo, abre-se a região de uma linguagem perdida em seus extremos confins, lá onde ela é o mais estranho a ela própria, a região dos signos não constitui signo para nada, a de uma resistência que não sofre: *"Ein Zeichen sind Wir, deutungslos..."* A abertura do lirismo último é a abertura mesma da loucura. A curva desenhada pelo voo dos deuses e aquela, inversa, dos homens retornando à sua terra paterna não fazem senão uma mesma coisa com essa linha reta desapiedada que dirige Hölderlin na direção da ausência do Pai, sua linguagem em direção à hiância fundamental do significante, seu lirismo em direção ao delírio, sua obra em direção à ausência da obra.

*

No início de seu livro, Laplanche se pergunta se Blanchot, falando de Hölderlin, não renunciou a manter até o fim a unidade das significações, e se ele não apelou muito cedo para o momento opaco da loucura e invocou, sem interrogá-la, a entidade muda da esquizofrenia.[16] Em nome de uma teoria "unitária", ele lhe censura ter admitido um ponto de ruptura, uma catástrofe absoluta da linguagem, quando teria sido possível fazer comunicar por muito mais tempo ainda – indefinidamente, talvez – o sentido da palavra e o fundo da doença. Mas essa continuidade, Laplanche não conseguiu mantê-la a não ser deixando fora da linguagem a identidade enigmática, a partir da qual ele pode falar ao mesmo tempo da loucura *e* da obra. Laplanche tem um notável poder de análise: seu discurso ao mesmo tempo meticuloso e veloz percorre sem engano o domínio compreendido entre as formas poéticas e as estruturas psicológicas; trata-se, sem dúvida, de oscilações extraordinariamente rápidas, permitindo, nos dois sentidos, a transferência imperceptível de figuras analógicas. Mas um discurso (como o de Blanchot) que se colocasse na postura gramatical desse "e" da loucura *e* da obra, um discurso que interrogasse esse intermédio em sua indivisível unidade e no espaço que ele abre não poderia senão pôr em questão o Limite, quer dizer, essa linha na qual a loucura, precisamente, é perpétua ruptura.

Esses dois discursos, apesar da identidade de um conteúdo sempre reversível de um ao outro e para cada um demons-

---

16. Trata-se do texto de Maurice Blanchot, *La folie par excellence*, publicado como introdução do livro de Karl Jaspers, *op. cit.*, p. 7-33.

trativo, são, sem dúvida, de uma profunda incompatibilidade; o deciframento conjunto das estruturas poéticas e das estruturas psicológicas jamais reduzirá sua distância. E, no entanto, eles estão infinitamente próximos um do outro, como está próxima do possível a possibilidade que o funda; é que a *continuidade do sentido* entre a obra e a loucura só é possível a partir do *enigma do mesmo*, que deixa aparecer o *absoluto da ruptura*. A abolição da obra na loucura, esse vazio no qual a palavra poética é atraída como se na direção de seu desastre, é o que autoriza entre elas o texto de uma linguagem que lhes seria comum. E essa não é uma figura abstrata, mas uma relação histórica na qual nossa cultura deve interrogar-se.

Laplanche chama de "depressão de Iena" o primeiro episódio patológico da vida de Hölderlin. Poder-se-ia sonhar com esse acontecimento depressivo: com a crise pós-kantiana, a querela do ateísmo, as especulações de Schlegel e de Novalis, com o barulho da Revolução que se espraiava como um próximo mais além, Iena foi de fato esse lugar onde o espaço ocidental, bruscamente, se escavou; a presença e a ausência dos deuses, sua partida e sua iminência definiram ali para a cultura europeia um espaço vazio e central onde vão aparecer, ligados em uma única interrogação, a finitude do homem e o retorno do tempo. O século XIX é considerado como se tendo dado a dimensão da história; ele só pôde abri-la a partir do *círculo*, figura espacial e negadora do tempo, segundo a qual os deuses manifestam sua vinda e seu alçar voo, e os homens seu retorno ao solo natal da finitude. Mais do que nossa afetividade pelo medo do nada, é em nossa linguagem que a morte de Deus ressoou profundamente, pelo silêncio que ela colocou em seu princípio, e que nenhuma obra, a não ser que ela seja pura loquacidade, pode recobrir. A linguagem então tomou uma estatura soberana; ela surge como vinda de alhures, de lá onde ninguém fala; mas só existe obra se, remontando seu próprio discurso, ela fala na direção dessa ausência. Nesse sentido, toda obra é empreendimento de exaustão da linguagem; a escatologia tornou-se em nossa época uma estrutura da experiência literária; esta, por direito de nascença, é última. Char o disse: "Quando se abalou a barragem do homem, aspirada pela fenda gigante do abandono do divino, palavras ao longe, palavras que não queriam perder-se tentaram resistir ao exorbitante arrebatamento. Lá decidiu-se a dinastia de seu sentido. Eu corri até a saída dessa noite diluviana."[17]

Nesse acontecimento, Hölderlin ocupa um lugar único e exemplar: ele enlaçou e manifestou a ligação entre a obra e a ausência da obra, entre o desvio dos deuses e a perdição da linguagem. Ele apagou da figura do artista os sinais da magnificência que antecipavam o tempo, fundavam as certezas, elevavam todo acontecimento até a linguagem. A unidade épica que reinava ainda em Vasari, a linguagem de Hölderlin substituiu por uma divisão constitutiva de toda obra em nossa cultura, uma divisão que a liga à sua própria ausência, à sua abolição para sempre em uma loucura que, desde o começo, tomava parte nisso. Foi ele quem permitiu que, sobre as encostas desse impossível topo ao qual ele chegara e que desenhava o *limite*, nós outros, quadrúpedes positivos, ruminássemos a psicologia dos poetas.

---

17. Char (R.), "Seuil", in *Fureur et mystère* (1948), in *Oeuvres complètes*, Paris, Gallimard, col. "Bibliothèque de la Pléiade", 1983, p. 255.

1962

O Ciclo das Rãs

"Le cycle des grenouilles", *La nouvelle revue française*, 10º ano, nº 114, junho de 1962, p. 1.159-1.160. (Sur. J.-P. Brisset, *La science de Dieu ou la création*, Paris, Charmuel, 1900.)

Pierre (ou Jean-Pierre) Brisset, antigo oficial, dava lições de línguas vivas. Ele ditava. Isto, por exemplo: "Nós, Paul Parfait, policial a pé, tendo sido enviado à cidadezinha de Capeur, nós ali nos apresentamos, investidos de nossas insígnias. Nós fomos ali recebidos por uma população transtornada, que bastou nossa presença para tranquilizá-la." É que os particípios o preocupavam. Essa preocupação o levou mais longe do que muitos professores de gramática: a reduzir em 1883 o latim "ao estado de gíria", a voltar para sua casa, pensativo, um dia de junho desse mesmo ano de 1883 e a conceber o mistério de Deus, a voltar a ser como uma criança, para compreender a ciência da palavra, a fazer-se ele próprio o editor de uma obra de que o Apocalipse, no entanto, anunciara a iminência, a dar, na Sala das Sociedades eruditas, uma conferência da qual *Le Petit Parisien* fez menção em abril de 1904. *Polybiblion*[1] fala dele sem favor: ele seria um partidário do combismo e do anticlericalismo limitado. Espero mostrar um dia que ele não é nada disso.

Brisset pertence – pertencia, suponho que esteja morto – a uma outra família: essa família de sombras que recolheu o que a linguística, em sua formação, deixava sem herdeiros. Denunciada, a pacotilha das especulações sobre a linguagem tornava-se em suas mãos piedosas, ávidas, um tesouro da palavra literária: buscava-se com uma obstinação notável,

---

[1]. *Polybiblion: Revue Universelle Bibliographique* (mensal, publicada pela Sociedade bibliográfica).

quando tudo proclamava o fracasso, o enraizamento do significado na natureza do significante, a redução do sincrônico a um estado primeiro da história, o segredo hieróglifo da letra (na época dos egiptólogos), a origem patética e coaxante dos fonemas (descendência de Darwin), o simbolismo hermético dos signos: o mito imenso de uma palavra originariamente verdadeira. Révéroni Saint-Cyr, com o sonho premonitório de uma álgebra lógica, Court de Gebelin e Fabre d'Olivet, com uma erudição hebraica precisa, impregnaram suas especulações com toda uma gravidade demonstrativa.[2] Na outra extremidade do século, Roussel não usa senão o arbitrário, mas um arbitrário combinado: um fato de linguagem (a identidade de duas séries fonéticas) não lhe revela nenhum segredo perdido nas palavras; serve-lhe para esconder um procedimento criador de palavras, e suscita todo um universo de artifícios, de maquinarias combinadas cuja aparente razão é dada, mas cuja verdade permanece enterrada (indicada, mas não descoberta) em *Comment j'ai écrit certains de mes livres*.[3]

Brisset, ele, está empoleirado em um ponto extremo do delírio linguístico, ali onde o arbitrário é recebido como a alegre e intransponível lei do mundo; cada palavra é analisada em elementos fonéticos dos quais cada um vale por uma palavra; esta, por sua vez, não passa de uma frase contraída; de palavra em palavra, as ondas do discurso desdobram-se até o pântano primeiro, até os grandes elementos simples da linguagem e do mundo: a água, o mar, a mãe, o sexo. Essa fonética paciente atravessa o tempo em uma fulguração, remete-nos à presença dos batráquios ancestrais, depois descai a cosmogonia, a teologia e o tempo com a velocidade incalculável das palavras que tiram partido dos trocadilhos consigo mesmas. Tudo o que é esquecimento, morte, luta com os diabos, degradação dos homens não passa de um episódio na guerra pelas palavras a

---

2. Révéroni Saint-Cyr (barão J.-A. de), *Essai sur le perfectionnement des beaux-arts par les sciences exactes, ou Calculs et hypothèses sur la poésie, la peinture et la musique*, Paris, C. Pougens, 1803, 2 vol. Court de Gebelin (A.), *Histoire naturelle de la parole, ou Origine du langage, de l'écriture et de la grammaire universelle*, Paris, De Valleyre, 1772. Fabre d'Olivet (A.), *La langue hébraïque restituée et le véritable sens des mots hébreux rétabli et prouvé par leur analyse radicale*, Paris, publicado pelo autor, 1815.
3. Roussel (R.), *Comment j'ai écrit certains de mes livres*, Paris, Jean-Jacques Pauvert, 1963.

que os deuses e as rãs se entregaram outrora, no meio dos juncos ruidosos da manhã. Depois, não há nada, não há coisa demarcada e sem boca que não seja palavra muda. Muito antes que o homem fosse, isso não cessou de falar.

Mas, como o lembra nosso autor, "tudo o que precede não é ainda suficiente para fazer falar aqueles que nada têm a dizer".

1963

A Água e a Loucura

"L'eau et la folie", *Médecine et hygiène*, 21º ano, nº 613, 23 de outubro de 1963, p. 901-906.

Na imaginação ocidental, a razão pertenceu por muito tempo à terra firme. Ilha ou continente, ela repele a água com uma obstinação maciça: ela só lhe concede sua areia. A desrazão, ela, foi aquática, desde o fundo dos tempos e até uma data bastante próxima. E, mais precisamente, oceânica: espaço infinito, incerto; figuras moventes, logo apagadas, não deixam atrás delas senão uma esteira delgada e uma espuma; tempestades ou tempo monótono; estradas sem caminho. De Lancre, em seu *Inconstance des mauvais anges*,[1] no início do século XVII, explica, através dos malefícios do Oceano, a inquieta imaginação dos marinheiros do País Basco: cativos desse mundo sem fronteiras, eles ouvem e veem rostos e palavras que ninguém jamais percebeu no mundo fechado e circular de Deus. A loucura é o exterior líquido e jorrante da rochosa razão. É, talvez, a essa liquidez essencial da loucura nas nossas velhas paisagens imaginárias que devemos um certo número de temas importantes: a embriaguez, modelo breve e provisório da loucura; os vapores, loucuras ligeiras, difusas, enevoadas, em via de condensação em um corpo muito quente e uma alma abrasadora; a melancolia, água negra e calma, lago fúnebre, espelho em lágrimas; a demência furiosa do paroxismo sexual e de sua efusão.

Não é surpreendente que os valores ambíguos da água, cúmplices da loucura, tenham sido desde muitíssimo tempo

---

1. Lancre (P. de), *Tableau de l'inconstance des mauvais anges et démons: où il est amplement traité des sorciers et de la sorcellerie*, Paris, Jean Berjon e Nicolas Buon, 1612 (edição crítica de N. Jacques-Chaquin, Paris, Aubier, col. "Palimpseste", 1982).

utilizados para ela – contra ela. A hidroterapia da loucura instala-se de um modo coerente no século XVII, a partir de uma observação de Ettmüller: um maníaco que é transportado acorrentado em uma charrete é curado pela violência de um aguaceiro. É que, sob essa forma, a água tem virtudes eficazes contra o oceano venenoso da loucura. Ela cai do céu: quer dizer que ela é pura; como ela é fresca, pode refrescar os espíritos agitados e as fibras retorcidas; impregna, em vez de deixar flutuar na incoerência; lava, devolvendo às coisas e aos seres sua verdade, enquanto o mar os carrega para horizontes estrangeiros. Uma é providência, a outra, tentação. Até o final do século XVIII, a água foi utilizada contra a loucura porque detinha, mais ou menos, tais poderes imaginários: fria, sob a forma de banhos, mas sobretudo duchas, ela curava a mania (esse calor sem febre que inflamava os espíritos, queimava os sólidos torcendo-os, dessecava o cérebro); na melancolia, doença fria e estagnante, aplicavam-se banhos mornos, ou ainda infusões e clisteres (a fim de diluir, do interior, os humores obstruídos): para os casos graves, praticavam-se os banhos-infusões nos quais os doentes, indefinidamente, ficavam de molho. Pomme curou uma histérica impondo-lhe, durante 10 meses, mais de três mil horas de banhos mornos: com esse regime, o sistema nervoso, dessecado como um velho pergaminho, descamou-se em placas inteiras, saiu pelas urinas, e foi substituído por belas fibras, todas novas, todas lisas.

Na prática, banhos e duchas foram utilizados regularmente pela medicina asilar do século XIX. Mas o que mudou na época de Pinel foi o protocolo – ao mesmo tempo a ritualização do gesto e o regime no qual ele se ordena. A água não é mais o banho apaziguador, a chuva fresca sobre uma terra calcinada: é a surpresa – o que corta o fôlego e faz perder a compostura. Administra-se a ducha inesperadamente, ou substituindo-se bruscamente a água quente pela água fria; pode acontecer que se instale o doente sobre uma plataforma que, de repente, afunda na água. O sujeito, de camisão, é amarrado; a uma distância variável acima de sua cabeça (segundo a violência que se quer obter) há uma torneira que pode ter até cinco centímetros de diâmetro. É que o frio não deve mais ser o agente ativo de um refrigério fisiológico, mas a agressão que abate as quimeras, derruba o orgulho, reenvia os delírios à realidade cotidiana. "As duchas", escreve Pinel, "com frequência são suficientes para submeter à lei geral de um trabalho com as mãos uma alienada que a ele é suscetível, para vencer uma recusa obstinada de alimento e para domar as alienadas arrebatadas por uma espécie de humor turbulento e arrazoado. Aproveita-se então da circunstância do banho, lembra-se falta cometida, ou a omissão de um dever importante e, com a ajuda de uma torneira, larga-se bruscamente uma corrente de água fria sobre a cabeça, o que quase sempre desconcerta a alienada; caso ela queira obstinar-se, reitera-se a ducha".[2]

Doravante, a água tem quatro funções: ela é dolorosa (e, dessa forma, reconduz o sujeito a esse mundo da percepção atual à qual ele tende a escapar); ela humilha, colocando o sujeito diante de sua própria realidade desiludida, "diluída"; ela reduz ao silêncio, corta a palavra, essa palavra de que a verborreia insensata é não apenas o signo, mas o ser inteiro da loucura; enfim, ela castiga: ela é decretada pelo médico, sob o relato dos encarregados da vigilância; ela é aplicada diante dele e interrompida quando o sujeito chega à resipiscência. Em suma, representa a instância do julgamento no asilo, o análogo do fogo do céu. Mas esse julgamento é singular; ele não tem outro propósito senão o de fazer confessar: aplica-se a ducha para que o delirante reconheça que aquilo que ele diz é ilusão, falsas crenças, imagens presunçosas – puro e simples delírio. O louco deve reconhecer que ele é louco: o que, em uma época na qual julgamento e vontade eram considerados como constituindo a razão (e a desrazão), devia conduzi-lo diretamente à saúde. A água é o instrumento da confissão: o escoamento vigoroso que arrasta as impurezas, as ideias inúteis, todas essas quimeras que são tão próximas das mentiras. A água, no mundo moral do asilo, conduz à verdade nua; ela é violentamente lustral: batismo e confissão a um só tempo, uma vez que, reconduzindo o doente ao tempo de antes da queda, ela o obriga a reconhecer-se naquilo que ele é. Ela força a loucura a confessar – a loucura que é, nessa época, crença sem confissão. Tornando a consciência transparente para ela própria, ela funciona como uma ablução religiosa e como uma tragédia.

---

2. Pinel (P.), Traité médico-philosophique sur l'aliénation mentale, 2ª ed., Paris, J. Brosson, 1809, p. 204.

Dir-se-á que eu exagero. Leiam esse diálogo sob a ducha, entre Leuret e um de seus doentes acometido de um delírio de perseguição com alucinações auditivas. É o próprio Leuret quem relata:
Leuret: Você promete não pensar mais nisso?
O doente cede com dificuldade.
Leuret: Você promete trabalhar todos os dias?
Ele hesita, depois aceita.
Leuret: Como eu não acredito nas suas promessas, você vai receber a ducha, e continuaremos todos os dias até que você mesmo peça para trabalhar (ducha).
Leuret: Você vai trabalhar hoje?
A.: Já que me obrigam, eu tenho mesmo que ir!
Leuret: Você vai com boa vontade ou não?
Hesitação (ducha).
A.: Sim, eu vou trabalhar!
Leuret: Então você estava louco?
A.: Não, eu não estava louco.
Leuret: Você não estava louco?
A.: Eu acho que não (ducha).
Leuret: Você estava louco?
A.: Então estar louco é ver e ouvir!
Leuret: Sim!
A.: Está bem, doutor, é a loucura.
Ele promete ir trabalhar.[3]

Não é surpreendente reconhecer nessa água perseguidora o elemento no qual o doente e o médico intercambiam sua linguagem? Seu diálogo de surdos é um diálogo de afogados, ou melhor, um diálogo entre afogado e afogador. As palavras que vão da razão à desrazão e desta àquela, não é o ar que as leva, mas a violência dessa torrente de água gelada. O louco, grande peixe sacodido, a quem se faz escancarar a boca, em forma de sim.

A psicanálise representa a estrutura exatamente inversa dessa situação, da qual o diálogo de Leuret com seu doente não é senão um exemplo: o ar voltando a ser o elemento no qual as palavras se propagam, esse homem com a fala cortada que é, dessa vez, o médico, a lenta tomada de consciência que se opõe à confissão. Talvez, por trás desse "retorno ao ar" da

---

3. Leuret (F.), *Du traitement moral de la folie*, Paris, Baillière, 1840, p. 197-198.

loucura, tenha havido uma mutação muito importante no espaço imaginário da loucura: em meados do século XIX, ela cessou de ter parentesco aquático e passou a ter um parentesco afim com a fumaça. Importância da droga (sobretudo do ópio) que substitui a embriaguez, como modelo minúsculo e artificial da doença; passagem ao primeiro plano da síndrome alucinatória (a quase percepção preocupa mais que a falsa crença); a loucura considerada como um outro mundo nebuloso, diáfano, incoerente, mas obstinado, que vem em sobreimpressão turvar o mundo real; ideia de que a loucura desorganiza a ordem e o tempo (perda do sentimento do presente), mais do que a lógica e o julgamento. A esquizofrenia, na paisagem em que nossa sonhadora razão se surpreende em percebê-la, não seria, para a melancolia, o que pode ser uma fumaça perniciosa para a água negra de um pântano?

Em nossos dias, a loucura não é mais aquática. A água, às vezes, exige outras confissões.

1964

A Loucura, a Ausência da Obra

"La folie, l'abscence d'oeuvre", *La table ronde*, nº 196: *Situation de la psychiatrie*, maio de 1964, p. 11-21.

Talvez, um dia, não saibamos mais muito bem o que pode ter sido a loucura. Sua figura terá se fechado sobre ela própria, não permitindo mais decifrar os rastros que ela terá deixado. Esses rastros mesmos, seriam eles outra coisa, para um olhar ignorante, além de simples marcas negras? Quando muito, farão parte de configurações que nós outros, agora, não saberíamos desenhar, mas que serão, no futuro, os quadrículos indispensáveis através dos quais nos tornaremos legíveis, nós e nossa cultura. Artaud pertencerá ao solo de nossa linguagem e não à sua ruptura; as neuroses, às formas constitutivas (e não aos desvios) de nossa sociedade. Tudo o que experimentamos, hoje, sob o modo de limite, de estranheza ou do insuportável terá alcançado a serenidade do positivo. E o que esse Exterior designa para nós, atualmente, arrisca-se, de fato, a um dia designar-nos.

Restará somente o enigma dessa Exterioridade. Qual era então, perguntar-se-á, essa estranha delimitação que atuou, desde o ponto mais longínquo da Idade Média até o século XX e, talvez, mais além? Por que a cultura ocidental rejeitou para os confins aquilo mesmo em que ela teria podido, afinal, reconhecer-se – em que, de fato, ela própria reconheceu-se de modo tortuoso? Por que ela formulou claramente, a partir do século XIX, mas também desde a Idade Clássica, que a loucura era a verdade desnuda do homem e, no entanto, a colocou em um espaço neutralizado e pálido no qual ela era como que anulada? Por que ter compilado as palavras de Nerval ou de Artaud, por que se ter encontrado nelas, e não neles?

Assim, marcar-se-á a viva imagem da razão com ferro em brasa. O jogo bastante familiar de nos mirarmos do outro lado de nós mesmos na loucura, e de nos pormos na escuta de vozes que, vindas de muito longe, nos dizem do modo mais próximo possível o que somos, esse jogo, com suas regras, suas táticas, suas invenções, suas astúcias, suas ilegalidades toleradas, não será mais, e para sempre, senão um ritual complexo cujas significações terão sido reduzidas a cinzas. Alguma coisa como as grandes cerimônias de troca e de rivalidade nas sociedades arcaicas. Alguma coisa como a atenção ambígua que a razão grega dava aos seus oráculos. Ou como a instituição gêmea, a partir do século XIV cristão, das práticas e dos processos de bruxaria. Entre as mãos das culturas historiadoras não restará mais nada a não ser as medidas codificadas da internação, as técnicas da medicina e, do outro lado, a inclusão repentina, irruptiva, em nossa linguagem, da fala dos excluídos.

*

O suporte técnico dessa mutação, qual será? A possibilidade para a medicina de dominar a doença mental como uma outra afecção orgânica? O controle farmacológico preciso de todos os sintomas psíquicos? Ou uma definição bastante rigorosa dos desvios de comportamento, para que a sociedade tenha tempo disponível de prever, para cada um deles, o modo de neutralização que lhe convém? – Ou ainda outras modificações das quais nenhuma, talvez, suprimirá realmente a doença mental, mas que terão, como sentido, apagar de nossa cultura a face da loucura?

Eu sei muito bem que, ao fazer esta última hipótese, eu contesto o que é ordinariamente admitido: que os progressos da medicina poderão, de fato, fazer desaparecer a doença mental, assim como a lepra e a tuberculose; mas uma coisa permanecerá: a relação do homem com seus fantasmas, com seu impossível, com sua dor sem corpo, com sua carcaça da noite; uma vez o patológico posto fora de circuito, a sombria pertença do homem à loucura será a memória sem idade de um mal apagado em sua forma de doença, mas obstinando-se como desgraça. Para dizer a verdade, essa ideia supõe inalterável o que, sem dúvida, é o mais precário, muito mais precário do que as constâncias do patológico: a relação de uma cultura com aquilo mesmo que ela exclui, e mais precisamente a relação da nossa com essa verdade de si mesma, longínqua e inversa, que ela descobre e recobre na folia.

O que não vai tardar a morrer, o que já morre em nós (e cuja morte, justamente, leva nossa atual linguagem) é o *homo dialecticus* – o ser da partida, do retorno e do tempo, o animal que perde sua verdade e a reencontra iluminada, o estrangeiro a si que volta a ser familiar. Esse homem foi o sujeito soberano e o servil objeto de todos os discursos sobre o homem, que foram pronunciados desde longa data e, singularmente, sobre o homem alienado. E, por sorte, ele morre sob suas loquacidades.

De modo que não se saberá mais como o homem pôde colocar a distância essa figura de si mesmo, como ele pôde fazer passar para o outro lado do limite aquilo mesmo que era apegado a ele e ao qual ele era apegado. Nenhum pensamento poderá mais pensar esse movimento no qual, bem recentemente ainda, o homem ocidental tomava sua latitude. É a relação com a loucura (e não um tal saber sobre a doença mental ou uma tal atitude diante do homem alienado) que será, e para sempre, perdida. Saberemos apenas que nós outros, ocidentais idosos de cinco séculos, fomos sobre a superfície da Terra essas pessoas que, dentre outros traços fundamentais, tiveram este, o mais estranho de todos: mantivemos com a doença mental uma relação profunda, patética, difícil talvez de formular para nós mesmos, mas impenetrável a qualquer outra, e na qual experimentamos o mais vivo de nossos perigos, e, talvez, nossa verdade mais próxima. Dir-se-á não que estivemos *a distância* da loucura, mas *na distância* da loucura. Assim, os gregos não estavam afastados da ὕβρις porque a condenavam, eles estavam, antes, no afastamento dessa desmesura, no coração desse lugar longínquo onde eles a mantinham.

Para aqueles que não mais seremos nós, restará pensar nesse enigma (um pouco à nossa maneira quando tentamos entender, hoje, como Atenas pôde apaixonar-se e desprender-se da desrazão de Alcibíades): como os homens puderam buscar sua verdade, sua palavra essencial e seus signos no risco que os fazia tremer, e do qual não podiam impedir-se de desviar os olhos, do momento em que o haviam percebido? E isso lhes parecerá mais estranho ainda do que demandar a verdade do homem à morte; pois ela diz o que todos serão. A loucura, em contrapartida, é o raro perigo, uma chance que pesa pouco em comparação com as obsessões que ela faz nascer e com as questões que lhe formulamos. Como, em uma cultura, uma tão escassa eventualidade pode deter semelhante poder de assombro revelador?

Para responder a essa pergunta, aqueles que nos olharão por cima de seus ombros não terão, sem dúvida, muitos elementos à sua disposição. Apenas alguns signos carbonizados: o temor, incessantemente repetido durante séculos, de ver a estiagem da loucura elevar-se e submergir o mundo; os rituais de exclusão e de inclusão do louco; a escuta atenta, desde o século XIX, para surpreender na loucura alguma coisa que possa dizer o que é a verdade do homem; a mesma impaciência com que são rejeitadas e acolhidas as falas da loucura, a hesitação em reconhecer sua inanidade ou sua decisão.

Todo o resto: esse movimento único pelo qual nós vimos ao encontro da loucura da qual nos afastamos, esse reconhecimento apavorado, essa vontade de fixar o limite e de compensá-lo logo através da trama de um sentido unitário, tudo isso será reduzido ao silêncio, assim como é muda para nós, hoje, a triologia grega μανία, ὕβρις, ἀλογία, ou como é muda a postura do desvio xamanístico em tal sociedade primitiva.

Estamos neste ponto, nesta dobra do tempo na qual um certo controle técnico da doença recobre mais do que designa o movimento que fecha sobre si a experiência da loucura. Mas é essa dobra justamente que nos permite desdobrar o que durante séculos permaneceu implicado: a doença mental e a loucura – duas configurações diferentes, que foram juntadas e confundidas, a partir do século XVII, e que se desenlaçam agora sob nossos olhos, ou melhor, em nossa linguagem.

*

Dizer que a loucura hoje desaparece, isso quer dizer que se desfaz essa implicação na qual ela era tomada, ao mesmo tempo, no saber psiquiátrico e em uma reflexão de tipo antropológico. Mas isso não quer dizer que desaparece, entretanto, a forma geral de transgressão de que a loucura foi, durante séculos, a visível face. Nem que essa transgressão não esteja prestes a produzir, no exato momento em que nos perguntamos o que é a loucura, uma experiência nova.

Não há uma única cultura no mundo em que seja permitido tudo fazer. E sabemos bem, há muito tempo, que o homem não começa com a liberdade, mas com o limite e a linha do intransponível. Conhecemos os sistemas aos quais obedecem os atos interditados; pudemos distinguir para cada cultura o regime das proibições do incesto. Mas ainda conhecemos mal a organização dos interditos de linguagem. É que os dois sistemas de restrição não se superpõem, como se um não fosse senão a versão verbal do outro: o que não deve aparecer no nível da fala não é obrigatoriamente o que é proscrito na ordem do gesto. Os Zuni, que o interditam, relatam o incesto do irmão e da irmã; e os gregos, a lenda de Édipo. De modo inverso, o Código de 1808 aboliu as velhas leis penais contra a sodomia; mas a linguagem do século XIX foi muito mais intolerante com a homossexualidade (ao menos em sua forma masculina) do que o foram as épocas precedentes. E é provável que os conceitos psicológicos de compensação, de expressão simbólica, não possam em nada dar conta de um semelhante fenômeno.

Será bem necessário, um dia, estudar esse domínio dos interditos da linguagem em sua autonomia. Sem dúvida, ainda é muito cedo para saber ao certo como fazer a análise disso. Poderíamos nós utilizar as divisões atualmente admitidas da linguagem? Reconhecer, primeiro, no limite do interdito e da impossibilidade, as leis que concernem ao código linguístico (o que tão claramente chamamos de *faltas de linguagem*); depois, no interior do código e entre as palavras ou expressões existentes, aquelas que são atingidas por um interdito de articulação (toda a série religiosa, sexual, mágica das *palavras blasfematórias*); depois, os enunciados que seriam autorizados pelo código, permitidos no ato de palavra, mas cuja significação é intolerável, para a cultura em questão, em um dado momento: aqui, o desvio metafórico não é mais possível, pois é o próprio sentido que é objeto de *censura*. Enfim, existe também uma quarta forma de linguagem excluída: ela consiste em submeter uma palavra, aparentemente conforme o código reconhecido, a um outro código cuja chave é dada nessa palavra mesma; de tal forma que esta é desdobrada no interior de si: ela diz o que ela diz, mas ela acrescenta um excedente mudo que enuncia silenciosamente o que ela o diz e o código segundo o qual ela diz. Não se trata aqui de uma linguagem cifrada, mas de uma linguagem estruturalmente esotérica.

Quer dizer: ela não comunica, ao escondê-la, uma significação interdita; ela se instala, para começo de jogo, em uma dobra essencial da palavra. Dobra que a escava do interior e, talvez, até o infinito. Pouco importam, então, o que se diz em uma semelhante linguagem e as significações que aí são liberadas. É essa liberação obscura e central da palavra no coração dela própria, sua fuga incontrolável para uma moradia sempre sem luz, que nenhuma cultura pode aceitar imediatamente. Não é em seu sentido, não em sua matéria verbal, mas em seu *jogo* é que uma tal palavra é transgressiva.

É muito provável que toda cultura, qualquer que ela seja, conheça, pratique e tolere (em uma certa medida), mas igualmente reprima e exclua essas quatro formas de palavras interditas. Na história ocidental, a experiência da loucura deslocou-se ao longo dessa escala. Para dizer a verdade, ela ocupou por muito tempo uma região indecisa, difícil de precisar, entre o interdito da ação e o da linguagem: daí a importância exemplar do par *furor-inanitas* que praticamente organizou, segundo os registros do gesto e da palavra, o mundo da loucura até o final do Renascimento. A época do Internamento (os hospitais gerais, Charenton, Saint-Lazare, organizados no século XVII) marca uma migração da loucura para a região dos insensatos: a loucura não conserva com os atos interditos senão um parentesco moral (ela permanece essencialmente ligada aos interditos sexuais), mas é incluída no universo dos interditos de linguagem; a internação clássica enreda, com a loucura, a libertinagem de pensamento e de fala, a obstinação na impiedade ou na heterodoxia, a blasfêmia, a bruxaria, a alquimia – em suma, tudo o que caracteriza o mundo *falado* e interditado da desrazão; a loucura é a linguagem excluída – aquela que, contra o código da língua, pronuncia palavras sem significação (os "insensatos", os "imbecis", os "dementes"), ou a linguagem que pronuncia palavras sacralizadas ("os violentos", "os furiosos"), ou ainda a que faz passar significações interditadas (os "libertinos", os "obstinados"). A reforma de Pinel é muito mais um arremate visível dessa repressão da loucura como fala interdita do que uma modificação.

Essa modificação só se produziu realmente com Freud, quando a experiência da loucura foi deslocada para a última forma de interdito de linguagem, da qual falamos há pouco.

Ela cessou, então, de ser falta de linguagem, blasfêmia proferida, ou significação intolerável (e, nesse sentido, a psicanálise é, de fato, o grande levantamento dos interditos, definido pelo próprio Freud); ela apareceu como uma palavra que envolve a si própria, dizendo por baixo daquilo que diz outra coisa, da qual ela é, ao mesmo tempo, o código único possível: linguagem esotérica, se quisermos, já que detém sua língua no interior de uma palavra que, finalmente, não diz outra coisa além dessa implicação.

Deve-se, portanto, tomar a obra de Freud por aquilo que ela é; ela não descobre que a loucura está presa em uma rede de significações comuns com a linguagem cotidiana, autorizando assim a falar dela com a banalidade cotidiana do vocabulário psicológico. Ela desloca a experiência europeia da loucura para situá-la nessa região perigosa, sempre transgressiva (portanto interditada, também, mas de um modo particular), que é a das linguagens implicando-se nelas próprias, quer dizer, enunciando em seu enunciado a língua na qual elas o enunciam. Freud não descobriu a identidade perdida de um sentido; ele cingiu a figura irruptiva de um significante que não é *absolutamente* como os outros. O que deveria ter bastado para proteger sua obra de todas as interpretações psicologizantes de que nosso meio-século a recobriu, em nome (irrisório) das "ciências humanas" e de sua unidade assexuada.

E, por esse mesmo fato, a loucura apareceu, não como a astúcia de uma significação escondida, mas como uma prodigiosa *reserva* de sentido. É preciso ainda entender, como convém, essa palavra "reserva": muito mais do que uma provisão, trata-se de uma figura que retém e suspende o sentido, ordena um vazio no qual não é proposta senão a possibilidade ainda não cumprida de que tal sentido venha ali alojar-se, ou um outro, ou ainda um terceiro, e isso ao infinito, talvez. A loucura abre uma reserva lacunar que designa e faz ver esse oco no qual língua e fala implicam-se, formam-se uma a partir da outra e não dizem outra coisa senão sua relação muda. Depois de Freud, a loucura ocidental tornou-se uma não linguagem, porque ela se tornou uma linguagem dupla (língua que não existe senão dentro dessa fala, fala que não diz senão sua língua) – quer dizer, uma matriz da linguagem que, em sentido estrito, não diz nada. Dobra do falado que é uma ausência de obra.

Será preciso, um dia, fazer essa justiça a Freud: ele não fez *falar* uma loucura que, há séculos, era, exatamente, uma linguagem (linguagem excluída, inanidade tagarela, fala corrente indefinidamente fora do silêncio ponderado de razão); ao contrário, ele esvaziou dela o *Logos* desarrazoado; ele a dessecou; fez remontar as palavras até sua fonte – até essa região branca da autoimplicação onde nada é dito.

*

O que se passa atualmente está ainda sob uma luz incerta para nós; entretanto, podemos ver desenhar-se em nossa linguagem um estranho movimento. A literatura (e isso depois de Mallarmé, sem dúvida) está prestes, pouco a pouco, a tornar-se, por sua vez, uma linguagem cuja fala enuncia, ao mesmo tempo em que ela diz e no mesmo movimento, a língua que a torna decifrável como fala. Antes de Mallarmé, escrever consistia em estabelecer sua fala no interior de uma língua dada, de modo que a obra de linguagem era da mesma natureza que qualquer outra linguagem, com signos próximos (e, com certeza, eles eram majestosos) da Retórica, do Tema ou das Imagens. No final do século XIX (na época da descoberta da psicanálise, ou pouco faltando para isso), ela se tornara uma fala que inscrevia nela própria seu princípio de deciframento; ou, em todo caso, ela supunha, sob cada uma de suas frases, sob cada uma de suas palavras, o poder de modificar soberanamente os valores e as significações da língua à qual, apesar de tudo (e de fato), ela pertencia; ela suspendia o reino da língua em um gesto atual de escrita.

Daí a necessidade dessas linguagens segundas (o que, em suma, chamamos de crítica): elas não funcionam mais agora como adições exteriores à literatura (julgamento, mediações, conector que se pensava útil estabelecer entre uma obra remetida ao enigma psicológico de sua criação e o ato consumidor de sua leitura); doravante, elas fazem parte, no coração da literatura, do vazio que ela instaura em sua própria linguagem; elas são o movimento necessário, mas necessariamente inacabado através do que a fala e reconduzida à sua língua, e através do que a língua é estabelecida sobre a fala.

Daí também essa estranha vizinhança da loucura com a literatura, à qual não se deve atribuir o sentido de um parentesco psicológico enfim posto a nu. Descoberta como uma linguagem, calando-se na sua superposição a si própria, a loucura não manifesta nem relata o nascimento de uma obra (ou de alguma coisa que, com a genialidade ou com a chance, teria podido tornar-se uma obra); ela designa a forma vazia de onde vem essa obra, quer dizer o lugar de onde ela não cessa de estar ausente, no qual jamais a encontramos porque jamais ela aí se encontrou. Lá, nessa região pálida, sob essa camada sensível essencial, desvela-se a incompatibilidade gemelar da obra com a loucura; é o ponto cego da possibilidade de cada uma e de sua exclusão mútua.

Mas, depois de Raymond Roussel, depois de Artaud, é também o lugar do qual se aproxima a linguagem da literatura. Mas a linguagem não se aproxima dela como de alguma coisa que teria a tarefa de enunciar. É tempo de se aperceber que a linguagem da literatura não se define por aquilo que ela diz, nem tampouco pelas estruturas que a tornam significante. Mas que ela tem um ser e é sobre esse ser que é preciso interrogar. Qual é esse ser atualmente? Alguma coisa, sem dúvida, que tem de se haver com a autoimplicação, com o duplo e com o vazio que se escava nele. Nesse sentido, o ser da literatura, tal como ele se produz depois de Mallarmé chegando até nós, ganha a região na qual se faz, a partir de Freud, a experiência da loucura.

Aos olhos de não sei qual cultura futura – e talvez ela já esteja muito próxima –, seremos aqueles que aproximaram ao máximo estas duas frases jamais realmente pronunciadas, estas duas frases tão contraditórias e impossíveis quanto o famoso "eu minto" e que designam todas duas a mesma autorreferência vazia: "eu escrevo" e "eu deliro". Nós figuramos, assim, ao lado de mil outras culturas que aproximaram o "eu sou louco" de um "eu sou uma besta", ou "eu sou um deus", ou "eu sou um signo", ou ainda de um "eu sou uma verdade", como foi o caso para todo o século XIX, até Freud. E se essa cultura tem o gosto da história, ela se lembrará, de fato, que Nietzsche, ao se tornar louco, proclamou (foi em 1887) que ele era a verdade (porque sou tão erudito, porque tenho conhecimento tão vasto, porque escrevo tão bons livros, porque sou uma fatalidade); e, menos de 50 anos depois, Roussel, na véspera de seu suicídio, escreveu, em *Comment j'ai écrit certains de mes livres*,[1] o relato, geminado sistematicamente, de sua loucura e de seus procedimentos de escrita. E surpreender-se-á, sem dúvida nenhuma, que nós tenhamos podido reconhecer um tão estranho parentesco entre o que, por muito tempo, foi temido como grito, e o que, por muito tempo, foi esperado como canto.

*

Mas, talvez, justamente essa mutação não parecerá merecer nenhuma surpresa. Somos nós hoje que nos surpreendemos de ver comunicarem-se duas linguagens (a da loucura e a da literatura), cuja incompatibilidade foi construída por nossa história. A partir do século XVII, loucura e doença mental ocuparam o mesmo espaço no campo das linguagens excluídas (grosso modo, o do insensato). Ao entrar em um outro domínio da linguagem excluída (naquele fechado, sagrado, temido, erigido na vertical acima dele próprio, reportando-se a si em uma Prega inútil e transgressiva, que chamamos de literatura), a loucura desenlaça seu parentesco, antigo ou recente segundo a escala que se escolha, com a doença mental.

Esta, não há por que duvidar, vai entrar em um espaço técnico de controle cada vez melhor: nos hospitais, a farmacologia já transformou as salas dos agitados em grandes aquários mornos. Mas, abaixo dessas transformações e por razões que lhes parecem estranhas (pelo menos em nossas opiniões atuais), um *desenlace* está prestes a se produzir: loucura e doença mental desfazem sua pertença à mesma unidade antropológica. Essa unidade desaparece, ela própria, com o homem, postulado passageiro. A loucura, halo lírico da doença, não cessa de apagar-se. E, longe do patológico, do lado da linguagem, lá onde ela se redobra sem ainda nada dizer, uma experiência está prestes a nascer onde o que está em jogo é nosso pensamento; sua iminência, já visível, mas absolutamente vazia, não pode ainda ser nomeada.

---

1. Paris, Jean-Jacques Pauvert, 1963.

1965

Filosofia e Psicologia

"Philosophie et psychologie" (entrevista com A. Badiou), *Dossiers pédagogiques de la radio-télévision scolaire*, 27 de fevereiro de 1965, p. 65-71. Esta discussão, assim como o debate que figura no número seguinte (ver nº 31, vol. I da edição francesa desta obra), provém de emissões produzidas pela radiotelevisão escolar em 1965-1966, concebidas por Dina Dreyfus e realizadas por Jean Fléchet.

Essas emissões foram recentemente reeditadas em videocassete pelo Centro Nacional de Documentação Pedagógica e Edições Nathan, na coleção "Le temps des philosophes", enquanto um número dos *Cahiers Philosophiques* (fora de série, junho de 1993) dá uma transcrição literal de seu conteúdo, bastante afastada da versão aqui publicada e que, só ela, fora revisada pelos autores.

– *O que é psicologia?*

– Eu diria que não acho necessário tentar definir a psicologia como ciência, mas talvez como forma cultural; isto se inscreve em toda uma série de fenômenos conhecidos pela cultura ocidental há muito tempo, e nos quais puderam nascer coisas como a confissão, a casuística, os diálogos, os discursos, e os arrazoados que se podiam pronunciar em certos ambientes na Idade Média, nas cortes de amor, ou ainda nos salões do preciosismo do século XVII.

– *Existem relações interiores ou exteriores entre a psicologia como forma cultural e a filosofia como forma cultural? E a filosofia, ela é uma forma cultural?*

– O senhor colocou duas questões.

1º: A filosofia é uma forma cultural? Eu lhe direi que não sou muito filósofo, portanto, não estou bem situado para sabê-lo. Penso que é o grande problema no qual nos debatemos agora; talvez a filosofia seja, de fato, a forma cultural mais geral na qual poderíamos refletir sobre o que é o Ocidente.

2º: Agora, quais são as relações entre a psicologia como forma cultural e a filosofia? Pois bem, penso que esse é um ponto do conflito em que se opõem, há 150 anos, os filósofos aos psicólogos, problema relançado agora por todas as questões que giram em torno da reforma do ensino.

Acho que se pode dizer o seguinte: primeiro, de fato, a psicologia e, através da psicologia, as ciências humanas estão, desde o século XIX, em uma relação muito entrelaçada com a filosofia. Esse entrelaçamento entre a filosofia e as ciências humanas, como podemos concebê-lo? Pode-se dizer que a filosofia, no mundo ocidental, havia, às cegas, e de algum modo em falso, na obscuridade, na noite de sua própria consciência e de seus métodos, circunscrito um domínio, aquele que ela chamava de alma ou de pensamento e que, agora, serve de herança a ser explorada pelas ciências humanas de um modo claro, lúcido e positivo. De modo que as ciências humanas ocupariam, com todo o direito, esse domínio um pouco vago que fora assinalado, mas abandonado como um terreno inculto pela filosofia.

Eis aí o que se poderia responder. Acho que isso é o que diriam de muito bom grado as pessoas que podemos pensar como defensores das ciências humanas, pessoas que consideram que a velha tarefa filosófica, que nascera no Ocidente com o pensamento grego, que essa velha tarefa deve ser agora retomada com os instrumentos das ciências humanas. Não acho que isso circunscreva exatamente o problema; parece-me que uma tal maneira de analisar as coisas está evidentemente ligada a uma perspectiva filosófica que é o positivismo.

Poderíamos também dizer outra coisa, o contrário: talvez isso faça parte do destino da filosofia ocidental. É que, desde o século XIX, alguma coisa como uma antropologia se tornou possível. Quando digo antropologia, não quero falar dessa ciência particular que chamamos de antropologia e que é o estudo das culturas exteriores à nossa. Por antropologia entendo essa estrutura propriamente filosófica, que faz com que, agora, os problemas da filosofia sejam todos alojados no interior desse domínio que podemos chamar de domínio da finitude humana.

Se não podemos mais filosofar a não ser sobre o homem, como *homo natura*, ou ainda como um ser finito, nesta medida, será que toda filosofia não será, no fundo, uma antropologia? Nesse momento, a filosofia torna-se a forma cultural no interior da qual todas as ciências do homem em geral são possíveis.

Eis o que se poderia dizer, e que seria, se o senhor quiser, a análise inversa daquela que eu esboçava há pouco e que, então, recuperaria no grande destino da filosofia ocidental as ciências humanas, assim como há pouco podíamos recuperar a filosofia como espécie de programa em falso do que devem ser as ciências humanas. Eis aí o enlaçamento. É no que temos de pensar, tanto agora, aqui, onde estamos, quanto depois, em geral, nos anos vindouros.

– *O senhor disse, em sua primeira óptica, que, em suma, a filosofia fora concebida como prescrevendo seu domínio a uma ciência positiva que, em seguida, lhe garantia a elucidação efetiva. Nessa ótica, o que é que pode garantir a especificidade da psicologia, em relação aos outros tipos de investigação? Pode e pretende o positivismo, por seus próprios meios, garantir essa especificidade?*

– Pois bem, em uma época em que as ciências humanas recebiam, de fato, sua problemática, seu domínio e seus conceitos de uma filosofia que era, *grosso modo*, a do século XVIII, eu acho que a psicologia podia ser definida como ciência, digamos, da alma, ou como ciência da consciência, ou ainda como ciência do indivíduo. Nessa medida, penso que a partilha, já então possível, com as outras ciências humanas que existiam na época podia-se fazer de um modo bastante claro: podia-se opor a psicologia às ciências da ordem fisiológica, assim como se opõe a alma ao corpo; podia-se opor a psicologia à sociologia, como se opõe o indivíduo à coletividade ou ao grupo; e se definirmos a psicologia como a ciência da consciência, ao que vamos opô-la? Pois bem, durante uma época que vai, *grosso modo*, de Schopenhauer a Nietzsche, poder-se-ia dizer que a psicologia se opõe à filosofia assim como a consciência se opõe ao inconsciente. Eu acho, aliás, que é precisamente em torno da elucidação do que é o inconsciente que a reorganização e o recorte das ciências humanas foram feitos, quer dizer, essencialmente, em torno de Freud; e essa definição positiva, herdada do século XVIII, da psicologia como ciência da consciência e do indivíduo, não pode mais valer, agora que Freud existiu.

– *Vamos nos colocar agora sob outra perspectiva: a problemática do inconsciente, que lhe parece ser o princípio da reestruturação do domínio das ciências humanas, que sentido o senhor* lhe atribui, uma vez que se consideram as ciências humanas como momento do destino da filosofia ocidental?

– Esse problema do inconsciente é, na realidade, muito difícil, porque aparentemente se pode dizer que a psicanálise é uma forma de psicologia que se acrescenta à psicologia da consciência, que duplica a psicologia da consciência com uma camada suplementar, que seria a do inconsciente. E, de fato, percebeu-se rapidamente que descobrindo o inconsciente se drenava, ao mesmo tempo, uma quantidade de problemas que não concerniam mais, exatamente, seja ao indivíduo, seja à alma oposta ao corpo, mas que se remetia ao interior da problemática propriamente psicológica o que, até o momento, estava excluído dela, seja a título da fisiologia – e se reintroduz o problema do corpo –, seja a título da sociologia – e se reintroduz o problema do indivíduo com seu meio, o grupo ao qual ele pertence, a sociedade na qual está envolvido, a cultura na qual ele e seus ancestrais não deixaram de pensar. O que faz com que a simples descoberta do inconsciente não seja uma adição de domínios, não seja uma extensão da psicologia, é realmente o confisco, pela psicologia, da maioria dos domínios que cobriam as ciências humanas, de tal forma que se pode dizer que, a partir de Freud, todas as ciências humanas se tornaram, de um modo ou de outro, ciências da *psyché*. E o velho realismo à maneira de Durkheim, pensando a sociedade como uma substância que se opõe ao indivíduo que, por sua vez, é também uma espécie de substância integrada no interior da sociedade, esse velho realismo parece-me, agora, impensável. Do mesmo modo, a velha distinção entre a alma e o corpo, que valia mesmo então para a psicofisiologia do século XIX, essa velha oposição não existe mais, agora que sabemos que nosso corpo faz parte de nossa *psyché*, ou faz parte dessa experiência ao mesmo tempo consciente e inconsciente à qual a psicologia se endereça, de tal forma que, atualmente, no fundo, só há psicologia.

– Essa reestruturação que vai dar em uma espécie de totalitarismo psicológico se efetua em torno do tema – retomo sua expressão – da descoberta do inconsciente. Ora, a palavra descoberta está ligada, em geral, a um contexto científico. Por conseguinte, como o senhor entende a descoberta do inconsciente? De que tipo de descoberta se trata?

– Bem, o inconsciente foi literalmente descoberto por Freud como uma coisa; ele o percebeu como um certo número de mecanismos que existiam ao mesmo tempo no homem em geral e em tal homem em particular. Será que Freud, desse modo, destinou a psicologia a uma coisificação radical, contra o que, em seguida, toda a história da psicologia moderna não cessou de reagir, inclusive Merleau-Ponty, e até mesmo os pensadores contemporâneos? É possível, mas é talvez, justamente, nesse horizonte absoluto de coisas que a psicologia foi tornada possível, ainda que a título de crítica.

Mas, por outro lado, para Freud, o inconsciente tem uma estrutura de linguagem. Não se deve esquecer, no entanto, de que Freud é um exegeta e não um semiólogo; é um intérprete, e isso não é um gramático. Enfim, seu problema não é um problema de linguística, é um problema de deciframento. Ora, o que é interpretar, o que é tratar uma linguagem não como linguista, mas como exegeta, como hermeneuta, senão precisamente admitir que existe uma espécie de grafia absoluta que teremos que descobrir em sua própria materialidade, da qual teremos que reconhecer, em seguida, que essa materialidade é significante, segunda descoberta; e que teremos que descobrir, logo depois, o que ela quer dizer, terceira descoberta; e, enfim, que teremos de descobrir segundo quais leis esses signos querem dizer o que eles querem dizer, quarta descoberta. É nesse momento, e apenas nele, que encontramos a camada da semiologia, quer dizer, por exemplo, os problemas de metáfora e de metonímia, ou seja, os procedimentos pelos quais um conjunto de signos pode dizer alguma coisa. Mas essa quarta descoberta só é a quarta em relação a três outras muito mais fundamentais. E essas três primeiras descobertas são a descoberta de um algo que está ali, diante de nós, a descoberta de um texto a interpretar, a descoberta de uma espécie de solo absoluto para uma hermenêutica possível.

– *Os especialistas em decifração dos textos distinguem decifração de decriptação: a decifração consistindo em decifrar um texto do qual se tem a chave, e a decriptação, um texto do qual não se tem a chave, a estrutura mesma da mensagem. Os métodos psicológicos seriam da ordem da decifração ou da decriptação?*

– Eu diria que da ordem da decriptação. Mesmo assim não inteiramente porque, aqui também, os conceitos de decifração e de decriptação são conceitos essencialmente definidos pelos linguistas para poder recuperar o que, em minha opinião, é irrecuperável para toda a linguística, quer dizer, a hermenêutica, a interpretação. Enfim, admitamos, se o senhor quiser, a noção de decriptação. Eu diria que Freud, de fato, decripta, quer dizer, ele reconhece haver uma mensagem, ele não sabe o que quer dizer essa mensagem, ele não sabe segundo quais leis os signos podem querer dizer o que querem dizer. É preciso então, ao mesmo tempo, que ele descubra em um único movimento o que quer dizer a mensagem, e quais são as leis pelas quais a mensagem quer dizer o que ela quer dizer; dito de outra forma, é preciso que o inconsciente seja portador não apenas do que ele diz, mas da chave do que ele diz. E é por isso, aliás, que a psicanálise, a experiência psicanalítica, a linguagem psicanalítica sempre apaixonaram a literatura. Há uma espécie de fascinação da literatura contemporânea não apenas pela psicanálise, mas por todos os fenômenos que estão referidos à loucura, porque a loucura, o que ela é agora, no mundo contemporâneo, senão uma mensagem, enfim, da linguagem, dos signos dos quais se espera, pois caso contrário seria demasiado terrível que eles queiram dizer alguma coisa, da qual não se sabe o que querem dizer e da qual não se sabe como eles o dizem. Por conseguinte, é preciso tratar a loucura como uma mensagem que teria nela mesma sua própria chave. É o que faz Freud diante de um sintoma histérico, é o que fazem as pessoas que, hoje, tentam abordar o problema da psicose.

E, afinal, o que é a literatura senão uma certa linguagem de que se sabe, de fato, que ela não diz o que ela diz, pois, se a literatura quisesse dizer o que ela diz, ela diria simplesmente: "A marquesa saiu às cinco horas..." Sabemos muito bem que a literatura não diz isso, portanto sabemos que é uma linguagem segunda, redobrada sobre ela própria, que quer dizer outra coisa diferente do que diz. Não se sabe qual é essa outra linguagem que há por baixo; sabe-se simplesmente que, no final da leitura do romance, devemos ter descoberto o que isso quer dizer e em função de que, de quais leis o autor pode dizer o que queria dizer; devemos ter feito a exegese e a semiologia do texto.

Por conseguinte, há como uma estrutura simétrica entre a literatura e a loucura que consiste nisto: não se pode fazer a semiologia a não ser fazendo a exegese, e a exegese só fazendo a semiologia, e essa pertinência é, creio eu, absolutamente indesatável. Digamos simplesmente que, até 1950, tínhamos compreendido, muito mal, aliás, muito aproximativamente, a propósito da psicanálise ou da crítica literária, que se tratava de alguma coisa como uma interpretação. Não se via que havia ali todo um lado de semiologia, de análise da própria estrutura dos signos. Agora, descobre-se essa dimensão semiológica e, por conseguinte, oculta-se o lado interpretação, e de fato, é a estrutura de envoltório, de espiral, que caracteriza a linguagem da loucura e a linguagem da literatura, e é por isso que chegamos ao seguinte: não apenas todas as ciências humanas são psicologizadas, como também a crítica literária e a literatura são psicologizadas.

– *Se o inconsciente se apresenta, em suma, como um objeto-texto – para conservar sua perspectiva "coisista" – no qual a mensagem se descobre a todo momento como aderente ao seu código, de modo que não existe código geral no seio do qual a mensagem possa, de modo a priori, descobrir seu sentido, disso resulta que uma psicologia não pode ser uma ciência geral. Ela sempre tem de se haver com textos que, na medida em que são portadores de seu próprio código específico, são radicalmente singulares, e a psicologia é, assim, ciência do indivíduo não somente por seu objeto, mas, finalmente, por seu método. Onde, então, existe uma hermenêutica geral?*

– É preciso distinguir, aqui como alhures, o geral do absoluto; não há hermenêutica absoluta, no sentido de que não se pode jamais ter certeza de se obter o texto último, de isso não querer dizer outra coisa por trás do que isso quer dizer. Do mesmo modo, e por outro lado, não se pode jamais ter certeza de fazer uma linguística absoluta. Portanto, por um lado ou por outro, não se tem jamais certeza de atingir a forma absolutamente geral, ou o texto absolutamente primeiro.

Dito isso, penso, todavia, que há estruturas generalizadas mais ou menos grandes e que, por exemplo, pode haver, em muitos indivíduos, um certo número de procedimentos que são idênticos, que se podem encontrar da mesma forma em uns e em outros, e que não há razão para que as estruturas que se descobriram para um não valham para outro.

– A psicologia, em última instância, será a ciência dessas estruturas, ou o conhecimento do texto individual?

– A psicologia será o conhecimento das estruturas, e a eventual terapêutica que não pode não estar ligada à psicologia será o conhecimento do texto individual, quer dizer, não acho que a psicologia possa algum dia dissociar-se de um certo programa normativo. A psicologia é talvez, na verdade, assim como a própria filosofia, uma medicina e uma terapêutica, é certamente uma medicina e uma terapêutica. E não é porque, sob suas formas as mais positivas, a psicologia se encontre dissociada em duas subciências, que seriam psicologia e pedagogia por exemplo, ou psicopatologia e psiquiatria, que essa dissociação em dois momentos igualmente isolados seja algo mais do que o sinal de que, de fato, é necessário reuni-las. Toda psicologia é uma pedagogia, toda decifração é uma terapêutica, não se pode saber sem transformar.

– O senhor pareceu dizer, várias vezes seguidas, que a psicologia não se contenta em estabelecer relações, estruturas, por mais complexas e rigorosas que sejam, entre elementos dados, mas que ela comporta sempre interpretações, e que as outras ciências, pelo contrário, quando encontravam dados que eram para interpretar, não podiam ser suficientes para isso; e o senhor pareceu dizer que, no caso, a psicologia devia entrar em cena. Se isso é exato, será que, em expressões como "psicologia humana" e "psicologia animal", a palavra psicologia lhe parece ter o mesmo sentido?

– Estou contente que o senhor tenha colocado essa questão, porque, de fato, eu mesmo era responsável por um deslize. Primeiro, eu disse que a articulação geral das ciências humanas fora inteiramente remodelada pela descoberta do inconsciente e que, paradoxalmente, a psicologia tinha exercido uma espécie de imperativo sobre as outras ciências. Depois, comecei a falar da psicologia em uma perspectiva estritamente freudiana, como se toda psicologia só pudesse ser freudiana. Houve um novo recorte geral das ciências humanas a partir de Freud, isso é um fato inegável, penso eu, e que mesmo os psicólogos mais positivistas não podiam negar. Isso não quer dizer que toda psicologia, em seus desenvolvimentos positivos, tenha se tornado uma psicologia do inconsciente ou uma psicologia das relações da consciência com o inconsciente. Permaneceu uma certa psicologia fisiológica, permaneceu uma certa psicologia experimental. Afinal de contas, as leis da memória, tal como foram estabelecidas por meu homônimo há 50, 60 anos, rigorosamente não têm nada a ver inclusive com o fenômeno do esquecimento freudiano. Isso permanece sendo o que é, e eu não acho que, no nível do saber positivo e cotidiano, a presença do freudismo tenha mudado realmente as observações que se podem fazer, seja sobre os animais, seja inclusive sobre certos aspectos do comportamento humano. Trata-se de uma espécie de transformação arqueológica profunda, a do freudismo; isso não é uma metamorfose geral de todo saber psicológico.

– *Mas, então, se o termo psicologia aceita aspectos tão diferentes, qual é o sentido comum a esses aspectos? Haverá uma unidade da psicologia?*

– Sim, se admitirmos que, quando um psicólogo estuda o comportamento de um rato em um labirinto, o que ele busca definir é a forma geral de comportamento que poderia valer igualmente para um rato e para um homem; trata-se sempre daquilo que se pode saber do homem.

– *Então o senhor aceita que se diga: o objeto da psicologia é o conhecimento do homem e as diferentes "psicologias" são igualmente tantos meios para esse conhecimento?*

– Sim, no fundo, eu o admitiria, sem ousar muito dizê-lo, porque isso parece demasiado simples... Mas é muito menos simples se pensarmos que, no início do século XIX, apareceu esse projeto muito curioso de conhecer o homem. Aqui se encontra, provavelmente, um dos fatos mais fundamentais na história da cultura europeia porque, se de fato existiram, nos séculos XVII e XVIII, livros que se chamavam *Tratado do homem*[1] ou *Tratado da natureza humana*[2], eles não tratavam absolutamente do homem como nós o fazemos quando fazemos psicologia. Até o final do século XVIII, quer dizer, até Kant, toda reflexão sobre o homem é uma reflexão segunda em relação a um pensamento que, ele, é o primeiro e que é, digamos, o

---

1. Descartes (R.), *Traité de l'homme*, Paris, Clerselier, 1664 (*in Oeuvres et lettres*, Ed. A. Bridoux, Paris, Gallimard, col. "Bibliothèque de la Pléiade", 1953, p. 803-873).
2. Hume (D.), *A treatise of human nature. Being an attempt to introduce the experimental method of reasoning into moral subjects*, Londres, J. Noon, 1739-1740, 3 vol. (*Traité de la nature humaine. Essai pour introduire la méthode expérimentale dans les sujets moraux*, trad. A. Leroy, Paris, Aubier-Montaigne, 1973, 2 vol.).

pensamento do infinito. Tratava-se sempre de responder a questões tais como esta: dado que a verdade é o que ela é, ou que a matemática ou a física nos ensinaram tal e tal coisa, como acontece de percebermos como percebemos, conhecermos como conhecemos, de nos enganarmos como nos enganamos?

A partir de Kant acontece uma reviravolta, quer dizer: não é a partir do infinito ou da verdade que se vai colocar o problema do homem como uma espécie de problema de sombra projetada; a partir de Kant, o infinito não é mais dado, não há senão a finitude, e é nesse sentido que a crítica kantiana levava consigo a possibilidade – ou o perigo – de uma antropologia.

– *Fez-se muito barulho, em uma certa época em nossas salas de aula, com relação às ciências humanas, sobre a distinção entre "explicar" e "compreender". Isso parece ter sentido para o senhor?*

– Não ouso afirmar, mas parece-me que a primeira vez em que "explicar" e "compreender" foram diferenciados e propostos precisamente como formas epistemológicas radicais, absolutas e incompatíveis uma com a outra, foi por Dilthey. Ora, contudo, isso é alguma coisa muito importante, e foi exatamente ele quem fez, pelo que eu saiba, a única história, um pouco aproximativa, mas quão interessante, da hermenêutica na história ocidental. Acho que o que há de profundo nele é o sentimento que ele tinha de que a hermenêutica representava um modo de reflexão muito singular, cujo sentido e valor arriscavam ser ocultos por modos de conhecimentos diferentes, mais ou menos emprestados das ciências da natureza, e o fato de que ele sentia perfeitamente que o modelo epistemológico das ciências da natureza seria imposto como norma de racionalidade às ciências do homem, quando essas mesmas ciências do homem não eram, provavelmente, senão um dos avatares das técnicas hermenêuticas que não cessaram de existir no mundo ocidental desde os primeiros gramáticos gregos, junto aos exegetas de Alexandria, aos exegetas cristãos e modernos. E creio que Dilthey sentiu a qual contexto hermenêutico, historicamente geral em nossa cultura, pertenciam a psicologia e as ciências do homem em geral. Foi isso que ele, de um modo um pouco mítico, definiu como a compreensão oposta à explicação. A explicação seria o mau modelo epistemológico; a compreensão é a figura mítica de uma ciência do homem remetida ao seu sentido radical de exegese.

– *O senhor considera que se possa dizer da psicologia como ciência e como técnica o que se diz das ciências exatas e rigorosas, a saber: que ela própria faz sua filosofia, ou seja, que ela própria exerce a crítica de seus métodos, de seus conceitos etc.?*

– Acho que o que se passa atualmente na psicanálise e em um certo número de outras ciências, como a antropologia, é alguma coisa assim: que depois da análise de Freud, alguma coisa como a análise de Lacan foi possível, que depois de Durkheim, alguma coisa como Lévi-Strauss foi possível, tudo isso prova, de fato, que as ciências humanas estão prestes a instaurar com elas próprias e para elas próprias uma certa relação crítica que não deixa de fazer pensar na relação que a física ou as matemáticas exercem quanto a elas próprias; o mesmo para a linguística.

– *Mas não para a psicologia experimental?*

– Pois bem, até o momento, não. Todavia, quando os psicólogos fazem estudos sobre a aprendizagem e experimentam os resultados, em que medida as análises sobre a informação podem permitir formalizar resultados assim obtidos, é igualmente uma espécie de relação reflexiva, generalizadora e fundadora estabelecida pela psicologia para ela própria. Ora, sobre a cibernética ou sobre a teoria da informação, não se pode dizer que ela seja a filosofia da psicologia da aprendizagem, assim como não se pode dizer que o que faz Lacan atualmente, ou o que faz Lévi-Strauss, seja a filosofia da antropologia ou da psicanálise. É mais uma certa relação reflexiva da ciência sobre ela mesma.

– *Se o senhor estivesse em uma sala de aula de filosofia, tal como ela é atualmente, o que o senhor ensinaria da psicologia?*

– A primeira precaução que eu tomaria, se eu fosse professor de filosofia e devesse ensinar psicologia, seria a de comprar-me a máscara mais perfeita que eu pudesse imaginar e a mais diferente de minha fisionomia normal, a fim de que meus alunos não me reconhecessem. Eu me esforçaria, como Anthony Perkins em *Psicose*, em fazer uma voz completamente diferente, de modo que nada da unidade de meu discurso pudesse aparecer. Eis a primeira precaução que eu tomaria. Em seguida, tentaria, na medida do possível, iniciar os alunos nas técnicas que são atualmente utilizadas pelos psicólogos: métodos de laboratório, métodos de psicologia social; tentaria explicar-lhes em que consiste a psicanálise. E depois, no momento seguinte, retiraria minha máscara, retomaria minha voz e faríamos filosofia, com o risco de encontrar a psicologia, neste momento, como essa espécie de impasse absolutamente inevitável e absolutamente fatal no qual se encontrou engajado o pensamento ocidental do século XIX. Mas, ao dizer que é um impasse absolutamente inevitável e fatal, eu não a criticaria como ciência, não diria que é uma ciência não tão positiva, não diria que é alguma que deveria ser mais filosófica ou menos filosófica: eu diria simplesmente que houve uma espécie de sono antropológico no qual a filosofia e as ciências do homem se fascinaram, de algum modo, e se adormeceram umas às outras, e que é preciso acordar desse sono antropológico, como outrora acordou-se do sono dogmático.

1970

Loucura, Literatura, Sociedade

"Kyōki, bungaku, shakai" ("Folie, littérature, société"; entrevista com T. Shimizu e M. Watanabe; trad. R. Nakamura), *Bungei*, nº 12, dezembro de 1970, p. 266-285.

T. Shimizu: Michel Foucault, estamos contentes com a sua vinda ao Japão, por ela nos oferecer a oportunidade de tê-lo conosco. Desde a publicação de *As palavras e as coisas*, sua obra é apresentada, inclusive no Japão, sob diversos ângulos. *Doença mental e psicologia* e *O nascimento da clínica*, ambos foram traduzidos pela Sra. Mieko Kamiya. Por outro lado, *A arqueologia do saber* foi publicado recentemente por Kawadeshobo. Durante a sua visita, infelizmente muito curta, o senhor deu três conferências: "Manet", "A Loucura e a Sociedade"[1] e "Retornar à História"[2], em Tóquio, Nagoya, Osaka e Quioto. Seu pensamento, que poderia parecer difícil, o senhor o expôs com grande clareza.

Presentemente, o senhor é um filósofo cuja obra brilhante já alcançou um reconhecido sucesso. O senhor empreendeu uma abordagem rigorosa e inovadora dos fundamentos do pensamento que subtendem o mundo ocidental desde o Renascimento. Mas aqui, devido às características próprias a uma revista literária, gostaria de interrogá-lo sobre a relação de seu pensamento com a literatura.

M. Watanabe: Além dos dois textos sobre a doença mental, que acabam de ser evocados, nós temos traduzidos para o japonês "O Pensamento do Exterior"[3], sobre Maurice Blanchot, e "Prefácio à Transgressão"[4], sobre Georges Bataille.

---
1. Ver A Loucura e a Sociedade, neste volume.
2. Ver *Retornar à História*, vol. II desta obra.
3. Ver *O Pensamento do Exterior*, vol. III desta obra.
4. Ver *Prefácio à Transgressão*, vol. III desta obra.

Embora apresentem grandes dificuldades, esses ensaios suscitaram um vivo interesse nos leitores japoneses. Além desses casos precisos em que o senhor aborda um escritor frente a frente, nos seus "arquivos" que são o objeto das análises do que o senhor chama de "arqueologia", a literatura ocupa uma posição quase privilegiada: a começar por Sade, depois Hölderlin, Mallarmé, Nietzsche, Raymond Roussel, Artaud, Bataille, Blanchot, todos esses escritores aparecem em seus textos como *leitmotiv*, servindo, parece-me, de fio condutor às suas teses. Supomos, então, que o papel que a literatura desempenhou e continua desempenhando em seu pensamento é determinante, por isso é que gostaríamos de centrar nossas questões nisso.

Depois, se possível, ficaríamos muito contentes se o senhor pudesse se estender sobre a relação entre a literatura e a sociedade ou a política.

T. Shimizu: Talvez seja sumário, mas parece-me que, no seu sistema de pensamento, a literatura é organizada segundo três eixos. O primeiro, em torno do problema da loucura, é representado por Hölderlin e Artaud. O segundo, em torno do problema da sexualidade, por Sade e Bataille. E o terceiro, em torno do problema da linguagem, por Mallarmé e Blanchot. Com certeza, é uma classificação sumária, mas o senhor poderia falar em função desses três eixos?

M. Foucault: Sua análise é muito precisa e parece-me que ela cinge bem meus principais centros de interesse. Mas estes não concernem somente a mim: eles são importantes para todo o Ocidente há 150 anos.

Ora, o senhor disse no começo que eu era filósofo. Isso me embaraça e gostaria de começar por esse ponto. Se essa palavra me faz dar uma parada, é porque eu não me considero filósofo. Não é falsa modéstia. Trata-se, antes, de uma das características fundamentais da cultura ocidental há 150 anos: a filosofia, como atividade autônoma, desapareceu. Nesse sentido, há um sintoma sociológico que merece ser assinalado: a filosofia, hoje, não passa de um ofício de professor universitário. Desde Hegel, a filosofia é ensinada por universitários cuja função consiste menos em praticar a filosofia do que em ensiná-la. O que outrora se referia ao mais elevado pensamento no Ocidente decaiu, hoje, para o nível da atividade considerada como a que tem menor valor no domínio da educação: esse fato prova que a filosofia provavelmente já perdeu seu papel, sua função e sua autonomia.

Então, para responder sumariamente à pergunta: "O que é a filosofia?", eu diria que se trata do lugar de uma escolha original, que se encontra na base de toda uma cultura.

T. Shimizu: O senhor poderia explicar um pouco esse conceito de "escolha original"?

M. Foucault: Por escolha original não entendo apenas uma escolha especulativa, no domínio das ideias puras, mas uma escolha que delimitaria todo o conjunto constituído pelo saber humano, as atividades humanas, a percepção e a sensibilidade.

A escolha original na cultura grega é Parmênides, é Platão, é Aristóteles. A escolha política, científica e literária na cultura grega, ao menos para uma grande parte, tem como ponto de partida o princípio fundamental de conhecimento que foi operado por esses filósofos. Pela mesma razão, a escolha original da Idade Média, se não foi concluída pelos filósofos, fez-se, quando menos, em relação com a filosofia. Assim foi com a filosofia platônica, nos séculos XI e XII, e assim foi mais tarde, com a filosofia aristotélica, nos séculos XIII e XIV. Descartes, Leibniz, Kant e Hegel são também representantes de uma escolha original: essa escolha se fazia com a filosofia como ponto de partida e no próprio seio da filosofia, em relação com toda uma cultura, todo um domínio do saber, toda uma forma de pensamento.

Provavelmente, Hegel terá sido o último caso de escolha original realizada pela filosofia como atividade autônoma. É que, *grosso modo*, a essência da filosofia hegeliana consiste em não operar escolhas, quer dizer, em recuperar em sua própria filosofia, no interior de seu discurso, todas as escolhas que foram feitas na história.

Tenho a impressão de que, no mundo ocidental, a partir do século XIX, ou talvez do século XVIII, a escolha verdadeiramente filosófica, em outros termos, a escolha original, fez-se tendo como pontos de partida os domínios que não mais decorrem da filosofia. Por exemplo, as análises efetuadas por Marx não eram filosóficas em seu espírito, e não devemos considerá-las como tal. São análises puramente políticas, que tornam indispensáveis algumas das escolhas originais fundamentais e determinantes para nossa cultura. Do mesmo modo, Freud não era filósofo e não tinha nenhuma intenção de o ser. Mas o fato de ele ter descrito a sexualidade como ele o fez, de ele assim ter esclarecido as características da neurose e da loucura, mostra tratar-se, na verdade, de uma escolha original. Pensando bem, uma tal escolha operada por Freud é muito mais importante para nossa cultura do que as escolhas filosóficas de seus contemporâneos, como Bergson ou Husserl. A descoberta da linguística geral, a constituição da linguística por Saussure, é também uma escolha original de grande importância, muito mais do que a filosofia neokantiana que era dominante naquela época. Será que não podemos antecipar essa formulação? A de que é inteiramente errôneo pretender que nossa época, ou seja, os séculos XIX e XX, abandonou a filosofia em benefício da política e da ciência. Deve-se, de preferência, dizer que, outrora, a escolha original era operada pela atividade de uma filosofia autônoma, mas, hoje, essa escolha acontece em outras atividades, quer sejam científicas, políticas ou literárias. Por isso é que, como meus trabalhos concernem essencialmente à história, quando trato do século XIX ou do século XX, prefiro apoiar-me nas análises de obras literárias, mais do que me apoiar nas obras filosóficas. Por exemplo, as escolhas operadas por Sade são muito mais importantes para nós do que o foram para o século XIX. E é por estarmos ainda sujeitados a tais escolhas que somos conduzidos a escolhas inteiramente decisivas. Eis por que eu me interesso pela literatura, uma vez que ela é o lugar onde nossa cultura operou algumas escolhas originais.

M. Watanabe: Gostaria que passássemos agora ao problema da loucura, de modo concreto. O próprio fato de os filósofos – desculpe o termo – tratarem desse problema não me parece excepcional. Penso notadamente em Jaspers: sua *Psicopatologia geral*[5] data de 1913, e *Strindberg e Van Gogh*[6], de 1922.

---

5. Jaspers (K.), *Allgemeine psychopathologie*, Berlim, J. Springer, 1913 (*Psychopathologie générale*, trad. A. Kastler e J. Mendousse, conforme a 3ª ed., Paris, Alcan, 1933).
6. Jaspers (K.). *Strindberg und Van Gogh. Versuch einer pathographischen Analyse unter Vergleichender Heranziehung von Swedenborg und Hölderlin*, Berna, E. Bircher, 1922. (*Strindberg et Van Gogh. Swedenborg-Hölderlin*, trad. H. Naef, precedido de *La folie par excellence*, de M. Blanchot, Paris, Éd. de Minuit, 1953).

Mas essas considerações filosóficas sobre as doenças mentais, que se poderiam chamar de "filosofia da loucura", diferem totalmente do seu método de trabalho. Neste – o subtítulo *Uma arqueologia do olhar médico* que se segue ao título *O nascimento da clínica* o demonstra – as análises partem de um ponto de vista sociológico. O senhor poderia explicar o que motivou uma tal escolha metodológica?

M. Foucault: As análises que eu quis conduzir até hoje visam essencialmente, como o senhor acaba de dizer, a análises sociológicas de diferentes instituições. Nesse sentido, o que faço é totalmente diferente da filosofia da loucura ou da filosofia das doenças mentais que encontramos em Jaspers ou, se nos reportamos a uma época anterior, em Pierre Janet ou em Ribot. Suas análises interrogam a loucura e, através dos comportamentos patológicos, querem, no caso de Ribot, descobrir alguma coisa que concerne à psicologia normal e, no caso de Jaspers – de longe o mais significativo e importante –, querem descobrir algumas coisas como o código secreto da existência: o que é a existência humana se ela é ameaçada por essa alguma coisa que seria a loucura, e se ela não pode alcançar uma espécie de experiência suprema senão através da loucura? É o caso de Hölderlin, Van Gogh, Artaud, Strindberg: foi justo isso o que Jaspers estudou. Mas meu objeto é radicalmente diferente. É que, como eu lhe disse, sempre me preocupei com o problema de uma escolha original nascida fora da filosofia.

Eu me perguntei se não haveria, nas diferentes atividades que formam o sistema social e mesmo naquelas que são menos visíveis, mais escondidas e mais discretas, algumas das escolhas originais mais fundamentais para nossa cultura e nossa civilização. Foi isso que tentei examinar. Ao lançar um olhar puramente histórico sobre um material histórico absolutamente banal, pareceu-me que no meio do século XVII teria surgido um fenômeno, até então não tratado pelos historiadores, e que era muito mais importante do que um simples fato socioeconômico. Remexendo em documentos históricos, constatei que o Ocidente, até meados do século XVII, mostrava-se notavelmente tolerante para com os loucos e para com a loucura, embora esse fenômeno da loucura fosse definido por um sistema de exclusão e de recusa: ele era admitido no tecido da sociedade e do pensamento. Os loucos e a loucura eram certamente repelidos para as margens da sociedade, mas eram amplamente disseminados na sociedade em que evoluíam. Embora sendo seres marginais, não eram completamente excluídos, mas integrados ao funcionamento da sociedade. Ora, depois do século XVII, produziu-se uma grande ruptura: toda uma série de modalidades transformou o louco como um ser marginal em um ser completamente excluído. Essas modalidades constituíam um sistema fundado sobre a força policial tal como o internamento e os trabalhos forçados. Parece que através desses fenômenos de constituição de uma polícia, de estabelecimento de um método de internamento, que os historiadores, até então, não haviam praticamente observado, o mundo ocidental operou uma das escolhas originais mais importantes. Foi o que eu quis analisar, e o problema não era, então, a natureza humana ou a consciência humana. Em outras palavras, quis analisar a escolha original que o mundo ocidental operou através dessas disposições antes grosseiras e pouco dignas, que consistiam em internar os loucos.

M. Watanabe: Ao propor o tema "loucura e literatura", arriscamo-nos a considerar que a loucura é uma essência imutável, e a literatura também. Mas, segundo o senhor, a relação entre a loucura e a literatura é, pelo menos no Ocidente, muito marcada pela época na qual ela se define. O senhor poderia explicar isso um pouco mais concretamente?

M. Foucault: Pois bem, o senhor primeiro formulou o problema da loucura, depois o da literatura: de fato, é uma ordem necessária. De algum modo, não podemos resistir à tendência. A razão pela qual me interesso por literatura é a seguinte: como eu lhe disse, no século XVII, diversas disposições foram adotadas nos domínios políticos, sociais, econômicos e policiais; ora, a escolha original, que resulta na exclusão do louco e da loucura, acaba sendo tratada na literatura a partir do século XIX. Para mim, Sade é, em um certo sentido, um dos fundadores da literatura moderna, ainda que seu estilo pertença por completo ao século XVIII e sua filosofia seja inteiramente emprestada de um certo tipo de materialismo e de naturalismo próprios ao século XVIII. Na realidade, Sade, por suas origens, pertence integralmente ao século XVIII, a saber, à aristocracia e ao legado do feudalismo. Então, como Sade redigiu sua obra na prisão e, além disso, fundou-a sobre uma necessidade interior, ele é o fundador da literatura moderna. Dito de outro modo, há um certo tipo de sistema de exclusão que perseguiu violentamente a entidade humana chamada Sade e tudo o que é sexual: a anomalia sexual, a monstruosidade sexual, em suma, perseguiu tudo o que está excluído por nossa cultura. Foi por existir esse sistema de exclusão que sua obra foi possível. O fato de que em uma época de transição, entre os séculos XVIII e XIX, uma literatura tenha podido nascer ou ressuscitar no interior do que ela fora excluída mostra, em minha opinião, haver ali alguma coisa de eminentemente fundamental. E, na mesma época, o maior poeta alemão, Hölderlin, era louco. A poesia do final de sua vida é precisamente, para nós, a que mais se aproxima da essência da poesia moderna. É justamente isso o que me atrai em Hölderlin, Sade, Mallarmé ou, ainda, Raymond Roussel, Artaud: o mundo da loucura que havia sido afastado a partir do século XVII, esse mundo festivo da loucura, de repente, fez irrupção na literatura. Eis por que meu interesse pela literatura vai ao encontro do meu interesse pela loucura.

M. Watanabe: Sua conferência "A Loucura e a Sociedade"[7] foi organizada em torno de dois eixos. O primeiro, sincrônico, consiste em quatro modos de exclusão: exclusões da relação de produção, da família, da comunicação e dos jogos. Em torno do segundo eixo, diacrônico, o senhor evocou a significação do internamento forçado dos loucos, no século XVII, depois a liberação parcial por Pinel, no final do século XVIII e, enfim, o estabelecimento de uma nova categoria chamada de "doença mental".

Gostaria de interrogar-lhe a respeito desses quatro modos de exclusão: o quarto, a exclusão dos jogos, não seria de uma natureza um pouco diferente da dos outros três? Por exemplo, em sua conferência, o senhor evocou a festa da loucura na Idade Média na Europa e, em particular, citou o exemplo do bufão no teatro do Renascimento e da época barroca, precisando tratar-se de um personagem que "contava a verdade". No teatro tradicional japonês, em particular no teatro nô, trata-se amplamente de loucos e de loucura – sob a forma de delírio ou de enfeitiçamento –, e trata-se de uma experiência que permite, através de um desnorteamento da consciência, atingir uma sensação cósmica: em suma, trata-se do lugar da revela-

---

7. Ver *A Loucura e a Sociedade*, neste volume.

ção do sagrado. Nesse caso, seria possível falar-se também de exclusão dos loucos dos jogos? Parece-me, contudo, que os loucos e a loucura são, ao menos sob forma de delírio, reintegrados ao teatro.

M. *Foucault*: Que os loucos sejam excluídos dos jogos não é, como o senhor disse, a mesma coisa que sua exclusão de casa ou da relação de produção. Simplesmente, um louco não trabalha, mesmo se, em alguns casos, se lhe possa atribuir um pequeno trabalho. Do mesmo modo, um louco é excluído de sua família e perde seus direitos de membro da família: aqui, também, isso é simples. Porém, a história se torna complexa quando se trata dos jogos. Quando digo "jogos", a ênfase é colocada nas festas, e eu deveria ter empregado esse termo. No que concerne ao modo de exclusão dos loucos dos jogos, para ser mais preciso, não se trata de excluí-los, mas de atribuir-lhes um lugar particular nos jogos. Por exemplo, nas festas, pode acontecer de eles serem vítimas de um jogo: em uma espécie de cerimônia análoga ao princípio do bode expiatório, ou ao teatro, quando o louco encarna um personagem que é ridicularizado. Encontramos, em certa medida, um eco do personagem do louco, cercado pela hostilidade e desconfiança geral, em uma obra como *O misantropo*.[8] Portanto, o louco pode tornar-se o objeto de um jogo ou representar, nesse jogo, um papel em um sentido privilegiado, mas esse personagem, por seu papel e sua função, jamais tem uma posição da mesma natureza que aquela ocupada pelos outros personagens. Na Europa, no teatro medieval ou no do Renascimento, ou ainda no teatro barroco, no início do século XVII, com frequência é a esse personagem do louco que cabe a tarefa de dizer a verdade. O senhor disse há pouco que, no teatro tradicional japonês, o louco era um representante do sagrado. Mas, no Ocidente, ao menos no teatro do século XVI e do século XVII, o louco é, antes, o portador da verdade. O fato de que, no seu país, o louco seja um representante do sagrado e, no nosso, o portador da verdade parece indicar uma diferença significativa entre a cultura japonesa e a cultura europeia. O louco é o portador da verdade e ele a conta de um modo muito curioso. Pois sabe muito mais coisas do que aqueles que não são loucos: ele tem uma visão de uma outra dimensão. Nesse

---

8. Molière (J.-B. Poquelin, dito), *Le misanthrope*, Paris, J. Ribou, 1667.

sentido, ele parece, em uma certa medida, com o santo. No caso da Europa, assemelha-se ao profeta. Mas o profeta, na tradição judaico-cristã, é alguém que conta a verdade sabendo que conta a verdade. Em contrapartida, o louco é um profeta ingênuo, que conta a verdade sem o saber. A verdade transparece através dele, mas ele, por sua vez, não a possui. As palavras da verdade se desenvolvem nele sem que ele seja responsável por elas. No teatro do século XVI e do início do século XVII, o louco, portador da verdade, ocupa uma posição nitidamente afastada dos outros personagens. A ação se desenvolve com os outros personagens experimentando sentimentos mútuos, tramando entre eles uma intriga e partilhando, de algum modo, a verdade. Em um sentido, eles sabem exatamente o que querem, mas ignoram o que lhes acontecerá no momento. Do lado de fora, ao lado, acima deles encontra-se o louco que não sabe o que deseja, não sabe quem ele é, e nem mesmo domina seus próprios comportamentos, nem sua vontade, mas conta a verdade. De um lado, há um grupo de personagens que dominam sua vontade, mas não conhecem a verdade. Do outro, há o louco que lhes conta a verdade, mas não governa sua vontade e nem mesmo tem o domínio do fato de que conta a verdade. Essa assimetria entre a vontade e a verdade, ou seja, entre a verdade desapossada da vontade e a vontade que ainda não conhece a verdade, não é nada mais que a diferença entre os loucos e os que não são loucos. Acho que o senhor compreendeu, mas o louco, no mecanismo teatral, ocupa uma posição singular: ele não é completamente excluído e, se assim podemos dizer, ele é ao mesmo tempo excluído e integrado, ou melhor, estando excluído, representa um certo papel.

Sobre isso, eu gostaria de acrescentar duas coisas. Primeira, depois da metade do século XVII, quer dizer, depois da época clássica, ao menos na França – mas penso que certamente é a mesma coisa nas literaturas inglesa e alemã –, o louco como personagem desapareceu. Há pouco falei do *Misantropo*: Alceste é a última figura do louco no teatro clássico. Ele conta a verdade, em uma certa medida, e conhece muito mais que os outros a verdade sobre os seres e as coisas, mas possui as mesmas qualificações que os outros personagens do teatro de Molière. A posição que ele ocupa não se encontra, no sentido estrito do termo, à margem: seu caráter simplesmente o afasta dos outros personagens, nada mais. É que essa peça tem por tema a relação entre o misantropo Alceste e os outros personagens. Na obra de Molière, não é uma voz irresponsável e profética.

Se o senhor me permite uma associação de ideias, o louco, na literatura da Idade Média, do Renascimento ou da época barroca, é um personagem que conta a verdade sem saber que conta a verdade; em outros termos, é um discurso da verdade que, na realidade, não tem a vontade da verdade e não a possui nele próprio. Ora, não é esse o tema que pesa tão intensamente, e há muito tempo, sobre o pensamento ocidental? Pois, no final das contas, o que Freud buscava em seus pacientes, o que era a não ser fazer aparecer a verdade através deles? Tratava-se de fazer aparecer a forma autêntica do ser neurótico do paciente, a saber, a verdade que ele próprio não domina. Podemos, então, tentar uma história panorâmica da cultura ocidental: essa copertinência da verdade e da loucura, essa intimidade entre a loucura e a verdade que se podia reconhecer até o início do século XVII foram, mais tarde, durante um século e meio ou dois, negadas, ignoradas, recusadas e escondidas. Ora, desde o século XIX, de um lado pela literatura e, do outro, mais tarde, pela psicanálise, tornou-se claro que o que se tratava na loucura era uma espécie de verdade, e que alguma coisa que não pode ser senão a verdade aparece, sem dúvida, através dos gestos e comportamentos de um louco.

M. Watanabe: Quando o misantropo Alceste saiu de cena, não foi mais o louco como personagem, mas uma espécie de consciência trágica fundada sobre uma experiência de medo e de fascinação em face da possibilidade de naufragar na loucura que foi impelida para o primeiro plano da cena literária. Os poetas românticos são típicos desse ponto de vista. Acho que Hugo tinha um louco em sua família. Mas já não havia sinais precursores disso em Diderot e Rousseau?

M. Foucault: Em certo sentido, um escritor da época clássica não pode ser louco e não pode ter medo de tornar-se louco. A partir do século XIX, pelo contrário, vê-se constantemente brotar, subjacente à escrita dos grandes poetas, o risco de tornar-se louco. Mas, curiosamente, no que concerne a Rousseau, ele recusa obstinadamente a possibilidade de tornar-se louco. Ele era obcecado pela certeza de que não estava transtornado, pelo medo de naufragar na loucura e de que o chamassem de louco, embora ele não o fosse. Ora, Hugo, pelo contrário, que era perfeitamente normal, tinha um certo medo em relação à loucura, mas que não ultrapassava os limites da experiência intelectual. Hoje, não se pode empreender essa experiência curiosa, que é a escrita, sem enfrentar o risco da loucura. Foi isso que Hölderlin e, de certa forma, Sade nos ensinaram. Na minha opinião, pode-se dizer a mesma coisa da filosofia. No início das *Meditações*, Descartes escreve claramente isto: talvez eu esteja sonhando, talvez meus sentidos me traiam, mas há uma coisa que, tenho certeza, não pode me acontecer, é que eu naufrague na loucura.[9] Ele recusa essa hipótese, em virtude dos princípios de seu pensamento racional. Ele rejeita a ideia de que a loucura possa prejudicar seu pensamento racional. A razão disso é que, diz ele, se algum dia ele fosse louco, deveria ter uma alucinação, tal como em pleno sonho, mas essa quimera é muito menos importante, menos extravagante do que aquelas que ele vê em seus sonhos reais. Disso ele deduz que a loucura não é senão uma parte do sonho. Mas se ele corresse um grande perigo, seria o caso de pensar o seguinte: "Se eu sou louco, não desejaria eu empreender muito mais uma reflexão racional? Não poderia eu aplicar mais meus pensamentos racionais atuais à loucura e ao sonho?" O fato de que no interior, e além disso desde o início, momices cujo nome é loucura tenham sido colocadas, era alguma coisa que Descartes não podia ver de frente e, ainda que o fizesse, era qualquer coisa que ele imediatamente rejeitava.

Ora, com Nietzsche chega, enfim, o momento no qual o filósofo diria: "Finalmente, talvez eu seja louco."

M. *Watanabe*: Isso não anuncia a relação fundamental que se instauraria entre a época na qual a escrita cessava de ser o simples suporte da fala e começava a existir por ela própria, e essa intrusão da loucura na escrita?

M. *Foucault*: Até o final do século XVII, escrever significava escrever para alguém, escrever alguma coisa para ensinar aos

---

9. Descartes (R.), *Meditationes de prima philosophia*, Paris, Soly, 1641 (Meditações concernindo à primeira filosofia, nas quais a existência de Deus e a distinção real entre a alma e o corpo do homem são demonstradas, trad. Duque de Luynes, Paris, Camusat e Pierre Le Petit, 1647; in *Oeuvres et lettres*, Ed. André Bridoux, Paris, Gallimard, col. "Bibliothèque de la Pléiade", 1953; cf. Primeira Meditação: "Das coisas que se podem pôr em dúvida", *op. cit.*, p. 268).

outros, para diverti-los ou para ser assimilado. Escrever não era senão o suporte de uma fala que tinha por objetivo circular no interior de um grupo social. Hoje, a escrita se orienta em uma outra direção. Evidentemente, os escritores escrevem para viver e para obter sucesso público. No plano psicológico, o empreendimento da escrita não mudou em relação a antigamente. O problema é saber em que direção vão os fios que tecem a escrita. Sobre esse ponto, a escrita posterior ao século XIX existe manifestamente para ela mesma e, se necessário, existiria independentemente de todo consumo, de todo leitor, de todo prazer e de toda utilidade. Ora, essa atividade vertical e quase intransmissível da escrita assemelha-se, em parte, à loucura. A loucura é, de algum modo, uma linguagem que se mantém na vertical, e que não é mais a fala transmissível, tendo perdido todo o valor de moeda de troca, seja porque a fala perdeu todo o valor e não é desejada por ninguém, seja porque se hesita em servir-se dela como de uma moeda, como se um valor excessivo lhe tivesse sido atribuído. Mas, no fim das contas, os dois extremos se encontram. Essa escrita não circulatória, essa escrita que se mantém de pé é justamente um equivalente da loucura. É normal que os escritores encontrem seu duplo no louco ou em um fantasma. Por trás de todo escritor esconde-se a sombra do louco que o sustenta, o domina e o recobre. Poder-se-ia dizer que, no momento em que o escritor escreve, o que ele conta, o que ele produz no próprio ato de escrever não é outra coisa senão a loucura.

Esse risco de que um sujeito ao escrever seja levado pela loucura, de que esse duplo que é o louco pese sobre ele, isso, na minha opinião, é justamente a característica do ato de escrita. É quando encontramos o tema da subversão da escrita. Penso que se possa ligar o caráter intransitivo da escrita, de que fala Barthes, a essa função de transgressão.

Dito isso, parece-me que se deve ser prudente com esse termo. Pois, em nossos dias, na França, um certo tipo de escritores – um punhado de escritores de esquerda, já que pertencem ao partido comunista... – proclamam que toda escrita é subversiva. Há de se desconfiar, pois, na França, basta fazer esse tipo de declaração para despachar-se de toda atividade política, qualquer que ela seja. Com efeito, se o fato de escrever é subversivo, basta traçar letras, por insignificantes que sejam, sobre um pedaço de papel, para colocar-se a serviço da revolução mundial.

Não é nesse sentido que se deve dizer que a escrita é subversiva. Na minha opinião, o ato de escrever – um ato posto fora do sistema socioeconômico, tal como a circulação, a formação dos valores – funcionava até aqui, por sua própria existência, como uma força de contestação no que concerne à sociedade. Isso não tem relação com a posição política daquele que escreve. Sade, por mais que fosse anarquista, era, antes de tudo, aristocrata: com certeza ele tomou medidas para não ser vítima da Revolução, mas não escondeu sua repulsa pelos jacobinos. (Talvez ele a tenha escondido, mas isso durou somente um tempo.) Por exemplo, Flaubert tinha, em seu foro íntimo, opiniões burguesas e, em face da Comuna de Paris, ele não podia senão emitir um juízo que é, do nosso ponto de vista atual, absolutamente indefensável. No entanto, no plano da crítica da sociedade europeia, a escrita de Sade e de Flaubert desempenhou um papel jamais desempenhado pelos textos muito mais esquerdistas de Jules Vallès. Por conseguinte, pode-se dizer que é a escrita, pelo próprio fato de sua existência, que pôde manter durante 150 anos, pelo menos, sua função subversiva.

Portanto, o problema é o seguinte: acima de tudo, se os intelectuais franceses de hoje se encontram em uma situação absolutamente difícil e se são coagidos a experimentar uma espécie de vertigem, quando não de desespero, é porque, desde a revolução cultural chinesa, e, em particular, desde que os movimentos revolucionários se desenvolveram não apenas na Europa, mas no mundo inteiro, eles foram levados a formular esta série de questões: Será que a função subversiva de escrita subsiste ainda? A época em que só o ato de escrever, de fazer existir a literatura por sua própria escrita bastava para expressar uma contestação, no que diz respeito à sociedade moderna, já não estaria acabada? Não teria chegado, agora, o momento de passar às ações verdadeiramente revolucionárias? Agora que a burguesia, a sociedade capitalista desapossaram totalmente a escrita dessas ações, não estaria o fato de escrever apenas reforçando o sistema repressivo da burguesia? Não seria preciso cessar de escrever? Quando digo tudo isso, acredite-me, não estou brincando. É alguém que continua a escrever que lhes fala. Alguns dos meus amigos mais próximos e mais jovens renunciaram definitivamente a escrever, pelo menos é o que me parece. Honestamente, em face dessa renúncia em benefício da atividade política, não apenas fico admirado, como sou tomado por uma violenta vertigem. Afinal, agora que não sou mais tão jovem, contento-me em continuar essa atividade que, talvez, perdeu algo desse senso crítico que eu quis lhe dar.

Quando escrevi *História da loucura*, eu quis fazer uma espécie de crítica social, e não posso dizer se fui bem ou malsucedido nisso. Nesse momento, tenho a intenção de escrever um livro sobre o sistema das penas e sobre a definição do crime na Europa. Mas não tenho certeza se um livro crítico desse tipo ainda tem o sentido que tinha *História da loucura* quando foi publicado, há 10 anos. Gostaria de pensar que *História da loucura* foi útil há 10 anos. Mas não tenho certeza se esse livro sobre as penas e os crimes, no qual penso, será hoje tão útil.

Os escritores na França estão hoje imprensados entre as duas seguintes tentações: ou bem renunciar a escrever e entregar-se diretamente às atividades revolucionárias, fora de toda escrita, ou bem inscrever-se no Partido Comunista francês, que lhes garante um *status* social de escritor e lhes assegura que a escrita pode ser prosseguida no seio da sociedade socialista e da ideologia marxista. É normal que, imprensadas entre essas duas tentações, muitas pessoas tenham sido tomadas por uma vertigem, e eu sei qual delas elas escolhem. Mas imaginem em que embaraço eu me encontro, eu que não escolhi nenhuma das duas.

T. Shimizu: A partir de uma conversação sobre a loucura, nos perguntamos se a escrita tem, de fato, a força para derrubar a ordem estabelecida. Agora, gostaria de abordar nosso segundo problema, a saber, o da sexualidade. Suas formulações me fizeram pensar no texto que o senhor recentemente escreveu sobre a última obra de Pierre Guyotat, *Éden, Éden, Éden*.[10] Parece-me que esse romance e o seu texto podem nos servir como a pedra no caminho para abordar o problema da sexualidade. De fato, o senhor escreve que, nesse romance, pela primeira vez, a relação entre o indivíduo e o

---

10. Paris, Gallimard, col. "Le Chemin", 1970. Ver *Haverá Escândalo, Mas...*, vol. III desta obra.

desejo sexual foi abalada de modo definitivo, e que, depois da destruição da unidade do indivíduo e da prevalência do sujeito, resta apenas a sexualidade como um imenso estrato.

M. Foucault: Sem dúvida, seria preciso agora, como o senhor sugere, abordar o problema da sexualidade. O senhor escolheu Guyotat como pedra no caminho. Circunstâncias bastante complexas envolvem esse texto. Não sei se aqui é o lugar de falar disso, mas isso deve apresentar um interesse sociológico. Guyotat escreveu um livro em uma linguagem de uma audácia extraordinária. Eu nunca tinha lido uma obra semelhante, em nenhuma literatura, fosse francesa ou inglesa. Ninguém falara até então do que falava Guyotat. Ora, na França, existe ainda uma censura e esse livro corria o risco de ser proibido. Por essa razão, Michel Leiris, Roland Barthes e Philippe Sollers redigiram um prefácio e eu, por minha vez, publiquei esse artigo. Era uma espécie de complô que havíamos preparado durante um ano, no mínimo, senão um ano e meio. Nós nos dissemos que o livro não correria o risco de ser apreendido se fosse inteiramente coberto por uma garantia literária. Não sei se Leiris, Sollers ou eu dissemos tudo o que pensávamos, mas, em todo caso, esse prefácio e esse artigo tinham uma função estratégica, com relação à legislação francesa. É evidente que não pretendo, com isso, depreciar a qualidade desses textos. Eu conheço inteiramente o problema das penas e da repressão e estou profundamente convencido da importância estratégica e tática de um texto: jamais eu diria que esses textos não são importantes por serem de circunstância. Eu diria, inclusive, o contrário: esses textos são ainda mais importantes por serem de circunstância. Há uma coisa curiosa: na França, para que um certo tipo de vocabulário, e de torneio, de imagem ou de fantasma seja introduzido em um texto, é preciso que essas palavras tenham o álibi da literatura. É nesse momento – retomo aqui o problema que evocamos há pouco – que a literatura torna-se um lugar no qual a transgressão pode ser realizada ao infinito. Anteriormente, ninguém, antes de Guyotat, havia falado do que ele evoca em seu livro. Uma vez que os limites do que é exprimível no seio de nosso vocabulário e de nossa língua foram assim ultrapassados no texto de Guyotat, pode-se dizer que esse texto é precisamente transgressivo. Mas, ao mesmo tempo, em nossa sociedade, a literatura tornou-se uma instituição na qual a transgressão, que seria por toda parte impossível, tornou-se possível. Por isso é que a sociedade burguesa se mostra inteiramente tolerante em relação ao que se passa na literatura. De algum modo, a literatura é admitida na sociedade burguesa precisamente porque foi digerida e assimilada. A literatura é como uma criança fujona: ela faz bobagens, mas, cada vez que volta para casa, é perdoada. Em relação a Guyotat, gostaria de tomar aqui o exemplo de *Madame Bovary*:[11] é uma história de adultérios e de suicídio. No século XIX, o adultério e o suicídio eram moeda corrente. Ora, o romance foi perseguido. Em contrapartida, quanto a Guyotat, uma vez que o livro, aureolado de cauções literárias, foi publicado, foi vendido no ritmo de 15 mil exemplares por semana, e não foi o objeto de nenhuma perseguição. Por outro lado, na França, a homossexualidade é um delito e sempre se está exposto a uma semana de prisão. O senhor percebe, estamos aqui na presença de uma situação diametralmente oposta à de *Madame Bovary*. Quando *Madame Bovary* foi publicado, a literatura possuía nela própria força transgressiva suficiente: para causar escândalo, bastava restituir em uma obra a realidade cotidiana de uma família burguesa. Hoje, pelo contrário, a literatura diz mais do que o que os homossexuais praticam em Paris. Mas o livro não é condenado, enquanto os homossexuais são infalivelmente punidos. A força transgressiva da literatura, nesse ponto, foi perdida. Assim, retornamos a este tema: Devemos, hoje, continuar nossas tentativas subversivas mediante a literatura? Uma tal atitude ainda tem fundamento? Já que a literatura foi, nesse ponto, recuperada pelo sistema, a subversão pela literatura não teria se tornado um puro fantasma?

M. Watanabe: Parece-me que se poderia precisar mais a relação entre as perversões sexuais na literatura – como, no caso, trata-se da homossexualidade, podemos nos limitar a ela – e na sociedade real. Quero dizer com isso que, a julgar pela inflação de diversas informações sobre a sexualidade na sociedade moderna, podemos, quando menos, ter a impressão de que os velhos tabus estão em vias de serem varridos e que, nesse sentido, a liberdade sexual estendeu-se em uma ampla medida. Por conseguinte, não pensamos obrigatoriamente

---

11. Flaubert (G.), *Madame Bovary, moeurs de province*, Paris, Michel Lévy, 1857, 2 vol.

que, nesse domínio, a realidade está atrasada com relação à literatura. Mas, de fato, as perversões sexuais, tais como são representadas, são diferentes da realidade que cada um de nós vive, e isso é sem dúvida alguma coisa que contribui para dissimulá-la.

M. Foucault: De fato. A sociedade em que vivemos limita consideravelmente a liberdade sexual, direta ou indiretamente. É evidente que, na Europa, desde 1726, não se executam mais os homossexuais, mas o tabu sobre a homossexualidade não está menos tenaz. Se tomei o exemplo da homossexualidade na sociedade europeia, é por ser o tabu mais propagado e ancorado. Esse tabu da homossexualidade influi, pelo menos indiretamente, sobre o caráter do indivíduo; por exemplo, ele exclui no sujeito a possibilidade de um certo tipo de expressão do linguajar, ele lhe recusa um reconhecimento social e lhe confere, de saída, a consciência do pecado, no que concerne às práticas homossexuais. O tabu da homossexualidade, sem chegar à execução de homossexuais, pesa intensamente não apenas sobre as práticas dos homossexuais, mas sobre todos, embora nem mesmo a heterossexualidade escape à influência desse tabu, sob certa forma.

M. Watanabe: Não são nossas formulações sobre a homossexualidade e sua repressão que me fazem pensar nisso, mas, a respeito da escrita como transgressão, penso na obra de Genet. Em particular, penso na função política de seu teatro, pois, lá também, há uma consciência aguda pelo fato de que, quando a loucura se torna festa, espetáculo, ela é recuperada pela sociedade burguesa.

M. Foucault: Sim, mas, nesse caso, é preciso distinguir a loucura real da literatura. Repito uma vez mais: a loucura real é definida por uma exclusão da sociedade; portanto, um louco é, por sua própria existência, constantemente transgressivo. Ele se situa sempre "de fora". Ora, a literatura não está "de fora", em virtude desse modo de exclusão, mas ela pode estar no interior do sistema social. Como eu já disse, a literatura era normativa no século XVII, no qual ela se atribuía uma função social. No século XIX, a literatura passou para o outro lado. Mas, hoje, parece-me que a literatura recupera sua função social normal por uma espécie de aviltamento ou por uma grande força de assimilação que a burguesia possui. Pois não se deve esquecer que, se o imperialismo é um "tigre de papel", a burguesia é um sistema que tem uma enorme capacidade de adaptação. É que a burguesia chegou a dominar a literatura. A recuperação da literatura no Ocidente – já que ela se pratica nas editoras e no mundo do jornalismo, sinto-me embaraçado ao dizer isso durante uma entrevista para uma revista literária – terá provavelmente significado a vitória da burguesia.

M. Watanabe: Então, o senhor acha que as atividades políticas recentes de Genet – sua colaboração com os Black Panthers – são não somente justas, mas se situam inevitavelmente no prolongamento de sua pesquisa literária.

M. Foucault: É isso. O mundo de Genet sendo o que é, eu não compreendo, inclusive no plano estrito de sua obra, como ele pode suportar que sua obra – o que teria podido ser sua obra em um dado momento – fosse representada no teatro Récamier. Para mim, o teatro Récamier de Renaud-Barrault é a sala de espetáculos mais conformista. *Haute surveillance*[12] foi aí representada: um belo rapaz se exibe nu e os jovens casais parisienses aplaudem. Não compreendo em que tudo isso pode ser compatível com a obra de Genet. Evoquei, há pouco, a metamorfose da função da escrita, mas, aqui, a psicologia de Genet como escritor não é o que coloca problema. Ao ver que sua obra é degradada no nível do *strip-tease* de um belo rapaz, não compreendo como ele pode não cessar de escrever. Quando ele escreveu *Haute surveillance*, era um ato realmente subversivo. Mas o fato de que a peça possa ser montada como um espetáculo de cabaré não implica uma fraqueza inerente à obra de Genet; isso indica mais a enormidade da força de recuperação da burguesia. Em suma, isso significa a força do inimigo que devemos combater e a fraqueza da arma que é a literatura.

M. Watanabe: Não estou inteiramente de acordo com o senhor no que concerne a Renaud-Barrault, mas compreendo que o senhor esteja indignado pela encenação de *Haute surveillance* no teatro Récamier. Eu me pergunto se o teatro nu, em voga nesse momento no Ocidente, não deve a sua popularidade ao seu valor mercantil. Eu li a conferência que o diretor polonês Grotowski deu recentemente em Nova Iorque: ele insiste na diferença entre o corpo nu dos homens em seu grupo

---

12. Genet (J.), *Haute surveillance* (1949), edição definitiva: Paris, Gallimard, "Collection Blanche", 1965.

de teatro-laboratório e a nudez comercial na vanguarda nova-iorquina. Eu compreendo muito bem essa diferença, mas parece-me que ela é constantemente ameaçada na sociedade moderna, que é capaz de tudo transformar em *show* comercial. Acho que podemos dizer o mesmo de todo ato transgressivo, e não apenas a propósito da escrita literária.

M. Foucault: Sobre esse ponto, pode-se dizer que é uma época interessante no nível dos modos e dos valores culturais de nossa sociedade ocidental. No curso dos 100 últimos anos, na Europa, o nu feminino não tinha nenhum valor subversivo. Desnudavam-se as mulheres para pintá-las e colocavam-nas nuas na cena. Em contrapartida, o nu masculino constitui uma verdadeira transgressão. Quando, como Genet, a literatura desnudou realmente os homens e descreveu amores entre homens, ela tinha uma força destruidora. Mas, hoje, esse não é mais o caso.

M. Shimizu: A partir da questão de saber se é possível destruir a ordem estabelecida mediante apenas a literatura, nós deslizamos para a obra de Genet. Ele disse, em uma entrevista, alguma coisa que coincide sutilmente com o que o senhor disse há pouco: "Agora que eu não sou tão jovem..." Genet diz alguma coisa assim: "Na minha idade, eu não posso mais fazer nada... posso, ao menos, apodrecer o francês, para que um dia a sociedade apodreça..." Aqui, a atitude de Genet é inteiramente clara: ele indica nitidamente que amaldiçoa a sociedade. O que o senhor pensa dessa atitude?

M. Foucault: Honestamente, não sei o que Genet entende por "apodrecer o francês". Caso se trate de introduzir na língua francesa, na linguagem literária, torneios que ainda não adquiriram cidadania, então ele não faz senão prosseguir o mesmo trabalho de Céline, para tomar um exemplo do passado. Mas eu me pergunto, afinal, se, ao fazer isso, ele não faz senão reforçar o papel de álibi que a literatura representa. Quando um escritor imita, toma emprestado ou privilegia expressões da gíria ou modos de falar do proletariado, no fundo, o que é que isso pode mudar? Será que isso pode mudar o *status* do proletariado? Ou então, na relação com a verdadeira luta de classes, não terminamos por usar uma máscara hipócrita, tendo a retórica da literatura seguido o exemplo? Nesse momento, mesmo que reintegrada no mundo burguês, a literatura sustenta o seguinte discurso: "Olhem para mim,

1970 – Loucura, Literatura, Sociedade 251

eu não excluí de minha linguagem o que é proletariado. Não sou burguesa. Na realidade, não tenho laços com o sistema capitalista; vocês veem muito bem que eu falo como um operário." E, falando assim, a literatura substitui uma máscara por outra, modificando suas expressões e seus gestos teatrais. Mas tudo isso não muda em nada o papel que a literatura assume realmente na sociedade. Se a fórmula de Genet tem esse sentido, só posso dar gargalhadas.

Mas, se a fórmula "apodrecer o francês" significa que o sistema de nossa linguagem – a saber, como as palavras funcionam na sociedade, como os textos são avaliados e acolhidos, e como são dotados de uma eficácia política – deve ser repensado e reformado, então, é claro, o "apodrecimento da linguagem" pode ter um valor revolucionário. Mas, como o senhor sabe, a situação global da linguagem e das diferentes modalidades que acabo de evocar não pode ser reformada senão por uma revolução social. Em outros termos, não é por um apodrecimento interno da linguagem que a reorganização global, a redistribuição global das modalidades e dos valores da linguagem podem ser operadas: é por uma reforma fora da linguagem. Um projeto literário que consistisse em introduzir torneios, um vocabulário e uma sintaxe populares no interior da linguagem não pode, em caso algum, ser considerado como uma contestação ou um projeto revolucionário.

T. Shimizu: Efetivamente, como o senhor disse, qualquer que seja o esforço do escritor, seu trabalho pode ser facilmente dirigido e assimilado pela sociedade. Vista do exterior, quer dizer, do ponto de vista sociológico, a literatura moderna encontra-se em uma tal situação. Mas, quando a examinamos do interior, será que seu efeito transgressivo, em particular no domínio sexual, não se revestiria de um sentido importante? Nesse momento, por toda parte, há um movimento de *free sex* e, por outro lado, as experiências literárias no domínio sexual. Esses dois fenômenos têm uma relação curiosa entre si, mas se a transgressão na literatura tem um sentido, não é porque tudo isso foi assimilado pelas pessoas, produzindo o *free sex*, ou seja, a banalização da sexualidade, ou a dessexualização. Não seria, antes, porque a sexualidade constitui o meio de produzir uma nova forma de sagrado?

M. Foucault: Pois bem, o sagrado, afinal, deve ser isso. Mas, sociedades primitivas à parte, nas etapas da sociedade europeia que lhes sucederam, a experiência do sagrado consistiu em se aproximar do mais central dos valores da sociedade. Em outros termos, tratava-se de estar o mais próximo possível do centro de uma força divina e absoluta, do topo da escala formada pela sacralidade e seus diferentes valores, em suma, de Deus. A experiência do sagrado era uma experiência central. Mas, tempos mais tarde, o Ocidente parou de crer em Deus. Então, não se trata mais de aproximar-se do centro do fogo, de alguma coisa como o sol que ilumina todo o ser, mas, pelo contrário, trata-se de ultrapassar a interdição absoluta. Nesse sentido, uma vez que a loucura era excluída e, ademais, ela o era constantemente, a experiência da loucura, até certo ponto, era a do sagrado.

Finalmente, avançar nessa direção da qual os deuses se afastaram tornou-se nossa verdadeira experiência. A sexualidade foi reprimida notadamente a partir do século XIX, mais do que o foi em qualquer outro século. Não se deve mais falar dela e não se deve mais praticá-la senão segundo as modalidades definidas pela sociedade burguesa. Por isso é que ela se tornou um espaço privilegiado para a experiência do sagrado. Ultrapassar os limites na sexualidade acabou equivalendo a experimentar o sagrado.

M. Watanabe: Se podemos dizer que a experiência do sagrado como transgressão constitui uma experiência dos limites, não poderíamos dizer também que aí se trata de uma identificação entre a experiência dos limites realizada no nível do texto e a experiência realizada no nível da existência?

M. Foucault: Parece-me que essa identificação é realizada no caso de Genet. Mas, sobre esse ponto, inversamente, o problema se coloca quanto à decalagem entre a transgressão sexual real na prática de um indivíduo e a transgressão sexual na literatura. Como eu disse há pouco, na minha opinião, a transgressão sexual na literatura, a transgressão da moral sexual na literatura parecia, até recentemente, redobrar de importância pelo próprio fato de que isso se produzia no interior da literatura. Os atos transgressivos, que eram tolerados como atos individuais, deixavam de o ser quando aconteciam na literatura. A literatura como cena em que se representavam transgressões sexuais tornava a coisa ainda mais intolerável. Mas hoje, pelo contrário, a literatura como cena de

transgressão sexual tornou enfadonho o próprio ato transgressivo e, uma vez que ele se desenrola na cena da literatura, no espaço literário, ele se tornou, de longe, mais suportável. Desse ponto de vista, para mim, Blanchot é o último escritor e, sem dúvida, é assim que ele próprio se define.
T. Shimizu: O senhor acaba de pronunciar o nome de Blanchot. Nesse sentido, ouvi dizer que há uns 20 anos ele lhe inspira um profundo respeito. O senhor poderia precisar sua formulação: "Blanchot é o último escritor"?
M. Foucault: Todo escritor deseja, do fundo de seu coração, escrever o último livro. Blanchot é alguém que cumpriu isso. Mas, se digo que Blanchot é o último escritor é no sentido de que, para a literatura dos séculos XIX e XX da qual ele falou com um brio que, sem dúvida, nenhum outro poderia igualar, ele delimitou, com perfeição, esse espaço literário irredutível a nenhum espaço real, quer se tratasse do espaço social ou daquele da linguagem cotidiana. Não se sabe se o drama da escrita é um jogo ou um combate, mas foi Blanchot quem delimitou com perfeição esse "lugar sem lugar" no qual tudo isso se desenrola. Por outro lado, o fato de que um de seus livros se intitule *L'espace littéraire*[13] e um outro *La part du feu*[14] parece-me a melhor definição da literatura. É isso. Deve-se ter isso na cabeça: o espaço literário é a parte do fogo. Em outros termos, o que uma civilização entrega ao fogo, o que ela reduz à destruição, ao vazio e às cinzas, aquilo com que ela não poderia mais sobreviver, é o que ele chama de espaço literário. E, depois, esse lugar bastante imponente da biblioteca, no qual as obras literárias chegam umas depois das outras para serem enceleiradas, esse lugar que parece um museu conservando com perfeição os tesouros os mais preciosos da linguagem, esse lugar é, de fato, uma fornalha de incêndio eterno. Ou, então, é de algum modo o lugar no qual essas obras não podem nascer senão no fogo, no incêndio, na destruição e nas cinzas. As obras literárias nascem como alguma coisa que já está consumida. São esses temas que Blanchot expôs brilhantemente. Na minha opinião, é a expressão mais bela, a mais fundamental para definir o que

---

13. Blanchot (M.), *L'espace littéraire*, Paris, Gallimard, "Collection Blanche", 1955.
14. *Id.*, *La part du feu*, Paris, Gallimard, "Collection Blanche", 1949.

é a literatura não somente na sociedade ocidental dos séculos XIX e XX, mas em sua relação com toda a cultura ocidental dessa época. Simplesmente, o que Blanchot descreveu não é o que era a literatura até hoje? E a literatura não tem agora um papel bem mais modesto? Esse grande fogo que consumira todas as obras no momento de seu nascimento, ou mesmo antes dele, não estaria apagado? A literatura e o espaço literário não ganharam novamente o espaço da circulação social e do consumo? Se esse é o caso, para passar para o outro lado, para queimar e consumir, para entrar em um espaço irredutível ao nosso e para entrar em um lugar que não caberia no seio de nossa sociedade, será preciso fazer outra coisa além da literatura?

Blanchot é, de algum modo, o Hegel da literatura, mas, ao mesmo tempo, ele se encontra em oposição a Hegel. Se digo que ele é o Hegel da literatura é no sentido de que, dentre as obras mais importantes das literaturas alemã, inglesa ou francesa – infelizmente, acho que ele não falou da literatura japonesa –, em suma, dentre as obras importantes produzidas pela literatura ocidental, não há nenhuma sobre a qual Blanchot não tenha deixado algumas repercussões, de um modo ou de outro, ou, mais do que repercussões, um sentido. Hegel, afinal, não é apenas alguém que repete o que foi contado pelos murmúrios da história, mas alguém que transformou esses murmúrios para criar o próprio sentido da modernidade. Do mesmo modo, Blanchot extraiu alguma coisa de todas as obras importantes do Ocidente, alguma coisa que lhes permitiu hoje não apenas interpelar-nos, mas também fazer parte da linguagem que falamos hoje. Se, na linguagem que falamos, Hölderlin, Mallarmé, Kafka existem plenamente, é justamente graças a Blanchot. Isso se assemelha ao modo como Hegel reatualizou, no século XIX, a filosofia grega, Platão, a escultura grega, as catedrais medievais, *Le neveu de Rameau*[15] e tantas outras coisas.

Assim, Blanchot é o Hegel da literatura, mas, ao mesmo tempo, está em oposição a Hegel. Pois, se Hegel expôs o conteúdo de toda a filosofia e, finalmente, o de todas as grandes experiências da história, isso não tinha outro objetivo senão o de torná-lo imanente ao que chamamos de presente, para provar

---

15. Diderot (D.), *Le neveu de Rameau* (1762, obra póstuma), Paris, Delaunay, 1823.

que essas experiências históricas estão presentes em nós mesmos, ou, ainda, que estamos presentes nessas experiências. Tratava-se de uma magnífica síntese da interiorização sob forma de memória. No fim das contas, Hegel permaneceu platônico pois, para ele, a história mundial existia dentro da memória do saber. Ora, no caso de Blanchot, é o contrário. Se Blanchot se dirige a todas as grandes obras da literatura mundial e as tece em nossa linguagem, é justamente para provar que não podemos jamais tornar essas obras imanentes, que elas existem do lado de fora, que nasceram do lado de fora e que, se existem fora de nós, estamos, por nossa vez, fora delas. E se conservamos uma certa relação com essas obras, é devido a uma necessidade que nos obriga a esquecê-las e deixá-las cair fora de nós; de algum modo, é sob a forma de enigmática dispersão, e não sob a forma de uma imanência compacta. É assim que, para Blanchot, a presença das obras literárias se realiza. O próprio Blanchot é alguém que se encontra fora de todas essas obras. Ele nunca tentou recuperá-las em seu mundo, nem fazê-las falar uma segunda vez a partir de fora. Ele se posiciona o mais longe possível, e indica sua exterioridade em relação a essas obras pela palavra "neutralidade". Ele não busca recuperar as obras já escritas nele próprio, em sua subjetividade, mas é alguém que se esquece tão bem que essas obras reemergem na superfície a partir do esquecimento. No próprio momento em que ele fala, ele só fala do esquecimento. A relação entre essas obras e o homem que fala delas sob a forma de esquecimento é exatamente o contrário do efeito que se produz sob a forma de representação ou de memória em Hegel.

Eu diria até mais: Blanchot encontra-se não somente fora de todos os livros de que fala, mas fora de toda a literatura. Sobre esse ponto, também, ele é diferente de Hegel. Pois Hegel se considerava como um concentrado de todos os filósofos, ou ainda como a própria filosofia. Hegel nunca saía da filosofia. Quando lhe acontecia sair de alguma coisa, ele se colocava fora do tempo, quer dizer, daquilo que destruía a filosofia, do que corroía a perenidade da filosofia, do que disseminava como areia. Hegel se colocava fora do tempo, mas era para entrar na filosofia. Em contrapartida, Blanchot desliza constantemente para fora da literatura, a cada vez que fala dela.

Finalmente, é alguém que nunca está dentro da literatura, mas que se situa completamente fora.

Se hoje descobrimos que devemos sair da literatura, que não devemos considerar seu "dentro" como esse lugar, de preferência, agradável no qual nos comunicamos e nos reconhecemos, ou ainda que devemos nos colocar fora da literatura abandonando-a ao seu pardo destino histórico, destino ademais definido pela sociedade burguesa moderna à qual a literatura pertence, foi Blanchot quem nos indicou o caminho. Foi justamente ele que narrou as coisas mais profundas sobre o que foi literatura; e foi ele que, mesmo esquivando constantemente a literatura, nos mostrou que era preciso, sem dúvida, colocar-se fora da literatura.

M. Watanabe: Eis aí o que nos leva ao tema central dos últimos textos de Blanchot: a escrita ateia, assim como estes problemas ligados a ela, grito e pichação.

M. Foucault: Exatamente. Há pouco, quando formulei a pergunta quanto a saber se não seria preciso cessar de escrever, eis o que eu queria dizer: a escrita que, até então, era portadora de um valor muito alto, não seria necessário agora suspendê-la provisoriamente sob todas as suas formas, quer se trate de literatura ou de filosofia? Quando a dúvida sobre a função subversiva da escrita nasceu em mim, ela não concernia somente à literatura – pois, se tomei o exemplo da literatura, é simplesmente porque era um exemplo privilegiado –, mas essa dúvida se aplica, é claro, à filosofia. Quero dizer com isso que a filosofia perdeu essa força subversiva, ainda mais que, depois do século XVIII, ela se tornou um ofício de professor de universidade. E isso pode aplicar-se a toda escrita teórica que tem como tarefa a análise teórica.

Se eu tomei o exemplo da literatura, é porque era a forma de escrita, até os dias de hoje, que foi menos recuperada pela ordem estabelecida e que permanece a mais subversiva. Mas, se essa mesma literatura perdeu hoje sua força destruidora, é inteiramente normal que as outras formas de escrita a tenham perdido há muito tempo. Não digo que a escrita deva ser substituída por meios de comunicação que não se apoiem nas letras. Não se trata aqui de McLuhan, e é um pouco diferente também do que Barthes chama de escrita. Trata-se, antes, de um sistema inteiramente característico da sociedade capitalista e da sociedade burguesa, quer dizer, de um sistema que produz todo um conjunto de saberes e de símbolos, atribui-lhe valores, o distribui e o transmite. Eis o que podemos chamar, *grosso modo*, de nosso "sistema de escrita". É certo que, em uma outra estrutura social diferente, esse sistema de produção de conjuntos de símbolos e de determinação de valores é inteiramente diferente. A humanidade continuará, com certeza, a traçar letras sobre folhas de papel, sobre cartazes, a fazer *dazibaos*.*

Para terminar, com o risco de fazer uma digressão, gostaria de acrescentar uma coisa. Não sei como acontece no Japão, mas, no Ocidente, os estudantes e os universitários, quer dizer, aqueles que têm por missão distribuir o saber e por tarefa recebê-lo, compreenderam, a partir de Maio de 1968, que suas atividades eram profundamente ligadas à evolução atual da sociedade burguesa. Apesar dessa descoberta, eles não captaram o que poderia significar o fato de dispensar e de receber um ensino no seio dessa sociedade, e não compreenderam que esse ensino, no fundo, não era nada além da renovação e reprodução dos valores e dos conhecimentos da sociedade burguesa. Todos os que ensinam e aprendem, e isso não apenas na Europa, mas em todos os países do mundo, estão vivendo uma crise e, aí, as palavras que utilizam e a acepção que eles lhes dão devem ser revistas.

Se falei do enfado da escrita como transgressão, é porque muitos escritores europeus se creem protegidos dessa situação por sua escrita. Alguns deles – posso afirmar-lhes com certeza – pensam e clamam o seguinte: "Quando escrevo, o que escrevo só pode ser subversivo, pois isso se produz nesse espaço exterior, nesse espaço necessariamente excluído da sociedade, nesse espaço que Blanchot teria chamado de 'lugar neutro' da escrita." Evidentemente, não é Blanchot que eu ataco aqui. Aliás, existem com certeza lugares neutros da escrita, pelo menos existiam até recentemente. Mas não estou certo de que hoje esses lugares conservem ainda seu caráter neutro – sem dúvida, esses lugares de escrita não foram neutros em razão de seu espaço histórico-social, mas, *grosso modo*, eles estavam fora, em sua relação com a sociedade –, e não sei mais se eles conservaram essa exterioridade. E parece-

---

*(N.T.) *Dazibao*: jornal mural chinês, manuscrito, afixado nas ruas.

me que essa impossibilidade de ensinar e de aprender experimentada, nesse momento, em todas as universidades do mundo, por universitários e estudantes, deveria ser partilhada por todos aqueles que escrevem e todos aqueles que leem. Com certeza, será sempre necessário ensinar e adquirir conhecimentos. Mas qual deveria ser o método para isso? É o que nós ainda não sabemos muito bem. Em todo caso, a inquietação que nos ocupa neste momento – vocês também devem saber disso muito bem, ela torna difíceis os cursos, as aulas, seu acolhimento –, essa dificuldade será sem dúvida necessária e, um dia, trará frutos, mas não deveria ser transferida para a escrita e experimentada do mesmo modo? Os escritores não podem permanecer em um lugar seguro, ao abrigo dessa imensa contestação política conduzida contra o sistema da educação e do saber nas sociedades capitalistas. De qualquer forma, na China, os escritores, em relação aos professores e estudantes, não são protegidos devido ao seu próprio *status* de escritor. Em nossa sociedade, a escrita tampouco deveria servir de álibi e, sob esse pretexto, ser aquilo que na universidade faria o objeto de um ataque, sufocado e calafetado.

Pois bem, depois que formulei a questão de saber se não seria necessário cessar de escrever, acho que já falei muito. Não seria tempo de eu cessar também de falar?

1970

A Loucura e a Sociedade

"Kyôki to shakai" ("La folie et la société"; trad. R. Nakamura), *Misuzu*, dezembro de 1970, p. 16-22. (Conferência realizada dia 29 de setembro de 1970, no Instituto Franco-japonês de Quioto.)

No estudo dos sistemas de pensamento no Ocidente, o movimento tradicional consistiu, até agora, em só prestar atenção nos fenômenos positivos. Ora, nestes últimos anos, em etnologia, Lévi-Strauss explorou um método que permite esclarecer a estrutura negativa em toda sociedade ou toda cultura. Por exemplo, ele demonstrou que, se o incesto é proibido no seio de uma cultura, isso não está relacionado à afirmação de um certo tipo de valores. É que há aí, por assim dizer, um tabuleiro de xadrez de quadrados cinza ou azul-claros, apenas perceptíveis, que definem a modalidade de uma cultura: é a trama desses quadrados que eu quis aplicar à história dos sistemas de pensamento. Para mim, tratava-se, então, não mais de saber o que é afirmado e valorizado em uma sociedade ou em um sistema de pensamento, mas de estudar o que é rejeitado e excluído. Eu me contentei em utilizar um método de trabalho que já era reconhecido em etnologia.

A loucura foi, em todos os tempos, excluída. Ora, durante estes 50 últimos anos, no que chamamos de países avançados, os etnólogos e os psiquiatras comparatistas tentaram, em primeiro lugar, determinar se a loucura que se encontrava em seus países, a saber, os distúrbios mentais como a neurose obsessiva, a paranoia, a esquizofrenia, existiam também nas sociedades ditas "primitivas". Eles buscavam saber, em segundo lugar, se essas sociedades primitivas não conferiam aos loucos um *status* diferente daquele que se constatava em seu país. Uma vez que, em sua sociedade, os loucos eram excluídos, as sociedades primitivas não lhes reconheceriam um valor positivo? Por exemplo, os xamãs na Sibéria ou na América do Norte não são doentes mentais? Em terceiro, eles se perguntaram se certas sociedades não seriam elas próprias doentes. Por exemplo, Ruth Benedict concluiu que toda a tribo dos índios Kwakiutl apresentava um caráter paranoico. Hoje, eu gostaria de falar-lhes seguindo um movimento inverso, com relação àquele desses pesquisadores. Gostaria, primeiramente, de examinar qual era o *status* do louco nas sociedades primitivas; em segundo lugar, gostaria de verificar como é isso nas nossas sociedades industriais; em terceiro, pensar sobre a causa da mutação que se operou no século XIX e, enfim, a título de conclusão, demonstrar que a posição na qual se encontra o louco, fundamentalmente, não mudou na sociedade moderna industrial.

De um modo geral, os domínios das atividades humanas podem ser divididos nestas quatro categorias:

– trabalho, ou produção econômica;
– sexualidade, família, quer dizer, reprodução da sociedade;
– linguagem, fala;
– atividades lúdicas, como jogos e festas.

Ora, em todas as sociedades há pessoas que têm comportamentos diferentes dos das outras, escapando às regras comumente definidas nesses quatro domínios, em suma, o que chamamos de indivíduos marginais. Já na população comum, a relação com o trabalho varia segundo o sexo e a idade. Em muitas sociedades, os dirigentes políticos e os eclesiásticos, quando controlam o trabalho dos outros ou servem de intermediários com a força sobrenatural, não trabalham diretamente e não concernem ao circuito da produção.

Há também pessoas que escapam ao segundo circuito, o de reprodução social. Os celibatários constituem um exemplo e veem-se muitos deles, em particular, junto aos religiosos. Por outro lado, dentre os índios da América do Norte, sabe-se que existem homossexuais e travestis: cabe dizer que eles ocupam uma posição marginal na reprodução social.

Em terceiro lugar, no discurso, também, há pessoas que escapam à norma. As palavras que usam têm sentidos diferentes. No caso de um profeta, as palavras que contêm um sentido simbólico poderiam um dia revelar sua verdade oculta. As palavras que utilizam os poetas são de ordem estética e escapam igualmente à norma.

Em quarto lugar, em todas as sociedades, existem pessoas excluídas dos jogos e das festas. Ora elas o são por serem consideradas perigosas, ora elas próprias são objeto de uma festa. Tal como o bode expiatório entre os hebreus, pode ocorrer que alguém seja sacrificado ao assumir o crime dos outros; enquanto a cerimônia de sua exclusão acontece, o povo organiza uma festa.

De qualquer forma, aqueles que são excluídos diferem de um domínio a outro, mas pode acontecer de a mesma pessoa ser excluída de todos os domínios: é o louco. Em todas as sociedades, ou quase todas, o louco é excluído de todas as coisas e, segundo o caso, ele se vê recebendo um *status* religioso, mágico, lúdico ou patológico.

Por exemplo, em uma tribo primitiva da Austrália, o louco é considerado como um ser temível para a sociedade, dotado de uma força sobrenatural. Por outro lado, alguns loucos tornam-se vítimas da sociedade. Em todo caso, são pessoas que têm comportamentos diferentes dos dos outros, no trabalho, na família, no discurso e nos jogos.

Gostaria de evocar agora o fato de que, do mesmo modo, em nossas sociedades industrializadas modernas, os loucos são excluídos da sociedade comum por um sistema de exclusão isomorfo, e se veem recebendo um caráter marginal.

Primeiramente, no que concerne ao trabalho, mesmo nos dias de hoje, o primeiro critério para determinar a loucura em um indivíduo consiste em mostrar que é um homem inapto ao trabalho. Freud disse com precisão: o louco (ele falava sobretudo das neuroses) era uma pessoa que não podia nem trabalhar nem amar. Eu retomarei o verbo "amar"; porém, nesta ideia de Freud, há uma profunda verdade histórica. Na Europa, na Idade Média, a existência dos loucos era admitida. Às vezes, eles se excitavam, tornavam-se instáveis ou se mostravam preguiçosos, mas era-lhes permitido vagar aqui e ali. Ora, a partir do século XVII, aproximadamente, constituiu-se a sociedade industrial e a existência de tais pessoas não foi mais tolerada. Em resposta às exigências da sociedade industrial, criaram-se, quase simultaneamente, na França e na Inglaterra, grandes estabelecimentos para interná-los. Não eram apenas os loucos que se colocavam neles; eram também os desempregados, os doentes, os velhos, todos os que não podiam trabalhar.

Segundo o ponto de vista tradicional dos historiadores, foi no final do século XVIII, ou seja, em 1793, na França, que Pinel liberou os loucos de suas correntes, e foi mais ou menos na mesma época, na Inglaterra, que Tuke, um quacre, criou um hospital psiquiátrico. Considera-se que os loucos eram tratados até então como criminosos, e que Pinel e Tuke os qualificaram, pela primeira vez, de doentes. Todavia, sou obrigado a dizer que esse ponto de vista é errôneo. Primeiramente, não é verdade que antes da Revolução os loucos fossem considerados como criminosos. Em segundo lugar, é um preconceito pensar que os loucos foram liberados de seu *status* anterior. Esta segunda ideia constitui, provavelmente, um preconceito maior do que a primeira. Em geral, tanto na sociedade primitiva quanto na sociedade moderna, tanto na Idade Média quanto no século XX, o que se poderia chamar de um *status* universal foi conferido aos loucos. A única diferença é que, do século XVII ao século XIX, o direito de exigir a internação de um louco pertencia à família. Era, a princípio, a família que excluía os loucos. Ora, a partir do século XIX, essa prerrogativa familiar se perdeu progressivamente e foi concedida aos médicos. Para internar um louco, exigia-se um atestado médico e, uma vez internado, o louco via-se privado de toda responsabilidade e de todo direito como membro da família, ele perdia inclusive sua cidadania, era fulminado pela interdição. Poder-se-ia dizer que o direito prevaleceu sobre a medicina para dotar os loucos de um *status* marginal.

Em segundo lugar, no que concerne à sexualidade e ao sistema familiar, há um fato a observar. Quando se consultam documentos europeus de até o início do século XIX, as práticas sexuais como a masturbação, a homossexualidade, a ninfomania não são tratadas como referidas à psiquiatria. Foi a partir do século XIX que essas anomalias sexuais foram identificadas à loucura e consideradas como distúrbios manifestados por um ser incapaz de se adaptar à família burguesa europeia. A partir do momento em que Beyle descreveu a paralisia progressiva e demonstrou que ela era devida à sífilis, a ideia de que a principal causa da loucura residia na anomalia sexual consolidou-se. Quando Freud considerou o distúrbio da libido como uma causa ou uma expressão da loucura, isso exerceu o mesmo tipo de influência.

Em terceiro lugar, o *status* do louco em relação à linguagem era curioso na Europa. De um lado, a fala dos loucos era rejeitada como sendo sem valor e, do outro, ela não era nunca completamente anulada. Prestavam-lhe sempre uma atenção particular.

Para tomar um exemplo, em primeiro lugar, da Idade Média ao final do Renascimento, na pequena sociedade dos aristocratas, existiam os bufões. Pode-se dizer que o bufão era, de algum modo, a institucionalização da fala da loucura. Sem relação com a moral e a política, e, além disso, sob a capa da irresponsabilidade, ele contava sob forma simbólica a verdade que os homens comuns não podiam enunciar.

Para tomar um segundo exemplo, até o século XIX, a literatura era fortemente institucionalizada para poder suster a moral da sociedade ou para divertir as pessoas. Ora, nos dias de hoje, a fala da literatura libertou-se de tudo isso e se tornou totalmente anárquica. Quer dizer que há uma curiosa afinidade entre a literatura e a loucura. A linguagem literária não está obrigada às regras da linguagem cotidiana. Por exemplo, ela não está submetida à severa regra de dizer constantemente a verdade, não mais do que aquele que narra está sujeito à obrigação de permanecer sempre sincero no que pensa e ressente. Em suma, à diferença das palavras da política ou das ciências, as palavras da literatura ocupam uma posição marginal em relação à linguagem cotidiana.

No que concerne à literatura europeia, foi no decorrer desses três períodos que a linguagem literária se fez particularmente marginal.

1) No século XVI, ela se tornou ainda mais marginal do que na Idade Média: as epopeias, os romances cavalheirescos eram destrutivos e contestatórios em relação à sociedade. É o caso de *O elogio da loucura*, de Erasmo, da obra de Tasse ou do teatro elisabetano. Na França, apareceu inclusive uma literatura da loucura. O duque de Bouillon chegou até a mandar imprimir, por sua conta, o texto de um louco, e os franceses se divertiam ao lê-lo.

2) A segunda época vai do final do século XVIII ao início do século XIX. Como literatura de loucos, viram-se aparecer as poesias de Hölderlin e de Blake, assim como a obra de Raymond Roussel. Este último entrou em um hospital psiquiátrico por neurose obsessiva, a fim de receber os cuidados do emi-

nente psiquiatra Pierre Janet, mas Roussel acabou por suicidar-se. Ora, que um autor contemporâneo como Robbe-Grillet tenha tido Roussel como ponto de partida se o vê pelo simples fato de ele dedicar-lhe seu primeiro livro.[1] Por sua vez, Antonin Artaud era esquizofrênico: foi ele que, após o enfraquecimento do surrealismo, criou uma fenda no mundo poético ao abrir novas perspectivas. Por outro lado, bastaria pensar em Nietzsche e em Baudelaire para afirmar que é preciso imitar a loucura ou tornar-se efetivamente louco a fim de estabelecer novos campos em literatura.

3) Em nossos dias, as pessoas prestam cada vez mais atenção à relação entre literatura e loucura. Afinal, a loucura e a literatura são marginais em relação à linguagem cotidiana, e elas buscam o segredo da produção literária geral em um modelo que é a loucura.

Em último lugar, reflitamos na situação em que se encontra o louco em relação aos jogos em uma sociedade industrial. No teatro tradicional europeu – suponho ser a mesma coisa no Japão –, o louco assumiu um papel central, da Idade Média ao século XVIII. O louco fazia rir os espectadores. Pois ele via o que os outros atores não viam e revelava o desenlace da trama antes deles. Quer dizer: é um ser que revela a verdade com brio. O *rei Lear* de Shakespeare é um bom exemplo. O rei Lear é uma vítima de seu próprio fantasma, porém, ao mesmo tempo, é alguém que conta a verdade. Em outras palavras, o louco, no teatro, é um personagem que exprime com seu corpo a verdade de que os outros atores e espectadores não estão conscientes, personagem através do qual a verdade aparece.

Por outro lado, na Idade Média, havia muitas festas, mas, dentre elas, havia apenas uma que não era religiosa. Era o que se chamava de a festa da Loucura. Nessa festa, os papéis sociais e tradicionais eram inteiramente invertidos: um pobre representava o papel de um rico, o fraco, o de um poderoso. Os sexos eram invertidos, os interditos sexuais, anulados. A população humilde, na ocasião da festa, tinha o direito de dizer o que quisesse ao bispo e ao prefeito. Em geral, eram insultos... Em suma, nessa festa, todas as instituições sociais, linguísticas, familiares eram derrubadas e questionadas. Na igreja, um profano celebrava a missa; para tanto ele trazia um burro cuja

---

1. Robbe-Grillet (A.), *Un régicide*, Paris, Éd. de Minuit, 1949.

zurrada era percebida como um deboche das litanias da missa. Afinal, tratava-se de uma contrafesta em relação ao domingo, ao Natal e à Páscoa, que escapava ao circuito habitual das festas ordinárias. Em nossa época, o sentido político-religioso das festas está perdido; em seu lugar, recorre-se ao álcool ou à droga como um método de contestação em face da ordem social e se cria assim, de algum modo, uma loucura artificial. No fundo, é uma imitação da loucura e se pode considerar isso como uma tentativa de inflamar a sociedade, criando o mesmo estado que a loucura. Eu não sou absolutamente estruturalista. O estruturalismo não é senão um modelo de análise. Por exemplo, como as condições nas quais o louco se encontra mudaram da Idade Média aos nossos dias? Quais eram as condições necessárias para essa mudança? Basta que eu recorra à análise estruturalista para analisar tudo isso.

Na Idade Média e no Renascimento, era permitido aos loucos existir no seio da sociedade. O que se chamava de o idiota da cidade não se casava, não participava dos jogos, era alimentado e sustentado pelos outros. Ele vagava de cidade em cidade, às vezes entrava para o exército, se fazia de mascate, mas, quando se tornava muito excitado e perigoso, os outros construíam uma pequena casa fora da cidade e o prendiam provisoriamente. A sociedade árabe continua tolerante para com os loucos. No século XVII, a sociedade europeia tornou-se intolerante para com os loucos. A causa foi, como eu já disse, o começo da formação da sociedade industrial. Eu também narrei como, desde antes de 1650 até 1750, nas cidades de Hamburgo, Lyon, Paris, estabelecimentos de grande dimensão foram criados para internar não apenas os loucos, mas os velhos, os doentes, os desempregados, os ociosos, as prostitutas, todos aqueles que se encontravam fora da ordem social. A sociedade industrial capitalista não podia tolerar a existência de grupos de vagabundos. De um total de meio milhão de habitantes que formavam a população parisiense, seis mil foram internados. Nesses estabelecimentos, não havia nenhuma intenção terapêutica, todos eram sujeitados a trabalhos forçados. Em 1665, a polícia foi reorganizada em Paris: foi então que um tabuleiro de xadrez para a formação social se constituiu; a polícia vigiava constantemente os vagabundos internos.

A ironia é que, nos hospitais psiquiátricos modernos, tratamentos pelo trabalho se praticam com frequência. A lógica que embasa essa prática é evidente. Se a inaptidão ao trabalho é o primeiro critério da loucura, basta que se aprenda a trabalhar no hospital para curar a loucura.

Ora, por que a situação dos loucos mudou do final do século XVIII ao início do século XIX? Diz-se que Pinel liberou os loucos em 1793, mas os que ele liberou não eram senão enfermos, velhos, ociosos e prostitutas; ele deixou os loucos dentro dos estabelecimentos. Se isso se produziu nessa época, é porque a partir do início do século XIX a velocidade do desenvolvimento industrial se acelerou e, como primeiro princípio do capitalismo, as hordas de desempregados proletários eram consideradas como um exército de reserva da força do trabalho. Por essa razão, os que não trabalhavam, sendo capazes de trabalhar, saíram dos estabelecimentos. Porém, ali também, um segundo processo de seleção se operou: não os que não queriam trabalhar, mas os que não tinham a faculdade de trabalhar, a saber os loucos, foram deixados dentro dos estabelecimentos e foram considerados como pacientes cujos distúrbios tinham causas que se referiam ao caráter ou de natureza psicológica.

Assim, o que foi até então um estabelecimento de internação tornou-se um hospital psiquiátrico, um organismo de tratamento. Seguiu-se uma instauração de hospitais: 1) a fim de internar os que não tinham faculdade de trabalhar por razões físicas; 2) a fim de internar os que não podiam trabalhar por razões não corporais. Desde então, os distúrbios mentais tornaram-se o objeto da medicina e uma categoria social chamada de psiquiatria nascera.

Não busco negar a psiquiatria, mas essa medicalização do louco produziu-se bem tarde historicamente, e não me parece que esse resultado tenha exercido uma influência profunda sobre o *status* do louco. Além disso, se essa medicalização produziu-se foi, como eu disse há pouco, por razões essencialmente econômicas e sociais: foi assim que o louco foi identificado ao doente mental e que uma entidade chamada de doença mental foi descoberta e desenvolvida. Os hospitais psiquiátricos foram criados como alguma coisa simétrica em relação aos hospitais para as doenças físicas. Poder-se-ia dizer que o louco é um avatar de nossas sociedades capitalistas, e parece-me que, no fundo, o *status* do louco não varia nada entre as sociedades primitivas e as sociedades avançadas. Isso não faz senão demonstrar o primitivismo de nossas sociedades. Afinal, hoje eu quis mostrar o caráter traumatizante que nossas sociedades ainda possuem. Se em nossa época alguma coisa revalorizou um pouquinho o *status* do louco, foi o surgimento da psicanálise e dos psicotrópicos. Mas essa abertura apenas começou. Nossa sociedade continua excluindo os loucos. Quanto a saber se esse é o caso apenas nas sociedades capitalistas, e o que acontece nas sociedades socialistas, meu conhecimento sociológico não é suficiente para fazer uma avaliação.

# 1972

Resposta a Derrida

"Michel Foucault Derrida e no kaino" ("Réponse à Derrida"), *Paideia*, nº 11: *Michel Foucault*, 1º de fevereiro de 1972, p. 131-147.

Dia 26 de agosto de 1971, o diretor da revista japonesa *Paideia*, Mikitaka Nakano, propõe a M. Foucault o plano de um número especial dedicado aos laços entre seu trabalho filosófico e sua relação com a literatura:
– "O discurso de Foucault e a escrita de Derrida", por Y. Miyakawa;
– "A literatura na obra do filósofo Foucault", por K. Toyosahi;
– "Sobre *L'ordre du discours*", por Y. Nakamura;
– "*Cogito* e *História da loucura*", por J. Derrida;
– "O ateísmo e a escrita. O humanismo e o grito", por M. Blanchot;
– "Retornar à História" (ver vol. II desta obra);
– "Nietzsche, Freud, Marx" (ver vol. II desta obra);
– "*Theatrum philosophicum*" (ver vol. II desta obra);
– "Introdução (*in* Arnauld e Lancelot)" (ver vol. II desta obra).
Em sua resposta de 24 de setembro, M. Foucault propõe substituir "'Nietzsche, a Genealogia, a História' (ver vol. II desta obra) por 'Nietzsche, Freud, Marx', bastante esquecido, e por 'Introdução (*in* Arnauld e Lancelot', uma resposta que (ele) deseja dar a Derrida" (correspondência Nakano-Foucault, transmitida por S. Hasumi). Uma outra versão desse texto será acrescentada em apêndice à reedição da edição de Plon da *História da loucura* pela Gallimard em 1972, sob o título "Mon corps, ce papier, ce feu" (ver nº 102, vol. II da edição francesa desta obra).

A análise de Derrida[1] é, com certeza, notável por sua profundidade filosófica e pela meticulosidade de sua leitura. Não me proponho respondê-la; gostaria, quando muito, de acrescentar algumas observações. Observações que parecerão, sem dúvida, bastante exteriores e que o serão, na própria medida em que a *História da loucura* e os textos que a sucederam são exteriores à filosofia, à maneira como na França ela é praticada e ensinada.

---

1. Conferência realizada em 4 de março de 1963 no Colégio Filosófico. Retomada em *Revue de Métaphysique et de Morale*, 1964, nºˢ 3-4. Republicada em Derrida (J.), *L'écriture et la différence*, Paris, Éd. du Seuil, 1967.

Derrida pensa poder retomar o sentido de meu livro ou de seu "projeto" nas três páginas, nas três únicas páginas que são dedicadas à análise de um texto reconhecido pela tradição filosófica. Com sua admirável honestidade, ele próprio reconhece o paradoxo de sua empreitada. Mas, sem dúvida, pensa ultrapassá-lo porque admite, na realidade, três postulados.

1) Em princípio, supõe que todo conhecimento, e mais amplamente todo discurso racional, mantém com a filosofia uma relação fundamental, e que é nessa relação que essa racionalidade ou esse saber se fundamentam. Liberar a filosofia implícita de um discurso, enunciar as contradições, os limites ou a ingenuidade, é fazer *a fortiori* e pelo caminho mais curto a crítica do que se encontra dito nele. Inútil, por conseguinte, discutir sobre as 650 páginas de um livro; inútil analisar o material histórico que se encontra nele trabalhado; inútil criticar a escolha desse material, sua distribuição e sua interpretação, dado que se pode denunciar uma falha na relação fundadora com a filosofia.

2) Em relação a essa filosofia que detém eminentemente a "lei" de todo discurso, Derrida supõe que se cometem "falhas" de uma natureza singular: não tanto falhas de lógica ou de raciocínio, acarretando erros materialmente isoláveis, mas, antes, falhas que são como um misto do pecado cristão e do lapso freudiano. Peca-se cristãmente contra essa filosofia desviando-se os olhos dela, recusando sua luz deslumbrante e se apegando à positividade singular das coisas.

Em relação a ela, cometem-se também verdadeiros lapsos: nós a traímos sem nos darmos conta, a revelamos resistindo-lhe e deixamos que apareça em uma linguagem que só o filósofo está em posição de decodificar. A falta contra a filosofia é, por excelência, a ingenuidade, ingenuidade que nunca pensa senão no nível do mundo, e que ignora a lei do que pensa nela e apesar dela. Porque a falta contra a filosofia é próxima do lapso, ela será "reveladora" como ele: bastará o mais tênue "rasgo" para que todo o conjunto seja posto a nu. Mas, porque a falta contra a filosofia é da ordem do pecado cristão, basta haver um, e mortal, para que não haja mais salvação possível.

Por isso é que Derrida supõe que, se ele mostra em meu texto um erro a propósito de Descartes, por um lado, ele terá mostrado a lei que rege inconscientemente tudo o que posso dizer sobre os regulamentos de polícia no século XVII, o desemprego na época clássica, a reforma de Pinel e os asilos psiquiátricos do século XIX; e, por outro lado, ao se tratar de um pecado não menos que de um lapso, ele não terá que mostrar qual é o efeito preciso desse erro no campo de meu estudo (como ele se repercute sobre a análise que faço das instituições ou das teorias médicas): um único pecado basta para comprometer toda uma vida... sem que se tenham de mostrar todas as faltas maiores e menores que ele pôde acarretar.

3) O terceiro postulado de Derrida é que a filosofia está além e aquém de todo acontecimento. Não apenas nada pode acontecer-lhe, mas tudo o que pode acontecer encontra-se já antecipado ou envolto por ela. Ela própria não é senão repetição de uma origem mais que originária e que excede infinitamente, em seu retiro, tudo o que ela poderá dizer em cada um de seus discursos históricos. Mas, já que ela é repetição dessa origem, todo discurso filosófico, desde que seja autenticamente filosófico, excede em sua desmedida tudo o que pode acontecer na ordem do saber, das instituições, das sociedades etc. O excesso da origem, que só a filosofia (e nenhuma outra forma de discurso e de prática) pode repetir para além de todo esquecimento, retira toda a pertinência do acontecimento. De modo que, para Derrida, é inútil discutir a análise que eu proponho dessa série de acontecimentos que constituíram durante dois séculos a história da loucura; e, para dizer a verdade, meu livro é bastante ingênuo, segundo ele, por querer fazer essa história a partir desses acontecimentos irrisórios que são o internamento de algumas dezenas de milhares de pessoas, ou a organização de uma polícia de Estado extrajudicial. Teria bastado, mais do que amplamente, repetir uma vez mais a repetição da filosofia por Descartes, repetindo, ele próprio, o excesso platônico. Para Derrida, o que se passou no século XVII não poderia ser senão "amostra" (ou seja, repetição do idêntico), ou "modelo" (quer dizer, excesso inesgotável da origem): ele não conhece a categoria do acontecimento singular. Portanto, para ele é inútil – e, sem dúvida, impossível – ler o que ocupa a parte essencial, senão a totalidade, de meu livro: a análise de um acontecimento.

Esses três postulados são consideráveis e bastante respeitáveis: eles formam a armadura do ensino da filosofia na França. É em nome deles que a filosofia se apresenta como crítica universal de todo o saber (primeiro postulado), sem análise real do conteúdo e das formas desse saber; como injunção moral que só se desperta com sua própria luz (segundo postulado); como perpétua reduplicação dela própria (terceiro postulado) em um comentário infinito de seus próprios textos e sem relação a nenhuma exterioridade.

De todos os que filosofam atualmente na França, abrigados por esses três postulados, Derrida, sem dúvida nenhuma, é o mais profundo e o mais radical. Mas, talvez, sejam esses próprios postulados que se devem recolocar em questão: esforço-me, em todo caso, por libertar-me deles, à medida que for possível libertar-se daqueles que, durante tanto tempo, foram-me impostos pelas instituições.

O que tentei mostrar (mas, sem dúvida, não estava claro aos meus próprios olhos quando eu escrevia a *História da loucura*) é que a filosofia não é nem histórica nem logicamente fundadora de conhecimento; mas que existem condições e regras de formação do saber às quais o discurso filosófico encontra-se submetido a cada época, assim como qualquer outra forma de discurso de pretensão racional.

O que tentei mostrar, por outro lado, em *História da loucura* e alhures, é que a sistematização que religa os conceitos entre eles, as formas de discurso, as instituições e as práticas não é da ordem nem de um pensamento radical esquecido, recoberto, desviado dele próprio, nem de um inconsciente freudiano, mas que existe um inconsciente do saber que tem suas formas e suas regras específicas. Enfim, esforcei-me em estudar e analisar os "acontecimentos" que podem produzir-se na ordem do saber, e que não podem reduzir-se nem à lei geral de um "progresso", nem à repetição de uma origem.

Compreende-se por que meu livro não podia deixar de permanecer exterior e bem superficial em relação à profunda interioridade filosófica do trabalho de Derrida. Para mim, todo o essencial do trabalho estava na análise desses acontecimentos, desses saberes, dessas formas sistemáticas que religam discursos, instituições e práticas, todas as coisas de que Derrida não diz uma palavra em seu texto. Mas, sem dúvida, eu ainda não me libertara o suficiente dos postulados do ensino filosófico, já que eu tive a fraqueza de colocar, encabeçando um capítulo, e de uma maneira consequentemente privilegiada, a análise de um texto de Descartes. Era, sem dúvida, a parte mais acessória de meu livro, e reconheço de bom grado que deveria ter renunciado a isso, se eu queria ser consequente em minha desenvoltura com relação à filosofia.

Mas, finalmente, essa passagem existe: ela é como é; e Derrida pretende que ela comporta uma importante série de erros, que contêm e comprometem o sentido total do livro. Ora, penso que a análise de Derrida é inexata. Para poder mostrar que essas três páginas de meu texto arrastavam com elas as 650 outras, para poder criticar a totalidade de meu livro sem dizer uma única palavra de seu conteúdo histórico, de seus métodos, de seus conceitos, de suas hipóteses (que, com toda certeza, são nelas próprias bem criticáveis), parece-me que Derrida foi levado a deturpar sua própria leitura de Descartes, e também a leitura que faz de meu texto.

Derrida faz observar que, na passagem da *Primeira meditação* na qual é questão da loucura, não é tanto Descartes que fala mas um interlocutor fictício, fazendo uma ingênua objeção: todos os sentidos não enganam sempre, diria esse contraditor; não posso duvidar, por exemplo, de que estou aqui, perto do fogo; negá-lo seria "comparar-se" a alguns insensatos; ora, continuaria o ingênuo, eu não sou louco, portanto, existem coisas das quais eu não poderia duvidar. Ao que Descartes responderia citando o caso do sonho que produz extravagâncias tão grandes quanto a loucura, mas ao qual estamos todos expostos enquanto somos. E Derrida conclui:
– que não foi Descartes que disse: "Mas o que, são loucos...";
– que, de qualquer modo, as extravagâncias da loucura estão implicadas no sonho de que, em seguida, se trata. A essa análise de Derrida é possível responder:

1) Se é verdade que é uma outra voz que vem assim interromper o texto e soprar essa objeção, então não seria preciso estender um pouco mais longe, mas sempre no mesmo sentido, a formulação que adiantei, a saber, que Descartes não fez entrar a loucura no processo de sua dúvida? Se é bem assim que se deve ler o texto de Descartes, então Derrida me dá ainda mais razão do que eu supunha.

2) A hipótese de uma outra voz parece-me (apesar de toda vantagem que eu poderia tirar dela) inútil e arbitrária. Deve-se ter bem presente no espírito o próprio título do texto: *Meditações*. O que supõe que o sujeito falante não cessa de deslocar-se, de modificar-se, de mudar suas convicções, de avançar em suas certezas, de assumir riscos, de fazer tentativas. À

diferença do discurso dedutivo, de que o sujeito falante permanece fixo e invariante, o texto meditativo supõe um sujeito móbil e expondo-se ele próprio às hipóteses que considera. Derrida imagina uma ficção "retórica" ou "pedagógica", lá onde se deve ler um episódio meditativo. Basta, como recomenda Derrida, reportar-se ao texto latino das *Meditações* para ver que ele é pontuado, em toda a sua extensão, com esses *at tamen*, *sed contra*, que marcam "peripécias", torneios, acontecimentos na meditação, e não a emergência de uma outra voz.

Deve-se, portanto, ler o trajeto de Descartes da seguinte maneira: resolução de não se fiar nos sentidos (já que lhes aconteceu de me enganarem); tentativa de salvar, entretanto, um domínio de certeza sensível (minha situação presente, com as coisas em torno de mim). Esse domínio, de fato, como atacá-lo? Quem se engana a propósito daquilo que é, daquilo que está fazendo e do lugar onde está senão os loucos e aqueles que dormem? Avancemos na direção da primeira hipótese. Somos logo detidos pois: "São loucos e eu não seria menos extravagante..." Avancemos agora na direção da segunda hipótese. Dessa vez, não há mais resistência; a possibilidade revela-se uma realidade frequente: "Quantas vezes, à noite, acontece-me sonhar que eu estava neste lugar, que eu estava vestido, que estava junto ao fogo..." E, como que para bem mostrar que a eventualidade do sonho pode fazer duvidar dessa região das coisas sensíveis, que a hipótese da loucura não chegava a alcançar, Descartes retoma aqui, como exemplo de sonho, os próprios elementos perceptivos que ele, um instante antes, tentara salvar.

Resumamos o encaminhamento, não em termos de "ficção pedagógica", mas de experiência meditativa:
– resolução de desconfiar do que vem dos sentidos;
– tentação de salvar, entretanto, uma parte deles (o que me toca);
– primeira prova para essa tentação: a loucura. A tentação resiste porque a prova se apaga por si própria;
– segunda prova: o sonho. Dessa vez, a prova é bem-sucedida e a tentação se dissipa; a certeza do que me toca não tem mais razão de deter e de "seduzir" a resolução de duvidar.

3) Descartes insiste sobre o fato de que o sonho é, com frequência, mais inverossímil ainda do que a loucura. Derrida

tem toda razão de sublinhar esse ponto. Mas o que significa em Descartes essa insistência? Derrida pensa que, para Descartes, a loucura não é senão uma forma atenuada, relativamente pouco extravagante do sonho, e que, por essa razão, ele não achou que deveria deter-se nisso. Derrida chega a escrever que o sonho – sempre para Descartes – é uma experiência "mais universal" do que a loucura: "O louco não se engana sempre e em tudo."

Ora, Descartes não diz isso: ele não diz que o louco só é louco de tempos em tempos; pelo contrário, é o sonho que se produz de tempos em tempos, quando se dorme e, como "eu sou homem", eu "costumo dormir".

Se para Descartes o sonho tem um privilégio sobre a loucura, se ele pode tomar lugar na experiência meditativa da dúvida, é porque, ainda que produzindo imaginações no mínimo tão extravagantes quanto a loucura, e inclusive mais, ele pode me acontecer. Leiamos Descartes, logo depois de ele ter recusado a hipótese da loucura: "Contudo, devo considerar aqui que sou homem e, por conseguinte, costumo dormir e representar-me em meus sonhos..." O sonho tem o duplo poder de produzir experiências sensoriais (tal como a loucura e mais do que ela), e de acontecer-me como de costume (o que não é o caso da loucura). A extrema riqueza imaginativa do sonho faz com que, do ponto de vista da lógica e do raciocínio, a experiência do sonho seja, para duvidar da totalidade do domínio sensível, no mínimo tão convincente quanto a loucura; mas o fato de que ele possa acontecer-me permite-lhe inserir-se no próprio movimento da meditação, tornar-se uma prova plena, efetiva, enquanto a loucura é uma experiência imediatamente impossível.

Derrida só viu o primeiro aspecto do sonho (sua maior extravagância), ao passo que, para Descartes, trata-se apenas de dizer que a experiência que ele aceita e acolhe não é menos demonstrativa do que aquela que ele exclui. Derrida omite completamente o segundo caráter do sonho (de poder acontecer-me e de acontecer-me, de fato, com muita frequência). Ou então Derrida o pressente, com seu sentido sempre tão agudo dos textos, pois ele diz, em um momento, que, para Descartes, o sonho é mais "natural"; mas ele passa apressado sem dar-se conta de que, ao mesmo tempo, acaba de tocar o essencial e de travesti-lo: Descartes, certamente, não fala do sonho como de alguma coisa "natural e universal"; ele diz que é homem e que, por conseguinte, costuma dormir e sonhar. E ele retoma várias vezes o fato de que o sonho é coisa frequente, que se produz muitas vezes: "Quantas vezes ocorreu-me sonhar à noite que eu estava neste lugar", "o que acontece no sono", "pensando cuidadosamente nisso, lembro de ter sido enganado dormindo, com frequência".

Ora, se é importante para Descartes que o sono seja coisa costumeira, não é para mostrar que ele é mais "universal" do que a loucura, é para poder retomar em consideração, é para poder fazer a mímica, fingir, na meditação, a experiência do sonho, é para poder fazer como se sonhássemos; é para que a experiência do sonho tome lugar no movimento efetivo efetuado pelo sujeito da meditação. Aqui, também, basta ler Descartes: ocorre-me sonhar, sonhar que estou junto ao fogo, que estendo minha mão; dedico-me a esse pensamento (que é uma lembrança); e a vivacidade dessa lembrança, a forma atual desse pensamento fazem-me ver (neste instante preciso da meditação) "que não há nenhum indício certo pelo qual se possa distinguir nitidamente a vigília do sono". E essa não distinção não é somente uma inferência lógica, ela se inscreve realmente e nesse ponto preciso da meditação; ela tem seu efeito imediato sobre o próprio sujeito a meditar; ela faz com que ele perca, ou quase, a certeza na qual ele estava até então, ele, sujeito de vigília, meditando e falando; ela o coloca realmente na possibilidade de estar dormindo: "Estou completamente surpreendido e minha surpresa é tal que ela é quase capaz de me persuadir de que eu durmo."

Essa frase não é uma cláusula de estilo: ela não é nem "retórica" nem "pedagógica". Por um lado, permite todo o movimento seguinte da meditação, que se desdobra na eventualidade do sono. Devem-se ler as frases seguintes como instruções tornadas possíveis pela "surpresa" que acaba de se produzir: "Suponhamos *então agora* que estamos dormindo... pensemos que talvez nem nossos amigos nem nosso corpo inteiro não são como nós os vemos." Por outro lado, a frase responde, e quase termo a termo, à frase do parágrafo precedente: "Mas o que, são loucos", dizia o primeiro parágrafo; "eu vejo tão manifestamente (...) que estou inteiramente surpreso", diz o segundo. "Eu não seria menos extravagante do que eles se eu me regulasse pelo exemplo deles", diz o parágrafo dos loucos; "e minha surpresa é tal que ela é quase capaz de me persuadir de que eu durmo", diz, em resposta, o parágrafo do sonho.

É extraordinariamente difícil não ouvir aqui a simetria das duas frases e não reconhecer que a loucura desempenha o papel da possibilidade impossível, antes que o sonho apareça, por sua vez, como uma possibilidade tão possível, tão imediatamente possível, que ela já está aqui, agora, no momento em que falo.

4) Para Derrida, a palavra importante do texto é a palavra "extravagante", que encontramos tanto para caracterizar a imaginação dos loucos quanto a fantasia dos sonhadores. E como os sonhadores são ainda mais extravagantes que os loucos, a loucura se dissolve naturalmente no sonho.

Passarei rapidamente sobre o fato de que a palavra é a mesma em francês, mas não era a mesma no texto latino. Assinalarei apenas que, no parágrafo dos loucos, Descartes usa para designá-lo a palavra *dementes*, termo técnico, médico e jurídico pelo qual se designa uma categoria de pessoas que são estatutariamente incapazes de um certo número de atos religiosos, civis ou judiciais; os *dementes* são desqualificados quando é preciso agir, interpor uma ação judicial, falar. Que Descartes tenha empregado essa palavra nesse lugar do texto em que o sujeito, meditando e falando, afirma não poder ser louco, isso, sem dúvida, não é um acaso. Eu talvez não teria cogitado disso, se Derrida não tivesse me ajudado através de uma frase que acho bastante enigmática: "Aqui, para Descartes, não se trata de determinar o conceito de loucura, mas de servir-se da noção comum de extravagância para fins jurídicos e metodológicos, para formular questões de direito concernindo somente à verdade das ideias." Sim, Derrida tem razão de frisar a conotação jurídica do termo, mas ele se engana em não notar que o termo jurídico latino não é mais empregado quando se trata do sonho; e ele se engana sobretudo ao dizer, apressadamente, que se trata de uma questão de direito concernindo à verdade das ideias, uma vez que a questão de direito concerne à qualificação do sujeito falando. Poderia eu, de modo válido, fazer o *demens* no encaminhamento de minha meditação, tal como há pouco eu podia fazer o *dormiens*? Será que não me arrisco a desqualificar-me em minha meditação? Será que ao bancar o louco não me arrisco a não mais meditar de jeito algum, ou a não mais fazer senão uma meditação extravagante, em vez de meditar de modo válido sobre as extravagâncias? A resposta está no próprio texto muito explicitamente formulada: "São loucos e eu não seria menos extravagante se me pautasse por seus exemplos." Se banco o louco, não seria menos *demens* que eles, não menos desqualificado do que eles, não menos do que eles fora de toda legitimidade de ato ou de palavra. Pelo contrário, se faço aquele que dorme, se suponho que estou dormindo, continuo a pensar e posso até aperceber-me de que as coisas que me são representadas "são como quadros e pinturas".

Porém, apesar da importância, de fato jurídica, da palavra *demens*, parece-me que os termos-chave do texto são expressões como "aqui", "agora", "este papel", "estou junto ao fogo", "estendo a mão", em suma, todas as expressões que remetem ao sistema da atualidade do sujeito meditando. Elas designam essas impressões das quais seríamos bastante tentados, em primeira instância, a não duvidar. São essas mesmas impressões que se podem reencontrar de modo idêntico no sonho. Curiosamente – e Derrida omitiu de notar – Descartes, que fala das inverossimilhanças do sonho, de suas fantasias não menores do que as da loucura, não dá, nesse parágrafo, outro exemplo senão o de sonhar que se está "neste lugar, vestido, junto ao fogo". Mas a razão desse exemplo de extravagância onírica bastante paradoxal descobre-se facilmente no parágrafo seguinte, quando se trata, para o meditador, de bancar o adormecido: ele fará como se esses olhos que ele abre sobre seu papel, essa mão que se estende, essa cabeça que ele balança não fossem senão imagens de sonho. A mesma cena é reproduzida três vezes no decorrer desses três parágrafos: estou sentado, tenho os olhos abertos sobre um papel, o fogo está ao lado, estendo a mão. Na primeira vez, ela é dada como a certeza imediata do meditador; na segunda vez, é dada como um sonho que, com muita frequência, acaba de produzir-se; na terceira vez, é dada como certeza imediata do meditador fazendo de conta, com toda a aplicação de seu pensamento, que é um homem sonhando, de modo que do interior de sua resolução ele se persuade de que é indiferente, para a marcha de sua meditação, saber se está acordado ou dormindo.

Se admitíssemos a leitura de Derrida, não compreenderíamos a repetição dessa cena. Seria preciso, pelo contrário, que o exemplo de loucura estivesse em recuo em relação aos exemplos de fantasmagoria onírica. Ora, o que se passa é exatamente o contrário. Descartes, mesmo afirmando a grande potência do sonho, não pode dar outros exemplos senão o que vem redobrar exatamente a situação atual do sujeito meditando e falando; e isso de modo que a experiência do sonho simulado pudesse vir alojar-se precisamente nas balizas do aqui e do agora. Em contrapartida, os insensatos são caracterizados como aqueles que se tomam por reis, como os que se creem vestidos de ouro ou que se imaginam ter um corpo de vidro ou ser uma moringa. Mais ou menos extravagantes do que o sonho, pouco importa, as imagens da loucura escolhidas por Descartes como exemplo são, à diferença daquelas do sonho, incompatíveis com o sistema de atualidade que o indivíduo por si mesmo assinala falando. O louco está alhures, em outro momento, com um outro corpo e com outras roupas. Ele está em uma outra cena. Aquele que está ali junto à lareira, olhando seu papel, não tem por que se enganar. Descartes marcou as cartas do jogo: se o meditador devia tentar fazer-se de louco, como há pouco ele simulava sonhar, seria preciso propor-lhe a imagem tentadora de um louco acreditando em sua loucura, acreditando que no momento está aqui sentado junto à lareira, olhando seu papel e se tomando por um homem a meditar sobre um louco sentado neste momento, junto à lareira etc.

O forçamento de Descartes se lê facilmente nesse ponto. Ainda que proclamando a grande liberdade do sonho, ele o submete a pautar-se pela atualidade do sujeito meditando; e mesmo afirmando que a loucura é, talvez, menos extravagante, ele lhe deu a liberdade de tomar forma o mais distante possível do sujeito meditando, de modo que explode imediatamente, em uma exclamação, a impossibilidade de simulá-la, da reduplicação, da indiferenciação. Mas o que, são loucos...
É essa dissimetria entre sonho e loucura que permite a Descartes reconstituir *a posteriori* um semblante de simetria e de apresentá-los, sucessivamente, como duas provas para julgar a solidez das certezas imediatas.

Mas, nós o vemos, essa dissimetria nos conteúdos citados como exemplo recobre profundamente uma dissimetria de outro modo importante: a que concerne ao sujeito meditador, que se desqualificaria e não poderia mais meditar se resolvesse simular, fazer-se de louco, mas que não perde nada de sua qualificação ao resolver simular dormir.

5) Retomemos as duas frases mais características de Derrida a propósito de nossa passagem: "A hipótese da extravagância parece, nesse momento da ordem cartesiana, não receber nenhum tratamento privilegiado e não estar submetida a nenhuma exclusão particular", e a hipótese da extravagância é "um exemplo ineficaz, infeliz na ordem pedagógica, pois ele encontra a resistência do não filósofo que não tem a audácia de seguir o filósofo, quando este admite que poderia muito bem ser louco no momento em que fala".

Tanto uma quanto a outra dessas duas frases contêm um erro maior:
– a inexatidão da primeira aparece quando seguimos o movimento da meditação como uma série de resoluções logo postas em ação: "eu me atacava em princípio", "é prudente jamais fiar-se", "suponhamos, então, agora". Portanto, três resoluções: a primeira concerne ao pôr em dúvida princípios "sobre os quais todas as minhas antigas opiniões se apoiavam"; a segunda concerne ao que aprendemos pelos sentidos; a terceira concerne ao sonho. Ora, se há três resoluções, há quatro temas: os princípios das opiniões, os conhecimentos sensíveis, a loucura e o sonho. Ao tema "loucura" não corresponde nenhuma resolução particular;
– aliás, a segunda frase de Derrida parece reconhecer essa exclusão, já que ele vê na hipótese da extravagância um "exemplo ineficaz e infeliz". Mas logo ele acrescenta: é o não filósofo que recusa seguir o filósofo, admitindo que ele bem poderia ser louco. Ora, em nenhum lugar nessa passagem o "filósofo", digamos, o meditador, para ser mais preciso, admite que poderia ser louco, embora admita que inclusive se impõe admitir que sonha.

Se recordo essas duas frases de Derrida, não é porque elas resumem muito bem a maneira com que ele deturpou o texto cartesiano (a ponto de quase entrar em contradição com ele próprio em seu comentário), mas porque elas permitem formular uma questão: como um filósofo tão atento quanto Derrida, tão preocupado com o rigor de seus textos, pode fazer desta passagem de Descartes uma leitura tão imprecisa, tão distante, tão pouco ajustada à sua disposição de conjunto, aos encadeamentos e às suas simetrias, ao que está dito?

Parece-me que a razão disso encontra-se assinalada pelo próprio Derrida nas duas frases em questão. De fato, em cada uma ele emprega o termo ordem: "neste momento da ordem cartesiana" e: "ordem pedagógica". Passemos ao que há de um pouco estranho, ao se falar de "ordem pedagógica" a propósito do movimento das *Meditações*, a não ser que se dê a "pedagógico" um sentido estrito e forte. Retenhamos apenas a palavra "ordem". De fato, há uma ordem rigorosa das *Meditações*, e nenhuma frase do texto pode ser destacada impunemente do momento em que ela figure. Mas, o que é essa ordem? Seria uma ordem arquitetural cujos elementos mantidos em sua permanência visível podem ser percorridos em todos os sentidos? Seria uma ordem espacial que qualquer olhar anônimo e distante pode envolver sem ser envolvido por ela? Em outros termos, seria uma ordem "arquitetônica"?

Parece-me, de fato, que a ordem das *Meditações* é de um outro tipo. Em primeiro lugar, porque se trata não de elementos de uma figura, mas de momentos de uma série; em segundo lugar (ou melhor, ao mesmo tempo), por tratar-se de um exercício cuja experiência modifica pouco a pouco o sujeito meditador, e de sujeito de opiniões ele se vê qualificado como sujeito de certeza. É preciso ler as *Meditações* como uma sequência temporal de transformações qualificando o sujeito; é uma série de acontecimentos propostos ao leitor como acontecimentos iteráveis para e por ele. Nessa série em que se produziu como acontecimento a resolução de duvidar, depois a de desconfiar dos sentidos, em que vai se produzir a decisão de fazer de conta que se dormia, há um momento em que a loucura é, na realidade, considerada, mas como uma eventualidade que não se pode assumir e que não se pode fazer entrar no jogo das transformações qualificativas (porque ela seria, justamente, desqualificativa); esse momento é, por isso mesmo, uma certa maneira de qualificar o sujeito meditador como não podendo ser louco – um modo, portanto, de transformá-lo por exclusão, por exclusão da loucura, eventual. E, uma vez adquirida essa exclusão qualificante (que evita que eu simule, arrisque a loucura), então, e somente então, a loucura com suas imagens e suas extravagâncias poderá aparecer; uma justificação *a posteriori* aparecerá: de qualquer modo, não me enganei tanto em evitar a prova da loucura, já que as imagens que ela me dá são, com frequência, menos fantasistas do que as que eu reencontro todas as noites dormindo. Mas, no momento em que esse tema aparece, o momento da exclusão já foi ultrapassado e a loucura se apresenta, com suas bizarrices, como objeto do qual se fala, e não mais como uma prova possível para o sujeito. Parece que perdemos o essencial do texto cartesiano se não colocamos, em primeiro plano da análise, as relações do momento e do sujeito na ordem das provas.

No momento em que ele estava afastado ao máximo da própria letra do texto cartesiano, no momento em que sua leitura era a mais inexata, Derrida – e isso é bem o sinal de seu rigoroso cuidado – não pode impedir-se de empregar a palavra decisiva: ordem. É como se ele se desse conta confusamente de que, de fato, é a ordem que ali está em questão que é a ordem que lhe dá problema e faz objeção. Mas ele logo se apressa em atenuar o alcance do que o texto de Descartes o obriga, ainda assim, a dizer: em um caso, ele fala sem demorar-se e como para limitar a fenda feita em seu próprio texto pela palavra, de "ordem pedagógica"; no outro caso, ele inverte do pró ao contra o que se produz nesse momento da ordem que ele assinala: ele nega que a loucura esteja excluída, negação sobre a qual retornará duas páginas adiante, dizendo que a loucura é um exemplo não conservado por Descartes, porque é "ineficaz e infeliz". Se a palavra "ordem" incomoda tanto Derrida a ponto que ele não pode empregá-la sem desarmá-la ou confundi-la, é porque ele a utiliza, a propósito desse momento da loucura, no sentido em que os historiadores da filosofia a usam quando falam da ordenação, da arquitetura, da estrutura de um sistema. Porém, dirão, onde está a falta? Não foram feitos estudos arquitetônicos do sistema cartesiano, e não são eles inteiramente convincentes? Com certeza.

De fato, é possível encontrar como elementos do sistema todos os momentos da *Meditação*; a prova da dúvida quanto às percepções sensíveis, a prova do sonho e do sono podem reler-se do próprio interior do sistema desdobrado, uma vez que são provas positivas, através das quais o sujeito, qualificando-se pouco a pouco como sujeito de certeza, é efetivamente passado; o que o sistema dirá sobre o fundamento da certeza sensível, sobre a garantia divina, sobre o funcionamento dos sentidos virá coincidir com o que se revelou na prova de meditação. É por ele ter simulado sonhar ou acreditar que todos os seus sentidos o enganam que o sujeito meditador torna-se capaz de uma certeza perfeitamente fundada quanto ao funcionamento dos sentidos, das imagens, do cérebro, e à confiança que se lhes deve conceder. A verdade sistemática reconsidera o momento da prova. Pode-se, portanto, decifrar o momento da prova a partir da verdade sistemática e da ordenação que lhe é própria. Em contrapartida, no que concerne à loucura, e só no caso da loucura, não ocorre o mesmo. A loucura não é uma prova qualificadora do sujeito, pelo contrário, é uma prova excluída. De modo que aquilo que se poderá saber de uma certeza fundada antes da loucura, no interior do sistema, não terá de reconsiderar uma prova que não aconteceu. No interior do sistema, os mecanismos da loucura têm, de fato, seu lugar (e justamente ao lado daqueles do sonho); mas o momento de exclusão não pode mais ser encontrado a partir daí, já que, para chegar a conhecer validamente os mecanismos do cérebro, dos vapores e da demência, foi preciso que o sujeito meditador não se expusesse à hipótese de ser louco. O momento da exclusão da loucura no sujeito em busca de verdade é forçosamente ocultado do ponto de vista da ordenação arquitetônica do sistema. E, ao se colocar desse ponto de vista, sem dúvida legítimo para todos os momentos das *Meditações*, Derrida se condenava obrigatoriamente a não ver a exclusão da loucura.

Se, no entanto, ele tivesse prestado um pouco mais de atenção no texto de que fala, sem dúvida teria percebido um fato bastante estranho: nessa primeira *Meditação*, Descartes, quando fala dos erros dos sentidos ou do sonho, não propõe evidentemente nenhuma explicação, ele só os toma no nível de sua eventualidade e de seus efeitos os mais manifestos. É somente no desdobramento das verdades fundamentadas que se saberá por que os olhos podem enganar, por que as imagens podem vir ao espírito durante o sono. Em contrapartida, a propósito da loucura, Descartes menciona, desde os primeiros passos da prova da dúvida, os mecanismos ("cérebro de tal forma perturbado e ofuscado pelos negros vapores da bílis"): explicação da qual se encontrarão mais tarde os princípios gerais; mas ela é dada como se o sistema já fizesse irrupção e se pusesse a falar aqui, antes mesmo de ser fundado. Deve-se ver aí, penso eu, a prova de que, "nesse momento da ordem cartesiana", a loucura aparece em sua impossibilidade para o sujeito a meditar; ela surge no elemento do saber constituído como um processo que pode acontecer no cérebro dos outros, segundo mecanismos que já se conhecem, e que o saber já localizou, definiu e dominou. No momento em que é rejeitado o risco de um filósofo louco – tanto para mascarar quanto para justificar essa rejeição –, aparece a loucura-mecanismo, a loucura-doença. Um fragmento antecipado do saber vem ocupar o lugar vazio da prova rejeitada.

Assim, colocando indevidamente o que ele já sabe, no momento em que se prova todo saber, Descartes assinala o que ele mascara e reintroduz antecipadamente, em seu sistema, o que é para sua filosofia ao mesmo tempo condição de existência e pura exterioridade: a recusa em supor realmente que ele é louco. Por essa segunda razão, não se pode aperceber, do interior do sistema, a exclusão da loucura. Ela só pode aparecer em uma análise do discurso filosófico, não como uma remanência arquitetural, mas como uma série de acontecimentos. Ora, como uma filosofia do rastro, perseguindo a tradição e a manutenção da tradição, poderia ser sensível a uma análise do acontecimento? Como uma filosofia tão preocupada em permanecer na interioridade da filosofia poderia reconhecer esse acontecimento exterior, esse acontecimento limite, essa divisão primeira pela qual a resolução de ser filósofo e de atingir a verdade exclui a loucura? Como uma filosofia que se posiciona sob o signo da origem e da repetição poderia pensar a singularidade do acontecimento? Quais *status* e lugar poderia ela conceder ao acontecimento, que efetivamente se produziu (ainda que na escrita de Descartes o pronome pessoal "eu" (*je*) permita a qualquer um repeti-lo), esse acontecimento que fez com que um homem sentado junto ao fogo, os olhos voltados para seu papel, tenha aceitado o risco de sonhar que era um homem adormecido, sonhando que estava sentado junto ao fogo, os olhos abertos sobre um papel, mas que recusou o risco de imaginar seriamente que ele era um louco imaginando-se sentado junto ao fogo, lendo ou escrevendo?

Sobre as bordas exteriores da filosofia cartesiana, o acontecimento é ainda tão legível que Derrida, do seio da tradição filosófica que ele assume com tanta profundidade, não pode evitar de reconhecer que ele ali estava a vaguear. Por isso é que, sem dúvida, quis dar a esse acontecimento a figura imaginária de um interlocutor fictício e totalmente exterior, na ingenuidade de seu discurso, à filosofia. Através dessa voz que ele sobreimprime no texto, Derrida garante ao discurso cartesiano ser fechado a qualquer acontecimento estranho à grande interioridade da filosofia. E, como mensageiro desse acontecimento insolente, ele imaginava um simplório, com suas parvas objeções, que vai de encontro à porta do discurso filosófico e que se faz ser posto fora sem ter podido entrar.

Foi bem assim, através das espécies de interlocutor ingênuo, que a filosofia representou para si o que lhe era exterior. Mas onde está a ingenuidade?

1972

O Grande Internamento

"Die grosse Einsperrung" ("Le grand enfermement"; entrevista com N. Meienberg; trad. J. Chavy), *Tages Anzeiger Magazin*, n° 12, 25 de março de 1972, p. 15, 17, 20 e 37.

– *Existe uma relação entre seus trabalhos filosóficos estruturalistas e seu engajamento no GIP?*
– Em primeiro lugar, não sou estruturalista, nunca disse que era estruturalista, eu inclusive insisti no fato de que não sou estruturalista, e lembrei isso várias vezes seguidas. Nada, absolutamente nada no que publiquei, nada, nem em meus métodos nem em nenhum dos meus conceitos, lembra, ainda que de longe, o estruturalismo. Há que se chamar Piaget para imaginar que sou estruturalista.
– *De onde vem então a convicção geral de que o senhor é estruturalista?*
– Suponho que seja um produto da asneira ou da ingenuidade.
– *Foi Piaget que lhe colou a etiqueta de filósofo estruturalista?*
– Não acredito. Ele não é capaz disso, coitado. Ele nunca inventou nada.
– *Pergunto, então: a relação entre seu engajamento no GIP e, simplesmente, seu trabalho de filosofia. Ou o senhor prefere ser qualificado de historiador?*
– Adivinhe o senhor mesmo! Não disse nem um, nem outro. Gostaria que o senhor colocasse claramente em evidência o que eu disse do estruturalismo, que não sou um estruturalista, que nunca fui um deles e que apenas idiotas e ingênuos – chamar-se-iam Piaget – podem pretender que eu seja um. Idiotas, ingênuos e ignorantes. Geralmente, essa etiqueta é utilizada por aqueles que perderam sua atualidade; é assim que avaliam os outros. Mas essas considerações quase não têm interesse, falemos, de preferência, de coisas sérias.

– *Por favor!*
– Gostaria muito que não se estabelecesse nenhuma relação entre meu trabalho teórico e meu trabalho no GIP. Faço muita questão disso. Mas, provavelmente, há uma relação. O que eu estudei em *História da loucura* tinha alguma coisa a ver com esse fenômeno singular da sociedade ocidental que, no século XVII, se chamou de "internamento". Acho que um dos quadros mais perturbadores jamais pintados no Ocidente é o *Les Régentes*, de Frans Hals, uma pintura extraordinária sobre a qual Claudel disse coisas belíssimas. Ela se reporta a uma prática muito original que foi, em um certo sentido, uma invenção genial da época clássica: fim do século XVI, início do século XVII. Acho que podemos dizer que há diferentes tipos de civilizações. As civilizações que exilam, a saber, aquelas que reagem aos delitos ou aos crimes, ou ainda aos indivíduos insuportáveis, caçando-os da sociedade, exilando-os. Em seguida, há sociedades que massacram, sociedades que torturam, que replicam a esses indivíduos com a tortura ou a pena de morte. Depois, há as sociedades que internam. Penso não haver muitas sociedades do gênero. O senhor sabe que na Idade Média praticamente não existiam prisões: nessa época, os cárceres eram, principalmente, uma espécie de antecâmara do tribunal, aprisionava-se uma pessoa para se ter uma caução, para se poder, em seguida, matar essa pessoa, ou puni-la de outro modo, ou ainda para que ela pagasse regaste a fim de ser libertada. Nessa época, o cárcere era um lugar de passagem: passagem para a morte, ou para a liberdade comprada com dinheiro. A ideia de que a prisão seria em si uma punição foi totalmente estranha à Idade Média, e as práticas desse gênero não existiam nessa sociedade. Foi somente quando o capitalismo iniciante encontrou-se confrontado com novos problemas, sobretudo com o da mão de obra, o dos desempregados, e quando as sociedades do século XVII conheceram grandes insurreições populares, na França, na Alemanha, na Inglaterra também etc., foi somente nesse momento que se recorreu ao internamento. Por quê?

Porque o velho método de repressão das insurreições não mais parecia apropriado. Até então, normalmente, enviava-se um exército mercenário que massacrava o povo e ao mesmo tempo aniquilava os bens, de modo que uma semelhante invasão atingia tanto os possuintes quanto a plebe. Era um

massacre absoluto, o exército ficava semanas ou meses no país, devorando tudo, ele fazia tábula rasa, os grandes proprietários de bens de raiz não podiam mais recolher os impostos, era uma catástrofe econômica geral. Inventou-se, então, a prisão, a fim de obter um resultado diferente, a saber: as prisões permitiram eliminar, como perigosa, uma certa parte da população, sem que essa eliminação tivesse consequências econômicas catastróficas, como era o caso quando se invadiam as regiões insurgidas. Uma profilaxia, de algum modo.
– *Na Idade Média já havia cárceres e prisões.*
– Mas só se internavam as pessoas até que fossem julgadas, até terem pago o resgate ou até serem executadas. As celas continham muito poucos detentos que aguardavam seu destino. Não existia ainda internamento em massa, como no século XVII, em Paris, quando mais de seis mil pessoas foram internadas em permanência. Cifra enorme para a Paris da época, que não contava com mais do que 300 mil habitantes. Isso acarretava consequências demográficas e econômicas, pois quem era internado? Os vagabundos, as pessoas sem trabalho nem domicílio fixo. Para escapar ao internamento, era preciso exercer uma profissão, aceitar um trabalho assalariado, ainda que mal pago. Consequentemente, os salários mais baixos eram estabilizados pela ameaça de internamento. É evidente que as consequências políticas e sociais foram importantes, pois podiam-se assim eliminar todos aqueles que eram considerados agitadores. Portanto, uma solução extraordinariamente elegante, se é que podemos falar de elegância nesse domínio, um remédio miraculoso no período do capitalismo nascente.
– *As pessoas não passavam ante um tribunal, elas eram encarceradas diretamente.*
– Diretamente. Graças à polícia, instituição que foi aperfeiçoada nessa época e que preenchia uma função quase judicial. Seu poder era quase absoluto; em Paris, o oficial de polícia tinha o poder de mandar internar os mendigos e os vagabundos sem outra forma de processo.
– *Partindo desse pano de fundo histórico, que o senhor descreveu em sua* História da loucura, *o senhor foi de encontro, em seguida, à função atual das prisões?*
– Eu teria ficado mais tranquilo com um outro assunto de pesquisa. Depois de Maio de 1968, quando o problema da

repressão e das perseguições judiciais tornou-se cada vez mais agudo, é provável que isso tenha me causado uma espécie de choque e reavivado uma lembrança. Pois tínhamos a impressão, e isso, aliás, já antes de Maio de 1968, de que se retornava a essa espécie de internamento bastante comum que já existia no século XVII: uma polícia com amplos poderes discricionários. Naquela época, internavam-se sem qualquer discriminação os velhos, os enfermos, as pessoas que não queriam ou não podiam trabalhar, os homossexuais, os doentes mentais, os pais dilapidadores, os filhos pródigos; eram encarcerados todos juntos no mesmo espaço. Depois, no final do século XVIII e no início do século XIX, na época da Revolução Francesa, fizeram-se distinções: os doentes mentais, no asilo, os jovens, em estabelecimentos de educação, os delinquentes, na prisão, ao que se acrescenta todo um arsenal de medidas discriminatórias, interdição de salvo-conduto etc. E, hoje, por razões que não compreendo ainda muito bem, retorna-se a uma espécie de internamento geral indiferenciado. Os campos de concentração nazistas fizeram conhecer a variante sangrenta, violenta, inumana desse novo internamento – judeus, homossexuais, comunistas, vagabundos, ciganos, agitadores políticos, operários, todos no mesmo campo. E, hoje, vê-se a mesma coisa desenhar-se sob uma forma mais discreta, mais velada, de um modo aparentemente científico. Os célebres asilos psiquiátricos da União Soviética começam a funcionar dessa maneira. Todas essas instituições que, na França, parecem tão humanitárias, tão medicais, tão científicas, os centros profiláticos, os centros para jovens em perigo, os reformatórios, dirigidos por pessoas com jeito de assistentes sociais, educadores, médicos, mas que, finalmente, são policiais: nesse grande leque de profissões tão diferentes em aparência, constata-se uma função comum que os encadeia juntos, a de carcereiro. Todas essas profissões têm por função comum a vigilância, a manutenção aferrolhada das existências marginais que não são nem verdadeiramente criminais nem verdadeiramente patológicas.

– À primeira vista, o leque de discriminações do início do século XIX acarretou uma humanização: os doentes mentais e o que chamamos de "crianças difíceis" foram separados dos delinquentes propriamente ditos. Mas, por outro lado, o esque-

1972 - O Grande Internamento 289

ma da prisão foi estendido aos reformatórios, aos asilos e às casernas.
— Digamos que a técnica de internamento conheceu uma aplicação geral. Igualmente nos asilos, nas casernas, nos liceus... Por exemplo, atualmente, no Collège de France, estamos dando um seminário sobre as questões médico-legais. Em 1835, já se observam advogados defenderem assassinos que são manifestamente doentes mentais. Eles dizem aos juízes: "O principal é internar este tipo. Pouco importa se em uma prisão ou em um asilo, no que concerne ao meu cliente pessoalmente. Se lhe rogo que o coloque de preferência no asilo, é para que a honra de sua família não seja maculada." Vê-se bem que, aos olhos de um advogado de 1835, não há nenhuma diferença entre a prisão e o internamento em um asilo.
— *Se compreendi bem, uma outra forma de internamento consistia em obrigar os vagabundos a trabalhar e em mandá-los para as usinas. Outros eram enviados às casernas em vista da conquista de novos mercados, nessa época dos primórdios do imperialismo. O senhor constatou uma correlação entre o desenvolvimento das forças produtivas, no capitalismo de Manchester, e as diferentes técnicas de internamento?*
— Isso é para mim um dos enigmas colocados pelas perseguições penais no Ocidente. O grande internamento foi geralmente praticado na sociedade capitalista. É alguma coisa de muito arcaica e que não se justifica, suas consequências são manifestamente custosas. Todo mundo reconhece que há na França, atualmente, 30 mil detentos, dos quais três a quatro mil são criminosos propriamente falando. O resto são pequenos ladrões, ou pessoas que emitiram cheques sem fundo, ninharias; para eles não se tem, na verdade, necessidade de utilizar os métodos custosos, arcaicos e pesados do internamento. Como o senhor vê, temos uma enorme organização carcerária da qual se pode perguntar se ela corresponde, afinal, a uma necessidade econômica, já que, no plano estritamente penal, sua existência não se justifica. Se considerarmos que ao lado desses 30 mil habitantes permanentes das prisões acrescentam-se 100 mil por ano que nelas transitam, que esses 100 mil retornam regularmente, constatamos que na França, *grosso modo*, 300 mil pessoas passam pelas prisões ou ali retornarão. Isso não representa um por cento da popu-

lação francesa. Não vemos, portanto, de um ponto de vista econômico, o que pode importar subtrair 300 mil pessoas de uma população de 50 milhões de habitantes. Comparado, por exemplo, ao número de vítimas das estradas, os detentos não pesam. E, apesar disso, a sociedade faz absoluta questão. Ela possui este aparelho custoso de prisões e guardas de prisões e, quando se quer criticá-lo, quando se quer mostrar seu absurdo, com que vigor reagem os homens no poder! A sociedade inteira reage também, desencadeiam-se campanhas na imprensa.

– *Talvez seja uma profunda necessidade psicológica dos "inocentes" que precisam de bodes expiatórios, a fim de fazer sobressair claramente sua "inocência", em relação à culpa dos internados.*

– Não sei. Certamente há uma razão. No momento, no quadro de meu trabalho universitário, ocupo-me do sistema penal da Idade Média. E, nestes dias – talvez eu seja um tanto ingênuo por não tê-lo visto antes –, encontrei o *hic*: trata-se do confisco de bens. O sistema penal da Idade Média quase contribuiu mais do que os bancos na circulação dos bens. Foi um dos fatores determinantes do estabelecimento do poder real. Pois o poder real, na medida em que era também poder judicial, conservava seja a totalidade, seja uma parte importante dos bens confiscados. E a extensão do poder real, quer dizer, o estabelecimento da monarquia absoluta, a concentração ou, pelo menos, o controle de uma grande parte das riquezas nacionais pelo poder real, todo esse processo realizou-se por *via* do sistema penal. Isso eu posso compreender. Mas, nos dias de hoje, não se trata mais disso, de modo algum. A parte dos bens confiscados pelo sistema penal é absolutamente sem importância. Eu busco as razões disso, mas ainda não as vejo claramente. O papel do sistema penal medieval era quase tão importante quanto a interdição do incesto nas sociedades primitivas. A interdição do incesto tinha igualmente por objetivo fazer circular os bens, notadamente o dote e os bens parafernais.

– *Por que o senhor diz que preferiria se ocupar de um trabalho histórico, que não o conduziria às paragens da moderna execução das penas?*

– Adivinhe!

– Para mim é misterioso. Um trabalho científico que conduz organicamente à práxis do presente é, apesar de tudo, mais útil do que produzir ensaios para os especialistas e os esnobes.

– Se me ocupo do GIP é justamente por preferir um trabalho efetivo à loquacidade universitária e aos rabiscos de livros. Escrever, hoje, uma sequência de minha História da loucura que iria até a época atual é, para mim, desprovido de interesse. Em contrapartida, uma ação política concreta em favor dos prisioneiros me parece carregada de sentido. Uma ajuda à luta dos detentos e, finalmente, contra o sistema que os põe na prisão.

– Parece-me interessante comparar o que o senhor diz neste momento com suas declarações mais antigas. Em uma entrevista de 1966, o senhor dizia: "Nós experimentamos a geração de Sartre como uma geração certamente corajosa e generosa, que tinha paixão pela vida, pela política, pela existência... Mas nós descobrimos outra coisa, uma outra paixão: a paixão pelo conceito e pelo que eu chamarei de 'sistema'."[1] Na época, isso ressoava como uma profissão de fé a favor de um estruturalismo apolítico, não engajado.

– Desde então, muitas coisas mudaram de modo fundamental. Provavelmente porque minha geração se aproximou da de Sartre. Há menos de uma semana, Sartre e eu fizemos uma manifestação, em frente ao Ministério da Justiça, para ler em público um manifesto que nos foi enviado pelos detentos. É evidente que eu mudei, mas Sartre também, sem dúvida, pois até agora ele acreditara que o que eu havia escrito era uma recusa, uma negação da história. Hoje, parece que ele não mais o crê. Porque eu mudei? Não sei.

– Expulsaram-no do Ministério da Justiça. O senhor queria falar com Pleven, o ministro da Justiça?

– Nós não falamos com esse tipo. Ele enganou os presos, prometeu e não cumpriu, ele mentiu. É absolutamente inútil falar com Pleven. A manifestação no Ministério da Justiça tinha um valor simbólico. Havia dois ou três jornalistas, radiorrepórteres etc. Mas, naturalmente, nossa declaração não foi transmitida pelo rádio. Isso é típico do sistema.

---

1. "Entrevista com Madeleine Chapsal", La quinzaine littéraire, nº 5, 16 de maio de 1966, p. 14 (ver nº 37, vol. I da edição francesa desta obra).

– *Como é que o senhor pode lutar eficazmente contra o sistema penal atual se o sistema de informação sufoca suas declarações?*

– É um trabalho penoso. Disseram-me mil vezes: "Escreva um artigo sobre a prisão almejada pelo senhor." E mil vezes eu respondi: "Merda! Isso não me interessa." Em compensação, se propomos aos jornais um texto redigido pelos detentos, no qual é dito: "Nós queremos isso e aquilo...", os jornais não o publicam. A própria *La Cause du Peuple* censurou um texto de prisioneiros. Ele não correspondia às ideias deles, eles preferiam revoltas sobre os telhados. Quando os detentos falam, isso coloca muitíssimos problemas. O texto que eu li com Sartre não foi publicado por *La Cause du Peuple*. Pois, já que os detentos falam, estamos no âmago do debate. O primeiro passo a fazer é, portanto, dar a palavra aos detentos.

– *Atualmente, os membros do Secours Rouge distribuem pafletos do GIP nos mercados. Fazendo isso, eles se deram conta de que as pessoas modestas que demonstravam bastante compreensão pela campanha anti-racista do Secours Rouge não reagiam da mesma forma à campanha sobre as prisões. Ouviam-se reações do gênero: "Será que é preciso construir hotéis de quatro estrelas para esses pulhas?"*

– É perfeitamente claro que o próprio proletariado é vítima da delinquência. Evidentemente, os velhos não têm nenhuma ternura particular por um tipo, um jovem delinquente que lhes rouba suas últimas economias porque ele quer comprar um Solex. Mas quem é o responsável pelo fato de esse rapaz não ter o dinheiro suficiente para comprar um Solex e, em segundo lugar, pelo fato de ele querer tanto comprar um? O século XIX praticara sua maneira específica de repressão do proletariado. Diversos direitos políticos lhe foram concedidos, liberdade de reunião, direitos sindicais, mas, inversamente, a burguesia obteve do proletariado a promessa de uma boa conduta política e a renúncia à rebelião aberta. As massas populares não podiam exercer seus parcos direitos senão dobrando-se às regras do jogo da classe dominante. De modo que o proletariado interiorizou uma parte da ideologia burguesa. Essa parte que concerne ao uso da violência, à insurreição, à delinquência, ao subproletariado, aos marginais da sociedade. Hoje, vive-se um primeiro reencontro, uma reconciliação entre uma parte do proletariado e a parte não integrada da população marginal.

– *Pelo contrário, se considerarmos as reações do Partido Comunista, tem-se a impressão de que a parte do proletariado que tem uma consciência política evita, nitidamente, qualquer aproximação no que tange ao subproletariado, à população de marginais.*

– Isso é exato, em um certo sentido. A ideologia faz cada vez mais pressão sobre a classe operária. Essa ideologia da ordem, da virtude, da aceitação das leis, do que é conveniente e do que não o é. É exato, essa ideologia é cada vez mais interiorizada. Mas, no entanto, o surpreendente é que as camadas marginais violentas da população plebeia retomam sua consciência política. Por exemplo, essas gangues de jovens nos subúrbios, em certos bairros de Paris, para os quais sua situação de delinquência e sua existência marginal tomam uma significação política.

– *O fato de que delinquentes se mantenham abertamente no terreno da delinquência permitiria concluir por uma consciência política?*

– Essa consciência existe. Na Renault, por exemplo, há talvez, hoje, mais de mil jovens operários que têm um registro judicial. Até uma data recente, eles o escondiam, tinham vergonha, ninguém sabia nada de seu passado. Hoje, eles começam a falar disso. E eles explicam, mediante seu registro judicial, a dificuldade que têm para encontrar um emprego, ou suas dificuldades quando encontram um, ou então eles explicam que aqueles que já foram condenados são sempre os primeiros licenciados, ou que lhes impõem os trabalhos mais sujos. É um fenômeno inteiramente novo ligado ao aparecimento de novos plebeus. Ou, ainda, pense nos antigos detentos que tomaram a palavra em uma reunião pública, em Nancy, para falar de sua detenção. Houve comícios em Nancy, em Toul, em Lille, em Poitiers, onde os detentos com frequência tomaram a palavra. Eles iam à tribuna para dizer: "Estive por dois anos em tal prisão ou cinco anos em tal outra."

– *Tomemos, por exemplo, o comício que aconteceu quarta-feira passada na Mutualité. O público era composto de simpatizantes barulhentos, um meio muito fechado de jovens esquerdistas.*

– Esse comício foi ao mesmo tempo interessante e decepcionante. Pela primeira vez, em Paris, se apresentaram, dando-lhes seu próprio nome, 10 ou 12 detentos que falaram em público para dizer o que pensavam de sua detenção. Sobre esse ponto, foi singularmente interessante. Por outro lado, foi decepcionante porque, no momento, existe uma espécie de tradição estabelecida há quatro anos: vai-se à Mutualité ou, como se diz, à Mutu, e há sempre o mesmo público esquerdista que, naquela noite, comportou-se ainda pior do que em geral o fazem. Naturalmente, eles estavam um pouco impressionados. Um quarto deles discutia continuamente, ia e vinha, enfim, o tumulto normal na Mutu. O que se passava diante deles não fazia a menor diferença, o principal era estar na Mutu. A reunião não fora organizada pelo GIP. Nós organizamos alguma coisa em novembro, o público era um pouco diferente. As discussões locais nas casas de jovens e da cultura, nas cidadezinhas, nos círculos restritos, nos mercados nos pareciam, inclusive, mais interessantes. É mais fecundo. O ritual esquerdista é estéril. Esse tipo de reuniões de massa não é mais o barômetro da mobilização revolucionária tanto quanto a missa de 11 horas em uma cidadezinha não é o da intensidade da fé.

– *O senhor também disse, em uma entrevista de 1966: "...retorna-se ao ponto de vista do século XVII, com esta diferença: não mais colocar o homem no lugar de Deus, mas um pensamento anônimo, o saber sem sujeito, o teórico sem identidade". A partir dessa teoria, poder-se-ia ainda ser ativo no domínio político, quando o sujeito está abolido? Parece-me que sua consequência lógica seria um sentimento de letargia e de impotência, de ater-se ao conhecimento, de renunciar à ação, em suma: a contemplação estruturalista.*

– Pelo contrário, isso significa apenas a renúncia à personalização, mas isso não quer dizer imobilidade. No GIP, isso significa: nenhuma organização, nenhum chefe, fazemos verdadeiramente tudo para que ele permaneça um movimento anônimo, que só exista pelas três letras de seu nome. Todo mundo pode falar. Qualquer um que fala não fala porque tem um título ou um nome, mas porque tem algo a dizer. A única palavra de ordem do GIP é: "Aos detentos, a palavra!"

– *O senhor disse em 1966: "A tarefa da filosofia atual (...) é trazer novamente à luz esse pensamento anterior ao pensamento, esse sistema anterior a todo sistema."*

– Não fique retomando sempre as coisas que eu disse antes! Quando eu as pronuncio, elas já estão esquecidas. Eu penso para esquecer. Tudo o que eu disse no passado é totalmente sem importância. Escrevemos alguma coisa quando ela já foi muito usada pela cabeça; o pensamento exangue, nós o escrevemos, é tudo. O que eu escrevi não me interessa. O que me interessa é o que eu poderia escrever e o que eu poderia fazer.

– *Entretanto, o senhor não pode impedir seus leitores de refletir sobre suas ideias anteriores, refletir sobre a consequência delas. A partir de que ponto do desenvolvimento de suas ideias devemos considerá-las desinteressantes e sem importância para o Foucault que continuou a desenvolver-se?*

– Não dou a menor importância. O que me inquieta, e é por isso que sua questão incomodou-me um pouco, é que me digam: "O senhor já disse isso", "Isto que o senhor está dizendo é o desenvolvimento natural desse outro pensamento". Incomoda-me quando o senhor diz que não há nenhuma relação entre minha *História da loucura* e meu trabalho no GIP. O senhor poderia também enumerar todas as frases possíveis e imagináveis que eu teria podido dizer ou escrever, que estariam em contradição com o que eu faço hoje, e eu lhe responderia simplesmente: em primeiro lugar, pouco me importa e, em segundo lugar, isso me dá prazer. Com isso eu quero lhe dizer que não me sinto nem atacado, nem embaraçado pelo fato de eu não dizer as mesmas coisas que antes. E isso me dá prazer, pois prova que não tenho uma relação narcísica com meu discurso.

– *Não se trata de fechá-lo nas contradições; o que me interessa, de fato, é a ideia que o senhor tem hoje do trabalho de um filósofo.*

– Minha ideia do trabalho de um filósofo? É a de que os filósofos não trabalham! O que caracteriza o filósofo é que ele se afasta da realidade. Ele não pode se aproximar dela.

– *Seria o momento exato de abolir a filosofia e, talvez, os filósofos também!*

– A filosofia já foi abolida. Ela não passa de uma vaga disciplinazinha universitária, na qual as pessoas falam da totalidade da entidade, da "escritura", da "materialidade do significante" e de outras coisas semelhantes.

– Há ainda um par de filósofos sérios que existem fora da universidade, e que "totalizam", como diria Sartre.

– Sim. (Longo silêncio.) Por toda parte, quando Sartre totaliza, ele se afasta da realidade. E cada vez que ele se apossa de um problema determinado, que ele tem uma estratégia determinada, que ele luta, ele se reaproxima da realidade.

– *O combate do GIP que o senhor conduz com Sartre e outros militantes não visa ao centro da sociedade, às relações de produção e de apropriação, mas à periferia. A situação dos prisioneiros poderia mudar se, na França, a mesma classe permanecesse no poder?*

– Não. Por que deveria querer mudar as condições de detenção quando se está no poder? Durante a revolta que se produziu na prisão de Toul, nós recebemos mensagens de apoio vindas do estrangeiro. O encorajamento mais vigoroso veio da prisão de Uppsala, na Suécia. Isso quer dizer que o que as revoltas nas prisões põem em questão não são detalhes, tipo ter ou não televisão, ou a autorização para jogar futebol, mas, pelo contrário, elas questionam o *status* do plebeu marginal na sociedade capitalista. O *status* dos desalentados. Nos dias de hoje, existe um grande número de jovens que querem engajar-se no GIP e nos outros problemas da população marginal. Mas o que lhes falta são as análises. Pois o GIP, ou a tradição marxista francesa em geral, quase não ajudou para que pudéssemos nos voltar para os marginais, para compreendermos seus problemas e apresentarmos suas reinvindicações. Os próprios esquerdistas têm a maior repugnância de fazer esse trabalho. Precisamos de análises a fim de poder dar um sentido a essa luta política que começa.

– *O senhor conhece alguma prisão-modelo?*

– Não. Porém, *existem* melhores prisões do que na França. Na Suécia, há 15 anos, na estrada que vai de Uppsala a Estocolmo, eu vi um estabelecimento que corresponde a um prédio escolar francês muito confortável. O problema não é prisão-modelo ou abolição das prisões. Atualmente, em nosso sistema, a marginalização é realizada pela prisão. Essa marginalização não desaparecerá automaticamente ao se abolir a prisão. A sociedade instauraria, simplesmente, um outro meio. O problema é o seguinte: oferecer uma crítica do sistema que explique o processo pelo qual a sociedade atual impele para a margem uma parte da população. É isso.

1974

Mesa-redonda sobre a *Expertise* Psiquiátrica

"Table ronde sur l'expertise psychiatrique" (com A. Bompart, psiquiatra-psicanalista, L. Cossard, de *Actes*, advogado, Diederichs, perito-psiquiatra, F. Domenach, psicólogo, H. Dupont-Monod, de *Actes*, advogado, P. Gay, psiquiatra, J. Hassoun, diretor de *Garde-Fous* ("jornal dos psiquiatrizados em luta"), J. Lafon, médico-chefe no hospital Sainte-Anne, perito em psiquiatria, M. Laval, autor de "Magie noire et robe blanche", in *Actes*, n.os 5-6, H. Masse-Dessen, advogado, P. Sphyras, advogado no Supremo Tribunal de Justiça de Paris, I. Terrel, advogado, F. Tirlocq, médico-psiquiatra), *Actes, Cahiers d'action juridique*, n.os 5-6, dezembro de 1974-janeiro de 1975, p. 46-52.

M. Foucault: Acusamos os peritos. Não quero defender os peritos, mas pergunto-me se não haveria uma questão a formular à psiquiatria em geral. O que é impressionante na história da *expertise* psiquiátrica em matéria penal é o fato de que foram os psiquiatras que, por volta de 1830, se impuseram de modo absoluto à prática penal, que não tinha nenhum interesse neles e que tudo fez para afastá-los. Eles se impuseram a ela e agora eles a têm nas mãos. Mas o que é esse desejo do criminal para o psiquiatra? Na psiquiatria houve, já faz dois séculos agora, um desejo da anexação da criminalidade. E não se pode compreender o funcionamento da *expertise* psiquiátrica atual se não considerarmos, por um lado, a prática penal e, por outro, a psiquiatria e a necessidade que a prática psiquiátrica, em geral, tem da *expertise* médico-legal. Toda prática psiquiátrica precisa que haja peritos, que haja intervenções da psiquiatria como tal no domínio penal.

E eu creio que a razão, evocada há pouco, foi a lei de 1838: no momento em que a psiquiatria se dava o direito de fazer internar um indivíduo como perigoso, era preciso mostrar que a loucura era perigosa... Eles estabeleceram que, no âmago de todo crime, havia um pouco de loucura e, a partir do momento em que se mostra que, por trás do crime, há perigo de loucura, reciprocamente, por trás da loucura, há perigo de crime.

Mas, entre a lei de 1838 e a *expertise* médico-legal, há um reforçamento recíproco. Deve-se levar isso em conta e avaliar os peritos como necessários ao funcionamento do direito. Há duas instituições incumbidas dos perigos representados pelos indivíduos: medicina e direito. O psiquiatra tem a incumbência dos perigos individuais.

J. Lafon: Atualmente, são os juristas que correm atrás dos psiquiatras, e os juízes pedem sistematicamente *expertises*.

M. Foucault: O crime tornou-se um objeto privilegiado para a análise psiquiátrica; é um fato constante, patente. A psiquiatria precisa anexar-se à criminalidade para poder funcionar como ela funciona.

P. Gay: Exceto se introduzirmos uma psiquiatria que não mais precise provar que a loucura é perigosa.

J. Hassoun: É uma coisa que pode parecer desagradável, essa carga contra o perito. Mas penso que a *expertise* psiquiátrica é o sintoma da psiquiatria. Se colocarmos o problema em termos políticos, a psiquiatria tenta colar-se aos acontecimentos, a psiquiatria médica é repressiva.

Há de se falar do asilo, que tem a proporção de uma cidade (exemplos, as sessões de psicoterapia obrigatórias no setor); não existem mais os muros do asilo. Eles explodiram. Eles englobam a cidade.

Diederichs: Não há nenhuma obrigação de ir ao dispensário de setor, exceto para os alcoólicos supostos perigosos.

M. Laval: Perito = juiz de fato; portanto, de que modo o advogado pode organizar sua defesa em relação a essa onipresença do juiz de fato, que é o perito, e que domina o juiz de direito?

H. Masse-Dessen: O juiz normalmente decide. A *expertise* é feita para ajudar o juiz em um domínio no qual ele não é competente. Mas essa forma de *expertise* é de natureza inteiramente diferente. Donde as questões formuladas há pouco: por que não a sociologia, a economia etc., que estão completamente ausentes do debate jurídico e não entram em consideração?

Problema formulado: quando o magistrado está diante do relato, há uma parte desse relato que ele vai reconhecer, é aquela em que o detento conta o que fez, e isso com mais confiança e muito menos garantia legal do que aquilo que ele contou ao juiz de instrução. Por esse viés, chegamos finalmente a uma espécie de contrainstrução que, no plano estrito dos direitos da defesa, no sentido tradicional do termo, torna-se catastrófica devido à atitude diferente do acusado em face do perito e do juiz. Em matéria de questões políticas, por exemplo, alguns acusados recusaram responder ao perito, não querendo que suas ações políticas fossem psiquiatrizadas.

Questão: em que medida, sob a capa de *expertise* psiquiátrica, chegamos a fazer o perito representar um papel de repressão tradicional, sem nenhuma das garantias, no entanto, destiladas pelo Código de Processo Penal?

I. Terrel (*Ilustra o que H. Masse acaba de dizer, através da leitura de um relatório de* expertise): Alguns excedem em sua missão de tal forma que seu relatório torna-se um requisitório suplementar.

P. Sphyras: O acusado sente o perito como um juiz; nesse caso, não seria preciso uma outra *expertise* praticada de modo diferente?

P. Gay: Eu me sentiria imediatamente usado pelo juiz como cúmplice. Ainda que clandestino, recuso o papel de perito.

J. Hassoun: Se considerarmos o indivíduo como ponto de sutura da ordem econômica, política, e da ordem do inconsciente, e se considerarmos que sempre há loucura e inscrição na lei da necessidade, não vejo o que posso dizer ao olhar em um sujeito singular o único delinquente.

A. Bompart: Há nisso, efetivamente, uma situação falsa por natureza, e a *expertise* psiquiátrica será o lugar privilegiado de um discurso falso. Mas os advogados também deveriam se interrogar para ver que o discurso do direito é um discurso falso e incerto.

P. Sphyras: A pena é uma coisa clara.

A. Bompart: Não.

L. Cossard: No fundo, o que irrita os juristas, os advogados, em particular, é se verem desapossados de um certo número de seus poderes, porque eles podem assistir seu cliente no dia do interrogatório. Mas, no dia da *expertise* psiquiátrica, eles não estão lá. Na sua ausência, monta-se uma versão dos fatos diferente daquela que é dita no gabinete do juiz. Ocorre então o seguinte: todas as engrenagens da defesa são apagadas de uma só vez, e o perito, assim, pode fazer dizer coisas que pensamos que não devam ser ditas a ninguém mais senão ao advogado, isso pelo fato de o perito obter a confiança do detento. Atacamos a *expertise*, já que somos completamente desapossados.

Questão: A relação dos fatos é indispensável ao perito-psiquiatra?

J. Lafon: O que os advogados mais nos censuram é não sermos automaticamante auxiliares da defesa.

L. Cossard: Não obrigatoriamente. Mas um certo número de garantias da defesa não existem mais.

J. Lafon: Devem-se conhecer os fatos. Estes têm uma importância considerável. É lógico que devemos ver o acusado, fazê-lo contar os fatos, depois comparar com o que foi dito ao juiz; em seguida, rever o detento a fim de compreender as diversas "versões" que podem existir. A maneira como os fatos são apresentados tem uma grande importância no plano psicológico e psiquiátrico, assim como a maneira com que foram vividos.

L. Cossard: Não vejo a relação entre isso e as respostas que o senhor deve alegar, em seus relatórios de *expertise* psiquiátrica, às três questões que lhe são formuladas pelo juiz ao nomeá-lo, a saber:

1) precisar se o acusado apresenta anomalias mentais, psíquicas ou que dizem respeito ao caráter. Se assim for, descrevê-las e precisar a quais afecções elas estão ligadas;

2) dizer se o acusado se encontrava, no momento dos fatos, em *estado de demência*, no sentido do art. 64 do Código Penal; caso a resposta seja negativa, dizer se as anomalias constatadas são de natureza a atenuar sua responsabilidade;

3) dizer se ele é *acessível a uma sanção penal*, se ele é *curável* e *readaptável*; se sua internação em um hospital psiquiátrico se impõe, seja em seu interesse, seja naquele da coletividade.

J. Lafon: O que é a acessibilidade à sanção penal? Definição: é o fato de saber se o indivíduo está em estado de compreender que cometeu um ato antissocial e que esse ato é teoricamente punido através de uma pena. Portanto, as pessoas que não são dementes são acessíveis à sanção penal.

M. Foucault: No início da prática da *expertise* psiquiátrica (art. 64), a questão formulada é clara: o indivíduo estava em estado de demência no momento do ato? Nesse caso, não há mais crime. No começo, o psiquiatra jamais intervinha no nível da administração da pena, mas simplesmente no nível do procedimento. Pouco a pouco, ele interveio no nível das circunstâncias atenuantes, para, eventualmente, modular a pena e, a partir de 1832, o relatório do psiquiatra modula a pena. Em seguida, ele intervém, já que deve dizer se a responsabilidade do indivíduo é atenuada, o que não tem juridicamente nenhum sentido, e começa a não tê-lo medicamente; já a demência tinha um sentido. Portanto, a responsabilidade atenuada não tem nenhum sentido jurídico e nenhum sentido médico. Chega-se às questões de 1958, que são a periculosidade, a acessibilidade à sanção, a curabilidade e a adaptabilidade. Essas três noções não são noções nem psiquiátricas nem jurídicas, mas isso tem efeitos penais enormes.

J. Lafon: Estado perigoso: jamais falo disso espontaneamente. Se me perguntam, eu digo: "Penso que essas questões não são de ordem psiquiátrica." Eu responderia, mas, no fundo, a resposta pode muito bem ser encontrada por outros, em função dos elementos do dossiê. Respondo sempre do mesmo modo, já que essas questões não são noções psiquiátricas. A rigor, são noções criminológicas e que poderiam ocorrer, antes, na *expertise* médico-psicológica.

H. Masse-Dessen: O que é que pode fazer dizer se alguém é ou não readaptável? Ou melhor, o que significa ser desadaptado?

J. Lafon: Há quantidades de pessoas das quais não se pode dizer que sejam desadaptadas. Pelo contrário, elas são muito bem adaptadas aos seus ofícios (mendigo de profissão, por exemplo), mas, com certeza, não às normas da sociedade. Há igualmente pessoas que jamais foram desadaptadas.

F. Tirlocq: O psiquiatra como perito, na instituição judiciária, não serve para nada. Tenho a impressão de que o psiquiatra reduz seu papel, uma vez que a explicação que ele tentará fornecer não produzirá nenhum efeito em seu auditório. O problema não é o de saber se o indivíduo é readaptável ou não.

J. Lafon: O sistema jurídico é fundamentado sobre a doutrina do livre-arbítrio, no sentido de que as pessoas são consideradas como podendo escolher o bem e o mal e, se fazem o mal, elas sabem que devem ser punidas de um modo ou de outro, seja pela lei divina, seja pela lei judicial. Mas admite-se que existam pessoas que não são capazes de raciocinar assim por serem "loucas". O psiquiatra está aí, em suma, para fazer a triagem dos "loucos" e para subtraí-los à influência da justiça. Essa era a ideia primitiva que, em seguida, foi modificada e acabou-se por pedir ao psiquiatra outra coisa.

E, enquanto estivermos nesse sistema do livre-arbítrio, devemos proceder desse modo; se aceitamos ser peritos, não devemos sabotar a *expertise*. Deve-se admitir que, *a priori*, as pessoas são responsáveis, exceto aqueles que são loucos.

P. Gay: Podem-se sabotar as *expertises* sem fazê-las.

P. Sphyras: Das cinco questões estereotipadas que se formulam ao perito, apenas três são estranhas ao campo psiquiátrico; as outras são do domínio da criminologia. A questão, portanto, é saber quem é criminologista na França. Vocês encontram junto aos magistrados a informação criminológica suficiente, ou às vezes têm a impressão de que não têm a audiência; e fazer o psiquiatra representar o papel de criminologista não seria formular mal o problema?

M. Foucault: É preciso retomar uma questão importante, formulada pelos advogados: o acusado está ou não referido à justiça? Se o perito responde sim, ele passa diante dos tribunais; se o perito responde não, o acusado é retirado das mãos da justiça.

Porém, mais uma vez, desde 1832, o psiquiatra intervém para dizer qual será a forma de pena; portanto, ele tem um papel judicial no próprio interior do desenvolver da justiça. E o mal-estar dos advogados está ligado a isso, pois ele tem de se haver com dois juízes, um dos quais é esse pseudojuiz que vai modular a pena. E quanto mais o papel de modulador da pena torna-se grande na psiquiatria penal, menos os conceitos utilizados por esses psiquiatras são médicos.

J. Lafon: É justamente isso que torna difícil a *expertise* psiquiátrica. Uma boa *expertise* é uma *expertise* que busca não tomar partido, que deve ser a mais objetiva possível, apesar de que os advogados gostariam de que ela fosse em seu benefício; é preciso eliminar o fator subjetivo. O perito não é um juiz, mas quando alguém tem de se haver com alguém que conhece o detento, o código, não se pode impedi-lo de fazer um prognóstico. Porém, não existe perito-robô; portanto, não se pode eliminar totalmente a subjetividade do perito.

F. Tirlocq: Não é um problema de objetividade, é um problema de responsabilidade. O perito deveria explicar o ato. Mas essa explicação não chega até o juiz. O juiz acaba por experimentar uma espécie de mal-estar, pois ele encontrará no texto da *expertise* qualquer coisa que se assemelha à *loucura*.

Portanto, o psiquiatra dá medo ao juiz. Um psiquiatra não pode concluir pelo termo de responsabilidade, como psiquiatra. O ato psiquiátrico interdita chegar a essa conclusão pela responsabilidade.

J. Lafon: Se você adota o ponto de vista do livre-arbítrio, é possível; se você adota o do determinismo, não há mais justiça penal possível.

I. Terrel: Se o perito reconhece que o conceito de responsabilidade atenuada não tem nenhum sentido médico e se ele aceita, no entanto, responder a essa questão de responsabilidade atenuada, como é que ele responde? Creio que ele responde com o que chamamos de sua "íntima convicção", assim como o juiz vai, em sua íntima convicção, decidir se há, sim ou não, circunstâncias atenuantes, ou os jurados com sua alma e consciência; do mesmo modo, se colocará o problema da íntima convicção do psiquiatra. Então, aí, sai-se completamente da objetividade de uma ciência.

J. Lafon: A expressão "responsabilidade atenuada" praticamente não figura mais nas comissões de peritos. Perguntamos se existem anomalias mentais ou psíquicas em relação com os fatos...

No que me concerne, não uso nunca essa fórmula de circunstâncias atenuantes ou de responsabilidade atenuada. Essa questão é página virada.

H. Dupont-Monod: Gostaria de retornar a essas noções de subjetividade e objetividade. Se retomarmos a função política de administração da justiça, o desenvolvimento da *expertise* psiquiátrica, afinal, foi de grande ajuda, uma vez que permitiu às pessoas que estavam investidas da função de administração da justiça refugiar-se em uma objetividade da qual se serviam, apoiando-se em uma subjetividade do perito. E quando o senhor dizia que um perito não podia fazer de modo diferente do que o de investir-se parcialmente de modo subjetivo naquele que ele interrogava, para os juízes, isso é "sopa no mel" pois, finalmente, quando um perito transmitiu uma carga subjetiva em um relatório, o que é um pouco inevitável, aquele que tem por função essencial administrar a justiça tem toda felicidade para refugiar-se por trás dessa subjetividade dizendo: é uma ciência, por conseguinte, permaneço no nível da objetividade e, portanto, no nível do desenvolvimento político da justiça repressiva. Penso que a *expertise* como tal retardou e inclusive bloqueou uma tomada de consciência da justiça repressiva, permitindo ao juiz dizer de modo extremamente fácil: é o senhor que é o defensor, não sou eu o responsável da apreciação que faço sobre os fatos, é o perito. E penso que a justiça penal serviu-se de maneira muito profunda e muito importante da *expertise*, recusando colocar-se em questão e dizendo: afinal, foi o perito que tomou posição, eu decido uma sanção, mas não me invisto subjetivamente. O perito é um anteparo para o juiz. Entre *expertise* psiquiátrica e criminologia há incompatibilidade total.

Enquanto a *expertise* psiquiátrica tiver uma tal importância, a criminologia não poderá se desenvolver, pois a criminologia quer dizer repor em questão o fundamento da penalidade, da responsabilidade para reconstruir, seja um estudo, seja uma pesquisa crítica sobre as causas da delinquência e de seu desenvolvimento. A *expertise* psiquiátrica, conduzindo-o ao nível individual, interdita a pesquisa criminológica muito mais do que a favorece.

J. Lafon: Mas de todas as causas que são julgadas em Paris, contrariamente à impressão que o senhor parece ter, não há talvez nem cinco por cento para as quais se pede uma *expertise* psiquiátrica. Praticamente ela não existe nas histórias correcionais.

Diversos rumores: Se...

J. Lafon: Gostaria de retomar o problema da subjetividade. Ela existe em todo mundo. O perito, como qualquer um, na medida do possível, deve fazer abstração dessa subjetividade. É a mesma coisa para um advogado.

L. Cossard: No fundo, o sonho dos juízes de instrução seria o de se deslocar inteiramente entre as mãos dos peritos. Sonho que reencontramos nos trabalhos preparatórios do Código Penal de 1958, que quer fazer explodir completamente o processo penal e separar a sanção da adaptação.

É o caso da escola do juiz Marc Ancel,[1] que quer um processo penal em dois tempos:

a) sanção proporcional aos fatos;

b) processo da personalidade (segunda sanção modulando a primeira e na qual se examinam unicamente as possibilidades de readaptação do indivíduo).

---

1. Ancel (M.), *La défense sociale*, Paris, Cujas, 1966.

Nessa hipótese, desde o final da primeira parte, todo o aparelho judiciário desaparece em benefício dos psiquiatras, dos psicólogos que tomariam a verdadeira responsabilidade pela sanção. Vivemos atualmente sob esse regime. Mas seriam os psiquiatras competentes para julgar nessa segunda parte do processo? Isso é incerto.

J. Hassoun: Toda psiquiatria maneja os conceitos de readaptabilidade, periculosidade e responsabilidade. A psiquiatria é, hoje em dia, inteiramente modelada por esses conceitos. Há invasão recíproca do direito e da psiquiatria por uma série de conceitos; há a introdução de um feixe médico-jurídico – o que eu traduzi por "intrusão da psiquiatria em massa" – tanto no plano jurídico, escolar, quanto na vida do bairro; isso faz da psiquiatria o que os marxistas chamam de um poder de Estado.

Questão que eu gostaria de formular para os juristas presentes: será que no dossiê de seus delinquentes conta-se com relatórios psicológicos (relatórios de psicólogos escolares...)?

I. Terrel: Em matéria correcional, muito raramente. Não consideramos a evolução, homologamos.

M. Foucault: Na realidade, de onde vêm essas noções de periculosidade, acessibilidade à sanção, curabilidade? Elas não estão nem no direito, nem na medicina. Não são noções jurídicas, nem psiquiátricas, nem médicas, mas disciplinares. São todas essas disciplinazinhas da escola, da caserna, do reformatório, da usina, que tomaram cada vez mais espaço. Todas essas instituições, proliferando, estendendo-se, ramificando suas redes em toda a sociedade, fizeram emergir essas noções que eram, no início, incrivelmente empíricas, e que se encontram agora duplamente sacralizadas, de um lado, por um discurso psiquiátrico e médico, portanto, aparentemente científico, que as retoma, e, de outro, pelo efeito judiciário que elas têm, já que é em seus nomes que se condena alguém.

Acho que a criminologia carrega todas essas noções.

M. Laval: Essas noções que o senhor chama de disciplinares, eu simplesmente chamaria de ideológicas. São noções que fazem referência a uma ideologia dominante. Portanto, o perito, o juiz, o advogado representam exatamente o mesmo papel, que é o da sociedade que se defende. Definitivamente, não há doente mental, não há delinquente, há, a cada vez, o produto de uma sociedade.

H. Dupont-Monod: Pergunta para M. Foucault: Em um dado momento, a função política da psiquiatria foi a de vir em socorro de uma ideologia inteiramente impossibilitada de viver, em relação ao desenvolvimento socioeconômico. Será que atualmente a psiquiatria ainda é viável nas tensões econômicas acrescidas?

M. Foucault: É quanto à palavra "ideologia" e ao uso que o senhor faz dela que eu não concordo. Caso se tratasse simplesmente de reconduzir uma ideologia, isso não seria demasiado grave; a palavra "disciplinante" é mais importante, porque é um tipo de poder. Ao inscrever essas noções no direito e na psiquiatria, nós as autentificamos, as sacralizamos.

A. Bompart: Poder-se-ia ligar o que diz M. Foucault aos trabalhos de Legendre[2] sobre o direito canônico?

M. Foucault: Esse livro interessante não diz respeito a essa materialidade humana dos mecanismos do poder.

J. Lafon: Essas noções que o incomodam foram inventadas em *La défense sociale nouvelle,*[3] com o propósito de uma melhor individualização da pena e, na ideia deles, com uma preocupação pela defesa. Ora, essas questões são feitas, em parte, para ajudar os advogados. Mas os senhores gostariam de que a resposta lhes fosse sempre favorável, portanto, nem sempre os senhores são objetivos.

H. Masse-Dessen: A questão não é saber se a *expertise* é útil, mas "se ele é readaptável". A prática correcional é a leitura das conclusões do relatório; essa conclusão é: "Ele é readaptável ou não." Abstração total é feita quanto a "readaptável em que condições, ao quê, para fazer o quê, o que foi que o desadaptou...?". O que eu gostaria de saber é se esta pergunta: "Ele é readaptável?" desperta algo nos senhores, e qual mecanismo os senhores pensam que isso poderá fazer funcionar na cabeça dos magistrados que se encontrarão diante da resposta?

J. Lafon: Vou lhe responder. Como eu conheço a ambiguidade dessa questão, com raras exceções, eu sempre respondi sim. É simples assim e isso não incomoda ninguém.

---

2. Legendre (P.), *L'amour du censeur*, Paris, Éd. du Seuil, 1974. ((N.R.) Há tradução brasileira da Editora Forense Universitária.)
3. *Op. cit.*

M. Laval: Não é necessário ser perito para pensar como o senhor. O senso comum pensa da mesma forma.
J. Hassoun: Individualizar a pena é torná-la indeterminada.
J. Lafon: Exato.
B. Domenach: Se os advogados sistematicamente fizessem convocar os peritos para a audiência correcional, qual seria sua reação?
J. Lafon: Eu iria.
B. Domenach: Talvez haja aí uma nova prática a ser instaurada.
L. Cossard: Constata-se que a nova defesa social quis dar uma "flor" para a defesa; ora, neste momento sentimos isso como desfavorável à defesa.
P. Gay: Para retomar o que dizia M. Foucault em relação a esse propósito primeiro, um tanto negro, de o psiquiatra encontrar o que há de perigo criminoso na loucura, e de fazer disso uma equivalência com o que há de loucura por trás do crime e depois ver que, na evolução das coisas, apareceram o psiquiatra de boa vontade e o juiz de boa consciência, outro jogo de equivalência, não penso que o juiz dê ao perito procuração para julgar. Penso que o perito esteja ali como sujeito de equivalência entre loucura, crime, delinquência... para pontuar com sua ciência, a mais objetiva possível.
O perito-psiquiatra permanece psiquiatra ao dizer: "Será ele tratável?" (e não adaptável ou readaptável). A partir daí, introduz-se um terceiro nível ao dizer-se o que é essa função de cuidados, de subjetividade, que faz com que o psiquiatra possa determinar essa equivalência entre crime, loucura...
P. Sphyras: Tentamos ser úteis aos nossos clientes e assumir uma nova defesa, coletiva, que busca definir práticas de ruptura. Definitivamente, o que nos incomoda é o aspecto repressivo da psiquiatria utilizada desse modo.
J. Lafon: O perito não deve ser nem para atacar nem para defender, nem útil nem não útil. O perito não está ali para servir ou prejudicar o acusado. Não cabe a ele se preocupar com o que isso poderá valer a mais ou a menos para o acusado.
I. Terrel: Logicamente, o relatório de *expertise* não deveria servir nem para atacar nem para defender. Ora, na prática, constatamos que ele o é. Portanto, desejaríamos que fosse para defender, uma vez que constitui, em si, uma peça do dossiê favorável ou não ao cliente.

J. Lafon: O perito não tem que avaliar as consequências que seu relatório pode ter para o acusado.

I. Terrel: Pelo contrário, o perito, em seu papel de auxiliar da justiça, não pode abstrair-se desse papel. É a própria ambiguidade da relação médico-juiz.

Há tripla ambiguidade:
– na relação com o interessado (problema do segredo médico que não atua);
– na relação com o juiz de instrução;
– e consigo mesmo.

Quer dizer que somos, ao mesmo tempo, um médico e um auxiliar do juiz.

J. Lafon: Penso não haver muita ambiguidade com o juiz, mas concordo com a ambiguidade que existe com o acusado. O perito não é o psiquiatra do acusado; ele deve normalmente apresentar-se como tal, nomeado pelo juiz para proceder ao exame mental. Não se devem acolher confidências, mas ocorre acolhê-las. Nesse caso, há um problema não jurídico, pois penso que o sigilo profissional não existe para os peritos. O problema, nesse caso, é mais deontológico ou, às vezes, de ordem moral. Não se põe tudo nos relatórios.

1975

A Casa dos Loucos

"La casa della follia" ("La maison des fous"), in Basaglia (F.) e Basaglia-Ongardo (F.), *Crimini di pace*, Turin, Einaudi, 1975, p. 151-169. (Este texto retoma o resumo do curso do ano 1974, no Collège de France, acrescentando-lhe desenvolvimentos (ver nº 143, vol. II da edição francesa desta obra).)

No íntimo da prática científica há um discurso que diz: "Tudo não é verdade; mas em todo ponto, e a todo momento, há uma verdade a dizer e a ver, uma verdade que dormita, talvez, mas que não espera senão nosso olhar para aparecer, nossa mão para desvelar-se; cabe a nós encontrar a boa perspectiva, o ângulo conveniente, os instrumentos necessários, pois, de qualquer forma, ela está ali e está ali por toda parte." Mas encontramos também, profundamente ancorada em nossa civilização, esta ideia que a ciência repugna e, com ela, a filosofia: a verdade, como o raio, não nos espera por toda parte onde temos a paciência de espreitá-la e a habilidade de surpreendê-la; mas ela tem instantes propícios, lugares privilegiados não somente para sair da sombra, mas, sem sombra de dúvida, para *produzir-se*; se há uma geografia da verdade, é aquela dos sítios onde ela reside (e não apenas dos lugares onde nos colocamos para melhor observá-la); sua cronologia é a das conjunções que lhe permitem chegar como um acontecimento (e não aquela dos momentos dos quais se deve aproveitar para apercebê-la, como entre duas nuvens). Poder-se-ia encontrar em nossa história toda uma "tecnologia" dessa verdade: ponto de referência de suas localidades, calendário de suas ocasiões, saber dos rituais no meio dos quais ela se produz.

Exemplo dessa geografia: Delfos, onde a verdade falava, o que surpreendia os primeiros filósofos gregos; os lugares de retiro no monaquismo antigo; mais tarde, o púlpito do pastor ou do magistério, a assembleia dos fiéis. Exemplo dessa cronologia: aquela que encontramos muito elaborada na noção médica de crise e que permaneceu tão importante até o fim do século XVIII. A crise, tal como foi concebida e posta a operar, não é exatamente o momento em que a natureza profunda da doença vem à superfície e se deixa ver; é o momento em que o processo doentio, por sua própria energia, se libera de seus entraves, se libera de tudo o que poderia impedi-lo de emergir e, de algum modo, decide-se: decide-se a ser isso mais do que aquilo, decide de seu futuro (favorável ou desfavorável). Movimento autônomo, em um sentido, mas do qual o médico pode e deve participar: ele deve reunir em torno da crise todas as conjunções que lhe são favoráveis, prepará-la portanto, invocá-la, suscitá-la, mas ele deve também percebê-la como uma ocasião, inserir nela sua ação terapêutica e travar com ela o combate no dia mais favorável. Sem dúvida, a crise pode desenrolar-se sem o médico, mas, se o médico quer intervir, deve ser segundo uma estratégia que se ordena na crise como momento de verdade, arriscando conduzir sub-repticiamente esse momento a uma data que seja favorável a ele, terapeuta. No pensamento e na prática médica, a crise era a um só tempo momento fatal, efeito de um ritual e ocasião estratégica.

Em uma ordem totalmente diferente, a prova judiciária era também um modo de manejar a produção da verdade. O ordálio que submetia o acusado a uma prova ou o duelo que confrontava acusado e acusador (ou seus representantes) não eram um modo grosseiro e irracional de "detectar" a verdade e de saber o que realmente se passara na questão em litígio; era um modo de decidir de que lado Deus colocava *atualmente* o suplemento de chance ou de força que propiciava o sucesso de um dos dois adversários; esse sucesso, se era adquirido regularmente, indicava em benefício de quem deveria fazer-se a liquidação do litígio. E a posição do juiz não era a do inquiridor buscando descobrir uma verdade oculta, e restituí-la exatamente; ele tinha de organizar sua produção, autenticar as formas rituais nas quais ela fora suscitada. A verdade era o efeito produzido pela determinação ritual do vencedor.

Pode-se, portanto, supor em nossa civilização, e no decorrer dos séculos, toda uma tecnologia da verdade que a prática científica e o discurso filosófico pouco a pouco desqualificaram, recobriram e caçaram. A verdade não é da ordem daquilo que é, mas do que ocorre: acontecimento. Ela não é constatada, mas suscitada: produção em lugar do apofântico. Ela não se dá pela mediação de instrumentos, ela se provoca por rituais; ela é atraída por astúcias, nós a captamos segundo as ocasiões: estratégia e não método. Desse acontecimento assim produzido ao indivíduo que o espreitava e que foi surpreendido por ele, a relação não é do objeto ao sujeito de conhecimento, é uma relação ambígua, reversível, belicosa, de mestria, de dominação, de vitória: uma relação de poder. Evidentemente, essa tecnologia da verdade-acontecimento-ritual-prova parece ter desaparecido há muito tempo. Mas ela foi durável, núcleo irredutível ao pensamento científico. A importância da alquimia, sua obstinação em não desaparecer, apesar de tantos fracassos e de tão indefinidas repetições, o poder de fascinação que ela exerceu devem-se, sem dúvida, ao seguinte: ela foi uma das formas mais elaboradas desse tipo de saber; ela não buscava tanto conhecer a verdade quanto produzi-la segundo uma determinação dos momentos favoráveis (daí seu parentesco com a astrologia), seguindo prescrições, regras de comportamento e de exercício (donde seus laços com a mística), e propondo-se por fim uma vitória, uma mestria, uma soberania sobre um segredo, mais do que a descoberta de uma incógnita. O saber alquímico só é vazio e vão se o interrogarmos em termos de verdade representada: ele é pleno se o considerarmos como um conjunto de regras, de estratégias, de procedimentos, de cálculos, de agenciamentos que permitam obter ritualmente a produção do acontecimento "verdade".

Poder-se-ia fazer também, segundo essa perspectiva, uma história da confissão, na ordem da penitência, da justiça criminal e da psiquiatria. Um "bom-senso" (que, de fato, repousa sobre toda uma concepção da verdade como objeto de conhecimento) reinterpreta e justifica a busca da confissão dizendo: se o próprio sujeito confessa seu crime, ou sua falta, ou seu desejo louco, isso é de fato *a melhor prova, o sinal mais certo*. Porém, historicamente, muito antes de passar por uma provação, a confissão era a produção de uma verdade no final de uma prova e segundo formas canônicas: confissão, ritual, suplício, questão. Nesse tipo de confissão – tal como a vemos buscada nas práticas religiosas, depois judiciárias, da Idade Média –, o problema não era que ela fosse exata, e que viesse integrar-se como alimento suplementar às outras presunções; era, muito simplesmente, que ela fosse feita, e segundo as regras. A sequência interrogatório-confissão, que é tão importante na prática médico-judiciária moderna, oscila de fato entre um velho ritual da verdade-provação ordenado no acontecimento que se produz e uma epistemologia da verdade-constatação ordenada no estabelecimento dos sinais e das provas.

A passagem da verdade-provação à verdade-constatação é, sem dúvida, um dos processos mais importantes na história da verdade. Todavia, a palavra "passagem" não é boa. Pois não se trata de duas formas estranhas uma à outra que se oporiam, e das quais uma chegaria a triunfar sobre a outra. A verdade-constatação na forma do conhecimento talvez não seja senão um caso particular da verdade-provação na forma do acontecimento. Acontecimento que se produz como podendo ter o direito indefinidamente iterável por toda parte e sempre; ritual de produção que toma corpo em uma instrumentação e um método acessíveis a todos e uniformemente eficazes; saída que designa um objeto permanente de conhecimento e que qualifica um sujeito universal de conhecimento. É essa produção singular de verdade que, pouco a pouco, recobriu as outras formas de produção da verdade ou, pelo menos, fez valer sua norma como universal.

A história desse recobrimento seria mais ou menos a própria história do saber na sociedade ocidental depois da Idade Média: história não do conhecimento, mas da maneira segundo a qual a produção da verdade tomou a forma e impôs-se a norma do conhecimento. Podemos, sem dúvida, indicar três balizas nesse processo. Em primeiro lugar, o estabelecimento e a generalização do procedimento de inquérito na prática política e na prática judiciária (civil ou religiosa): procedimento cuja saída se determina pelo acordo de muitos indivíduos sobre um fato, um acontecimento, um costume que, desde então, podem ser considerados como notórios, quer dizer, podendo e devendo ser reconhecidos: fatos conhecidos porque reconhecíveis por todos. A forma jurídico-política do inquérito é correlativa do desenvolvimento do Estado, e da lenta aparição nos séculos XII e XIII de um novo tipo de poder político no elemento da feudalidade. A provação era um tipo de poder-saber de caráter essencialmente ritual; o inquérito é um tipo de poder-saber essencialmente administrativo. E é esse modelo que – à medida que se desenvolviam as estruturas do Estado – impôs ao saber a forma de conhecimento: um sujeito soberano tendo função de universalidade e um objeto de conhecimento que deve ser reconhecível por todos como já estando ali. O segundo grande momento se situaria na época em que esse procedimento jurídico-político pôde tomar corpo em uma tecnologia, permitindo um inquérito de natureza. Essa tecnologia era aquela de instrumentos não mais destinados a balizar o lugar da verdade, a apressar e a fazer amadurecer seu momento, mas destinados a percebê-la não importa onde nem quando; instrumentos tendo por função ultrapassar a distância ou suspender o obstáculo que nos separa de uma verdade e que nos espera por toda parte e nos esperou desde sempre. Essa grande reviravolta tecnológica data, sem dúvida, da época das navegações, das grandes viagens, dessa imensa "inquisição" que não incidia mais sobre os homens e seus bens, mas sobre a terra e suas riquezas; ela data da conquista do mar, mais ainda do que das terras. Do navio, elemento indefinidamente móvel, o navegador deve saber em cada ponto, a cada instante, onde ele se encontra; o instrumento deve ser tal que nenhum instante será privilegiado e todas as precedências de lugar serão apagadas. A viagem introduziu o universal na tecnologia da verdade; ela lhe impôs a norma do "não importa quando", do "não importa onde" e, por conseguinte, do "não importa quem". A verdade não tem mais de ser produzida; é necessário que ela se apresente e que ela se represente cada vez que a buscarmos.

Enfim, o terceiro momento, nos últimos anos do século XVIII, quando, no elemento da verdade constatada pelos instrumentos de função universal, a química e a eletricidade permitiram produzir fenômenos. Essa produção de fenômenos na experimentação está a uma grande distância da produção de verdade na provação, pois eles são iteráveis, podem e devem ser constatados, controlados, medidos. A experimentação não é nada além de uma investigação sobre fatos artificialmente provocados; produzir fenômenos em uma aparelhagem de laboratório não é suscitar ritualmente o acontecimento da verdade; é um modo de constatar uma verdade através de uma técnica cujas entradas são universais. Doravante, a produção de verdade tomou a forma da produção de fenômenos constatáveis para todo sujeito de conhecimento.

Nós o vemos, essa grande transformação dos procedimentos de saber acompanha as mutações essenciais das sociedades ocidentais: emergência de um poder político que tem a forma do Estado; extensão das relações mercantis em escala global; colocação das grandes técnicas de produção. Mas vê-se também: não se trata, nessas modificações, do saber de um sujeito de conhecimento que seria afetado pelas transformações da infraestrutura; mas, antes, de formas de poder-e-de-saber, de poder-saber que funcionam e fazem efeito no nível da "infraestrutura", e que dão lugar à relação de conhecimento (sujeito-objeto) como norma do saber. Mas como norma da qual não se deve esquecer que ela é historicamente singular.

*

Pode-se bem compreender nessas condições que ela[1] não se aplica sem problemas a tudo o que resiste, seus limites ou suas incertezas no campo do conhecimento; ela põe em questão o conhecimento, a forma do conhecimento, a norma "sujeito-objeto"; ela interroga as relações entre as estruturas econômicas e políticas de nossa sociedade e o conhecimento (não em seus conteúdos verdadeiros ou falsos, mas em suas funções de poder-saber). Crise, por conseguinte, histórico-política.

Seja, a princípio, o exemplo da medicina, com o espaço que lhe é conexo, a saber, o hospital. Até bem tarde, o hospital permaneceu um lugar ambíguo: de constatação para uma verdade escondida e de provação para uma verdade a ser produzida.

Instrumento de observação, o hospital devia ser o lugar onde todas as doenças pudessem ser classificadas umas com relação às outras, comparadas, diferenciadas, reagrupadas em famílias; cada uma podia ser observada em suas características específicas, seguida em sua evolução, balizada no que ela podia ter de essencial ou de acidental. O hospital: jardim botânico do mal, vivo herbário de doentes. Nele se abria um espaço de observação fácil e límpido; a verdade permanente das doenças não mais podia esconder-se ali.

Mas, por outro lado, o hospital era suposto ter uma ação direta sobre a doença: não apenas permitir-lhe revelar sua

---

1. "Ela" remete certamente a "essa grande transformação dos procedimentos de saber" (parágrafo precedente, primeira linha).

verdade aos olhos do médico, mas produzi-la. O hospital, lugar de eclosão da verdadeira doença. Supunha-se, de fato, que o doente deixado em estado livre – em seu "meio", em sua família, com seus próximos, com seu regime, seus hábitos, seus preconceitos, suas ilusões – só podia ser afetado por uma doença complexa, confusa, enredada, uma espécie de doença contra natureza que era, ao mesmo tempo, a mistura de várias doenças e o impedimento para que a verdadeira doença se produzisse na autenticidade de sua natureza. O papel do hospital era, portanto, ao afastar essa vegetação parasita, essas formas aberrantes, não somente deixar ver a doença tal qual ela é, mas produzi-la, enfim, em sua verdade até então fechada e entravada. Sua própria natureza, suas características essenciais, seu desenvolvimento específico iam poder, enfim, através do efeito da hospitalização, tornar-se realidade.[2]

(...)

---

2. A sequência do texto é repetição do resumo do curso do Collège de France, de 1974, a partir do quarto parágrafo: "O hospital do século XVIII..." (ver nº 143, vol. II da edição francesa desta obra).

1975

Bancar os Loucos

"Faire les fous", Le monde, nº 9.559, 16 de outubro de 1975, p. 17. (Sobre o filme de R. Féret, Histoire de Paul, 1975.)

Eu assisti a Histoire de Paul e esfreguei meus olhos. Eu reconhecia, por seus rostos, atores profissionais. E, no entanto, o filme que eu via não era "como" o asilo, era o asilo. Eu me perguntei se os atores não teriam passado muitas semanas ou meses em um hospital psiquiátrico, misturados com os doentes, estudando o que se passava, espiando os gestos, escutando pelas portas, anotando todos esses diálogos sem eco. René Féret fez o inverso. Ele colocou atores profissionais na carcaça vazia de um asilo: ele os repartiu entre essas paredes, essas portas, esses leitos de ferro, essas salas comuns, essas mesas de pingue-pongue; ele os fez retomar os gestos seculares do hospital, reconstituiu com eles a velha hierarquia, visível ou secreta, da casa dos loucos. Em suma, desencadeou a maquinaria asilar, pedindo apenas aos seus atores que cada um encontrasse ali sua inclinação, sua declividade própria. Experiência impressionante sobre a força e os efeitos plásticos do asilo: na estufa onde foram colocados, e sem que lhes fosse dada outra regra do jogo do que a forma do poder psiquiátrico, eles se tornaram espontaneamente fauna e flora asilares. Vegetação estranha e familiar a um só tempo: o que ri à toa às lufadas, o questionador angustiado, o murmurante de orações, o curado de cada mês que retorna todos os meses... Cada um sobre sua linha, eles se cruzam sem cessar, mas, tal como essas faixas de autoestrada que formam espécies de flores na entrada das cidades, ninguém jamais se encontra. Assim são esses grandes rituais do asilo, que Féret e seus atores souberam retomar – refeições, jogos de cartas, pingue-pongue – nos quais as réplicas, os gestos, a alimentação, os pratos, as bolas, os dados, as questões, as plantas, as caretas, se cruzam com a rapidez e a precisão do raio e onde, no entanto, "isso não funciona". O antiteatro, em suma. Era preciso o talento desses homens (todos, ou quase, vindos do teatro), era preciso também a inevitável força do asilo, para que eles pudessem real e voluntariamente "bancar os loucos", o mais afastado possível do teatro.

*

Paul entra no asilo. Nem louco nem ponderado, nem doente nem saudável, nem obrigado nem voluntariamente, nem ansioso nem agressivo. Branco, vazio, "apático", indiferente e infinitamente atento, como se pode estar no umbral de uma iniciação: filiado, amanhã, à grande ordem da desrazão. O plano longo do despir-se inicial é quase insuportável pela indiscrição. O louco da Idade Média era reconhecido por suas sinetas e seus ouropéis; o do século XIX, por seus delírios e seus gritos; em nossos dias, aproximamo-nos da loucura por um silencioso, dócil, exaustivo pôr a nu. Paul (representado por Paul Allio) é o ponto de cruzamento de todos os estupores: o seu diante dessas máscaras congeladas da loucura, que giram ao seu redor, que lhe fazem signo e das quais uma delas – qual? escolha, acaso, fatalidade – deverá, de fato, tornar-se a sua um dia; estupor dos loucos que o olham, corpo sem espécie, doente sem categoria, companheiro sem nome, sem diagnóstico, sem papel nem emprego, que eles terão de capturar na rede de sua própria loucura e oferecer aos médicos, digno, enfim, do batismo patológico; estupor também que lhe é injetado nas veias pelo olhar dos enfermeiros, pelas palavras dos médicos que falam dele, acima dele, sem dirigir-se a ele, e pelos medicamentos que é forçado a tomar; estupor que é o nosso, ao ver brotar a loucura na espessura de um corpo que não se mexe, através dos traços de um rosto que permanece, sistematicamente, "sem expressão": a *performance* de Paul Allio é impressionante. Ele parece, finalmente, dissolver-se e tomar a mestria dessa água que assombra seus sonhos, onde ele quis, talvez, afogar-se outrora e que, nesse momento, preenche com sua tranquilidade o grande aquário psiquiátrico.

Há uma suavidade do asilo (ao menos depois dos neurolépticos), sulcada de violência, arrebatada às vezes por turbilhões, atravessada por raios. O cúmulo dessa suavidade e seu símbolo é a alimentação. O asilo é talvez sempre internamento e exclusão; mas agora ele é, além disso, ingestão. Como se, às velhas leis tradicionais do hospital: "Tu não mexerás, tu não gritarás", se acrescentasse esta: "Tu engolirás". Tu engolirás teus medicamentos, tu engolirás tuas refeições, tu engolirás nossos cuidados, nossas promessas e nossas ameaças, tu engolirás a visita de teus parentes, tu engolirás os mantimentos que tua mãe, toda semana, esconde em sua cesta – que ela te traz com uma entonação especial, oferenda ritual ao "seu" doente, e que tu deves consumir diante dela, para seu maior prazer, na comunhão dessa doença que pertence aos dois, que é a relação mais intensa entre vocês e na qual ela pôs, coitada, todo o seu amor por ti. As pessoas do asilo, hoje, não são mais os esfomeados atrás das barras: elas são votadas à ingestão. A história de Paul é uma história de absorção, de boca aberta e tornada a fechar, de refeições tomadas e recusadas, de barulhos de pratos e de copos. Não é, René Féret o viu bem, que a função da alimentação, no hospital de hoje, seja a de permitir a cura: mas, docilmente engolida, ela faz aparecer entre a loucura que não se quer mais e a cura que não se espera o personagem precioso do "bom doente": aquele que come bem é, no sistema asilar, o "permanente" com quem todo mundo está satisfeito. A peça essencial da iniciação no hospital é a provação alimentar. O filme culmina em uma extraordinária "ingurgitação de crepes", proeza digestiva através da qual Paul, no fim dos rituais, torna-se, para a satisfação de todos – parentes, enfermeiros, sobretudo os outros doentes – "um" dos doentes mentais. Engolidor engolido; história de Paul, história de Jonas.

*

Houve a *Family Life*, eis a *Hospital Life*. Mas o filme de René Féret, em sua grande beleza e rigor, me fez pensar sobretudo nessas festas de loucos, como ainda existiam, há poucos anos, em certos hospitais da Alemanha e da Suíça: no dia do carnaval, os loucos se fantasiavam e faziam um desfile de máscaras pelas ruas; curiosidade incômoda, um pouco assustada dos espectadores. O único dia em que se permitia aos loucos sair era para rir, para bancar os loucos. René Féret, nesse filme-experiência, revirou a festa: ele colocou não loucos na caixa da loucura e lhes disse: deixem-se levar, banquem os loucos tão longe quanto vocês se sintam impelidos pela força das coisas e pela lógica do internamento. Disso resultou, em sua própria realidade, a forma rígida, repetitiva e ritual da loucura: a loucura, essa coisa do mundo, a mais rigorosamente regrada.

1976

Bruxaria e Loucura

"Sor cellerie et folie" (entrevista com R. Jaccard), *Le monde*, nº 9.720, 23 de abril de 1976, p. 18. (Sobre T. Szasz, *Fabriquer la folie*, Paris, Payot, 1976.)

– Há uns 20 anos, Thomas S. Szasz desenvolveu o tema das analogias fundamentais entre a perseguição dos heréticos e das bruxas de outrora e a perseguição dos loucos e doentes mentais de hoje. Esse é o tema principal de seu livro Fabricar a loucura, que mostra como o Estado terapêutico, tendo substituído o Estado teológico, os psiquiatras e, de um modo mais geral, os funcionários da saúde mental conseguiram fazer renascer a Inquisição e vendê-la como uma nova panaceia científica. Historicamente, o paralelo entre a Inquisição e a psiquiatria lhe parece fundamentado?

– As bruxas, essas loucas desconhecidas, que uma sociedade, bastante infeliz já que ela não tinha psiquiatras, votava à fogueira... quando nos livraremos desse lugar-comum ao qual tantos livros reconduzem ainda hoje?

O que há de importante e de forte na obra de Szasz é ter mostrado que a continuidade histórica não vai da bruxaria à doença, mas da instituição-bruxaria à instituição-psiquiatria. Não foi a bruxa com suas pobres quimeras e seus poderes de sombra que foi, enfim, por uma ciência tardia mas benfazeja, reconhecida como uma alienada. Szasz mostra que um certo tipo de poder exerce-se através das vigilâncias, dos interrogatórios, dos decretos da Inquisição; e ainda é esse poder, por transformações sucessivas, que nos interroga agora, questiona nossos desejos e nossos sonhos, inquieta-se com nossas noites, acossa os segredos e traça as fronteiras, designa os anormais, empreende as purificações e garante as funções da ordem.

Szasz deslocou, definitivamente, eu espero, a velha pergunta: os bruxos eram loucos? E colocou-a nestes termos: em que os efeitos do poder ligados ao trabalho de fuinha dos inquisidores – longos focinhos, dentes agudos – são reconhecíveis, ainda, no aparelho psiquiátrico? *Fabricar a loucura* parece-me um livro importante na história das técnicas conjuntas do saber e do poder.

– Em Fabricar a loucura, *Thomas S. Szasz descreve a curiosidade insaciável dos inquisidores no que concerne aos fantasmas sexuais e às atividades de suas vítimas, as bruxas, e a compara àquela dos psiquiatras. Essa comparação lhe parece justificada?*

– Será bem necessário livrarmo-nos das "marcuserias" e dos "reichianismos" que nos obstruem e querem nos fazer crer que a sexualidade é, de todas as coisas do mundo, a mais obstinadamente "reprimida" e "sobrerreprimida" por nossa sociedade "burguesa", "capitalista", "hipócrita" e "vitoriana". No entanto, desde a Idade Média, não há nada de mais estudado, interrogado, extorquido, trazido à tona em discursos, obrigado à confissão, exigido expressar-se e louvado desde que, enfim, a sexualidade encontrou suas palavras. Nenhuma civilização conheceu uma sexualidade mais loquaz do que a nossa. E muitos creem ainda subverter, quando não fazem senão obedecer a essa imposição de confessar, a essa requisição secular que nos submete, nós homens do Ocidente, a tudo dizer sobre nosso desejo. Desde a Inquisição, através da penitência, do exame de consciência, da direção espiritual, da educação, da medicina, da higiene, da psicanálise e da psiquiatria, a sexualidade foi sempre suspeita de deter sobre nós uma verdade decisiva e profunda. Dize-nos o que é teu prazer, não nos esconda nada do que se passa entre teu coração e teu sexo; nós sabemos o que tu és e te diremos o que vales.

Szasz viu muito bem, eu acho, como o submeter "à questão" da sexualidade não era simplesmente interesse mórbido dos inquisidores transtornados por seu próprio desejo; mas que se esboçava ali um tipo moderno de poder e de controle sobre os indivíduos. Szasz não é um historiador e é possível que o provoquem por bagatelas. Mas, no momento em que o discurso sobre a sexualidade fascina tantos historiadores, é muito bom que um psicanalista retrace em termos de história a interrogação sobre a sexualidade. E muitas instituições de Szasz vão ao encontro do que revela o tão notável *Montaillou* de Le Roy Ladurie.[1]

– *O que o senhor pensa sobre a ideia de Szasz, segundo a qual para compreender a psiquiatria institucional – e todos os movimentos de higiene mental – convém estudar os psiquiatras, e não os pretensos doentes?*

– Quando se trata de estudar a psiquiatria institucional, isso é evidente. Mas acho que Szasz vai mais longe. Todo mundo sonha em escrever uma história dos loucos, todo mundo sonha em passar para o outro lado e partir no rastro das grandes evasões ou dos sutis refúgios do delírio. Ora, sob o pretexto de se colocar à escuta e de deixar falar os próprios loucos, aceita-se a partilha como já feita. É preciso colocar-se melhor no ponto em que funciona a maquinaria que opera qualificações e desqualificações, colocando uns em face dos outros, os loucos e os não loucos. A loucura não é menos um efeito de poder do que a não loucura; ela não se esgueira pelo mundo como um animal furtivo cuja corrida seria interrompida pelas jaulas do asilo. Ela é, segundo uma espiral indefinida, uma resposta tática à tática que a investe. Em um outro livro de Szasz, *O mito da doença mental*,[2] há um capítulo que me parece exemplar sobre esse assunto: a histeria, ali, é desmontada como um produto do poder psiquiátrico, mas também como a réplica que lhe é oposta e a armadilha na qual ele cai.

– *Se o Estado terapêutico substitui o Estado teológico, e se a medicina e a psiquiatria hoje se tornaram igualmente as formas mais coercivas e mais dissimuladas de controle mental, não seria necessário, em uma perspectiva individualista e libertária, como a de Szasz, lutar por uma separação entre o Estado e a medicina?*

– Para mim, há nisso uma dificuldade. Eu me pergunto se Szasz não identifica, de um modo um pouco forçado, o poder com o Estado.

Talvez essa identificação se explique pela dupla experiência de Szasz: experiência europeia, em uma Hungria totalitária onde todas as formas e todos os mecanismos de poder eram

---

1. Le Roy Ladurie (E.), *Montaillou, village occitan: de 1294 à 1324*, Paris, Gallimard, 1975; edição revista e corrigida, 1982.
2. Szasz (T.), *The myth of mental illness*, Nova Iorque, Harper and Rows, 1974 (*Le mythe de la maladie mentale*, trad. D. Berger, Paris, Payot, 1975).

ciumentamente controlados pelo Estado, e experiência de uma América penetrada por essa convicção de que a liberdade começa ali onde cessa a intervenção centralizada do Estado. De fato, não creio que o poder seja somente o Estado, ou que o não Estado já seja a liberdade. É verdade (Szasz tem razão) que os circuitos da psiquiatrização, da psicologização, ainda que eles passem pelos pais, pelos parentes, pelo meio ambiente, tomam apoio, finalmente, em um vasto complexo médico-administrativo. Mas o médico "livre" da medicina "liberal", o psiquiatra de consultório ou o psicólogo particular não são uma alternativa à medicina institucional. Eles fazem parte da rede, mesmo nos casos em que estão em um polo oposto àquele da instituição. Entre o Estado terapêutico de que fala Szasz e a medicina em liberdade, há todo um jogo de apoios e de recâmbios complexos.

A silenciosa escuta do analista em sua poltrona não é estranha ao questionário premente, à estreita vigilância do asilo. Não acho que se possa aplicar a palavra "libertária" – Será que o próprio Szasz o faz? Eu não me lembro mais – a uma medicina que não é senão "liberal", quer dizer, ligada a um benefício individual que o Estado protege, ainda mais porque ele disso se beneficia por outras vias. Szasz cita muitas intervenções antiestatais dessa medicina liberal, e elas foram salutares. Mas parece-me que essa é a utilização combativa – o "magnânimo abuso" – de uma medicina cuja destinação é, antes, a de assegurar conjuntamente com o Estado, e apoiando-se nele, a boa marcha de uma sociedade normalizadora. Mais do que o Estado terapêutico, é a sociedade de normalização, com suas engrenagens institucionais ou privadas, que se deve estudar e criticar. *O psicanalismo*,[3] de Robert Castel, parece-me ter jogado uma luz muito precisa sobre essa grande trama ininterrupta, que vai do triste dormitório ao divã lucrativo.

---

3. Castel (R.), *Le psychanalysme*, Paris, Maspero, col. "Textes à l'appui", 1973.

1977

O Asilo Ilimitado

"L'asile illimité", Le nouvel observateur, n° 646, 28 de março-3 de abril de 1977, p. 66-67. (Sobre R. Castel, L'ordre psychiatrique, Paris, Éd. de Minuit, 1977.)

As ciências são um pouco como as nações; elas não existem, na verdade, senão no dia em que seu passado não mais as escandaliza, por mais humilde, acidentado, irrisório ou inconfessável que ele possa ter sido. Desconfiemos, portanto, daquelas que fazem com demasiado cuidado a arrumação de sua história.

A psiquiatria levou longe esse zelo: por muito tempo, só tolerou a amnésia. Seriam as paredes dos asilos tão sólidas a ponto de desafiar a lembrança? Ou tão frágeis que era preciso guardar-se de explorar suas fundações? Quer se queira, quer não, será preciso doravante que a psiquiatria viva com seu passado: Robert Castel acaba de narrá-lo com uma voz clara e forte. Temo que ela faça cara feia: alguém que não é psiquiatra restituiu-lhe um passado ao qual ela não gostaria de se assemelhar. Porém, isto é um princípio geral: história não é memória.

A obra de Castel compreenderá dois volumes. O primeiro é sobre o nascimento da grande psiquiatria do século XIX, a que foi conquistadora e gloriosa, erigindo a alta fortaleza do asilo definindo os poderes "extraordinários" (em sentido estrito) do médico, marcando o *status* do alienado. O segundo será dedicado a uma política de setorização projetada há muito tempo, mas atualizada somente há alguns anos; tratar-se-á, então, da psiquiatria no século, aquela que busca desenvolver o internamento asilar, apagar as divisões que isolam o alienado, deslocar o complexo médico-administrativo instaurado pela velha lei de 1838.

Em suma, nascimento e morte do asilo.

Mas o trabalho de Castel é muito mais do que isso. De todas as coisas novas e importantes que ele lança, eu gostaria de deter-me naquela que me parece central e a mais rica de consequência. Não se deve acreditar que a psiquiatria tenha nascido modestamente no fundo de alguma jaula de loucos (como as grandes descobertas, sabe-se muito bem, nos celeiros dos químicos deserdados), não se deve acreditar que ela, a princípio, cercou-se de grandes muros para se proteger, e que, depois de ter por muito tempo levado uma vida entocada e velada em silêncio sobre os grandes cemitérios da razão, ela começou a avançar timidamente, abertamente, propagando-se, espalhando-se, difundindo-se pelos mil canais cada vez mais específicos da consultação, do dispensário, da psicologia escolar, dos centros médico-pedagógicos.

Contra essa imagem familiar, Castel estabelece solidamente três teses: a psiquiatria não nasceu no asilo; ela foi, de saída, imperialista; ela sempre fez parte integrante de um projeto social global. Sem dúvida, um dos primeiros cuidados dos alienistas do século XIX foi o de fazer-se reconhecer como "especialistas". Mas especialistas de quê? Dessa fauna estranha que, através de seus sintomas, se distingue dos outros doentes? Não, especialistas sobretudo de um certo perigo geral que corre através do corpo social inteiro, ameaçando todas as coisas e todo mundo, já que ninguém está livre da loucura nem da ameaça de um louco. O alienista foi antes de tudo o encarregado de um perigo; ele se postou como o sentinela de uma ordem que é a da sociedade em seu conjunto.

Por todas as suas fibras, o projeto psiquiátrico está ligado aos problemas colocados pela sociedade pós-revolucionária, industrial e urbana; ele se integrou a toda uma estratégia da regularidade, da normalização, da assistência, da habilitação de vigilância e de tutela das crianças, dos delinquentes, dos vagabundos, dos pobres, enfim, e sobretudo dos operários. O alienista é mais aparentado aos jovens médicos da época do que a esses higienistas, estes também iniciantes no começo do século XIX, que diziam em um tom que valia para nós como profecia: "A medicina não tem somente como objeto estudar ou curar as doenças; ela tem relações íntimas com a organização social." Atrasada, a psiquiatria o teria com as outras formas de patologia? Talvez, se nos limitarmos apenas à cientificidade. Porém, figura de proa, para uma medicina que ia cada vez mais claramente afirmar-se como uma tecnologia geral do corpo social.

Portanto, não se devem supervalorizar o asilo e suas célebres muralhas na história da psiquiatria. Talvez suas formas insolentes e demasiado visíveis, talvez também o que sempre se suspeitou de violência e de arbitrário em seus segredos tenham escondido todo um funcionamento externo e precoce da psiquiatria. Sua intervenção, desde os anos 1820, na justiça penal é o sinal de que começa muito cedo o reino de sua indiscrição generalizada. O asilo, no entanto, foi essencial; mas ele deve ser entendido do exterior, como peça, digamos, como praça-forte em uma estratégia da psiquiatria que pretendia uma função permanente e universal. Por suas semelhanças formais com o hospital, ele garantia o caráter médico da psiquiatria. A alta silhueta que ele erguia no umbral das cidades, diante das prisões, manifestava a onipresença dos perigos da loucura. Enfim, as terapêuticas que ele impunha com finalidades de punição, de reeducação, de moralização, constituíam uma espécie de utopia despótica que justificava as pretensões da psiquiatria de intervir permanentemente na sociedade.[1]

Ao operar essa reviravolta, Castel esclarece um certo número de pontos fundamentais.

Ele permite ter-se a dimensão de um fato essencial: a partir do século XIX, todos nos tornamos psiquiatrizáveis; a mais técnica, a mais racionalizante das sociedades colocou-se sob o signo, valorizado e temido, de uma loucura possível. A psiquiatrização não é alguma coisa que aconteça aos mais estranhos, aos mais excêntricos dentre nós; ela pode nos surpreender a todos e por toda parte, nas relações familiares, pedagógicas, profissionais. "Talvez sejamos loucos, e não o saibamos", dizia, um tanto ironicamente, a filosofia clássica. E eis o que nos dizem agora, mas de modo totalmente sério: "Vocês devem saber que cada um de vocês tem com a loucura uma relação profunda, obscura, constante, inevitável, que se trata de esclarecer."

---

1. (N.A.) Em complemento ao livro de Castel, deve-se ler, sobre as técnicas internas do asilo, o estudo muito bem documentado de B. de Fréminville, *La raison du plus fort. Traiter ou maltraiter les fous?*, Paris, Éd. du Seuil, 1977.

A loucura faz parte doravante de nossa relação com os outros e conosco mesmos, assim como a ordem psiquiátrica atravessa nossas condições de existência cotidiana.

Compreende-se por que esse famoso asilo, maldito e criticado há tanto tempo, se manteve por mais de um século e meio; a lei do internamento data de 1838 e ainda hoje ela está em vigor, ela que se queria abolir desde 1860. Uma tal inércia das instituições ou uma tão longa paciência dos homens seria mal compreendida, caso o asilo não tivesse sido senão o berço provisório de uma psiquiatria, agora, tornada adulta e solidamente implantada nos lugares mais honrosos. Mas se ele é uma peça indispensável – por seu papel real e simbólico – em um projeto psiquiátrico geral, então, uma pergunta é formulada em termos bem mais difíceis: Como livrar-se dele? Um exemplo bem recente: no mês de outubro passado, o Estado algeriano dotou-se de um Código de Saúde; nele, a psiquiatrização se apoia em um sistema asilo-internamento semelhante, terrivelmente semelhante àquele que foi estabelecido na França em 1838.

E quando, na França, propõe-se uma "psiquiatria de setor" que funcionaria fora dos muros do asilo, que responderia às demandas mais do que às imposições, uma psiquiatria aberta, múltipla, facultativa que, em vez de deslocar e isolar os doentes, os deixaria em seu lugar e em seu ambiente, talvez, de fato, estejamos preparando um definhamento do asilo. Mas, estaremos nós em ruptura com a psiquiatria do século XIX e com o sonho que ela trazia desde sua origem? O "setor" não seria um outro modo, mais maleável, de fazer funcionar a medicina mental como uma higiene pública, presente por toda parte e sempre pronta a intervir?

Castel é demasiado atento às realidades para querer reduzir o que pode haver de novo na política de setor e rebatê-la sobre o fato bruto de suas origens. Mas ele se serve da história para decifrar o presente, avaliar suas possibilidades e medir os perigos políticos.

Ele se serve dela também para fazer aparecer o que é, sem dúvida, um dos problemas mais agudos de nossa atualidade. Nossas sociedades e os poderes que nela se exercem são colocados sob o signo visível da lei. Porém, de fato, os mecanismos mais numerosos, os mais eficazes e os mais fechados atuam no interstício das leis, segundo modalidades heterogêneas ao direito, e em função de um objetivo que não é o respeito da legalidade, mas a regularidade e a ordem. Todo um regime de não direito estabeleceu-se, com efeitos de desresponsabilização, de tutelado e de manutenção na menoridade; e aceitamo-lo ainda mais por ele poder justificar-se, de um lado, pelas funções de proteção e segurança, e, de outro, por um *status* científico ou técnico.

Não há por que se enganar. Se é verdade que a lei universal e igualitária com que se sonhava no século XVIII serviu de instrumento a uma sociedade de desigualdade e exploração, nós caminhamos, com largas passadas, para uma sociedade extrajurídica na qual a lei terá por papel autorizar intervenções coercitivas e reguladoras[2] sobre os indivíduos. A psiquiatria (o livro de Castel o mostra com um rigor sem falhas) foi um dos grandes fatores dessa transformação.

---

2. (N.A.) Sobre temas próximos e funcionamento "a-legal" da justiça penal, deve-se ler o livro inteligente e novo de N. Herpin, *L'application de la loi, deux poids, deux mesures*, Paris, Éd. du Seuil, col. "Sociologie", 1977.

1981

Lacan, o "Libertador" da Psicanálise

"Lacan, il 'libertatore' della psicanalisi" ("Lacan, o 'libertador' da psicanálise"; entrevista com J. Nobécourt; trad. A. Ghizzardi), *Corriere della sera*, vol. 106, nº 212, 11 de setembro de 1981, p. 1.

– *Tem-se o hábito de dizer que Lacan foi o protagonista de uma "revolução da psicanálise". O senhor acha que essa definição de "revolucionário" é exata e aceitável?*

– Acho que Lacan teria recusado esse termo "revolucionário" e a própria ideia de uma "revolução em psicanálise". Ele queria apenas ser "psicanalista". Isso supunha, aos seus olhos, uma ruptura violenta com tudo o que tendia a fazer depender a psicanálise da psiquiatria, ou a fazer dela um capítulo sofisticado da psicologia. Ele queria subtrair a psicanálise da proximidade da medicina e das instituições médicas, que considerava perigosa. Ele buscava na psicanálise não um processo de normalização dos comportamentos, mas uma teoria do sujeito. Por isso é que, apesar de uma aparência de discurso extremamente especulativo, seu pensamento não é estranho a todos os esforços que foram feitos para recolocar em questão as práticas da medicina mental.

– *Se Lacan, como o senhor disse, não foi um "revolucionário", é certo, contudo, que suas obras tiveram grande influência sobre a cultura dos últimos decênios. O que mudou depois de Lacan, também, no modo de "fazer" cultura?*

– O que mudou? Se remonto aos anos 1950, na época em que o estudante que eu era lia as obras de Lévi-Strauss e os primeiros textos de Lacan, parece-me que a novidade era a seguinte: nós descobríamos que a filosofia e as ciências humanas viviam sobre uma concepção muito tradicional do sujeito humano, e que não bastava dizer, ora com uns, que o sujeito era radicalmente livre e, ora com outros, que ele era determinado por condições sociais. Nós descobríamos que era preciso procurar

libertar tudo o que se esconde por trás do uso aparentemente simples do pronome "eu" (*je*). O sujeito: uma coisa complexa, frágil, de que é tão difícil falar, e sem a qual não podemos falar.
– *Lacan teve muitos adversários. Ele foi acusado de hermetismo e de "terrorismo intelectual". O que o senhor pensa sobre essas acusações?*
– Penso que o hermetismo de Lacan é devido ao fato de ele querer que a leitura de seus textos não fosse simplesmente uma "tomada de consciência" de suas ideias. Ele queria que o leitor se descobrisse, ele próprio, como sujeito de desejo, através dessa leitura. Lacan queria que a obscuridade de seus *Escritos*[1] fosse a própria complexidade do sujeito, e que o trabalho necessário para compreendê-lo fosse um trabalho a ser realizado sobre si mesmo. Quanto ao "terrorismo", observarei apenas uma coisa: Lacan não exercia nenhum poder institucional. Os que o escutavam queriam exatamente escutá-lo. Ele não aterrorizava senão aqueles que tinham medo. A influência que exercemos não pode nunca ser um poder que impomos.

---

1. Lacan (J.), *Écrits*, Paris, Éd. du Seuil, 1966.
((N.T.) Há tradução brasileira da Jorge Zahar Editora.)

1984

Entrevista com Michel Foucault

"Interview met Michel Foucault" ("Interview de Michel Foucault"; entrevista com J. François e J. de Wit, 22 de maio de 1981; trad. H. Merlin de Caluwé), Krisis, Tijdschrift voor filosofie, 14º ano, março de 1984, p. 47-58.

— *Neste momento*[1], *na Universidade Católica de Louvain, na Bélgica, o senhor está proferindo uma série de conferências sobre a confissão. Onde o senhor situa o interesse dessa problemática e qual é sua importância no conjunto de sua obra?*

— Eu sempre me esforcei em compreender como a verdade toca as coisas, e como um certo número de domínios se integraram, pouco a pouco, à problemática e à busca da verdade. Tentei, primeiro, formular esse problema em relação à loucura.

Com a *História da loucura*, não quis escrever a história da nosografia psiquiátrica, e tampouco quis estabelecer listas reunindo todos os tipos de etiquetas psiquiátricas. Meu objetivo não era saber como a categoria da "esquizofrenia" foi progressivamente depurada, nem interrogar-me sobre o número de esquizofrênicos na Idade Média. Nesse caso, eu teria tomado como ponto de partida o pensamento psiquiátrico moderno em sua continuidade. Eu me formulei questões sobre o nascimento dessa prática e do pensamento psiquiátrico moderno: como chegamos a interrogar-nos sobre a verdade do eu, fundamentando-nos sobre sua loucura?

O fato de que o comportamento de alguém considerado como louco se torne o objeto da busca da verdade, e de que

---

1. A Faculdade de Direito da Universidade Católica de Louvain convidou Michel Foucault, em 1981, sob a iniciativa da Escola de Criminologia. Ele deu, no quadro da cadeira Francqui, uma série de seis conferências intituladas "Fazer mal, dizer verdade. Funções da confissão na justiça".

um domínio de conhecimentos se enxerte nele como disciplina médica, é um fenômeno antes recente cuja história é breve. Devemos examinar como os loucos abordaram o terreno da busca da verdade; eis aí o problema que me ocupou em *História da loucura*.

Eu também me coloquei essa questão em *As palavras e as coisas* no que concerne à linguagem, ao trabalho e à história natural. Eu a coloquei igualmente em relação ao crime, em *Vigiar e punir*. Sempre se respondeu ao crime através de reações institucionais, mas, a partir dos séculos XVII e XVIII, ampliou-se essa prática através de um interrogatório, que não era apenas um interrogatório jurídico sobre a questão e podendo justificar a punição, mas uma busca da verdade dirigida para o eu do criminoso. Qual era essa personalidade com todos os seus desejos e fantasmas?

Ocorre o mesmo com a sexualidade; é preciso não apenas se perguntar quais foram as formas sucessivas impostas pela regulamentação ao comportamento sexual, mas como esse comportamento sexual tornou-se, em dado momento, o objeto de uma intervenção não somente prática mas também teórica. Como explicar que o homem moderno busca sua verdade em seu desejo sexual?

O problema da verdade, em relação àquele da loucura, se manifesta entre os séculos XVII e XIX, pelo viés da prática institucional do encarceramento que se vê nascer. A História da loucura busca o laço entre a exclusão e a verdade.

A instituição *prisão* não implica apenas a exclusão, mas também, a partir do século XIX, procedimentos correcionais; e, sem dúvida alguma, é através desse projeto de correção do detento que se formula a questão da verdade do criminoso. No que concerne à questão da verdade sexual, esta nos conduz aos primeiros séculos do cristianismo. Ela se manifesta pela prática da confissão e do testemunho; é uma prática muito importante em nossa cultura, cujo interesse é preponderante para a história da sexualidade no Ocidente. A partir dos séculos XVI e XVII, estamos em contato com três séries: exclusão-loucura-verdade, correção-prisão-verdade, comportamento sexual-confissão-verdade.

– Em Vigiar e punir, *o senhor se interroga apenas sobre o eu do criminoso, enquanto a busca da vontade do louco constitui o tema principal de* História da loucura. Vigiar e punir *é concluído sobre 1850. A criminologia como conhecimento dos criminosos só apareceu em seguida...*

– Eu deveria ter enfatizado mais a segunda metade do século XIX, mas meu interesse pessoal estava alhures. Eu observara que se confundia com frequência a instituição prisão com a prática do encarceramento como punição. A prisão existia na Idade Média e na Antiguidade. Isso é incontestável. Mas meu problema consistia em pôr a nu a verdade da prisão, e em examinar no interior de qual sistema de racionalidade, em qual programa de domínio dos indivíduos e dos delinquentes, em particular, a prisão era considerada como um meio essencial. Em compensação, mantenho meu projeto de fazer um estudo sobre a psiquiatria penal, que se situaria na encruzilhada da história da loucura e da história do encarceramento como punição, e que deveria demonstrar como a questão da verdade do criminoso nasce.

– *Qual é o lugar ocupado pela confissão, nesse conjunto?*

– Em um certo sentido, o estudo da confissão é puramente instrumental. A questão da confissão faz seu aparecimento em psiquiatria. De fato, Leuret começa a escutar a fala do louco ao perguntar-lhe: "O que foi que você disse, o que você queria dizer, quem é você, aqui, o que quer dizer isso que você disse?" A questão da confissão, que foi igualmente muito importante para o funcionamento do direito penal, ocupa o primeiro plano nos anos 1830-1850, no momento em que, da confissão, que era confissão da falta, se passa para a questão complementar: "Diga-me o que você faz, mas diga-me sobretudo quem você é."

A história de Pierre Rivière é significativa sobre esse assunto. Visto ter acontecido esse crime, que ninguém compreendia, o juiz de instrução diz a Pierre Rivière em 1836: "Concordo, está claro que você matou sua mãe, sua irmã e seu irmão, mas não consigo compreender qual foi o motivo de você tê-los matado. Por favor, coloque-o no papel."

Trata-se, nesse caso, de uma demanda de confissão à qual Pierre Rivière respondeu, mas de um modo tão enigmático que o juiz não sabia mais o que fazer.

Incessantemente eu vou de encontro à confissão e hesito, seja em escrever a história da confissão como uma espécie de técnica, seja em tratar essa questão no quadro dos estudos dos diferentes domínios nos quais ela parece desempenhar um papel, quer dizer, o domínio da sexualidade e o da psiquiatria penal.

— Será que a demanda de confissão não seria também fundamental em relação à busca da verdade do eu?

— Absolutamente. De fato, encontramos na confissão uma noção fundamental sobre nossa maneira de ser, ligada ao que chamo de obrigações com relação à verdade. Essa noção compreende dois elementos: o reconhecimento da ação cometida (por exemplo, o crime de Pierre Rivière), seja no quadro da religião, seja no dos conhecimentos científicos aceitos; por outro lado, a obrigação de conhecer nós mesmos nossa verdade, mas igualmente de contá-la, de mostrá-la e de reconhecê-la como verídica. O problema consiste em saber se esse laço com a verdade sobre o que nós somos conhece uma forma específica própria ao Ocidente cristão. Essa questão toca a história da verdade e da subjetividade no Ocidente.

Por exemplo, a confissão já existia junto aos clássicos na relação com o guia espiritual. Em Sêneca, encontramos igualmente o exame de consciência, assim como a obrigação de confiar a um diretor de consciência os deslizes cometidos durante o dia. Mas, neste contexto, o exame de consciência era, antes de tudo, um exercício mnemotécnico, orientado para os princípios da vida correta. Esse exame de consciência não explicava a verdade fundamentada no eu. A verdade se encontrava alhures, nos princípios da vida íntegra, ou na saúde total. A verdade não era para ser buscada no interior da pessoa humana.

Foi o monasticismo que modificou essa situação. Com os monges, a técnica da confissão torna-se uma técnica de trabalho de si sobre si. O monasticismo mudou, por conseguinte, a função da confissão devido à sua interpretação específica da direção espiritual.

Nos autores clássicos, a condução do guia visava a um objetivo específico: a vida íntegra ou a saúde total. Uma vez atingido esse objetivo, a direção se interrompia, e supunha-se que o guia já estava mais avançado no caminho que levava ao objetivo. O monasticismo muda radicalmente essa situação. É preciso confessar não apenas os deslizes cometidos, mas *absolutamente tudo, até os pensamentos mais íntimos. Há que se formulá-los.*

Assim como os clássicos, o monasticismo não desconfiava unicamente da carne, mas também do eu. Além disso, o acompanhamento não mais se interrompe, o monge deve sempre permanecer em retiro com relação a qualquer chefe religioso. O acompanhamento se transforma em conduta autoritária, não tendo mais nada a ver com a evolução pessoal do guia, em direção a um objetivo específico: tornou-se uma técnica de trabalho de si sobre si. Depois, formulou-se o problema de saber por que a confissão, fora do monasticismo, tornou-se, desde os séculos XVII e XVIII, a técnica de trabalho de si sobre si por excelência. E também por que o dispositivo da sexualidade tornou-se o núcleo central, em torno do qual gravitam as técnicas de trabalho de si sobre si. Eis aí no que constitui meu problema.

– *Como estão seus projetos sobre a história da sexualidade? O senhor anunciou que essa obra comportará seis volumes...*

– Eu entendi, de saída – assim como muitas outras pessoas – que eu aprovara o postulado segundo o qual a história do saber e da repressão moderna da sexualidade iniciou-se através do grande movimento contra a sexualidade das crianças, nos séculos XVII e XVIII. Alguns textos médicos dessa época tratando da masturbação das crianças, que se propõem no momento como típicos da moral burguesa, de fato são traduções de textos médicos gregos. Neles já encontramos uma descrição dos fenômenos de esgotamento provocados por uma prática excessiva da sexualidade, e um alerta contra os perigos sociais desse esgotamento, para toda a espécie humana. Eis aí um argumento a mais para não continuar a analisar os textos célebres do século XVIII em termos de repressão moderna da sexualidade, de mentalidade burguesa ou de necessidade industrial.

No esquema da repressão, a interdição mais frequentemente citada é a da *masturbação*. No final do século XVIII, se quis, em um certo sentido, banir a masturbação. Mas o que aconteceu na realidade? Não se suprimiu a masturbação pela interdição. Tem-se até razão de supor que esta nunca foi um lance mais importante e mais invejável do que no momento em que as crianças, do ponto de vista cultural, viviam nessa espécie de interdição, de curiosidade e de excitação.

Portanto, é impossível compreender essa relação profunda com a masturbação como o principal problema da sexualidade, dizendo que ela é proibida. Penso que, nesse caso, trata-se de uma *tecnologia do eu*. É a mesma coisa com a homossexualidade. Há sempre historiadores que dizem que no século XVIII queimavam-se homossexuais. É o que se pode ler nos códigos; mas quantos, de fato, foram queimados no século XVIII em toda a Europa? Que eu saiba, nem mesmo 10.

Em compensação, constata-se que todo ano, em Paris, centenas de homossexuais são presos no Jardim de Luxemburgo e nas cercanias do Palais-Royal. É preciso falar de repressão? Esse sistema de detenção não se explica pela lei ou pela vontade de reprimir a homossexualidade (seja de que modo for). Em geral, eles são presos por 24 horas. Como explicar esse gesto? Minha hipótese é a de que se introduz uma nova forma relacional entre a homossexualidade e o poder político, administrativo e policial. Portanto, as práticas que vieram à luz no século XVII são de outra natureza, diferente da repressão existente desde a Antiguidade. Constata-se uma reestruturação das *tecnologias do eu*, em torno da sexualidade. Em todos os domínios da sociedade, a sexualidade torna-se o dispositivo geral explicando o conjunto da personalidade humana.

– *Se a repressão já existia durante a Antiguidade, qual era sua forma e quais mudanças se podem observar?*

– Essa repressão se manifestou em contexto totalmente diferente. O problema de moral que é tratado nos textos clássicos concerne à *libido*, e não ao comportamento sexual. Pergunta-se como dominar-se a si mesmo e como evitar as reações violentas *vis-à-vis* dos outros. Para o comportamento sexual, existe um certo número de regras, mas elas não são manifestamente muito importantes. Sentimo-nos muito bem ante o fato de que o problema geral de ética não concerne à sexualidade. O problema desliza para a libido, eis uma contribuição do cristianismo e, mais particularmente, do monasticismo. Vemos nascer dois problemas em estreita relação: o problema da gula e o da sexualidade. Como evitar comer demasiado e como controlar as pulsões que, para um monge, não são o contato sexual com outro, mas o próprio desejo sexual, a alucinação sexual, a sexualidade como relação de si para consigo acompanhada de manifestações tais como a imaginação, os devaneios...

Com as técnicas do si ligadas ao monasticismo, a sexualidade tem primazia sobre o problema da libido, que era um problema social, um problema típico de uma sociedade em que o combate com os outros, a concorrência com os outros no domínio social tinham grande importância. A contribuição específica do monasticismo não se traduzia, portanto, em uma aversão da carne. Importava antes de tudo religar essa aversão a um desejo sexual como manifestação pessoal. Que a sexualidade como dispositivo não existisse nem nos clássicos nem nos cristãos (já que ela se restringia ao monasticismo) não implica que os cristãos ou os clássicos não tivessem tido experiências sexuais. Os gregos e os romanos tinham um termo para designar atos sexuais, os *aphrodisia*. Os *aphrodisia* são atos sexuais de que, aliás, é difícil saber se implicavam obrigatoriamente a relação entre dois indivíduos, quer dizer, a penetração. Trata-se, em todo caso, de atividades sexuais, mas de modo algum de uma sexualidade duravelmente perceptível no indivíduo, com sua relações e suas exigências.

Com os cristãos, trata-se de outra coisa. Há a carne e o desejo sensual que juntos designam, com toda certeza, a presença de uma força contínua no indivíduo. Mas a carne não é inteiramente sinônimo de sexualidade. Mais do que examinar o aspecto que, em meu primeiro livro, eu imprudentemente chamei de programa, eu preferiria dar uma boa definição do que implicam essas diferentes experiências: os *aphrodisia* para os gregos, a carne para os cristãos e a sexualidade para o homem moderno.

– Anteriormente, o senhor havia ligado entre eles o nascimento do dispositivo da sexualidade, as tecnologias de disciplina e o nascimento de várias entidades, tais como o "delinquente", o "homossexual" etc. No momento, o senhor parece mais religar a existência do dispositivo da sexualidade e a existência dessas entidades, dessas etiquetas às técnicas do si?

– Eu conferi um certo interesse à noção de disciplina, porque durante o estudo sobre as prisões eu fiz a descoberta de que se tratava de técnicas de controle dos indivíduos, de um modo de ter domínio sobre seu comportamento. Essa forma de controle, apesar de ligeiramente adaptada, encontra-se igualmente na prisão, na escola, no trabalho... É evidente que a disciplina não é a única técnica de controle dos indivíduos, mas que o modo, por exemplo, como se cria atualmente a perspectiva da segurança da existência facilita a direção dos indivíduos, embora seja segundo um método totalmente diferente daquele das disciplinas. As tecnologias do si diferem igualmente, pelo menos em parte, das disciplinas. O controle do comportamento sexual tem uma forma completamente diferente da forma disciplinar que se encontra, por exemplo, nas escolas. Não se trata de modo algum do mesmo assunto.

– *Pode-se dizer que o nascimento da pessoa sexual coincide com o do dispositivo da sexualidade?*

– É exatamente assim. Na cultura grega, que conhecia os *aphrodisia*, era simplesmente impensável que alguém fosse essencialmente homossexual em sua identidade. Havia pessoas que praticavam os *aphrodisia* convenientemente, segundo os costumes, e outras que não os praticavam bem, mas o pensamento de identificar alguém segundo sua sexualidade não poderia vir-lhes à ideia. Foi somente quando o dispositivo da sexualidade estava efetivamente estabelecido, quer dizer, quando um conjunto de práticas, instituições e conhecimentos havia feito da sexualidade um domínio coerente e uma dimensão absolutamente fundamental do indivíduo, foi nesse momento preciso que a questão "Que ser sexual é você?" tornou-se inevitável.

Nesse domínio preciso, nem sempre eu fui bem compreendido por certos movimentos visando à liberação sexual na França. Embora do ponto de vista tático seja importante poder dizer, em dado momento, "Eu sou homossexual", não se devem, em minha opinião, por um tempo mais longo e no quadro de uma estratégia mais ampla, formular questões sobre a identidade sexual. Não se trata, portanto, nesse caso, de confirmar sua identidade sexual, mas de recusar a imposição de identificação à sexualidade, às diferentes formas de sexualidade. É preciso recusar satisfazer a obrigação de identificação pelo intermédio e com o auxílio de uma certa forma de sexualidade.

– *Em que medida o senhor se engajou nos movimentos pela emancipação da homossexualidade na França?*

– Eu nunca pertenci a qualquer movimento de liberação sexual. Primeiramente, porque não pertenço a nenhum movimento, seja ele qual for, e, além disso, porque me recuso a aceitar o fato de que o indivíduo pudesse ser identificado com e através da sua sexualidade. Em compensação, eu me ocupei de um certo número de causas, de modo descontínuo e sobre pontos específicos (por exemplo, o aborto, o caso de um homossexual, ou a homossexualidade em geral), mas nunca no centro de uma luta perpétua. Encontro-me, contudo, confrontado com um problema muito importante, a saber, o *modo de vida*. Assim como me oponho ao pensamento de que se poderia ser identificado por suas atividades políticas, ou seu engajamento em um grupo, perfila-se para mim no horizonte o problema de saber como definir para si mesmo, *vis-à-vis* das pessoas que o cercam, um modo de vida concreto e real podendo integrar o comportamento sexual e todos os desejos que dele decorrem, segundo um modo ao mesmo tempo tão transparente e tão satisfatório quanto possível. Para mim, a sexualidade é uma questão de modo de vida, ela remete à técnica do si (*soi*). Nunca esconder um aspecto de sua sexualidade, nem se formular a questão do segredo, parece-me uma linha de conduta necessária que não implica, entretanto, que se deve tudo proclamar. Aliás, não é indispensável tudo proclamar. Eu diria, inclusive, que acho isso com frequência perigoso e contraditório. Quero poder fazer as coisas que me dão vontade e, aliás, é o que faço. Mas não me peça para proclamá-las.

— *Nos Países Baixos, associam-no com frequência a Hocquenghem, notadamente após sua obra:* Le désir homosexuel.[2] *Hocquenghem nela pretende que não pode haver solidariedade entre o proletariado e o subproletariado, que um homossexual conheceria desejos ligados a um certo modo de vida. O que o senhor pensa dessa tese? Será que essa divisão, que ocasionou um grande problema no século XIX, não parece querer repetir-se, no interior dos movimentos de esquerda, quando se trata de movimentos pela liberação sexual?*

— Em Hocquenghem encontramos muitas questões interessantes e, em certos pontos, tenho a impressão de que estamos de acordo. Essa divisão é efetivamente um grande problema histórico. A tensão entre o que chamamos de proletariado e subproletariado manifestamente provocou, no final do século XIX, toda uma série de medidas, assim como fez nascer toda uma ideologia. Não estou inteiramente de acordo que o proletariado e o subproletariado existem. Mas é verdade que na

---
2. Paris, Éditions Universitaires, col. "Psychothèque", 1972.

sociedade houve fronteiras na consciência dos homens. E é verdade que na França, e em inúmeros países europeus, um certo pensamento de esquerda se alinhou do lado do subproletariado, enquanto um outro pensamento de esquerda adotou o ponto de vista do proletariado. É verdade que houve duas grandes famílias ideológicas que nunca puderam se entender bem; de um lado, os anarquistas, do outro, os marxistas. Pudemos observar uma fronteira um pouco comparável com os socialistas. Ainda hoje, constatamos muito claramente que a atitude dos socialistas, em relação aos estupefacientes e à homossexualidade, se distingue daquela que os comunistas adotam. Mas acho que essa oposição está em vias de esboroar-se, atualmente. O que separou o proletariado do subproletariado é que a primeira categoria trabalhava, e a segunda, não. Essa fronteira ameaça esfumar-se com o crescimento do desemprego. Eis aí, sem dúvida, uma das razões pelas quais esses temas, de preferência marginais, quase folclóricos, concernindo ao terreno da sexualidade, estão em condições de se tornar problemas muito mais gerais.

– *No quadro da reforma do sistema do direito penal na França, o senhor evocou o tema do estupro. O senhor pretendia, então, retirar o caráter criminal do estupro. Qual é exatamente sua posição nessa questão?*

– Nunca fiz parte de qualquer comissão de reforma do direito penal. Mas uma tal comissão existiu e alguns de seus membros me perguntaram se eu estava disposto a intervir nela, como conselheiro, para problemas concernindo à legislação da sexualidade. Fiquei surpreso ao ver até que ponto essa discussão era interessante; no decorrer da discussão, tentei suscitar o problema do estupro, da seguinte maneira: por um lado, será que a sexualidade pode ser submetida, na realidade, à legislação? De fato, será que tudo o que diz respeito à sexualidade não deveria ser posto fora da legislação? Mas, por outro lado, o que fazer com o estupro, se nenhum elemento concernente à sexualidade deve figurar na lei? Eis a questão que eu formulei. No decorrer da discussão com Cooper,[3] eu disse muito simplesmente que nesse domínio havia um problema

---

3. Trata-se de uma discussão sobre o estupro, com D. Cooper, M.-O. Faye, J.-P. Faye, M. Zecca, *in* "Enfermement, psychiatrie, prison". Ver nº 102, vol. II da edição francesa desta obra.

que se devia discutir, e para o qual eu não tinha solução. Eu não sabia o que fazer com ele, é tudo. Porém, uma revista britânica, talvez por causa de um erro de tradução, ou de um real erro de compreensão, afirmou que eu queria tirar o estupro do sistema criminal, em outros termos, que eu era um falocrata odioso.[4] Não, lamento dizer que essas pessoas não entenderam nada, absolutamente nada. Não fiz senão evocar o dilema no qual poderíamos estar. Banindo com vigor as pessoas que evocam os problemas, não encontramos solução real.

– *Sua tomada de posição em relação à psicanálise é com frequência modificada. Em* Maladie mentale et personnalité, *o senhor defende a Escola de Palo Alto e o tratamento através do sono; no texto, o senhor aparecia mais como behaviorista. Em* História da loucura, *o senhor diz sobre o psicanalista que ele opera com mistificação, e que ele começa a substituir a estrutura do asilo de alienados. Em* As palavras e as coisas, *em contrapartida, o senhor fala muito positivamente da psicanálise, sobretudo na versão lacaniana, o senhor fala dela como de uma anticiência lendo a "dobra" humanista na história que tornou o "homem" possível. Qual é, atualmente, sua opinião sobre esse assunto?*

– *Maladie mentale et personnalité* é uma obra totalmente destacada de tudo o que escrevi depois. Eu a escrevi em um período no qual as diferentes significações da palavra alienação, seu sentido sociológico, histórico e psiquiátrico se confundiam em uma perspectiva fenomenológica, marxista e psiquiátrica. No momento, não há mais nenhum laço entre essas noções. Tentei participar dessa discussão e, nessa medida, o senhor pode considerar *Maladie mentale et personnalité* como a sinalização de um problema que eu não tinha resolvido naquela época e que, aliás, ainda não resolvi.

Mais tarde, abordei o problema de modo diferente: melhor do que fazer grandes e sinuosas curvas entre Hegel e a psiquiatria, passando pelo neomarxismo, eu tentei compreender a questão do ponto de vista histórico e examinar o tratamento real do louco. Embora meu primeiro texto sobre a doença mental seja coerente em si, ele não o é em relação aos outros textos.

---

4. Alusão a um artigo de Monique Plaza, "Sexualité et violence, le non-vouloir de Michel Foucault", do qual uma tradução em holandês foi publicada em *Krisis*, 13º ano, junho de 1983, p. 8-21.

Em *As palavras e as coisas*, tratava-se de conduzir uma investigação sobre muitos tipos de dissertações científicas ou de pretensão científica, notadamente sobre a questão concernindo à sua transformação e às suas relações recíprocas. Tentei examinar o papel, antes curioso, que a psicanálise pode representar em relação a esses domínios de conhecimento. Portanto, antes de tudo, a psicanálise não é uma ciência, é uma técnica de trabalho de si sobre si, fundada na confissão. Nesse sentido, é igualmente uma técnica de controle, dado que cria um personagem estruturando-se em torno de seus desejos sexuais. Isso não implica que a psicanálise não possa ajudar ninguém. O psicanalista tem pontos em comum com o xamã nas sociedades primitivas. Se o cliente confere credibilidade à teoria praticada pelo xamã, ele pode ser ajudado. Assim também acontece com a psicanálise. O que implica que a psicanálise opera sempre com mistificação, porque ela não pode ajudar ninguém que não creia nela, o que subentende relações mais ou menos hierárquicas.

Os psicanalistas, entretanto, rejeitam a ideia de que a psicanálise possa contar entre as técnicas de trabalho de si sobre si, há que se reconhecê-lo. Por quê? De minha parte, observei que os psicanalistas não gostam quando se tenta aprofundar a história das formas de conhecimento que lhes são próprias, a partir da prática dos asilos de alienados. Eu constato, em contrapartida, que Einstein pôde pretender que a física se enraíza na demonologia, sem com isso ofender os físicos. Como explicar esse fenômeno? Pois bem, os últimos são verdadeiros cientistas, nada tendo a temer por sua ciência, enquanto os primeiros têm, antes, medo de ver comprometer-se, pela história, a fragilidade científica de seus conhecimentos. Portanto, sob a condição de que os psicanalistas não façam muito caso da história de suas práticas, eu teria mais confiança na verdade de suas afirmações.

– *Será que a teoria de Lacan provocou uma mudança fundamental na psicanálise?*

– Sem comentários, como dizem os funcionários do Estado, quando lhes formulamos uma pergunta embaraçosa. Eu não sou suficientemente versado na literatura psicanalítica moderna, e compreendo muito mal os textos de Lacan para ter o menor comentário sobre esse assunto. Contudo, tenho a impressão de que se pode constatar um progresso significativo, mas isso é tudo o que posso dizer sobre o assunto.

– *Em* As palavras e as coisas, *o senhor fala da morte do homem. Será que o senhor quer dizer que o humanismo não pode ser o ponto de referência de suas atividades políticas?*

– É preciso lembrar-se do contexto em que escrevi essa frase. O senhor não pode imaginar em que charco moralizador de pregações humanistas nós estávamos mergulhados no pós-guerra. Todo mundo era humanista. Camus, Sartre, Garaudy eram humanistas. Stalin também era humanista. Eu não farei a grosseria de lembrar que os discípulos de Hitler se chamavam de humanistas. Isso não compromete o humanismo, mas permite muito simplesmente compreender que, na época, eu não podia mais pensar nos termos dessa categoria. Estávamos em plena confusão intelectual. Na época, o eu era compreendido como categoria de fundamento. As determinações inconscientes não podiam ser aceitas. Tome, por exemplo, o caso da psicanálise. Em nome do humanismo, em nome do eu humano em sua soberania, numerosos fenomenólogos, pelo menos na França, tais como Sartre e Merleau-Ponty, não podiam aceitar a categoria do inconsciente. Só o admitiam como uma espécie de sombra, alguma coisa marginal, um a mais; a consciência não devia perder seus direitos soberanos.

O mesmo acontece com a *linguística*. Ela permite afirmar que é demasiado simplório, e mesmo inadequado, explicar os dizeres do homem remetendo unicamente às intenções do sujeito. A ideia do inconsciente e a da estrutura da língua permitem responder de fora, por assim dizer, ao problema do eu. Tentei aplicar essa mesma prática à história.

Não se trataria de uma historicidade do eu? Será possível compreender o eu como uma espécie de invariante meta ou trans-histórica?

– *Que coerência existe entre as diferentes formas de luta política nas quais o senhor se engajou?*

– Diria que, em última instância, não faço nenhum esforço para desenvolver a menor forma de coerência. A coerência é a da minha vida. Lutei em diferentes domínios, é exato.

São fragmentos autobiográficos. Conheci algumas experiências com os hospitais psiquiátricos, com a polícia e no terreno da sexualidade. Tentei lutar em todas essas situações, mas não me ponho em evidência como o combatente universal contra os

sofrimentos da humanidade em todas as suas relações. Desejo guardar minha liberdade *vis-à-vis* das formas de luta nas quais me engajei. Gostaria de afirmar que a coerência é de natureza estratégica. Se eu luto por tal questão ou por tal outra, eu o faço porque, de fato, essa luta é importante para mim, em minha subjetividade. Mas, afora essas escolhas delimitadas a partir de uma experiência subjetiva, pode-se desaguar sobre outros aspectos, de modo a desenvolver uma verdadeira coerência, quer dizer, um esquema racional ou um ponto de partida não estando fundamentado sobre uma teoria geral do homem.
– *Foucault como anarquista libertário?*
– É o que o senhor desejaria. Não, não me identifico com os anarquistas libertários, porque existe uma certa filosofia libertária que crê nas necessidades fundamentais do homem. Eu não tenho vontade, eu, sobretudo, recuso-me a ser identificado, ser localizado pelo poder...

Índice de Obras

Adraste, 92
Agrippine, 103
Andrômaca, 163
A nova Heloísa, 175, 181
A origem das espécies, 137
A república, 97, 101, 102
A arqueologia do saber, 232
As confissões, 166, 167, 168, 169, 170, 171, 172, 173, 174, 175
As palavras e as coisas, 232, 332, 341, 343

Comment j'ai écrit certains de mes livres, 203, 218
Contrato, 172, 174

Devaneios, 173, 182
Diálogos, 166, 167, 168, 170, 171, 172, 173, 174, 175, 177, 178, 180, 181, 182, 183
Die Traumdeutung, 75, 97
Doença mental e psicologia, 232
Du traitement moral de la folie, 208

Éden, Éden, Éden, 245
Elogio da loucura, 164
Emílio, 172, 175, 181
Empédocle, 197
Escritos, 330

Fabricar a loucura, 320, 321

Haute surveillance, 249
História da loucura, 245, 268, 271, 286, 287, 291, 295, 331, 332, 341
Hyperion, 194, 195

L'amour du censeur, 306
La Mariane, 92, 98
La part du feu, 253
L'archipel, 185
L'écriture et la différence, 268
Le neveu de Rameau, 254
Le prince du sommeil, 89
Le rêve et l'existence, 71, 87, 106, 109, 111, 130
L'espace littéraire, 253
Les vies des meilleurs peintres, sculpteurs et architectes italiens, 189
L'éthique, 90
Le voyageur, 186
L'interprétation des rêves, 75, 141
Logique, 135
L'ordre psychiatrique, 324

Madame Bovary, 247
Maladie mentale et personnalité, 341
Meditações, 242, 272, 273, 280, 281, 282
Montaillou, 322

O elogio da loucura, 263
O misantropo, 239, 240
O mito da doença mental, 322

O nascimento da clínica, 232, 236
O psicanalismo, 323
O rei Lear, 264
Os miseráveis, 98
Osman, 93

Pyrame, 89

Recherches logiques, 75, 81, 82, 83, 84

Système de philosophie, 137

Thalia-Fragment, 192, 194
Traité théologico-politique, 91

Vigiar e punir, 332

Índice Onomástico

Alcibíades, 212
Alembert (J. d'), 177
Alexander (F.), 148
Aristóteles, 94, 234
Arnaud (A.), 102
Artaud (A.), 154, 163, 164, 210, 218, 233, 236, 238, 264
Baader (F. X. von), 89, 95
Bachelard (G.), 127
Bain (A.), 137
Baldwin, 145
Barthes (R.), 243, 246, 256
Bataille (G.), 232, 233
Baudelaire (C.), 264
Beck (A.), 187
Becker (O.), 112
Beissner (F.), 186
Benedict (R.), 148, 260
Bergson (A.), 235
Bernanos (G.), 106
Bernard (C.), 136
Beyle, 262
Bichat (X.), 136
Binet (A.), 146
Binswanger (L.), 71, 73, 74, 75, 87, 88, 91, 96, 99, 103, 106, 109, 111, 114, 115, 116, 118, 120, 130, 132, 151
Blake (W.), 263
Blanchot (M.), 162, 188, 199, 233, 253, 254, 255, 256, 257, 268
Bleuler (E.), 147
Blondel (C.), 148
Boring, 144
Bosch (J.), 154
Brisset (J.-P.), 202, 203
Cálicles, 153
Campanella, 93
Camus (A.), 343
Canguilhem (G.), 161
Carus, 96
Castel (R.), 323, 324, 325, 326, 327, 328
Cattell (J.), 146
Céline (L. F.), 250
Cervantes (M. de), 163
Char (R.), 71, 129, 131, 132, 161, 200, 201
Claudel (P.), 286
Cocteau (J.), 122
Coopper (D.), 340
Court de Gebelin (A.), 203
Crisipo, 93
Cristo, 198
Darwin (C.), 203
Delay (J.), 162
Derrida (J.), 268, 269, 270, 271, 272, 273, 274, 276, 277, 278, 279, 280, 281, 282, 284
Descartes (R.), 228, 234, 242, 269, 270, 271, 272, 273, 274, 275, 276, 277, 278, 280, 281, 282, 283
Diderot (D.), 177, 241, 254
Dilthey (W.), 140, 229
Dionísio, 198

Dostoïevski, 152
Duhamel (C.), 162
Dumézil (G.), 161, 162
Durkheim (E.), 223, 230

Édipo, 196, 198, 214
Erasmo, 263
Ettmüller, 206

Fabre d'Olivet (A.), 203
Fechner (T. G.), 136
Féret (R.), 316, 318
Fichte (J.-G.), 187
Fink (E.), 115
Flaubert (G.), 244, 247
Fretet (J.), 192
Freud (S.), 75, 78, 79, 81, 87, 88, 105, 107, 108, 130, 141, 142, 143, 148, 162, 215, 216, 217, 218, 222, 223, 224, 225, 227, 230, 235, 241, 261, 262

Garaudy (R.), 343
Genet (J.), 248, 249, 250, 251, 252
George (S.), 112, 185
Gesell (A.), 145
Goethe (W.), 187
Gontard (S.), 187, 192, 195
Grimm (W.), 177
Gundolf (F.), 185
Guyotat (P.), 245, 246, 247

Hals (F.), 286
Hartmann (F. von), 96
Hegel (G. W. F.), 120, 233, 234, 254, 255, 341
Heráclito, 100, 103
Herder (J. G. von), 101
Hitler (A.), 343
Hocquenghem (G.), 339
Hölderlin (F.), 185, 186, 187, 188, 192, 193, 194, 196, 197, 198, 199, 200, 201, 233, 236, 238, 242, 254, 263
Hugo (V.), 98, 99, 242
Hume (D.), 228
Husserl (E.), 75, 81, 83, 84, 85, 112, 140, 235
Hyppolite (J.), 161, 196

Jaccard (R.), 320
Jackson (J. H.), 137, 138, 139
Jamblico, 89
Janet (P.), 139, 143, 148, 236, 264
Jaspers (K.), 86, 140, 143, 188, 199, 235, 236
Jung (C.), 109

Kafka (F.), 254
Kalb (C. von), 187
Kant (E.), 101, 228, 229, 234
Kardiner (A.), 148
Kirmes (W. M.), 187
Klages, 147
Klein (M.), 80, 197
Koffka (K.), 144
Köhler (W.), 144
Kretschmer, 147
Kunz (H.), 151
Kuo (Z.-Y.), 145

Lacan (J.), 80, 162, 196, 197, 230, 329, 330, 342
Lancre (P. de), 205
Landermann, 99
Lange (W.), 186
Laplanche (J.), 188, 192, 193, 196, 199, 200
Laurens (A. du), 97
Lavoisier (A.-L. de), 136
Legendre (P.), 306
Leibniz (G.-W.), 96, 234
Leiris (M.), 246
Le Roy Ladurie (E.), 322
Leuret (F.), 208, 333
Lévi-Strauss, 230, 259, 329

Liegler (L.), 186
Linton, 148
Lippi (F.), 190, 191

Macbeth, 102, 104, 106, 163
Magendie (F.), 136
Malebranche (N. de), 91
Mallarmé (S.), 217, 218, 233, 238, 254
Marx (K.), 234
Mead (M.), 148
Merleau-Ponty (M.), 224, 343
Michelangelo, 190
Mill (J. S.), 135
Minkowski (M.), 114
Mirbel (C. de), 89
Molière, 239, 240, 241
Moreno, 149
Müller (A.), 186

Nerval (G. de), 163, 210
Newton (I.), 136
Nietzsche (F.), 154, 155, 218, 222, 233, 242, 264
Novalis, 94, 95, 98, 100, 101, 195, 200

Orestes, 158, 163

Parmênides, 234
Pascal, 152
Piaget (J.), 145, 285
Pinel (P.), 158, 206, 207, 215, 238, 262, 266, 270
Platão, 97, 99, 101, 234, 254
Pleven (R.), 291
Pomme, 206

Quintiliano, 97

Racine (J.), 163
Révéroni Saint-Cyr (J. A.), 203
Ribot (T.), 137, 138, 139, 236
Rivière (P.), 333, 334
Robbe-Grillet (A.), 264

Rousseau (J.-J.), 165, 166, 167, 169, 170, 171, 172, 175, 176, 178, 179, 180, 181, 182, 183, 184, 241
Roussel (R.), 162, 203, 218, 233, 238, 263, 264
Rümke, 115

Sade (D. A. F. de), 233, 235, 237, 238, 242, 244
Sartre (J.-P.), 122, 291, 292, 295, 296, 343
Saussure (F. de), 235
Schelling (F. W. von), 88, 94
Schiller (F.), 187, 192, 194
Schlegel (W. von), 200
Schleiermacher (F.), 99
Schopenhauer (A.), 222
Sêneca, 334
Shakespeare (W.), 104, 105, 106, 163, 264
Sheldon (W.), 147, 148
Simon (T.), 146
Sócrates, 154
Sollers (P.), 246
Spearman (C. E.), 146
Spencer (H.), 137
Spinoza (B.), 90, 91
Stalin, 343
Starobinski (J.), 165
Strindberg (A.), 236
Szasz (T.), 320, 321, 322, 323

Teófilo, 89
Thomson (G.), 147
Thorin, 156
Thurstone (L.), 147
Tintoreto, 191
Tolman (E. C.), 144
Trasímaco, 101, 153
Tristão, 92, 93, 98
Tuke, 262

Uccello, 190, 191

Vallès (J.), 244
Van Gogh, 236
Vasari (G.), 189, 192, 201
Vernon, 147
Verrocchio, 190
Vinchon (J.), 192

Voltaire, 177

Wallon (H.), 145, 146
Watson (J. B.), 144
Wertheimer, 144
Wundt (W.), 136

Índice de Lugares

ÁFRICA, 36
ALEMANHA, 4, 14, 49, 53, 64, 196, 286, 318
AMÉRICA, 260, 323
ARGÉLIA, 13, 14, 16
AUSTRÁLIA, 53
BRASIL, 48, 53
DINAMARCA, 6
ESPANHA, 2, 47, 57, 64
ESTADOS UNIDOS, 25, 31, 35, 49, 50, 53, 57, 63, 64, 68, 69
EUROPA, 33, 49, 189, 238, 239, 240, 245, 248, 250, 257, 263, 336
FRANÇA, 2, 6, 7, 10, 11, 12, 13, 27, 30, 34, 38, 47, 56, 58, 59, 63, 64, 69, 162, 186, 240, 243, 246, 247, 261, 262, 268, 271, 286, 289, 296, 302, 327, 338, 340, 343
GRÉCIA, 194
HUNGRIA, 57, 64
INGLATERRA, 30, 261, 286
IRÃ, 54, 57, 58, 60
ISRAEL, 66
ITÁLIA, 9, 26, 49, 55, 69
JAPÃO, 13, 32, 33, 53, 56, 232, 257, 264
LESTE, 22, 52, 54
LÍBANO, 66
OCIDENTE, 6, 57, 155, 157, 220, 233, 237, 239, 249, 252, 257, 259, 286, 289, 332, 334
OESTE, 22, 54
ORIENTE, 155
ORIENTE MÉDIO, 66
POLÔNIA, 13, 64, 66, 70
PORTUGAL, 43
SUÉCIA, 20, 296
TUNÍSIA, 19, 22, 23, 25, 26, 27, 28
URSS, 6, 8, 50, 53, 60, 65, 69
VIETNÃ, 19, 57, 58

Índice de Períodos Históricos

1. Séculos

XI, 234
XII, 234, 312
XIII, 234, 312
XIV, 211, 234
XVI, 191, 239, 240, 263, 286, 332
XVII, 39, 92, 156, 163, 206, 213, 215, 219, 220, 228, 236, 237, 238, 239, 240, 241, 242, 261, 262, 265, 269, 270, 286, 287, 288, 294, 332, 335, 336
XVIII, 43, 95, 153, 206, 222, 228, 234, 237, 238, 256, 262, 263, 264, 266, 288, 310, 313, 315, 328, 332, 335, 336
XIX, 36, 44, 45, 53, 54, 61, 87, 88, 97, 133, 135, 137, 138, 200, 206, 209, 210, 213, 214, 217, 218, 221, 223, 228, 231, 234, 235, 237, 238, 241, 243, 247, 248, 252, 253, 254, 260, 262, 263, 266, 270, 288, 292, 317, 324, 325, 326, 327, 332, 333, 339
XX, 133, 163, 210, 235, 253, 254, 262

2. Eras, períodos

Antiguidade, 93, 333, 336
Clássica (era, época), 158, 210
Idade Média, 154, 159, 163, 210, 220, 234, 238, 241, 262, 263, 264, 265, 286, 287, 290, 311, 312, 317, 321, 331, 333
Renascimento, 93, 159, 163, 190, 232, 238, 239, 241, 263, 265
Revolução Francesa, 288

Organização da Obra
Ditos e Escritos

Volume I

1954 – Introdução (*in* Binswanger)
1957 – A Psicologia de 1850 a 1950
1961 – Prefácio (*Folie et déraison*)
       A Loucura Só Existe em uma Sociedade
1962 – Introdução (*in* Rousseau)
       O "Não" do Pai
       O Ciclo das Rãs
1963 – A Água e a Loucura
1964 – A Loucura, a Ausência da Obra
1965 – Filosofia e Psicologia
1970 – Loucura, Literatura, Sociedade
       A Loucura e a Sociedade
1972 – Resposta a Derrida
       O Grande Internamento
1974 – Mesa-redonda sobre a *Expertise* Psiquiátrica
1975 – A Casa dos Loucos
       Bancar os Loucos
1976 – Bruxaria e Loucura
1977 – O Asilo Ilimitado
1981 – Lacan, o "Libertador" da Psicanálise
1984 – Entrevista com Michel Foucault

Volume II

1961 – "Alexandre Koyré: a Revolução Astronômica, Copérnico, Kepler, Borelli"
1964 – Informe Histórico
1966 – A Prosa do Mundo
       Michel Foucault e Gilles Deleuze Querem Devolver a Nietzsche Sua Verdadeira Cara
       O que É um Filósofo?
1967 – Introdução Geral (às Obras Filosóficas Completas de Nietzsche)
       Nietzsche, Freud, Marx

354 Michel Foucault – Ditos e Escritos

        A Filosofia Estruturalista Permite Diagnosticar o que É
          "a Atualidade"
        Sobre as Maneiras de Escrever a História
        As Palavras e as Imagens
1968 – Sobre a Arqueologia das Ciências. Resposta ao Círculo de
        Epistemologia
1969 – Introdução (*in* Arnauld e Lancelot)
        Ariadne Enforcou-se
        Michel Foucault Explica Seu Último Livro
        Jean Hyppolite. 1907-1968
        Linguística e Ciências Sociais
1970 – Prefácio à Edição Inglesa
        (Discussão)
        A Posição de Cuvier na História da Biologia
        Theatrum Philosophicum
        Crescer e Multiplicar
1971 – Nietzsche, a Genealogia, a História
1972 – Retornar à História
1975 – Com o que Sonham os Filósofos?
1980 – O Filósofo Mascarado
1983 – Estruturalismo e Pós-estruturalismo
1984 – O que São as Luzes?
1985 – A Vida: a Experiência e a Ciência

Volume III

1962 – Dizer e Ver em Raymond Roussel
        Um Saber Tão Cruel
1963 – Prefácio à Transgressão
        A Linguagem ao Infinito
        Distância, Aspecto, Origem
1964 – Posfácio a Flaubert (*A Tentação de Santo Antão*)
        A Prosa de Acteão
        Debate sobre o Romance
        Por que se Reedita a Obra de Raymond Roussel? Um
          Precursor de Nossa Literatura Moderna
        O *Mallarmé* de J.-P. Richard
1965 – "As Damas de Companhia"
1966 – Por Trás da Fábula
        O Pensamento do Exterior
        Um Nadador entre Duas Palavras
1968 – Isto Não É um Cachimbo
1969 – O que É um Autor?
        Sete Proposições sobre o Sétimo Anjo

Organização da Obra Ditos e Escritos 355

Haverá Escândalo, Mas...
1971 – As Monstruosidades da Crítica
1974 – (Sobre D. Byzantios)
Antirretro
1975 – A Pintura Fotogênica
Sobre Marguerite Duras
Sade, Sargento do Sexo
1977 – As Manhãs Cinzentas da Tolerância
1978 – Eugène Sue que Eu Amo
1980 – Os Quatro Cavaleiros do Apocalipse e os Vermes Cotidianos
A Imaginação do Século XIX
1982 – Pierre Boulez, a Tela Atravessada
1983 – Michel Foucault/Pierre Boulez – a Música Contemporânea e o Público
1984 – Arqueologia de uma Paixão
Outros Espaços

Volume IV

1971 – (Manifesto do GIP)
(Sobre as Prisões)
Inquirição sobre as Prisões: Quebremos a Barreira do Silêncio
Conversação com Michel Foucault
A Prisão em Toda Parte
Prefácio a *Enquête dans Vingt Prisons*
Um Problema que me Interessa Há Muito Tempo É o do Sistema Penal
1972 – Os Intelectuais e o Poder
1973 – Da Arqueologia à Dinástica
Prisões e Revolta nas Prisões
Sobre o Internamento Penitenciário
Arrancados por Intervenções Enérgicas de Nossa Permanência Eufórica na História, Pomos as "Categorias Lógicas" a Trabalhar
1974 – Da Natureza Humana: Justiça contra Poder
Sobre a Prisão de Attica
1975 – Prefácio (*in* Jackson)
A Prisão Vista por um Filósofo Francês
Entrevista sobre a Prisão: o Livro e o Seu Método
1976 – Perguntas a Michel Foucault sobre Geografia
Michel Foucault: Crime e Castigo na URSS e em Outros Lugares...
1977 – A Vida dos Homens Infames

Poder e Saber
Poderes e Estratégias
1978 – Diálogo sobre o Poder
A Sociedade Disciplinar em Crise
Precisões sobre o Poder. Resposta a Certas Críticas
A "Governamentalidade"
M. Foucault. Conversação sem Complexos com um Filósofo que Analisa as "Estruturas do Poder"
1979 – Foucault Estuda a Razão de Estado
1980 – A Poeira e a Nuvem
Mesa-redonda em 20 de Maio de 1978
Posfácio de L'impossible Prison
1981 – "Omnes et Singulatim": uma Crítica da Razão Política

Volume V

1978 – A Evolução da Noção de "Indivíduo Perigoso" na Psiquiatria Legal do Século XIX
Sexualidade e Política
A Filosofia Analítica da Política
Sexualidade e Poder
1979 – É Inútil Revoltar-se?
1980 – O Verdadeiro Sexo
1981 – Sexualidade e Solidão
1982 – O Combate da Castidade
O Triunfo Social do Prazer Sexual: uma Conversação com Michel Foucault
1983 – Um Sistema Finito Diante de um Questionamento Infinito
A Escrita de Si
Sonhar com Seus Prazeres. Sobre a "Onirocrítica" de Artemidoro
O Uso dos Prazeres e as Técnicas de Si
1984 – Política e Ética: uma Entrevista
Polêmica, Política e Problematizações
Foucault
O Cuidado com a Verdade
O Retorno da Moral
A Ética do Cuidado de Si como Prática da Liberdade
Uma Estética da Existência
1988 – Verdade, Poder e Si Mesmo
A Tecnologia Política dos Indivíduos

Volume VI

1968 – Resposta a uma Questão
1971 – O Artigo 15
    Relatórios da Comissão de Informação sobre o Caso Jaubert
    Eu Capto o Intolerável
1972 – Sobre a Justiça Popular. Debate com os Maoístas
    Encontro Verdade-Justiça. 1.500 Grenoblenses Acusam
    Um Esguicho de Sangue ou um Incêndio
    Os Dois Mortos de Pompidou
1973 – Prefácio (*De la prison à la revolte*)
    Por uma Crônica da Memória Operária
    A Força de Fugir
    O Intelectual Serve para Reunir as Ideias, Mas Seu Saber É Parcial em Relação ao Saber Operário
1974 – Sobre a "A Segunda Revolução Chinesa"
    "A Segunda Revolução Chinesa"
1975 – A Morte do Pai
1977 – Prefácio (*Anti-Édipo*)
    O Olho do Poder
    Confinamento, Psiquiatria, Prisão
    O Poder, uma Besta Magnífica
    Michel Foucault: a Segurança e o Estado
    Carta a Alguns Líderes da Esquerda
    "Nós nos Sentimos como uma Espécie Suja"
1978 – Alain Peyrefitte se Explica... e Michel Foucault lhe Responde
    A grande Política Tradicional
    Metodologia para o Conhecimento do Mundo: como se Desembaraçar do Marxismo
    O Exército, Quando a Terra Treme
    O Xá Tem Cem Anos de Atraso
    Teerã: a Fé contra o Xá
    Com o que Sonham os Iranianos?
    O Limão e o Leite
    Uma Revolta a Mãos Nuas
    A Revolta Iraniana se Propaga em Fitas Cassetes
    O Chefe Mítico da Revolta do Irã
    Carta de Foucault à "Unità"
1979 – O Espírito de um Mundo sem Espírito
    Um Paiol de Pólvora Chamado Islã
    Michel Foucault e o Irã
    Carta Aberta a Mehdi Bazargan
    Para uma Moral do Desconforto

"O problema dos refugiados é um preságio da grande migração do século XXI"
1980 – Conversa com Michel Foucault
1981 – Da Amizade como Modo de Vida
    É Importante Pensar?
    Contra as Penas de Substituição
    Punir É a Coisa Mais Difícil que Há
1983 – A Propósito Daqueles que Fazem a História
1984 – Os Direitos do Homem em Face dos Governos
    O Intelectual e os Poderes